Ärztliche Seelsorge
Grundlagen der Logotherapie
und Existenzanalyse

Viktor Emil Frankl
V・E・フランクル
山田邦男 監訳　岡本哲雄・雨宮徹・今井伸和 訳

実存的精神療法

人間とは何か

春秋社

ティリー*に捧ぐ

＊　フランクルの最初の妻。フランクルと結婚して九カ月後の一九四二年、フランクルと共にナチス強制収容所に収容され、ベルゲン－ベルゼン収容所で亡くなった。〔訳注〕

人間とは何か　目次

【凡例】

・原文のイタリック体の箇所には傍点を付した。
・本文中の（　）は原文のままにし、《　》は「　」に改めた。
・〔　〕を付した箇所はすべて訳者による補足である。
・行間の（1）は原著者の注、（一）は訳者の注を示す。
・原著者の注は、原書に従い各章の末尾に記した。
・訳者の注のうち、比較的短いものは本文中に記し、長い注は各章の末尾に記した。

第九版への序

涙をもって種まく者は、
喜びの声をもって刈り取る。
種を携え、涙を流して出て行く者は、
束を携え、喜びの声をあげて帰ってくるであろう。

――「詩篇」一二六・五―六

私は当初、自分の作品を育てたいという一種の著作者本能から、この第九版を世に出すという出版社の決意を喜んで承諾した。けれども、その後、私の中に懸念が生じてきた。なにしろ初版はすでに一九四六年に出版されたものであり、そのうちのいくつかの章は一九三〇年代に執筆されたものである。したがって、本書がひょっとしたら、あまりにも時代に制約され、時代にとらわれたものではないかという疑問が生じたのも不思議ではない。もっとも、これだけ版を重ねてきたということは、このような懸念を払拭させてくれるものではある。というのも、本書は、今日までに八カ国語で少なくとも四三版もの版数を重ねており、さらに少なくとも英語版と日本語版では相変わらず多くの読者を得ているからである。それゆえ、本書は依然として、若い世代の精神科医、心理学者、精神療法家といった人々や、既成の伝統とは異なった見方へ開かれている人々に対して何らかの寄与をなしうるように思われる。
このことは確かに、『医師による魂への配慮』(一)の執筆のきっかけとなり関心事であった問題が、今なお——再び、と言うよりも、今なお——時宜にかなった問題であるという事情からきているであろう。きっかけというのは、人生の意味に対する一般的な懐疑およびそれに応じて広がった無意味感のことである。また関心事というのは、心理学主義、病理学主義、還元主義との闘いのことである。これらの主義は、無意味感を単なる無意識の心理力動の表れであるとか、神経症の徴候にすぎないと解釈する。またこれと同様に、意味への欲求不満という現象についても、そのつど教条的に採用されたイデオロギーに基づいて正体を「暴露」させようとする。本書の関心事は、このような暴露者そのものの正体を暴露することであった。このことは、現在まさに、以前よりもいっそう時宜にかなった課題であろう。

しかし本書は、右に述べたように今なお現実的であるというだけでなく、再び新たに現実的になるべきものでもある。このことは、少なくとも、「失業神経症」について述べた章についていえるであろう。その上、もしも「強制収容所の心理」の章が、いつか再び現実的な問題にならずにすむとすれば、われわれにはまことに喜ばしいことであるに違いない。

私は、この最新の版に対して、特筆すべき補足や削除を行わなかった。ただ文献目録だけは、今日の状況に合わせるために、かなり拡充されている。もっとも、読者はロゴセラピーの技法的側面についての詳しい言及がなくて残念に思われるかもしれない。そのような読者には、『精神療法の実践』(三)(Die Psychotherapie in der Praxis)(二)と『神経症の理論と方法』(Theorie und Therapie der Neurosen)の最新版を参照していただきたい。またロゴセラピーの人間学的基礎については、『精神療法の人間学的基礎』（Anthropologische Grundlagen der Psychotherapie）[四]という題で刊行される予定の書物に詳しく取り上げられている。

最初の二つの書物では、厳密な実証的研究の諸成果が指摘されている。それらの実証的研究のおかげで、本来、多少とも直観的に把握され造り出されたロゴセラピーの命題が、テストや統計によって証明されることができたのである。このこととの関連で、本書の補遺として付けられた文献目録の中にあるロゴセラピーに関する学位請求論文のリストをも参照していただきたい[五]。

最後に、もし読者が『医師による魂への配慮』に至る前史について関心を抱かれるのであれば、『精神療法における意味への問い』（Die Sinnfrage in der Psychotherapie）[六]をご一読いただきたい。そこでは、私の自伝的な素描がなされているが、その中でこの前史のことが述べられている。

合衆国国際大学（カリフォルニア州、サンディエゴ）

ヴィクトール・フランクル

［訳注］

（一）本書の原題は『医師による魂への配慮』（Ärztliche Seelsorge）であるが、この表現はわれわれ日本人にはあまりなじみのないものなので、本書全体の内容をも考慮して『人間とは何か——実存的精神療法』を本書の表題にした（この点の詳細については「監訳者あとがき」を参照されたい）。
（二）最新版は一九九七年刊。
（三）最新版は一九九九年刊。初版本（一九五六年）邦訳は『神経症』（Ⅰ・Ⅱ）（宮本忠雄・小田晋訳、みすず書房）。
（四）最新版は一九九八年刊。正確な書名は"Der leidende Mensch. Anthropologische Grundlagen der Psychotherapie"。邦訳は『制約されざる人間』（山田邦男監訳）と『苦悩する人間』（山田邦男・松田美佳訳）に分冊（いずれも春秋社）。
（五）この「文献目録」は本書の底本である第一一版では割愛されている。
（六）最新版は一九九七年刊。

人間とは何か

はじめに(1)

シェルスキーは、ある著書の表題で、当時の若者のことを「懐疑的な世代」と特徴づけているが、これと同じようなことは、今日の精神療法家についても言いうるであろう。われわれは用心深くなったどころか、疑い深くさえなっている。しかもこのことは、特にわれわれ自身に対して、われわれ自身の仕事の成果や認識に対して当てはまるのである。このようなつつましく冷めた見方は、ある世代の精神療法家全体の生の感情となって表れていると言ってよいかもしれない。どんな方法や技法を適用したとしても、症例のほぼ三分の二から四分の三は治癒するか、少なくとも本質的に改善するのだから、というわけである。このことはもはや決して秘密ではなくなっているのである。

しかし、そうは言っても、私は、あらゆる煽動的な結論に対して用心するように注意したい。というのは、すべての精神療法にとっての「ピラトの問い(一)」は、いまだに答えられていないからである。

それは、「健康とは何か」「健康になるとはどのようなことか」「癒されるとはどのようなことなのか」という問いである。しかし、ただ次の一つのことだけは疑いえない。さまざまな方法の適用を通じて、それらのいずれにおいてもほぼ同じような高い成功率が収められた場合、その成果をもたらした第一の要因が、そのつど適用された技術《テヒニク》であるなどということはありえないということである。フランツ・アレキサンダー(二)は、かつて次のように主張した。「どんな形式の精神療法であれ、その第一の手段はセラピスト自身の人格である」と。しかし、そうだとすれば、われわれは技術の軽蔑者になってもかまわないということであろうか。いや、むしろ私は、精神療法の中に単純に医術《クンスト》をみること、つまり精神療法と医術を同一視することによってペテン師に門戸を開いてしまうことを警告したハッカーに賛同したい。

確かに、精神療法は、医術でもあり技術でもあるのだ。まさにそうだからこそ、私はさらに、あえて次のように主張したい。精神療法が医術的または技術的な極のいずれか一方に偏れば偏るほど、それだけ極としては単なる人工的なものになる、と。この両極は、本来ただ理論の中に存在しているにすぎない。実践は、その中間領域で、つまり医術的ないしは技術的に把握された精神療法の間の領域で行われるものなのである。この両極の間に、すべてのスペクトルが広がっている。そして医術と技術は、このスペクトルの中でそれぞれ一定の位置と価値を有しているのである。医術的な極に最も近く位置するものは真の実存的な出会い（ヤスパースやビンスワンガー(三)のいう意味での「実存的交わり」）であり、他方、比較的技術的な極の近くに位置づけられるものは精神分析学的な意味での転移である。転移はまさに、ボス(四)がその最も初期の論文で述べているように、「操作」（ドライクルス）とは言わないまでも、そのつど「運用」されてきたからである。よりいっそう技術的な極に近いものはシュルツの自律訓練法であり、またおそらく最も医術的な極から遠く離れているのがレコード催眠術のようなものではなかろうか。

いわば光の周波数スペクトルからどのような範囲の周波数を取り出すのか、すなわち、どのような方法や技術が適切であると見なすのかということは、単に患者だけでなく、医師にも依存している。というのも、それは、このケースにはこの方法が、あのケースにはあの方法が、いつも同じようによく効果を示すわけではない[2]という理由からだけでなく、この医師がこの技術を使えば、いつも同じようにうまくいくというわけではないという理由からでもある。私はいつも、このことを私の学生たちと議論する際に、次のような方程式を使って説明している。

$$\Psi = x + y$$

すなわち、精神療法において、そのつど、どのような方法が選択されるか（Ψ）は、患者の一回性と唯一性、医師の一回性と唯一性の両方を計算に入れないと成り立たないという点において、二つの未知数から構成される方程式から導き出されるのである。

このことは、安易でいいかげんな折衷主義におぼれてもかまわないということであろうか。個々の精神療法の方法間にある対立が隠蔽されてもかまわないということであろうか。そのようなことは、しかし、すべて取るに足りないことである。むしろ、われわれの考察と検討が目指しているのは、精神療法はもはや排他的な要求をしてはならないということである。われわれは、一つの絶対的真理を、直接理解することができない以上、相対的な真理を相互に修正することで満足しなければならないのである。それどころか、一面性への勇気を奮い起こさねばならない。つまり、一面的であることを自覚するという一面性への勇気である。

たとえば、オーケストラのフルート奏者が、一面的ではなく、つまりもっぱらフルートを演奏するだけでなく、もう一つの楽器を手に取るのを想像してほしい。そのようなことは考えられないことである。というのも、フルート奏者がオーケストラの中で一面的であるのは、すなわちフルートを専門に演奏するのは、それが権利であるというだけでなく、まさに義務でもあるからである。けれどもそれはオーケストラの中だけのことでもある。ひとたび家に帰れば、このオーケストラの外部である家庭においては、彼は賢明にも、ただ一面的にフルートの練習ばかりして隣近所の人々をいらいらさせることのないように気をつけるであろう。これと同じように、われわれは精神療法という混声交響楽の中で、一面的であることを自覚しているような一面性を要求する権利を有しているだけでなく、義務づけられてもいるのである。

ちなみに、かつて芸術が多様なものの統一であると定義されたことがあるが、これになぞらえていえば、人間は多様なものの統一であると定義されうるであろう。人間はその本質においてまったき統一性と全体性を有しているにもかかわらず、諸々の次元にまで多様性が及んでいる。そして、精神療法は、人間のこれらすべての多様な次元にまで分け入っていかねばならない。そこでは、身体的次元も心理的次元も精神的次元も、どんな次元も考慮されないまま見過ごされるということがあってはならない。それゆえ、精神療法はヤコブのはしごのように、その上を上り下りして動かなければならないのである。精神療法は、その固有のメタ臨床的問題を考慮しないままでいることがあってはならないが、同様にまた足元にある臨床的な経験知の基盤を失うことも許されない。精神療法が秘教的な高みへ「昇る」や否や、それは呼び返され、連れ戻されねばならないのである。(五)

人間は、生物学的な次元と心理学的な次元を動物と共有している。たとえ動物的側面が人間的側面によってどれほど次元的に高められ造り変えられたとしても、それによって人間が動物でもあることをやめるわけではない。飛行機は、自動車と同じように、飛行場を、つまり平面を走ることをやめるわけではない。そして、それが本当の飛行機であることが証明されるのは、空中に、つまり三次元の空間に上昇したときである。これとまったく同じように人間は動物でありながら、無限に動物以上でもある。その理由は、人間がまさに一つの全体的次元、すなわち自由の次元を有しているからである。人間の自由性は、言うまでもなく、もろもろの制約、すなわち生物学的制約、心理学的制約、社会学的制約といった制約からの自由を意味する。けれども、それは、このような何かからの自由を意味しているだけではまったくなく、何かへの自由、すなわちあらゆる制約に対して態度をとることへの自由をも意味している。それゆえ、人間は、自由の次元へ飛翔するときにはじめて、本当の人間であることが証明されるのである。

さきに述べたことから言えば、理論においては動物行動学的な観点からはじめるのが正当であるのと同じように、実践においては薬理学的な観点からはじめるのが正当であると言えるかもしれない。精神療法が向精神薬によって取って代わられるのか、それともそれによって単に容易にされたり困難にされたりするだけなのか。こうした点については、ここでは未決定のままにしておき、一つのことだけを指摘しておきたいと思う。向精神薬による治療は、電気ショック療法と同様に、精神療法という行為を機械化し、患者をもはや一人の人格と見なさなくなるようになるのではないかという心配が最近表明されている。これに対して私は、どうしてそうなってしまうのかという理由が理解されていない、と言わざるをえない。技術が問題なのではなく、ただもっぱら、その技術を取り扱う当のもの、すなわち、技術を取り扱う精神が問題なのである(3)。それゆえ、次のような精神も存在することになる。そこでは、病気の背後にもはや人格は見られていず、それどころか心の中にもメカニズムしか見られていない。それによって、人間はもの化されるか、あるいはまったく操作される。つまり、人間は目的のための手段になってしまうのである(4)。

　たとえば内因性抑うつの症例の場合には、精神療法が向精神薬の助けを借りることはまったく適切であると私は考える。そのような症例の根底には実際の罪責が存在しているのだから、その罪責感情が「精神安定剤によって取り除かれる」ようなことがあってはならないという議論は、私には適切であるとは思われない。ある意味では、すなわち実存的な意味では、われわれの誰もが罪責を有している。しかし、内因性抑うつ患者にとっては、このような罪責性が絶望や自殺へと駆り立てるほどに、均衡を失い昂じていくように感じられるのである。引き潮で暗礁が露わになるとき、その暗礁が引き潮の原因であると主張する人はいないであろう。あたかもこれと同じように、内因性抑うつの段階では、どんな人間存在の根底にも横たわっている罪責が異常なほどに露わになるのである。このような実存的な罪責性が内因性抑うつの「根底に」あること――心因的さらには精神因的な意味で「根底に」あること――は、これまで指摘されてこなかったように思われる。とはいえ、ここで十分注目しておくべきことは、ある具体的な症例の場合でいえば、この実存的な罪責が病因になったのは、とりわけ一九五一年の二月から四月までと一九五六年の三月から六月までのことであって、その後はそれが病因になったとはまったく考えられないということである。それゆえ、私がなお熟考を促したいのは、よりにもよって内因性抑うつの時期に、その人間を実存的罪責と対決させるのは不適切ではないか、ということである。そのような方法は、自責の念でぐるぐる回る水車に水を流すようなもので、かえってあまりにも簡単に自殺へと追いやりかねないであろう。私は、このような症例においては、苦しみを緩和する薬物療法があることを患者に知らせないでよいとは思わないのである。

けれども、内因性抑うつではなく、心因性抑うつが問題になる場合、つまり抑うつ精神病ではなく抑うつ神経症が問題になる場合は事情は別である。この場合、薬物療法は、状況次第では明らかな医療過誤になりかねない。というのは、それは、病因論で偽装された似非《えせ》セラピーであって、虫垂炎の症例で使用されるモルヒネのようなものにすぎないからである。これと同様のことは精神療法にも当てはまる。精神療法にあっては、医師は病因論を顧慮することなしに治療することすら可能なのである。このような危険性は、われわれが精神医学、いや医学全体の役割が変化している時代に生きているだけに、なおいっそう差し迫ったものになっている。ようやく最近になって、ハーバード大学のファーンズウォース教授が、アメリカ医学会に先立って行われた講演の中で次のように述べている。「医学は今、その役割の拡大という課題に直面しています。私たちが今経験しているような危機の時代においては、医師はどうしても哲学に専心しなければなりません。私たちの時代の最大の病は、目標喪失、退屈、意味と目的の欠如なのであります」と。

こうして、今や医師のもとに、さまざまな問題、すなわち、本来医学的ではなく哲学的な性質の問題であり、医師にほとんど用意のできていない問題が持ち込まれる。患者たちは、その問題を精神科医に相談する。というのも、患者たちは自分の人生の意味を疑っているか、そもそも人生の意味を見出すことにまったく絶望しているからである。これとの関連で私がいつも指摘することにしているのは実存的欲求不満ということである。この実存的欲求不満それ自体は、病理的なものとはまったく無関係である。特におよそ神経症に関するかぎり、われわれは新しいタイプの神経症、すなわち私が精神因性神経症（noogene Neurose）と名づけているものと関わっている。ともかく、いくつもの統計（本書四二一頁参照）が一致して示すところによれば、神経症を罹患した患者総数の約二〇％が精神因性なのである。アメリカ合衆国のハーバード大学やジョージア州コロンバスのブラッドレーセンターでは、この精神因性神経症を心因性神経症（および身体因性の擬似神経症）から診断的に区別するためのテスト[5]がすでに開発されはじめている。この鑑別診断を行うことができない医師は、最も重要な武器を放棄するという危険を冒すことになるであろう。その武器とは、かつては精神療法の武器庫の中に存在していたもの、すなわち意味と価値への人間の方向づけ[6]という武器である。私は、たとえばある課題への努力が足りないことが心の疾病の唯一の原因になりうるなどと考えることはできない。しかし、積極的な意味への方向づけが治癒の一つの手段であることは確信しているのである。

ところで私は、このようなやり方は患者に過大な要求をすることになるのではないかと反論されるのを覚悟している。けれども、われわれが今日、この実存的欲求不満の時代に危惧しなければならないのは、人間への過大要求ではなく過小要求なのである。まさに、ストレスの病理学が存在するだけではなく、解放の病理学も存在するということである。一九四六年に私は、かつての強制収容所の収容者の〔解放後の〕内的崩壊を手がかりにして、この解放の精神病理学について書いた。後にワルター・シュルテの諸研究がこれと同じ方向から、この解放を「自律神経的に悪天候が発生する場所《ヴェゲタティーファー・ヴェッターヴィンケル》」と捉えた。また私の考えは、最終的にマンフレート・プフランツとトゥーレ・フォン・ユクスキュルによって証明された。それゆえ、どんな代価を払っても緊張を避けるということが、もはや重要なのではない。むしろ、人間は、ある一定の、健全で、適度な緊張を必要としている、と私は考えるのである。大切なことは、どんな代価を払っても恒常性《ホメオスタシス》を維持させることではなく、精神の力動性なのである。この精神の力動性は、人間とその人間によって充たされるのを待っている意味との間に開かれる、両極的な緊張の場と私が呼んでいるものであって、決して無くすることのできない、不可欠なものなのである。

すでにアメリカ合衆国では、精神療法におけるエピクロス派の時代は終わりに近づき、ストア派の時代がそれに取って代わる、ということについて知りたいという声が高まっている。今では、いくらなんでも、人間が意味とか価値といったものに方向づけられ、それに向かって秩序づけられていることを「防衛機制ないしは二次的な合理化にすぎない」などと片づけることは許されない。もし私個人について言わせていただけるならば、私は、私の防衛機制とか私の二次的合理化のために生きたくはないし、ましてやそれらのために人生を賭けたくはない。確かに、人間が自分の存在の意味を心配する場合、その背後になにか別の理由があることも例外的に散見されるであろう。けれどもそれ以外のすべての場合、その心配《ゾルゲ》は人間にとっての真の関心事なのである。われわれはそれを真剣に受けとるべきであり、プロクルステスのベッド(六)のように、職業的な統覚図式の中に押し込めてはならないであろう。人間だけが意味の問いを立てることができ、現存在の意味を問うことができるのである。しかし職業的な統覚図式は、この現存在の意味についてのきわめて人間的な心配を、いとも簡単に分析的に片づけるか、トランキライザー（抗不安剤）で取り去ってしまいかねないのである。このいずれの場合においても、われわれは似非《えせ》セラピーを行っていることになるであろう。

精神的力動性は、精神療法にとってだけでなく、精神衛生にとっても重要である。アメリカでは、コッチェンが種々の検査に基づいて、ロゴセラピーの根本概念である意味志向性、すなわち人間が意味や価値の世界へと方向づけられ秩序づけられていることが、その当人の心理的な健康と比例しているということを証明することができた。またデイヴィス、マッコートおよびソロモンが再び確認したところによれば、感覚遮断実験の過程で出現する幻覚は、単なる感覚情報の伝達によっては決して回避されず、ただもっぱら正しい意味連関の回復によってのみ回避されるということである。

まさにこの意味連関の遮断は、実験的に作り出された精神異常の根底にあるだけではなく、ある集団的な神経症の根底にも認められる。それは、今日ますます多くの人々をとらえているように思われる無意味感、すなわち私が実存的空虚感と呼んでいるものである。今日、人間は本能の乏しさに苦しんでいるだけではなく、伝統の喪失にも苦しんでいる。今ではもはや、本能は人間に何をしなければならないかを告げず、また伝統も人間に何をなすべきかを告げることがなくなっている。(7)やがて人間は何をしたいのかもわからなくなり、ただ他の人々のするとおりにするだけになるであろう。つまり、画一主義《コンフォーミズム》に陥ってしまうのである。

すでにアメリカの精神分析家たちは、自分たちがなにか新しいタイプの神経症に関わっているのではないかと訴えている。そのもっとも際立った特徴は無気力な、自発性の欠如にある。このような症状においては、従来の治療は役に立たず、ただ見捨てておくほかはない、と医師たちは嘆いている。しかし、その結果、患者の側における人生の意味を求める叫びが医師の側に反響を呼び起こし、新しい精神療法の手がかりを求める呼び声が生まれてきている。実存的空虚感の場合には、まさに集団的現象に関わる問題であるだけに、この呼び声はいっそう切迫したものとして響きわたっている。私のドイツ語の講義を聴いているドイツ、スイス、オーストリアの学生たちのほぼ四〇％の学生が、底知れない無意味感をみずから経験しているか、経験したことがあると答えている。また英語で行ったアメリカの講義では、八〇％の学生が同様の答えをしている。もちろん、これは、アメリカ人の方がはるかに実存的空虚感に陥りやすいということを意味するのではないし、またわれわれは、それをいわゆるアメリカ化のせいにしようとしているのでもない。むしろ、それが意味しているのは、おそらくそれが高度産業社会という形態の一つの特徴なのだということである。ボスは退屈を未来の神経症と名づけたが、私はさらに次のように付け加えたい、「この未来はすでに始まっている」と。いや、それだけではない。このことはすでに前世紀にショーペンハウアーによって予言されていたのである。彼によれば、人類はどうやら、困窮と退屈の両極の間を振り子のようにあちらこちらへ揺れ動くように永遠に定められている、というのである。このうち、われわれ精神科医に課されているのは退屈の極であるということを、われわれは承知している。

ところで、精神療法は、そのすべての事柄に対して準備ができているのであろうか。私は、精神療法は、多かれ少なかれその新しい役割へと成長していかねばならないと思う。精神療法は、フランツ・アレキサンダーの言葉を借りれば、ようやく機械工気質によって支配される段階を脱したにすぎないのではないだろうか。しかしまた、フランツ・アレキサンダーは正当にも、われわれがどれほど莫大な成果を古い医学の機械主義的で物質主義的な研究方向に負っているかということをも指摘している。ここで私が言いたいのは次のことである。われわれが後悔すべきものは何もない、けれども償うべきものは多くある、と。

このような償いの最初の試みの一つがフロイトによって企てられた。精神分析の創始は、近代精神療法の誕生であった。しかし、フロイトは国外に亡命しなければならなかった。そして彼とともに精神療法も亡命しなければならなかったのである。というのは、彼は実際には、ウィーンの由緒正しい医師協会で行った自分の講演が嘲笑でもって迎えられたその日からすでに亡命していたからである。私には今日が、次のことに配慮すべき時代であるように思われる。それは、私が数年前にマインツの医学会で行った講演の演題として用いた「精神療法の医学への回帰」ということである。このように今や精神療法が医学へ回帰すべきであるということは、心の医師がなすべき課題が山積しており、それらがホームドクターを待ち受けているということからも明らかである。けれども、医療活動は今なお幾重にも機械化されており、その中で患者は「非人格化」されている。その上、階層性《ビュロクラティー》に凝り固まるはずのない臨床業務でさえも、幾重にも自動化されたルーティーンワークに脅かされている。このように誤った方向に進めば進むほど、精神療法自身も、この超技術化された医学に感染してしまうであろう。その結果、精神療法は、フランツ・アレキサンダーが激しく非難した心の技術者という技術主義的な理想におぼれることになるのである。けれども、われわれは今ちょうど、この危険を追い払いつつあるのだ、と言ってもよいのではないだろうか。

そのとき、精神療法は、あらゆる治療学の母の膝に回帰する道を見出すことになる。この故郷回帰は、しかし、精神療法と医学のいずれに対しても、その様相を変化させるであろう。というのは、精神療法は、医学への回帰に当たって、ある代償を支払わねばならないからである。それは精神療法の非神話化という代償である。

では、この精神療法の医学への回帰は、医学に対して、どのような影響を及ぼすのであろうか。それは際限なく「医学の心理学化」へと導くのであろうか。そうではない。その向かう先は、医学の心理学化ではなく、医学の再人間化なのである。

まとめ

精神療法にとって本質的なことは医師と患者との人間的関係であるが、そうであればあるほど、それだけ私たちは技術の信奉者になることが少なくてすむであろう。方法が患者を非人間化するわけではない。そうではなく、その方法を適用する精神がそうするのである。患者をもの化（七）したり操作しようとする誘惑は、たとえば向精神薬による治療のように、精神療法にもともと備わっているものである[8]。けれども、とくに精神因性の神経症に関するかぎり、精神療法は、身体療法に劣らず、真の病因を見誤っているであろう。だからこそ、ますます広がりつつある実存的空虚感は、新しい（ロゴ）セラピー的な方法を求めているのである。精神療法がみずからフロイトとともに亡命した、そのもとの総合医療へと帰るとき、はじめて精神療法は、その多元的な任務を全うしうるようになる。このとき、精神療法の故郷回帰は、精神療法の様相と同時に医学の様相をも変化させるであろう。というのは、それによって、一方では精神療法の非神話化が、他方では医学の再人間化がもたらされるからである。

［原注］

（1）以下は、第五回国際精神療法会議（ウィーン、一九六一年）の閉会の際に著者が行った総括講演を基にしている。これを行うことは、この会議の副議長であった著者の任務だったのである。

（2）神経衰弱症という概念をつくったベアード〔Miller Beard　一九世紀末のアメリカの神経科医〕は、すでに次のように述べている。「一人の医師が神経衰弱の二つのケースを同じやり方で扱うならば、彼は必ずやそのうちの一つのケースを誤る。」

（3）私が何らかの装置を用いることと、患者を何らかの装置や機械と見なすこととはまったく別のことである。

（4）W. v. Baeyer, Gesundheitsfürsorge - Gesundheitspolitik 7, 197, 1958.「患者が自分の人間性を無視されていると感じるのは、自分の身体機能にもっぱら関心が向けられる場合だけではなく、自分が心理学的な研究・比較・操作の対象として扱われているのを知っている場合である。」

（5）総括注（4）〔本書四三二頁〕参照のこと。

（6）普通、人間は自分の意味志向性に気づいているものである。オーストリアの労働組合が行った調査では、一五〇〇名の若者の少なくとも八七％もの人々が「理想をもつことは意味がある」と明言している。また、次の事例は明快かつ示唆的であろう。オハイオ州の刑務所の囚人は、ガン細胞を注射されても報酬を一切受けとらなかった。それでもなお、このガンの実験のために、医師たちが本当に必要としているだけ、三回から四回にわたって自発的な申し出がなされたのである。他の刑務所でも、同様の申し出が殺到したのである。

（7）つい最近になって知ったことであるが、ロベルト・ライニンガー〔Robert Reininger 1869–1955 オーストリアの哲学者。カント研究者。ウィーン大学教授〕が、すでに一九二五年に、これとまったく同じことを先取りして述べている。「現存在の意味を求める問いは、生の本能的な確実さや生の伝統的な解釈への満足が失われつつあるか、あるいはすでに失われてしまったとき、そしてこの喪失が苦しみとして感じられるときにはじめて問いとして立ち現れてくる。」

（8）ヨゼフ・B・ファブリー〔Joseph B. Fabry ウィーン大学出身の法律家。強制収容所での捕虜生活の後、フランクルに学び、カリフォルニアを拠点としてアメリカにおけるロゴセラピーの普及に努めた〕は、次のように回想している。「私がまだ子どもだった頃、私たちのホームドクターが毎週、祖母の往診に来てくれていた。祖母はその医師に、心のうちにあるあらゆる苦しみや悩みを話すことができた。いま私は毎年行われる念入りな調査を引き受けているが、その調査で、私は三時間の長きにわたって、看護師から看護師へ、受話器から受話器へ次々に調査を行い、最後に一枚の質問紙に記された一五〇〇の質問に答えてもらうことになっている。それによってコンピュータ診断をするためである。私がこの病院で経験している医療は、私の祖母のホームドクターが提供しえた医療に比べ、はるかによいことはわかっている。しかし、このような医療技術の発展のもとで、何かが失われてしまっているのである。そして、フランクルのアメリカでのさまざまな講演の後で、フランクルに対してなされるさまざまな質問を聞くとき、私はそこから、この何かが現代の精神療法においても同様に欠如していることを聞き取るのである。」（»Das Ringen um Sinn«［Logotherapie für den Laien］Paracelsus Verlag, Stuttgart 1973.）ファブリーがここで述べていることは、次のことを改めて証明している。すなわち、精神療法に対する非人格化と非人間化は決して止んでいない、それどころか、それは、いっそうの苦しみを伴って体験され、経験されている、ということである。「自然科学的な医療の冷たい客観主義が存在するだけではない。心理学の冷たい客観主義とその心理学がたっぷりと染み込んだ医学もまた存在するのである。」（W. von Baeyer, Gesundheitsfürsorge - Gesundheitspolitik 7, 197, 1958.）

［訳注］

（一）ポンピオ・ピラトは、かつてイエスに言った。「でもやはりおまえは王ではないか。」イエスはそれに答えて言った。「王だといわれるなら、ご意見に任せる。私は真理を証するために生まれ、またそのためにこの世に来たのである。真理から出たものは誰でも、私の声に耳を傾ける。」ピラトが尋ねる。「真理とは何か」。（「ヨハネによる福音書」一八・三七－三八）

（二）Franz Alexander（1891–1965）ハンガリー出身の精神分析家。アメリカの精神分析の代表的指導者で、米国精神医学と精神分析の統合に対する最大の貢献者の一人。また、精神身体医学の創始者の一人。

（三）Ludwig Binswanger（1881–1966）スイスの精神医学者。フッサールの現象学やハイデッガーの「世界内存在」としての現存在の考え方をもとに独自の現存在分析論を創始し、ドイツ語圏の精神医学に多くの影響を与えた。

（四）Medard Boss（1903–1990）スイスの精神科医。ビンスワンガーと並んで実存哲学の考え方を精神医学に導入し精神医学的現存在分析を提唱した。

（五）天まで届くはしご。険しい階段のたとえ。「一つのはしごが地の上に立っていて、その頂は天に達し、神の使たちがそれを上り下りしているのを見た。」（「創世記」二八・一二）

（六）プロクルステスはギリシャ神話に出てくる強盗。彼は旅人を捕えて、鉄のベッドに寝かせ、身長がベッドの長さより少しでも長いと切り落とし、ベッドより短いと引っ張り殺したという。

（七）「もの化」（reifizieren）は“Reifikation”の動詞。Reifikation はラテン語の res（物・事）と ficatio（化す）に由来。抽象概念を具体的なものとして扱うという意味や人間を事物化（もの化）するという意味がある。なお「もの化」と「操作」の詳細については本書の第三章第一節「操作的関係と対峙的出会い」を参照のこと。

第1章　精神療法からロゴセラピーへ

1　精神分析と個人心理学

フロイトとアドラーの名をあげずして、誰が精神療法について語ることを許されるであろうか。精神療法について語るとき、誰が精神分析と個人心理学から出発せず、繰り返しそれらと関連づけることを避けることができるであろうか。両者は、何といっても、精神療法の領域における独自の偉大な体系なのである。これらの創始者たちが成し遂げた業績は、精神療法の歴史から除外して考えることのできないものである。たとえ精神分析あるいは個人心理学の諸原則を克服することが問題である場合であっても、それでもまずは、これらの学説を研究の基礎に据えることが求められるのである。かつてシュテーケルは、この事態をきわめて見事に表現した。彼は、フロイトに対する自分の立場について次のように述べている。――巨人の肩の上に立っている小人は、巨人自身よりも、もっと遠く、もっと多くのものを見ることができる。(1)

以下では、これまでのすべての精神療法の限界を乗り越えようとする試みがなされるのであるが、そのためにはまず、この限界をしっかりと見定めておくことが必要である。その限界を乗り越えることが必要なのかどうか、またそれはいかにして可能なのかを問う前に、精神療法が実際にそのような限界をもっているということをまず確認しておかねばならないのである。

フロイトは、精神分析の本質的な業績をツウィーダー湖の干拓に喩えている。すなわち、もともと水であった所ではどこでも豊かな土壌が得られたのと同じように、精神分析を行うことによって、「エス」のある所が「自我」になるというのである。つまり、無意識が占めていたところに意識がとってかわり、「抑圧」が解消されることによって、無意識化されていたものが意識化されるということである。したがって、精神分析においては、無意識化のプロセスとしての抑圧行為の結果を逆にたどらせることが重要になる。いずれにせよ、このことから明らかになるのは、精神分析の内部においては抑圧という概念が一つの中心的な意義をもっているということである。しかもこの抑圧は、無意識的エスによる意識的自我の制限という意味における抑圧である。それゆえ、精神分析は、一連の神経症の中に意識としての自我に対する脅かし、弱体化をみるのであり、その結果、分析的セラピーは、抑圧された体験内容を無意識から奪い取り、それを再び意識へともたらし、それによって自我がより強力になるように努めるのである。

精神分析における抑圧の概念に対比していえば、個人心理学において主役を演じているのは債務整理（Arrangement）の概念である。神経症患者は、債務整理によって自分に責任がないことを弁明しようとする。このとき、何かを無意識化しようとする試みがなされるのではなく、自分自身を責任のないものにしようという試みがなされる。神経症の症状は、患者から責任をとりあげて、いわば症状自身が責任を引き受けることになるのである。このことは、個人心理学の観点から見れば、（債務整理として）共同体に対する患者の自己正当化の試みであり、また（いわゆる疾患合理化として）自分自身に対する正当化の試みである。それゆえ、個人心理学によるセラピーは、神経症に陥った人間が自分の症状に責任をもてるようにし、症状を個人的な責任圏に引き入れ、責任性の増大によって自我圏を拡大しようという意図をもっているのである。

したがって、神経症とは結局、精神分析にとっては意識性としての自我の狭小化を意味し、また個人心理学にとっては責任性としての自我の狭小化を意味している。どちらの理論も、学問的な視野をある部分に集中的に限定するという過ちを犯している。すなわち、一方は人間の意識性に、他方は人間の責任性に偏りすぎているのである。けれども、まったくとらわれのない眼で人間存在の根本的基礎に思いをめぐらすならば、まさに意識性と責任性こそが現存在の二つの根本的事実であることが明らかになるのである。この事実を人間学的な基本形式にまとめるとすれば、人間存在は意識存在であると同時に責任存在である、と表現できるであろう。精神分析と個人心理学は、それゆえ、それぞれ人間存在の一側面、人間的実存の一契機だけを見ているのであって、この両方が合わさったときにはじめて、人間の真の姿が明らかになるのではないだろうか。精神分析と個人心理学は、すでにその出発点における人間学的な立場において対極的な位置にある。けれども今や、この対立は相互に補完され合うものであることが明らかである。そしてこのような学問論的分析から考えるならば、精神療法の領域におけるこの二つの代表的な学説は、精神史的な偶然から生まれたものではなく、体系的な必然性をもって生まれたものであることがわかるのである。

精神分析と個人心理学は、それぞれ一面的であることによって、人間存在の一面を見てはいる。けれども、意識存在と責任存在がいかに密接に結びついているかは、人間の言語の事実に表れている。たとえば英語においてもフランス語においても、ドイツ語の「意識（Bewußtsein）」や「良心（Gewissen）」（「責任性」に極めて近しい概念）と類似した表現（共通の語幹をもつ）が用いられている[1]。このように、言語における統一性がすでに、存在における統一性を暗示しているのである。

意識性と責任性が統一され、人間存在の全体性へと統合されるということは、存在論的に理解されることができる。この目的のために、われわれは、あらゆる存在（Sein）は本質的につねに他在（Anders-sein）であるということから出発しよう。すなわち、何であれ、われわれが、ある存在者を[2]他の多くの存在者の中から取り出す場合、その存在者はそのつど他の存在者から区別されることによってのみ、それとして限定されうるのである。一つの存在者は他の存在者と関係づけられることによってはじめて、両者は本質的に存在しうるのである。それぞれ互いに他の存在者であるものとしての存在者間の関係が、ある意味で存在者に先行している。存在は他在である。言い換えれば、存在は関係としての他在であり、本来ただ関係なので「ある」[3]。したがって、われわれはこれを次のようにも定式化することができる。あらゆる存在は関係存在である、と。

ところで、この他在には、並存としての他在と継起としての他在とがありうる。意識は、少なくとも、主体と客体の並存、つまり空間次元における他在を前提としている。これと反対に、責任は、異なる状態の継起、現在の存在と未来の存在との分離、つまり時間次元における他在を前提としている。この意味での他在は、他成（ein Anders-werden）〔他の状態に成ること〕、すなわち、責任の担い手としての意志が、ある状態を他の状態に変えようと努力するという意味での生成である。したがって、「意識－責任」という対概念の存在論的連関は、存在が他在として、並存と継起という二つの可能な次元にまず分岐することに基づいている。そして、このような存在論的事実に基づく人間学的な見方の二つの可能性のうち、それぞれその一方が精神分析と個人心理学によって捉えられたのである。

とはいえ、われわれは、フロイトから、まさに心理的存在という次元のほとんどすべてを開拓してくれた恩恵を受けていることを自覚している[4]。けれどもフロイト自身は、自分が成し遂げた発見を過小評価していたのである。それはまるで、アメリカを発見したとき、インドにたどり着いたと思い込んでいたコロンブスのようである。フロイトは、精神分析において本質的なものは抑圧や転移のようなメカニズムであると考えていたが、本当に重要なことは、実存的な出会いによってより深い自己理解へと導く媒介の問題だったのである。

けれども、われわれは、このフロイトの自己理解の過ちを擁護する寛容さをもたなければならない。もしわれわれが一度、すべての時代的制約、つまり精神分析に今なお付着しているであろう一九世紀のすべての卵の殻〔制約〕を度外視して考えるならば、精神分析とはいったい、究極的かつ本来的には何を意味しているのであろうか。精神分析という建築物は、二つの本質的な概念、すなわち抑圧と転移によって支えられている。抑圧についていえば、精神分析の枠内においては、意識的になること、意識化させることによって、抑圧に対する逆の働きかけが行われる。われわれは誰しも、プロメテウス的とでも言いたいようなフロイトの誇らしげな言葉を知っている——「エスがあるところに、自我が生まれねばならない」。他方、第二の原理である転移についていえば、それはまさに本来的には実存的な出会いの表現手段であると私は考える。したがって、今もなお受けいれることのできる精神分析の核心は、意識化と転移という二つの原理を統合した次のような定式にある。——「エスがあるところに、自我が生まれねばならない。」けれども、自我（我）は他我（汝）によってはじめて自我（我）になるのである。

産業社会における大衆化に伴って逆説的に生じてきた孤独化は、今やますます多くの議論を呼び起こしている。この精神療法の役割の変化は、「孤独な群集」の国であるアメリカにおいて、精神分析に過度に注目させることになった。しかしアメリカは、ピューリタニズムとカルビニズムの伝統の国でもあって、性的なものは集団的なレベルに抑圧されていたのである。ところが、汎性欲主義的と誤解された精神分析が、この集団的抑圧を緩和させることになった。しかし、実際には、精神分析は汎性欲主義などではまったくなく、ただ汎決定論的であっただけなのである。

本来、精神分析は決して汎性欲主義的ではなかったし、今日では、この傾向は、かつてよりもさらに少なくなっている。けれども、重要なことは、フロイトが愛というものを単なる二次的な現象と捉えたことである。しかし実際には、愛は人間的実存の根源的現象であって、決して、いわゆる目的を阻止された志向だとか昇華だとかという意味での単なる二次的現象などではない。というのは、およそ昇華といわれるような事柄が生じる場合であっても、まさにこの昇華の可能件の前提条件として、いつもすでに愛が先行しているということが現象学的に証明されうるからである。このような理由から、愛の能力は昇華の前提であり、それ自体、昇華過程の結果ではありえないのである。あるいは、こうも言えるであろう、すなわち、もし昇華が性欲の人格全体への統合を意味するとすれば、このような昇華は、実存が本来的かつ第一次的に有する愛の能力を背景にしてはじめて、つまり人間はもともと愛に向けられた存在であるということを背景にしてはじめて理解可能になるということである。一言でいえば、次のように言えるであろう。――自我（我）は、一人の他我（汝）を志向するときにのみ、自分自身のエスを統合することができる、と。

シェーラー[二]は、ある遠慮のない論評の中で、個人心理学はそもそも特定の限定されたタイプの人間、すなわち立身出世主義者というタイプの人間にしか妥当しないことを指摘した。しかし、おそらく、そこまで批判するには及ばないであろう。ただ、われわれの考えによれば、個人心理学は次のことを見落としているのである。すなわち、個人心理学は、他人から認められようとする努力（Geltungsstreben）がいつでも至る所で見出されるものと思い込んでいるのであるが、非常に多くの人間は、この努力において単純な名誉欲よりもずっと根源的な名誉欲、すなわち、いわば現世的な名誉で決して満足しようとはせず、もっともっと大いなるもの、すなわち何らかの形で自己を永遠化しようとする（Sich-verewigen）[三]努力によって魂を鼓舞されうるということを見逃しているのである。

一般に深層心理学という表現が用いられてきたが、その場合、高層心理学、すなわち快楽への意志だけでなく意味への意志をも視野に含んでいるような高層心理学の余地はどこに残されているのであろうか[5]。精神療法の内部においても、人間的実存をその深みにおいてだけではなく、その高みにおいても見るべき時期に来ているのではないか、とわれわれは自問せざるをえない。つまり、われわれは今や、身体的段階はもとより心理的段階をも超えて、精神的なものの領域をも原理的に含むような高みへと自覚的に手を伸ばすべきではないだろうか。

これまでの精神療法は、人間の精神的な現実性をわれわれに示すことがあまりにも少なかった。たとえば精神分析と個人心理学の間には、先に述べたこととは別の対立があることはよく知られている。すなわち、精神分析が心的現実性を因果性のカテゴリーのもとに見るのに対して、個人心理学の視野には目的性のカテゴリーが支配しているということである。この場合、目的性は何らかの形でより高次のカテゴリーを示し、その意味で個人心理学は精神分析に対して精神療法のより高度な発展を、すなわち精神療法の歴史における一つの進歩を意味することは否定できない。しかし、われわれの考えでは、この進歩がさらに高次の段階によって補完されうるかぎり、いわばまだ開かれたままになっている。そこで、われわれはどうしても次のように問わざるをえない。いま述べた二つのカテゴリーだけで、可能なカテゴリー的観点の領域がすべて尽くされているのかどうか、あるいはむしろ、（因果性の観点からの）「必然」と（心的目的性に従っての）「意欲」とに対して、「当為」という新たなカテゴリーが付け加わるべきではないのか、と。

このような考察は、一見したところ、実際生活から離れているように見えるかもしれない。しかし、そうではない。とくに医師、少なくとも精神療法の実践家にとってはそうではない。というのは、なにしろ彼は結局、何らかの形で患者から可能なかぎりのものを引き出そうとするからである。もっとも、可能なかぎりのものと言っても、それは秘密に関してではなく、人間的価値に関してである。この点で心に刻んでおきたいのは、おそらくどんな精神療法にとっても最高の格律となしうるであろう、あのゲーテの言葉である。「もしわれわれが人間を、彼らが現にあるとおりに受けとるならば、彼らをいっそう悪くしてしまう。もしわれわれが人間を、彼らがあるべきところのものであるかのように取り扱うならば、われわれは、彼らが進むべきところに向かって彼らを導くことになる。」

以上に述べてきた人間学的観点や精神病理学的カテゴリーだけではなく、精神療法の究極目的に関しても精神分析と個人心理学は異なった態度をとっていることが認められる。もっとも、ここでもまた純粋な対立ということではなくて、むしろある種の段階的差異が認められるだけであり、しかも、われわれの考えでは、まだ両者とも最終段階まで上りつめていないところでの差異にすぎない。精神分析の根底に、意識的にせよ無意識的にせよ──それをみずから認めることはめったにないが──いつも潜在的に含まれている世界観的な目標設定について考察してみよう。精神分析は結局、神経症の人間において何を達成しようとしているのであろうか。精神分析があらかじめ設定している目標は、一方における無意識の要求と他方における現実の要請との間に妥協をもたらすことにある。精神分析は、個人つまり彼の衝動を外界に適応させ、現実と和解させようと努めるのであるが、この現実はしばしば容赦なく──「現実原則」に応じて──いわゆる衝動断念を要求する。これに対して個人心理学の目標は、より広範囲である。それは患者に、単なる適応（Anpassung）を超えて、勇気をもって現実を形成すること（Gestaltung）を要求する。つまり、エスの側から生じる必然（Müssen）に対して、自我の側から生じる意欲（Wollen）を対置するのである。

しかしながら、われわれは、この二つの目標系列だけでは不十分なのではないか、それ以上の次元へ突き進むことが許され、さらには要求さえされているのではないかと問わざるをえない。換言すれば、われわれが「人間」の全体像、すなわち身体的‐心理的‐精神的現実という人間の全体像に到達しようとするかぎり、適応と形成というカテゴリーのほかに第三のカテゴリーが付け加えられねばならないのではないかということである。というのも、この全体像だけがはじめて、われわれを信頼し、われわれに身をゆだねつつ苦悩する人を、その人自身の本来の現実へと導くことができるからである。ここでわれわれが考えている最後のカテゴリーは、充足（Erfüllung）というカテゴリーである。外面的な生活の形成と一人の人間の内的な充足との間には本質的な違いがある。生活の形成がいわば外延的な大きさであるとすれば、人生の充足はいわばベクトル的な大きさである。すなわち、それは方向性をもつものであり、すべての個々の人間の人格に与えられ、その人のために取っておかれ、その人にのみ課されている価値可能性へと方向づけられているのである。そして、この価値可能性を現実化することが人生においては重要なのである。

この三つのカテゴリーの違いを明らかにするために、一例として一人の若者を仮定することにしよう。貧しい境遇の中で育ったこの若者は、その環境の狭苦しさと重苦しさに「適応」することで満足する代わりに、その環境に彼自身の意志を押し立て、彼の人生を、たとえばより高い職業を得るために勉強できるように「形成」していったとする。さらに彼は適性と好みに従って医学を学び、医師になったとしよう。こうして彼は、経済的に恵まれると同時に尊い実践をも保障するような地位が与えられるという魅惑的なチャンスを得ることになり、またそれによって自分の人生を支配し、外面的に豊かな生活を形成しうるようになったとしよう。けれども、この人物の才能が医学のある特殊領域にあり、彼の地位とはまったく関係のないものであったとすれば、その恵まれた外面的な生活形成にもかかわらず、その生活には内面的な充足が与えられないままなのである。このように豊かに、いかにも外見上は幸福そうに、思うがままに家具が調えられた持ち家に住み、高級車をもち、贅沢な生活を享受していようとも、ひとたび彼が深く思慮をめぐらせるやいなや、自分の人生がどこか間違っていたことを認めざるをえないであろう。そして彼は、外的な豊かさと生活の快適さを断念して自分の本来の使命に忠実であり続けている他の人間の姿に接するとき、ヘッベルの言葉を借りて、こう告白せざるをえないであろう。「私である人が、私がありえたであろう人に、悲しげに会釈する」と。

　しかし、これと反対のことを想像することも十分可能であろう。すなわち、今われわれが仮定した人間が、その輝かしい外面的なキャリアと多くの生活資産を放棄して、自分の才能に合った狭い専門領域に立ちもどり、自分の人生の意味と内面的充足を、彼が、そして彼だけがおそらく最もよくなしうることを成し遂げることの中に見出すということである。この意味では、自分の具体的な環境に根を下ろし、そこに留まって地域医療に携わっている「小さな」診療医は、大都会で成功した彼の多くの同僚よりも「偉大」であるように思われる。また、これと同様に、科学の辺境の地位にいる多くの理論家たちは、「世間の真っただ中」に立って死に対する闘いを行っているのだと称する多くの実践家よりも、いっそう高所に立っていると言ってよいかもしれない。なぜなら、この理論家たちは科学の最前線において未知のものに挑戦し、闘い続けているのであるが、その場合、彼らは確かにその最前線のごく小さな一部分を担っているに過ぎない。しかし、それにもかかわらず、彼らはそれぞれ、かけがえのない、一回的なことを行っているのであり、その人格的な業績の独自性において代理不可能な存在であるからである。彼は自分の持ち場を見出し、その務めを果たしたのであり、かつそのことによって同時に自分自身を充足したのである。

こうして、われわれは、いわばまったく演繹的に、精神療法の学問的領域における空席とでも言えるようなものを導き出したのではないだろうか。すなわち、われわれは、満たされることを待ちわびている空席のあることを証明しえたのではないだろうか。言い換えれば、われわれは、従来の精神療法を、ある精神療法的方法によって補完する必要性を示したのではないだろうか。その精神療法的方法とは、いわばエディプスコンプレックスや劣等感の彼岸で、あるいはより一般的にいえば、あらゆる衝動力学の彼岸で働くような精神療法である。ここで求められているのは、それゆえ、この衝動力学の背後に遡り、神経症の人の心理的な苦しみの背後に精神的な苦闘を見てとるような精神療法である。つまり、「精神的なものから」の精神療法が重要なのである。

身体的症状の背後に心理的原因が見られ、その心的発生の機序が発見されたとき、精神療法誕生の鐘が打ち鳴らされた。しかし、今やさらに最後の一歩を進めて、その心因的なものの背後に、神経症の衝動力学を越えて、人間をその精神的な苦しみのうちに見てとり、その苦しみからその人を助け出すことが重要になってきている。この場合、医師は患者に対して援助的立場に立っているのであるが、この立場には、ある問題性、すなわち、そこで必要になっている価値的な態度決定から生じる問題性が含まれていることをわれわれは決して見過ごしているわけではない。というのは、ここで要請されている「精神的なものからの精神療法」という地盤に足を踏み入れたその瞬間に、医師の全精神的態度、彼の具体的な世界観的立場が表面化してくるからである。それまでは、ただそれが純然たる医療行為の中に覆い隠されるように含まれていただけなのである。それはたとえば、あらゆる医療行為そのものの根底に最初から暗黙のうちにおかれている健康価値の肯定という形において含まれている。もっとも、この価値は医学の究極的規範であって、それを承認することにはなんら問題はない。というのも、医師はいつでも、まさに健康上の利益を守ることを彼に命じている人間社会の付託を引き合いに出すことができるからである。

　これに対して、われわれが求めている精神療法の拡大、すなわち患者の心理的治療に精神的なものを取り入れるということには困難と危険が伴っている。これらの困難や危険、とりわけ医師の個人的な世界観を患者に押しつけるということについて、われわれはなお論じなければならない。すなわち、このような押しつけはそもそも回避しうるのかどうかという問い、またそれと同時に、われわれが求めている精神療法の補完の根本的な可能性への問いについても答えられねばならないであろう。この問いが未解決であるかぎり、「精神的なものからの精神療法」の要請は単なる願望にすぎなくなってしまう。この精神療法そのものの成否は、われわれが、その理論的な必然性の演繹を超えて、その可能性をも示し、（心理的なものだけでなく）精神的なものを医師の治療の中へ取り入れることの原理的な正当性を証明することに成功するかどうかにかかっている。われわれは「単なる」精神療法を批判したのであるが、もしわれわれが、この精神療法の枠内にとどまり、その境界を踏み越えないようにしようとするならば、われわれは価値づけの可能性を精神療法の内部において示さなければならない。しかし、この企てについては本書の最終章〔第三章〕で取り扱うことにして、あらゆる医療行為のうちには価値づけが実際に存在するという前述の指摘をうけて、ここではまず、価値づけの必要性について論じることにしたい。ただし、価値づけの理論的な必要性についてはすでに述べたので、ここで取り上げるのは価値づけの実践的な必要性である。

われわれの経験は、さきにわれわれが演繹的に得ようと努めていたものを実際に証明してくれている。それは、精神的なものからの精神療法が欠落しているという事実である。実際、精神療法家は、毎日毎時、その日常の実践において、その診療時の具体的状況において、世界観の問題と格闘しているのである。しかし、この問題に対して、これまでの「素朴な」精神療法の側から彼に手渡されていた必要な装備はすべて不十分なものであることが明らかになっているのである。

2　実存的空虚感と精神因性神経症

患者が一つの――その人独自の――価値観や世界観を獲得することを援助するという医師の使命は、今日のような時代においては、ますます差し迫ったものになっている。というのは、今日では神経症の約二〇%が無意味感――私はこれを実存的空虚感と名づけている――によって条件づけられ、またそれが原因になっているからである。本能は、動物の場合のように、何を為さねばならないかを人間に告げることはなく、また伝統も、今日ではもはや、何を為すべきかを人間に告げることはなくなっている。そして人間はやがて、何を本当に為したいのかがわからなくなるであろう。それだけに、人間はますます、他人が彼に欲することを喜んで為そうとするようになる。言い換えれば、権威主義的・全体主義的な指導者や誘惑者に対して抵抗力がなくなってしまうのである。

今日、患者たちは精神科医に助言を求める。というのは、彼らは自分の人生の意味を疑っているか、あるいはそもそも、何らかの人生の意味を見出すことにまったく絶望しているからである。この連関で、ロゴセラピーでは、実存的欲求不満ということを問題にする。この場合、病理学的なものはまったく問題にならない。私はある一人の患者の症例を知っている。彼は大学教授の職にあったが、自分の存在の意味に関して絶望していたために私のクリニックに行くように言われたのである。会話の中で明らかになったことは、彼の場合、本当は内因性の抑うつ状態が問題であるということであった。しかし、さらに明らかになったのは、彼の人生の意味への煩悶は、普通想像されるように、抑うつ段階の時期に彼を襲ったのではないということであった。むしろ、彼はこの抑うつの時期には、そうしたことをまったく考えることができないほど、心気症《ヒポコンドリー》的な症状に支配されていたのである。ただ健康なときにだけ、この煩悶が起こったのである。言い換えれば、この症例においては、一方の精神的苦境と他方の心理的疾病との間には排除的関係すら成立していたのである。フロイトはしかし、これとは別の見解をマリー・ボナパルト宛の手紙で記している。「人生の意味や価値について問うその瞬間に、その人は病気である……[(6)]」と。

ここに、ハーバード大学社会関係学部のロルフ・フォン・エッカーツバーグが、二〇年以上もの長きにわたって実施した追跡調査がある。その調査では一〇〇名のハーバード大学卒業生が取りあげられているのであるが、私がロルフ・フォン・エッカーツバーグから個人的に受けた報告には次のように記されている。「そのうちの二五％の人が、生きる意味への問いに関する人生の〈危機〉をまったく自発的に報告している。その中には職業的に非常に成功している者も含まれており（彼らの半数は実業界で活動している）、収入も申し分のないものであった。しかし、それにもかかわらず、彼らは、特別な人生の使命、すなわち、自分独自の、代替不可能な貢献をすることができるような活動が欠けていると訴えているのである。彼らは〈天職〉を、つまり個人的・人格的な支えとなる価値を求めているのである。」

神経症というものが問題になる場合、われわれに特に関係している神経症は、ロゴセラピーにおいて精神因性神経症と名づけている新しいタイプの神経症である。アメリカのハーバード大学とブラッドレーセンター（ジョージア州コロンバス）では、この精神因性神経症を心因性神経症から鑑別診断するためのテストの開発に着手している。ジェームズ・C・クランボーとレオンハルト・T・マホリックは、彼らの研究結果を次のように要約している。「一一五一名の被験者を対象にしたテストの結果は、従来の神経症のタイプとは別に、（フランクルが精神因性神経症と名づけているような）ある新しいタイプの神経症が臨床的に存在するというフランクルの仮説を一貫して支持している。これこそ、われわれが実際には新しい症候群を相手にしているということの証拠である。」(7)

精神因性神経症の場合には、それに特効の療法としてロゴセラピーが打ってつけである。しかし、このようにロゴセラピーが有効であるにもかかわらず、その適用を忌避する医師が時おり見受けられるとすれば、それは医師が自分自身の実存的空虚感に対決させられるという不安から来ているのではないか、ということが疑われるのである。

われわれが精神因性神経症と名づけている症例において現れてくる実存的な問題に直面したとき、一方的に心理力動的・分析的な立場に方向づけられた精神療法ならば、患者たちに彼らの「悲劇的実存」（アルフレート・デルプ）を忘れさせようとするだろう。一方、ロゴセラピーは、患者たちと同じ立場に立ち、彼らの「悲劇的実存」を真剣に受けとることによって、彼らは、「防衛機制や反動形成以外の何ものでもない」といった心理学主義的・病理学主義的な誤解を放棄するようになるのである。言い換えれば、あの医師——私はアメリカの精神分析家バートンのことを言っているのであるが(8)——がいつも行っているように、患者の死の不安を去勢恐怖に還元し、そのようなやり方でそれを実存的に些細なことのように思わせるのは、安っぽい慰めを与えることになるのではないだろうか。かりに私が去勢恐怖に苦しんでいるだけであって、私の人生がいつか死ぬ瞬間に意味をもつことができるであろうかという不安な問い、苦しみに満ちた疑いに悩んでいるというのではないとすれば、そんな診立てに一体いくら支払えるというのだろうか。

しかし精神因性神経症の登場によって、精神療法の視野が拡がっただけではなく、来談者もまた変化した。医師の診察室は、人生に絶望したり人生の意味に疑いをいだくすべての人の避難場所になったのである。このゲープザッテルの言う「牧師から精神科医へのヨーロッパ人の移動」によって、今や精神療法は、一種の代理者機能を担うようになってきている。

しかし本当は、今日だれしも、生きる意味がないなどと嘆く必要はないのである。というのも、ただ必要なことは、その人が自分の視野を広げて、確かにわれわれは豊かさを享受しているが、その一方で他の人々は苦境の中で生きているのだということに気づくことだけだからである。すなわち、わわれわれは自由を楽しんでいる、では他者に対する責任はどこに残っているのであろうか、ということである。何千年も前に人類はようやく一つの神への信仰に、すなわち一神教（Monotheismus）に到達した。けれども、一つの人類という知恵、一人類教（Monoanthropismus）とでも名づけたいような知恵はどこに残っているのであろうか。それは、人類の一体性の知恵、肌の色や党派といったすべての多様性を超えていくような一体性の知恵である。

3　心理学主義の克服

精神療法家なら誰でも知っていることであるが、精神療法の治療過程において、きわめて頻繁に生きる意味への問いが表明される。この場合、われわれが、その患者の生きる意味への疑問や世界観的な絶望は、あれこれの仕方で心理学的に発生してきたものだと知ったところで、あまり助けにならない。たとえ精神的苦しみの心理的原因は劣等感であると患者に証明することができたとしても、あるいはまた、たとえば患者のペシミスティックな人生観が何らかのコンプレックスに「還元」されうると考え、それを彼に信じさせたとしても、それだけでは、実際には患者の枝葉末節に触れるだけであって、何ら問題の核心を捉えたことにはならない。この点では、まったく精神療法的な治療を行わず、身体的な治療や処方箋を書くことだけで満足する医師とあまり変わらないのである。これに対して、あの古い格言はなんと賢明であろうか――「精神で癒せ、薬ではなく（Medica mente, non medicamentis!）。」

ここで重要なことは、このような医療行為の方法はどれもみな同じようなものであり、いずれも患者に対して「的外れ」であること、しかも、このような的外れが時として医師の専門性や科学性の「姿をとって」現れかねないことを示すことである。

ここで必要なことは、われわれが患者にきちんと話すことを学び、議論を交わし、適切な手段、つまり精神的な武器を用いて格闘することを学ぶことである。われわれが必要とすること、あるいはむしろ神経症の人間こそ要求してよいことは、彼が世界観的な議論において持ち出すことのすべてを内在的に批判するということである。われわれは、彼が持ち出す議論に対して反論する誠実な闘いを敢えてなさねばならない。そして、その際、その反論の根拠を、生物学的な領域から、あるいは場合によっては社会学的な領域からすら取ってくるような、安易で筋違いの論証は避けるべきである。そのような論証を試みることは、内在的な批判を避けるということであり、その問いが立てられている地平――精神的な地平――から離れるということである。つまり、それは、その地平に留まって精神的な闘いをすること、精神的な武器によって精神的な態度決定を勝ち取ろうとする闘いを行い、それに打ち克つことを放棄するということである。一種の世界観的な公平さということから言っても、われわれは同じ武器をもって闘うべきであろう。

患者がその人生の意味を疑っているだけでなく、そもそもそれに絶望し自殺の危険すらあるような症例が問題であるような場合でも、場合によっては、第一になされるべき援助の一種として、〔いま述べたような精神的な闘いを〕優先させることが当を得たものとして示される場合があることは言うまでもない。そのような第一になされるべき〔精神的な〕援助の範囲の中で、たえず新たに適切なものとして示されるものは、問題の学問化とでも呼べるような援助である。すなわち、自分を苦しめているものが現代の実存哲学の中心テーマと重なり合っていることに患者たちが気づくやいなや、彼らの心理的苦境はただちに人間そのものがもつ精神的苦境へと透明化されるのである。このとき、彼らは、その精神的苦境を、恥ずかしく思わねばならないような神経症としてではなく、誇りに思ってよいような犠牲として自らに引き受けるようになるのである。実際、自分を苦しめている問題が、あれこれの実存哲学の書物のしかじかのページで論じられていることを確認して、ほっとする患者もいるのである。こうした確認によって、患者たちはまさにその問題から感情的に距離をとり、それを理性的に客観化するのである。

　それゆえ、このような認識批判的な「作法」を身につけている医師は、精神的に苦闘している人間の絶望に対して、たとえば単純に精神安定剤《トランキライザー》を処方することを拒否する。反対に彼は、精神的なものへ方向づけられた精神療法という方法によって、患者に精神的な支えを与え、精神的な拠り所をもたせようと試みるのである。このことは、われわれがいわゆる典型的な神経症的世界観と関わらねばならない場合にも当てはまる。それどころか、むしろその場合にこそ特に当てはまる。というのも、もしも患者が正しい世界観をもっている場合には、われわれが精神療法という方法で彼の世界観と闘おうとすることは、彼に不正をなすことになるからである。なぜなら、一人の神経症患者の世界観は、彼が神経症患者だからという理由で、「神経症的」として退けられてはならないからである。しかし、他方、患者が正しくない世界観をもっている場合は、彼の世界観の修正には根本的に他の方法が、すなわち、いずれにせよ精神療法ではない方法が必要になる。したがって、われわれは次のように定式化してもよいであろう。もし患者が正しい場合には、精神療法は不必要である。なぜなら、正しい世界観をわれわれは修正する必要がないから。しかし、患者が正しくない場合には、精神療法は不可能である。なぜなら、正しくない世界観を精神療法によって修正することはできないから。こうして、従来の精神療法は、およそすべての精神的なものに対して不十分であることが明らかになる。しかも、それは、単に不十分であるばかりではなく、すべての精神的なものに対して権限ももたないのである。こうして、先に述べたことによって従来の精神療法が心的現実の全体性に対して不十分であることが明らかになっただけでなく、今やそれは精神的現実の自律性に対しても権限をもたないことが明らかになるのである。

このように権限をもたないことは、しかし、世界観の精神療法の試みに関して指摘されうるだけでなく、むしろ、そのような精神療法のすべてが想定している、いわゆる「世界観の精神病理」に関して指摘されうることである。事実、このような世界観の精神病理というものは実際には存在しないし、また存在しえないものでもある。というのも、精神的な創造そのものは、心理学的に還元できないものであるからである。つまり、精神的なものと心理的なものを比較することはできないからである。ある世界観的作品の内容は、決してそれを創造した人の心理的根底から完全に導き出すことはできない。ましてや、ある世界観を造り出した人間が心理的な観点から見ると病的であるという事実から、その人の精神的作品である世界観も誤っているなどと推測されてはならないのである。一人の神経症患者のペシミズムとか懐疑主義とか宿命論が心理学的にどのように生じたかを知ったとしても、実際には、それはわずかしか役立たなかったし、その患者の助けにはまったくならなかったのである。われわれは彼の世界観にこそ対抗しなければならないのである。そうすることによって初めて、彼の「イデオロギー」の「心理的発生」を把握し、彼の個人的生活史からそれを理解することに取りかかることができるのである。したがって、世界観の精神病理学、ましてや世界観の精神療法といったものは存在しないのであって、存在しうるのは、せいぜいのところ、世界を観る人、つまりその世界観を頭で構想しつつある具体的な人間の精神病理学ないし精神療法だけである。しかし、そのような精神病理学には、その世界観が正しいか正しくないかの判断を下す権限ははじめからないであろう。それは決して、ある一定の哲学に関して何かを申し立てることはできない。精神病理学が申し立てることができるのは、最初からそもそも、個々の哲学者という人物に関してだけである。

精神病理学で用いられる「健康－病気」というカテゴリーは、そのつど人間にだけ適用されるのであって、決してその作品に対してではない。したがって、ある人間に関する精神病理学的な説明は、決して、ある世界観の正・不正に関する哲学的な吟味に取って替わることはできないし、それで済ますこともできないのである。ある世界観の担い手が心理的に健康であるか病気であるかということが、その世界観が精神的に正しいか正しくないかを証明したり否定したりするということはありえないのである。というのも、2×2＝4ということは、たとえ統合失調症の患者が主張したとしても、正しいことに変わりはないからである。計算の誤りは検算によって示すことができるのであって、精神医学的診断によってではない。われわれは麻痺が存在することから計算間違いを推測するのではなく、反対に、計算間違いが存在することから麻痺を推測するのである。それゆえ、精神的内容の評価に関しては、それがどのように心理的に生じたかとか、それが心理的に病的なプロセスの所産であるかどうか、といったことは原理的に重要なことではないのである。

これらの問題のうちで最も問題になるのは、結局、心理学主義の問題である。すなわち、ある行為の精神的内容が妥当性をもつか否かを、その行為の心理的な発生から推論しようと試みる似非科学的な方法の問題である。この試みは、はじめから失敗する定めにある。なぜなら、客観的・精神的な創造は、そのような異質な方法では手が届かないからである。あらゆる精神的なものはそれ自身に固有の法則をもっているということが無視されてはならないのである。たとえば、神の概念は大自然の圧倒的な力に対する原始人の不安から成立したという事実をもとにして、そこから、神的な実在が実際に存在するかどうかを論争することは許されない。また、たとえばある芸術家が病的な心理状態において——いわば精神病的な生活局面において——作品を創造したという事実から、その作品の芸術的価値の有無を推論することは許されない。たとえ、本来は真の精神的業績とか文化的作品であるものが、時たま、いわば二次的に、本質とは無関係な動機や関心に奉仕させられ、濫用されることがあったとしても、ただその事実だけをもって、その当の精神的形成物それ自体の価値が疑わしくなるということは決してないのである。もしかりそめにも、芸術的な創造や宗教的な体験を神経症的な目的のために利用することによって、それらが本来もっている根本的な価値を見過ごすとすれば、いわば産湯とともに子どもを流してしまうようなものであろう。そのような人は、コウノトリを見て、「私はコウノトリなどいないと思っていた」と驚く人に似ている。コウノトリの姿があの有名なおとぎ話に、いわば二次的に利用されたのであって、そのことをもって、コウノトリが実際に存在しないということになるであろうか。

しかし、そうはいっても、精神的形成物が心理学的に、さらには生物学的・社会学的にも、なんらかの仕方で制約されていることは言うまでもない。ただ、精神的形成物が、それらによって「制約されている」としても、それらによって「生み出された」わけではない。ヴェルダーが正しく指摘したように、精神的形成物や文化的作品に対するこのようなすべての制約性は、まさに個々の作品の偏りや誇張を生じさせる「誤りの源泉」ではあっても、精神的業績を積極的に説明しうるような本質的内容を意味するものでは決してない（こうした類の「説明」の試みは、一人の人物の表現の領域と一つの事象の叙述の領域とを取り違えている）。また個人的な世界像の形成に関していえば、すでにシェーラーは、性格学的な差異、すなわち一人の人間の全個性は、それがただ彼の世界像の選択に影響を与えるかぎりにおいてのみ、彼の世界像に作用を及ぼすことを示した。けれども、それはこの世界像の中身にまで届くわけではない。そのため、シェーラーは、この制約的に働く契機を「選択的《エレクティーフ》」と呼び、「本質構成的《コンスティトゥイーフ》」とは呼ばなかったのである。この契機は、なぜその人間が、まさにそのような個人的な世界の見方を持っているのか、を理解させるだけである。つまりそれは、たとえ一面的であっても、その個人的な見方のうちに、豊かな世界の何が表現されているのかを、まったく「説明」することができないのである。

個々のパースペクティヴの特殊性、あらゆる世界像の断片性は、まさに世界の客観性を前提としているのである。たとえば、周知の天文学者の「個人方程式(四)」にあらわれているように天体観測においても誤りの源泉や制約性が存在するとしても、そのような主観性を超えて、シリウスのような星が実際に存在することを最終的には誰も疑わないのである。したがって、われわれは少なくとも発見的な理由から、精神療法それ自体は、すべての世界観的な問題に権限をもたないという立場をとらねばならないであろう。というのも、「健康」とか「病気」というカテゴリーをもつ精神療法は、すでにそれだけで、真理内容の問題や精神的形成物の妥当性の問題に対しては無力であらざるをえないからである。この問題に関して、単なる精神療法が何らかの判断を下すならば、その瞬間にそれは心理学主義の過ち(五)に陥るであろう。

それゆえ、哲学史の内部において心理学主義が克服されたのと同じように、精神療法の内部においても、心理学主義は或るものによって克服されなければならない。その或るものとは、われわれがロゴセラピーとよんでいるものである。このロゴセラピーこそ、われわれが「精神的なものからの精神療法」に課した使命を担うものであろう。その使命とは、狭義の精神療法を補完し、われわれがまず理論的に導き出し、次いで心の医療の実践によって証明した、あの空席を満たすことである。心理学主義的な不適切な批判にそれることなく、心の悩みをかかえている人の精神的苦しみに即して、それを真に具体的に論じる方法論的な資格をもつのはロゴセラピーをおいて他にはないであろう(9)。

ロゴセラピーは、当然ながら、精神療法に取って代わるべきものでもなければ、取って代わりうるものでもない。むしろ、ロゴセラピーは精神療法を補完すべきものであり、補完しうるものなのである(しかもそれは特定のケースにおいてのみである)。ロゴセラピーが意図していることは、実際には、ずっと以前から絶えず行われてきながら、多くの場合はあまり意識されず、たいていの場合は無意識的に行われてきたことなのである。しかし、われわれの関心は、はたしてロゴセラピーを行う権利があるのかどうか、また、あるとすれば、それはどの程度までか、という問題に向けられている。このことを明らかにするために、われわれはまず、方法に関する検討を行うことによって、ロゴセラピーの構成要素と精神療法の構成要素とを、発見的な見地に基づいてひとまず分離しなければならない。もっとも、この場合、この両方の構成要素が実際の精神的治療においては密接に関連しあっており、いわば医療行為の統一性の中で互いに溶け合っていることを忘れてはならない。結局のところ、精神療法の対象とロゴセラピーの対象、すなわち、人間における心理的なものと精神的なものは、ただ発見的な意味においてのみ相互に分離されうるにすぎず、現実の人間的実存全体の統一性においては互いに分かちがたく結びついているのである。

　とはいえ、根本的には、依然として、精神的なものは心理的なものから区別されねばならない。両者は本質的に異なった領域なのである[10]。そして、心理学主義の誤りは、恣意的に一方の平面から他の平面へ移動することにあるとみることができる。その際、あらゆる精神的なものが有する固有の法則性はつねに無視され、またこの無視が、当然ながら、概念の混同[11]（μετάβασις εἰς ἄλλο γένος）をもたらすことになるのである。精神療法的治療の領域におけるこの概念の混同を避けること、またそれによって精神療法の内部における心理学主義を克服することが、われわれの求めるロゴセフピーの企図であり本来の関心なのである。

4 遺伝的還元主義と分析的汎決定論

今日、われわれは専門家の時代に生きている。そして彼らがわれわれに伝えるものは、現実を単に特殊な視点や角度からとらえたものにすぎない。研究者は、研究成果という木は見ても、もはや現実という森は見ないのである。しかも、この研究成果は、単に特殊であるだけでなく、互いに異質なものでもある。そのため、それらを一つの統一的な世界像や人間像に融合することが困難になっている。しかし、この進展の歯車を後戻りさせることもできない。研究方法がチームワークによって特徴づけられている時代においては、以前にもまして専門家なしですませることができなくなっているからである。しかし、危険は、研究者が専門化することにあるのではなく、むしろ専門家が一般化することにある。いわゆる恐るべき単純化の危険については誰もが知っている。しかし、いわば恐るべき一般化（terribles généralisateurs）とでも呼べるものも、これと同様に危険なのである。恐るべき単純化はすべてのものを単純化する。それはすべてを一つの型にはめ込んでしまう。他方、恐るべき一般化は、その型に留まらないどころか、その研究結果を一般化するのである。私は、神経学者として、コンピューターが、われわれの言う中枢神経システムに対応するモデルであるとみなすことはまったく正当であると認めるものである。誤りは、人間とは一つのコンピューターにすぎない、と主張されるときにはじめて生じるのである。人間は確かに一つのコンピューターである。しかし、同時に人間は無限にコンピューター以上でもある。ニヒリズムは、無について語ることによって仮面を脱ぐのではなく、

「にすぎない」という語り口によって仮面をかぶるのである。

心理内の「審級を擬人化する」(六)傾向は、精神分析の影響のもとに引き起こされ、ボスによって非難されたものの、一つの潮流となって、至る所に策略やごまかしを感知し、それらの仮面をはがし、正体を暴露することを目標にする傾向を根づかせることになった。（一九六一年にウィーンで開催された第五回国際精神療法会議で）ラモン・サッロが命名したこの「解剖への情熱（furor analysandi）」は、意味や価値の前で停止することなく、精神療法をその根底から脅かし、危険にさらしている。アメリカ人たちは、この関連で還元主義ということを言っているが、私は、この還元主義を似非科学的方法と定義できるのではないかと考えている。というのは、この方法によって、人間独自の現象が人間以下の（subhuman）現象に還元されるか、そこから演繹されるからである。そもそも還元主義とは総じて、人間貶下主義(七)（Subhumanismus）とでも定義され得るものなのであろう。こうなると、愛の背後には、いわゆる目的を阻止された衝動しかなく、良心はもはや超自我以外の何ものでもなくなってしまう（実際の現代の精神分析では良心と超自我とを同一視する見方はもはやまったく維持されなくなっており、両者の相異が認められるようになっている）。一言でいえば、良心や愛のような人間独自の現象は、単なる表層現象にされるのである。そのとき精神は、最も高次の神経活動にすぎなくなってしまう。それは、かの有名な学者の周知の書物（ヘーゲルの『精神現象学』）に因んでいえば、何という精神表層現象学（Epiphänomenologie des Geistes）であることだろうか……。

　このような還元主義の中に現れる学問上のニヒリズムに対して、生活上のニヒリズムがある。実存的空虚感がそれであろう。還元主義は、人間をもの化し、物象化し、非人間化する傾向によって実存的空虚感を助長しているのである。アメリカの若い社会学者ウィリアム・アーヴィング・トンプソンが次のように述べているのも、あながち大げさとは言えないであろう。「人間は、椅子や机のように存在する物体ではない。人間は生きているのであり、もしも人間の生命が単なる椅子や机のような存在に還元されていることに気づくなら、彼らは自殺しようとするにちがいない」（William Irving Thompson, Main Currents in Modern Thought 19, 1962)。しかも人間は、状況次第では、実際にそれを実行することもある。私がミシガン州のアン・アーバー大学で講演し、実存的空虚感について話したときのことである。その講演の後の討議の時間に、ディーン、すなわち学生の世話役が言うのには、自分は相談室で毎日のように実存的空虚感に出くわしている、まさに生きる意味への懐疑のために、ついに絶望し自殺しようとした学生たちのリストをそっくりあなたに提示してもよい、ということだった。

　アメリカの著者たちは、彼らが還元主義と名づけたものを自己批判的に鋭く批判した最初の人たちであった。彼らは、真実なものを真実なものとして認め、それを――彼らの言う――「額面どおりに」受けとらねばならないという要求をもって、ヨーロッパの現象学的研究の合唱に加わったのである。このことは、彼らが同時にジークムント・フロイトの業績も認めるということなしには起こりえなかったであろう。もっとも、その際、彼らはフロイトのうちに、決して真実なものとは認められないような動機理論の専門家を見ていたにすぎないのではあるが。現代のアメリカの最も重要な心理学者ゴードン・オルポート（ハーバード大学）は、フロイトのことを「そのまま額面どおりには受けとることができないような動機理論の専門家」と特徴づけている（G. W. Allport Personality and Social

Encounter, Beacon Press, Boston 1960, S.103)。その一例として、オルポートは、フロイトの宗教に対する態度を取り上げている。「フロイトにとって宗教は、本質的に個人における神経症であり、個人的な逃避の形式である。その問題の根っこにあるものは、父親像である。それゆえ、個人のうちにある宗教的心情を、そのままの形で受けとることはできない、というのである」(同書、一〇四頁)。

オルポートが、これと同時に、そのような解釈は本来的に時代遅れであるとして、次のように記しているのはまったく正当である。「クリスは、アメリカ精神分析協会への通信の中で、動機づけの解釈をイドの面に限定しようとする試みは、『古い方法を代表する』にすぎないと指摘した。現代における自我への関心は、防衛機制の分析だけに限定されないのである。むしろ、それはクリスが『心の表層』と呼んでいるものをもっと尊重するのである」(同書、一〇三頁)。

ここに述べられている問題には、事柄そのものの側面だけではなく、人間にとっての問題という側面もある。というのも、もしも精神療法において、患者がそれを求めて生きている意味や価値が真実なものとして受けとめられないとすれば、一体どうなるのか、とわれわれは問わざるをえないからである。そのときには、患者そのものがもはや人間として真剣に受けとめられなくなってしまうのである。この事態を簡単に言えば、患者が信じているということがもはや信じられなくなる、と表現することができる。あるいは、もう一度オルポートの言葉を借りれば、「個人は、信じられるという自らの権利を喪失している」(同書、九六頁)と言うこともできる。このような状況下にあって、どのようにしてなおも信頼関係が打ち立てられるべきであろうか。それは思い浮かべることすらほとんど困難なのである。

ルードヴィッヒ・ビンスワンガーの証言に依拠するとすれば、フロイトは、哲学を「抑圧された性欲の最も上品な昇華形態」「以上の何ものでもない」とみなしていた（Erinnerungen an Sigmund Freud, Bern 1956, S.19）。ましてや、一人の神経症患者が抱く私的で個人的な世界観などは、俗流精神分析家にとって、どれほど疑わしいものに思われることだろうか。このような光学のもとでは、哲学は、変装した神経症の理論化あるいは神学化以外の何ものでもありえないことになる。これと反対に、むしろ神経症には、誤った哲学を実地に移したものという意味合いが含まれていないのかどうか、という問いは等閑視されたままなのである。

還元主義は、たとえそれが人間の行為の遺伝的・分析的解釈に向けられるのではなく、その行為を妨げるものの遺伝的・分析的解釈に限定されたとしても、決して正しいとは言えない。たとえば、ある人間の信仰心の喪失を、その教育や環境に還元するような場合がそれである。またたとえば、個々の具体的な事例において、神の像が歪められたり、さらには神が否定されたりするのは父親像が影響しているからだ、という主張もたえずなされているのである。

私の共同研究者たちは、父親像と宗教生活との間に見られる相関について、二四時間以内に発症した患者の中から無作為に一定数を抽出して調査を行ってくれた。彼らが行った統計的調査の過程で明らかになったのは、二三人がまったく肯定的な特徴をもった父親像を抱いており、一三人は何ら好意的な答えをすることができなかったということである。そして注目すべきことには、よい教育を受ける星の下に育った二三人のうち一六人は、成長後、神とも同じく良好な関係を見出し、他の七人は彼らの信仰を放棄したのである。しかし、否定的な父親像のもとで生育した一三人のうち、無宗教と判定された者は二人しかいなかった。他の一一人は信仰生活に達したのである。したがって、成長後の人生において宗教的である二七人のグループは、恵まれた環境の中で生育した人々だけで構成されているわけでは決してない。また、これと逆の、無宗教になった九人の無宗教性は、否定的な父親像のためだけであるとは言えない。もし父親像と神像との相関を示す事例において教育の結果を見ることができるとすれば、それに対して父親像と神像が一致しない事例においては、決断の影響を想定しなければならないであろう。

決断能力のある人間は、ある行動の見せかけの決定因にまさに抵抗することができるのである。そして、見かけ上は全能であるかのような諸条件に対して自由であることを喚起することは、とりわけ精神療法の役割なのである。「抑圧された性欲の昇華」「以上の何ものでもない」（上記を参照）とのそしりを受けたその哲学こそが、この自由を明らかにする道を患者に指し示すことができるのである。したがって、カントの忠告に従うことが必要であるかぎり、私は哲学を医療として用いるつもりである。このことをはじめから忌避することは許されない。この場合、もちろんわれわれは、たとえば化学を医療の範囲内で応用することもまったく正当である、と考えているのである。

確かに健全な決定論に対しては、何ら異論を唱える必要はないであろう。批判されねばならないのは、私がいつも「汎決定論」と呼んでいるものである。[12] なるほど人間は決定されてはいる、つまり、人間は、言うまでもなく生物学的・心理学的・社会学的といったもろもろの条件によって支配されてはいる。この意味では、人間は決して自由ではない。人間は諸条件から自由ではないのである。人間はそもそも何かから自由であるのではなく、人間が自由であるのは、何かに向かっての自由なのである。すなわち、人間は、あらゆる制約に対して態度をとる自由を有しているのである。まさにこの本来的で人間的な可能性こそ、汎決定論がまったくもって見落とし、忘却しているところのものなのである。

人間の制約に気づくためだけならば、誰も私を必要としているわけではない。私はなるほど神経学と精神病理学という二つの領域の専門医であり、人間の生物－心理学的制約についてよく知っているとはいえ、それだけならば誰も私を必要としない。しかし、私はこの二つの領域の専門医であるだけではなく、四つの強制収容所を生きのびた者でもある。そのような者として、私は人間の自由についても知っている。その自由とは、人間のあらゆる制約を飛び越え、最も劣悪で過酷な諸条件にも立ち向かい、それに抵抗する自由である。そして、この自由は、私が精神の抵抗力と名づけているものに基づいているのである。

5　人間の似姿

多元的な学問を単純な原理に引きもどそうとする還元主義の野心に抗して、人間的なものを守ろうと努めた人物としては、存在論を唱えたニコライ・ハルトマン[八]と人間学を唱えたマックス・シェーラーを措いて他にほとんどいないであろう。彼らは、身体的なもの・心理的なもの・精神的なものという段階または層を明確に区別した。これらの段階または層には、身体的なものには生物学が、心理的なものには心理学が、等々というように、それぞれ一つの学問が対応している。そして、このように段階または層が多様であることから、まさに学問の多元性が生じるのである。

では、人間の統一性はどこに存在するのであろうか。あたかも陶器のひびや割れ目のように「質的飛躍」（ヘーゲル）をもつ人間存在は、どこで統一的に貫かれているのであろうか。周知のように、芸術は多様性における統一と定義されている。そこで、私は、人間を、多様性にもかかわらずの統一と定義したい。というのは、存在論的な差異にもかかわらず、つまり多様な存在様態にもかかわらず、人間学的な統一性が存在するからである。人間の実存の特徴は、人間学的な統一性と存在論的な差異性が共存すること、つまり人間の統一的な存在様式と（それが関与する）多様な存在様態との共存にある。要するに、人間の実存とは、トマス・アクィナスの用語を借りて言えば、「多様なものの統一」（unitas multiplex）なのである。それゆえ、多元論も一元論（たとえばベネディクティ・デ・スピノザ（九）の『幾何学的秩序によって証明されたエチカ』に見られるような一元論）も、人間の実存を正しくとらえるものではない。もっとも、そうは言っても、以下の説明では、「幾何学的秩序によって証明された」人間の似姿（imago hominis）、つまり幾何学的なアナロジーを用いて人間の似姿（人間像）を素描することを許していただきたい。ここで取り上げるのは次元的存在論である（Frankl, Jahrbuch für Psychologie und Psychotherapie 1, 186, 1953）。この次元的存在論には二つの法則がある。第一の法則は次のようなものである（図1参照）。

ある一つの物体を、それが存在している次元から、相異なる、それよりも低次の次元に投影すると、

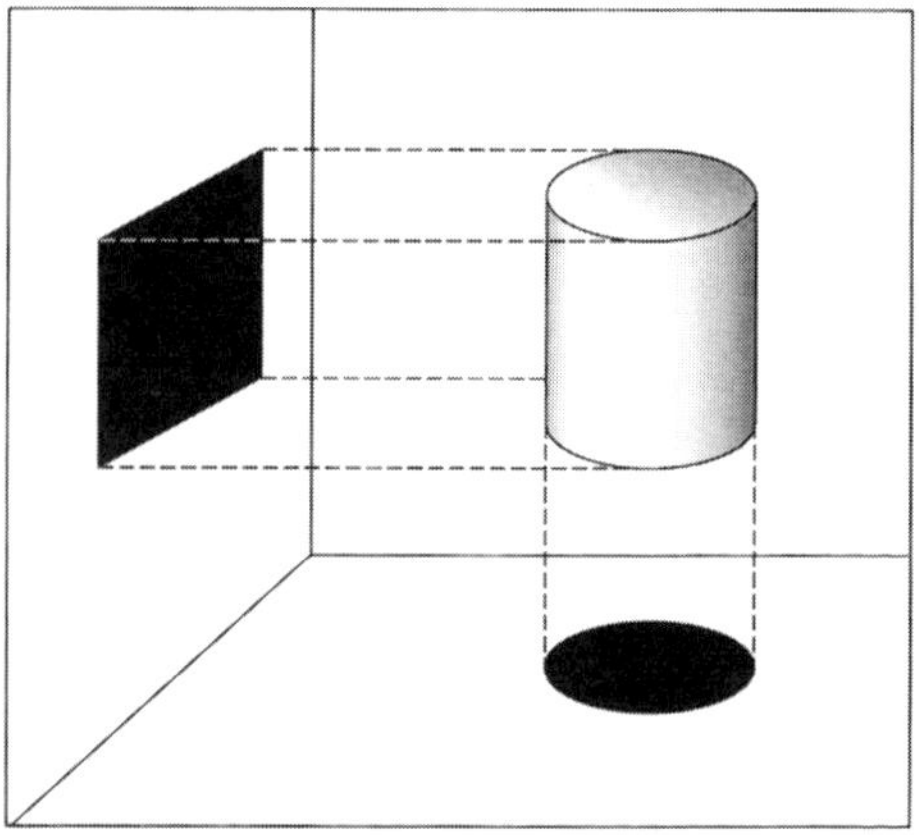

図1

一様に投影図が描き出されるが、各々の投影図は互いに矛盾している。たとえばコップを、つまり幾何学的にいえば円柱を、三次元の空間から二次元の平面である底面と側面に投影すれば、一方の場合は円になり、もう一方の場合は長方形になる。さらに、コップは開いた容器であるのに、それぞれの投影図は閉じた形になっているという点でも互いに矛盾している。

次元的存在論の第二の法則は次のようなものである（図2参照）。

（同一の物体ではなく）互いに異なる物体を、それらが存在する次元から、それよりも低次の（相異なる次元にではなく）同一の次元に投影すると、一様に投影図が描き出されるが、それらは（互いに矛盾しない）多義的な投影図になる。たとえば円柱、円錐、球を三次元の空間から二次元の底面へ投影すると、その結果生じる投影図は、どれもみな円になる。それらの影を円柱、円錐・球から投射されているものと見なすならば、まさに同じ形をしたこれらの影から、それらを投射した元のものが円柱・円錐・球のいずれであるのかを推測することができず、そのかぎり、これらの影は多義的であいまいなものになる。

では、これらのことを人間に当てはめるとどうなるであろうか。人間もまた、人間に固有の次元が還元され、生物学と心理学の平面に投影されると、一様に投影図が描き出されるが、それらは互いに矛盾している。なぜなら、人間が生物学的な平面に投影されれば、その結果生じるのは身体的な諸現象であり、また心理学的な平面に投影されれば、その結果生じるのは心理的な諸現象だからである。けれども、この矛盾は、次元的存在論の観点から見れば、人間の統一性と矛盾するものではない。それは、円と長方形の矛盾が同一の円柱の投影であるという事実に矛盾しないのと同様である[13]。けれども、ここで次のことに留意しておきたい。すなわち、人間の存在様式の統一性は異なる存在様態の多様性に関与し、それらを架橋するものであるが、しかし、この架橋、つまり身体と心理といった反対物の架橋、ニコラウス・クザーヌスが言う意味での反対の一致[二〇]というものは、人間が投影された平面の中に探しても徒労に終わるだろうということである。むしろ、この架橋はただ、一段高い次元の中にのみ、つまり人間に固有の次元の中にのみ見出されうるのである。

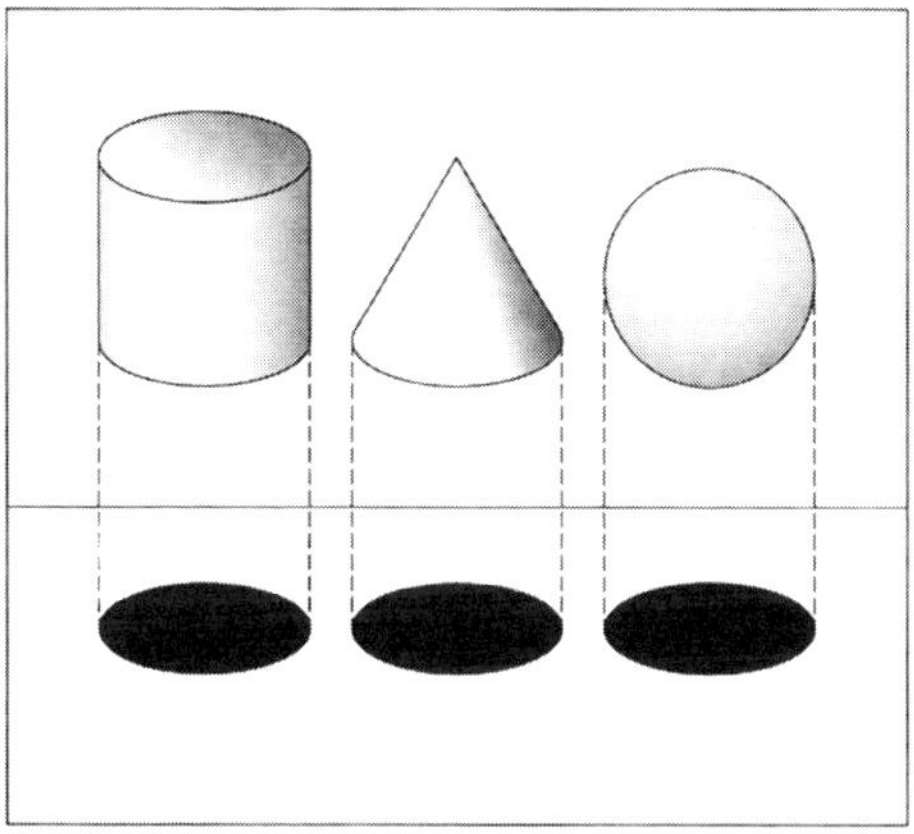

図2

　これをもって、われわれは心身問題を解決した、などと言うことはできない。けれども、なぜ心身問題は解決できないのか、ということが次元的存在論によって明らかにされることは確かであろう。これと同様のことは意志の自由の問題についても当てはまる。というのは、開いた容器が底面や側面といった平面に投影されると、閉じた図形が生じるのとまったく同じように、人間は、生物学的な平面においては生理学的な反射という閉じたシステムとして、また心理学的な平面においては心理学的な反応という閉じたシステムとして描き出されるからである。つまり、ここでも、投影によって矛盾が生じているのである。というのは、人間は――容器と同じく――開かれていること、すなわち、人間が「世界開放的」[一一]（シェーラー、ゲーレン、ポルトマン）であることは、人間の本質に属しているからである。人間であることは、すでにそれだけで、自己自身を超えてあることを意味している。人間の実存の本質は自己超越にある、と私は言いたい。人間であるということは、つねにすでに、ある物またはある者に向かって方向づけられ、秩序づけられてあること、言い換えれば、その人が専念している仕事や愛している人間、さらにはその人が仕えている神に引き渡されてあるということなのである。

　このような自己超越は、人間を次のような存在と見なすモナド主義的な人間像の枠を超え出ている(Frankl, Der Nervenarzt 31, 385, 1960)。この人間像によれば、人間は自己自身を超えて意味や価値を求め、そのような仕方で世界へと方向づけられているのではなく、ホメオスタシスの維持あるいは回復が人間にとって重要であるかぎり、もっぱら自己自身にのみ関心を持っている、というのである。しかし、このホメオスタシス原理は、生物学においてすら妥当しないし、ましてや心理学においてはまったく妥当しないのである。このことはすでにフォン・ベルタランフィー[一二]、ゴルトシュタイン[一三]、オルポートおよびシャルロッテ・ビューラー[一四]によって証明されているところであるが、モナド主義はこれを無視しているのである。もっとも、このような生理学的な反射や心理学的な反応といったシステムの閉鎖性も、次元的存在論の観点から見れば、人間の人間性になんら矛盾するものではない。それは、円柱の底面と側面の閉鎖性が円柱の開放性に矛盾しないのと同じである。

ところで、より低次の次元において獲得された認識であっても、その次元の内部ではやはり依然として有効であるということも明らかである。このことは、パヴロフ(一五)の反射学、ワトソン(一六)の行動主義、フロイトの精神分析、アドラーの個人心理学といった一面的な研究流派にも等しく妥当する。フロイトの天才は、彼の理論的立場が次元的に制約されたものであることを十分に知っていた。彼は実際、ルートヴィッヒ・ビンスワンガーに宛てた手紙の中で次のように書いている。「私はいつも、建物の一階と地階でばかり過ごしてきました」(Ludwig Binswanger, Erinnerung an Sigmund Freud, Francke, Bern 1956, S.115.)。けれども、フロイトがこれに続けて次のように記したその瞬間に、彼は心理学主義——というよりもむしろ私は病理学主義と言いたい——という形の還元主義の誘惑に屈したのである。「私は、すでに『人類の神経症』というカテゴリーに思い至ってこのかた、宗教のための住まいを、私はこの低い小屋の中に見出していたのです」(同書、同頁)。ここで初めて、フロイトは間違いをおかしたのである。

もっとも、彼の「低い小屋」という表現は、議論の一つのきっかけになる言葉ではある。というのは、低次の次元が問題になる場合であれ、高次の次元が問題になる場合であれ、そこに何らかの価値序列が先取りされたり、何らかの価値判断が暗に含まれたりしているわけではない、ということを明らかにしておかねばならないからである。次元的存在論において高次の次元という言葉を用いるとき、そこで意味されているのはむしろ、われわれがより包括的な次元に関わっており、この包括的な次元のうちに低次の次元が含まれている、ということなのである。したがって、低次の次元は高次の次元のうちで、まったくヘーゲルの言う多義的な意味で「止揚されて」いるのである。事実、人間とはそのような止揚された存在なのである。人間はかつて人間になったのであるが、それでも何らかの点で動物や植物でもあり続けているのである。それはちょうど飛行機が、自動車のように地上を走る能力を失わないのと同じことである。もちろん飛行機は、大地を離れ空中へ飛び立つやいなや、そのときに初めて、自らが飛行機であることを証明する。けれども、専門家であれば、飛行機の構造から、それがまだ飛び立たないうちに、実際にそれが飛ぶことができるかどうかを事前によみとることができるということに疑問の余地はない。この譬えで私が言いたかったのはポルトマンのことである。彼は、人間の人間性は、人間の解剖学のレベルにまでたどることができる、ということを証明しえたのである。なぜなら、人間の身体でさえ、つねにすでに人間の精神によって刻印されているからである。

しかし、現実の多次元性を除外したり、現実を遮光したり、現実というスペクトルにフィルターをかけて特定の波長を取り出したりすること、このことは科学の権利であるだけでなく、義務ですらある。したがって投影することは、正当であるにとどまらず、不可欠なことでもある。科学者は、あたかもただ一つの次元しか持たない現実に関わっているかのように、そのフィクションを堅持しなければならない。けれども彼はまた、自分が何をしているのかをも、わきまえていなければならない。すなわち、科学者は、それを無視して研究を進めざるをえない、その過ちの源をわきまえていなければならないのである。

このことによって、われわれはすでに、次元的存在論の第二の法則を人間に適用できる地点に到達したと言ってよいであろう。もし私が三次元の物体を二次元平面に投影するのではなく、誰かある人物を精神医学の平面に投影するとしよう。たとえばヒョードル・ドストエフスキーやベルナデット・スービルーといった人物を精神医学の平面に投影するとすれば、そのとき、精神医学者としての私にとってドストエフスキーは他のすべてのてんかん患者と同じてんかん患者以外の何ものでもなく、ベルナデットは幻視をともなった一人のヒステリー患者以外の何ものでもない。それ以上のもの、つまり、てんかん患者であるとかヒステリー患者であるといったことを超えたものは、精神医学の平面では描かれないである。なぜなら、一方の芸術的な業績であれ、他方の宗教的な出会いであれ、どちらも精神医学の平面の外部にあるものだからである。精神医学の平面の内部では、すべてのものは、それらの背後に、それらを超えてあるであろう他の何ものかを見透さないかぎり、多義的なままであり続けるのである。これは前述の投影図について、それらのもとにあるものが円柱、円錐、球のいずれであるかが確認されないかぎり多義的であったのと同じことなのである。

すべての病理学にとってまず第一に必要とされるものは、パトスの背後にあるロゴスを、苦悩が有する意味を見通す診断であり、それらを顧慮することである。またすべての症候学にとってまず第一に必要とされるものは、病因の診断であり、病因を顧慮することである。そして、病因が多元的である程度に応じて、症候学もそれだけ多元的になるのである。

6　心理学主義の心理的発生因

この章を終わるにあたって、どうしても避けることができないのは、心理学主義をぜひともそれ自身に対決させること、心理学主義を武器としてそれ自身に向けること、自分を自分自身の武器で攻撃するようにすることである。それは、いわば槍の向きを逆にして、心理学主義自身の心理的発生因、それ自身の根底にある動機を探求することによって、ある意味で心理学主義をそれ自身に適用することであると言えよう。では、心理学主義の隠された根本態度、その秘められた傾向とは何であろうか。そう問われれば、それは価値を貶める傾向である、と答えたい。この傾向は、さまざまな心の働き（この価値そのものは心理学主義も認めている）がもつ精神的内容の価値を貶めようとする傾向である。この価値を貶める傾向によって、心理学主義はたえず精神的内容の仮面を剥ごうとし、いつも躍起になって正体を暴露しようとし、たえず本質的ではない神経症的動機を探そうとするのである。それは、たとえば宗教的、芸術的、さらには学問的といった領域におけるあらゆる妥当性の問題を、内容の領域から行動の領域へと逃避することによって、避けてしまうのである。こうして、心理学主義とは、結局のところ、認識されるべき豊かな所与と決断されるべき豊かな使命からの逃避であり、したがってまた現存在の現実性と可能性からの逃避なのである。

心理学主義は至る所で仮面以外の何ものも見ず、しかもその仮面の背後に神経症的な動機しか認めないのである。この立場では、すべてが真実でないもの、本来的でないものとみなされる。芸術は、

「結局のところ」人生や愛からの逃避「にすぎない」し、宗教は、宇宙の圧倒的な威力に対する原始人の恐怖に「すぎない」、とそれは信じさせようとするのである。偉大な精神的創造者たちも、神経症や精神病質の人としてあっさりと片づけられてしまう。そのような「暴露する」心理学主義による「仮面剥奪」の後では、ひとは、たとえばゲーテのような人でも「ほんとうはただの」一人の神経症患者に「すぎなかったのだ」と、安心の吐息を洩らすのである。このような考え方は、いかなる本来的なものも見ていない、言い換えれば、それは、本来的には何も見ていない。たとえ、あるものが、ある時は仮面であり、またある所では目的のための手段であったからといって、そのために、それがどんな場合でもつねに単なる仮面、単なる目的のための手段でなければならないのであろうか。直接的なもの、真実のもの、根源的なものは、はたしてまったく存在しえないのであろうか。個人心理学は勇気を説く。しかし、それは、謙虚さというものを忘れているように思われる。その謙虚さとは、世界における精神的創造物に対する謙虚さであり、それ自身が独自の世界をもっている精神的なものに対する謙虚さである。こうしたものの本質や価値は、心理学主義的な仕方で心理学的地平に投影することは決してできないのである。謙虚さとは、もしもそれが真実のものであるならば、少なくとも勇気と同じくらい、内的な強さのあらわれなのである。

「仮面を剥ぐ」精神療法にとって重要なのは、結局、判断ではなく判決なのである。もしこの精神療法をそれ自身の光によって照らし出させるとすれば、すなわち、それをそれ自身の〔人をにらみ殺す蛇と伝えられる〕バジルスクの鏡に映させるとすれば、この精神療法は、すべての心理学主義と同様に、世界観的および学問的領域における価値の問題を避けていることが明らかになるのである。

したがって、心理学主義は、価値を貶めようとする意図の手段であると理解することができる。そのため、この心理学主義によって支配された研究流派は、事象そのものを献身的に認識しようと努めることをやめてしまうのである。しかし、心理学主義は、われわれの見解では、より広範な現象の一部であるように思われる。一九世紀末から二〇世紀初めにかけて、人間像はすっかり歪められてしまい、人間が、どれほど生物学的なもの・心理学的なもの・社会学的なものといったもろもろの制約に縛られており、それらの制約に対して人間がいかに無力であるか、という誤った印象を与えてしまったのである。そこでは、これらすべての制約に対して人間が本来的に有している自由、自然に対する精神的なものの自由――この自由こそが初めて人間の本質を形成するものである――が見過ごされているのである。このように、心理学主義とともに生物学主義、社会学主義[14]が存在し、それらがこぞって、同じように歪曲された人間像を打ち立てているのである。したがって、精神史的にみれば、このような自然主義的な見方に対する反動が起こり、人間存在の根本的な事実、すなわち自然の拘束を受けた所与に対して人間として自由であることを省みるようにという呼びかけがおこったのも不思議なことではなかった。また、少なくとも意識存在という根本的事実は心理学主義によっても否定されなかったのであるが、もう一方の根本的事実である責任存在が再び関心の中心に押し出されたことも不思議ではない。すなわち実存哲学が、人間の現存在を人間独自のあり方として解明するのに貢献したのである。こうしてヤスパースは、人間の存在を「決断する」存在と呼び、ただ単に「ある」のではなく、「彼が本質的にあるところのもの」をそのつど新たに決断する存在であるとしたのである。

人間の行為一般の倫理的な価値判断というものは、たとえ必ずしも明言されていなくても、おのずから久しく一般的に了解されている事態を明らかにすることによって初めて可能になる。なぜなら、人間が自然的な所与に対して抵抗し、それに対して「自ら態度をとる」とき、したがって人間が生物学的なもの（たとえば人種）や社会学的なもの（たとえば階級）や心理学的なもの（たとえば性格学的類型）の制約に支配されたり、それらに盲目的に服従することをやめるとき、そのときにこそ同時に、道徳的価値判断の可能性が始まるのである。日常使われている功績（Verdienst）や罪（Schuld）といった概念の意味は、いま述べたようなすべての制約を運命的な所与として単純に受けとるのではなく、それらのうちに運命と人生とを形成する課題を見て、それらに対して何らかの態度をとるという本来的に人間的な可能性を認めるか否かということにかかっているのである。それゆえ、たとえば、ある特定の民族に所属するということだけでは、当然ながら功績でもなければ罪でもない。罪は、たとえば、ある国民の特別な才能が伸ばされなかったり、国民的な文化価値がなおざりにされるときに初めて始まるのである。他方、功績は、その民族の何らかの性格学的な弱点をその民族に属する人々が意識的に自己教育を行うことによって克服することにあるのである。[15]

しかし、いかに多くの人々が、自分自身の個人的な性格の弱さを、その国民の性格的な弱さのせいにするという過ちを犯していることだろうか。若い頃のデュマの、[一七]次のような逸話が思い起こされる。ある高貴な身分の貴婦人が、ある日、彼に向かって言った。「あなたのお父上が、たいそう自由奔放でいらしたことに、さぞお腹立ちのことでしょうね。」そこで、若きデュマは答えた。「いいえ、妃殿下、父は私のお手本にはなってくれませんでしたが、言い訳にはなってくれましたので。」しかし、もし息子が、父の生き方を戒めの手本として役立てたのであれば、正しかったであろうに。いかに多くの人間が、ただ国民的な性格上の長所を自慢するだけで、まず個人として自己を陶冶することによって、それを自分の身につけようとしないという過ちを犯していることであろうか。その人にその責任を帰されえない事柄については、その人の功績とも罪とも認められないのである。この考え方は、結局、古代ギリシャの哲学者以来のすべての西洋的思考の基礎であり、とりわけキリスト教の登場以後ますます強固になったものである。この観点においては、非キリスト教的思考とは厳密かつ明確に対立して、人間がみずから自由に決断し、責任をもって行為することができる場合に初めて、その人は倫理的評価を受けることができるのであって、もはやその人が、そのような自由な決断や責任ある行為を行うことが不可能である場合には、その倫理的評価もなされないのである。

われわれは最初にロゴセラピーの必要性を理論的に演繹し、次に「精神的なものからの精神療法」の必要性を実践的に示そうと試みた。前者の理論的な考察では、狭義の精神療法がカテゴリーとして不十分であることを明らかにし、後者の実践的な考察では、狭義の精神療法があらゆる精神的なものに対して権限をもたず、また、必然的に心理学主義に陥るものであることを示した。そこで、以下では、「精神的なものからの精神療法」としてのロゴセラピーの実践的な可能性を証明し、最終的にはロゴセラピーの理論的な可能性を証明することが必要になってくる。すなわち、さきに触れた「世界観の押しつけは根本的に避けられうるか」という問題に答えなければならないのである。ただ、「精神的なものからの精神療法」が技術的に実行可能かどうかという問題に関しては、すでに述べたことから重要な示唆が与えられている。というのは、人間的現存在の本質的根拠、すなわち人間的実存の根底としての責任存在に立ち返って考えることの必要性が繰り返し示されたからである。こうして、ロゴセラピーを中心にしながら、精神療法を実存分析(16)へと、すなわち人間存在を責任存在に向かって分析するものとしての実存分析へと転回させねばならないことが理解されるであろう。

[原注]

(1) つまり、われわれはもはや、ヒッポクラテスやパラケルススの賛美者や崇拝者であるような人間からでさえ、彼らの処方や手術の方法を厳格に尊重することを期待され求められているわけではまったくないのである。

(2) 存在でないものはない。つまり、存在は「ある」ものであるとともに、存在以外のもの、すなわち無で「ある」。

(3) それゆえ、そもそも「赤」という現象が本来あるわけではない。本来あるのは、ただ「赤–緑」という対《つい》の関係だけであり、この関係こそ本来のもの、究極のもの、原現象なのである。この主張は、次のような事実によって経験的に証明される。すなわち、赤だけの色盲とか緑だけの色盲は実際には存在せず、存在するのはただ、それが一つになった赤–緑の色盲だけであるという事実である。そして、本文で述べたように、互いに他在である存在者間の関係が存在に実際に先行しているということは、物理学や天文学が関係するものの科学であり、数学が関係の科学であるということの中につねにすでに前提されているということからも明らかである。なお付け加えておけば、ここで言う関係とはカテゴリーではなく、むしろこの概念は存在論的な意味で言われているのである。

　このような関係の根本的意味に関するわれわれの見解は、さらに動物心理学の経験からも証明される。たとえばカール・ビューラー〔Karl Bühler, 1879-1963 ドイツの心理学者〕は動物の「関係認識」について述べており（Die geistige Entwicklung des Kindes〔子どもの精神発達〕, 4. Auflage, Jena, Gustav Fischer, 1924, S.180）、その中でW・ケーラー（W. Köhler, Nachweis einfacher Strukturfunktionen beim Schimpansen und beim Haushuhn〔チンパンジーとニワトリの単純な構成機能の証明〕, Abh. der Berl. Akad. d. Wiss. 1918, Phys. -math. Kl. Nr.2）に関連して、ニワトリの訓練の例を挙げ、ニワトリは「個々の印象そのものに対してではなく、それらの印象の関係に対して」反応したことを指摘している。

さらに別の証拠を、物理学の経験の中に見ることができる。マルヒはこう述べている。（A. March, »Neuorientierung der Physik«〔物理学の新傾向〕, »Der Standpunkt«, 9. 5. 1952, S.5）「もしもわれわれが、物質的な電子の存在に対するわれわれの信仰が基づいている諸々の経験を、その根本にまで立ち入って分析するならば、われわれの手の中に残るものは、恒常的な関係のシステムだけである。したがって、われわれが本来の実在と見なさなければならないものは、これらの関係であって、物質的な粒子ではない。このような、物質の本来の本質は……（中略）……構造の中にあるという考え方は、今日では偉大な名前、たとえばバートランド・ラッセル、エディントン、シュレーディンガーその他、多くの人々によって支持されている。彼らはみな、客観的現実というものを物質の中に認めないのである。……」

右に述べたのは、他在、相互に他在である存在者間の関係、とりわけ「赤－緑」の関係についてであった。ところで、赤と緑は互いに異なっている。しかしまた黄色とすみれ色も互いに異なっているし、青とオレンジも同様に異なっている。そして、これらすべての対も、「他のもの」の他のものである。また、緑の地の上にある大きい赤い図形と小さい赤い図形は、別の意味で互いに異なっており、さらに正方形もまた別の意味で円形とは異なっている。最後に、立体図形も別の意味で平面図とは異なっている、等々。それゆえ、存在は、単に互いに異なったものとして成立しているだけではなく、互いに異なったものとして段階づけられてもいるのである。存在はつねにより高次の他在の「諸次元」において段階づけられてもいるのである。世界は、このように、段階づけられた諸関係の体系として理解されることができる。この段階づけの「次元的」性格から明らかになることは、ある次元の相対物の関係そのものは、そのつど、それよりも一段高次の次元に属さねばならないということである。こうして、二つの点の間の「関係」、つまり両者を結合する直線は、第一次元に属し、二つの第一次元の直線の間の関係、つまり両者を結びつける平面は、それ自身第二次元に属する、等々。

ところで、それぞれ互いに他の存在者であるものの間を架橋するものは、とりわけ一つのもの、つまり認識である。認識が存在者間のそれぞれの他者を架橋するのは、まさに、それが存在者の間に関係を建立することによってである。認識とは、それ自身同時に関係なのである。認識が精神的存在者による他の存在者への関係であるとき、それは、「持つ」とも呼ばれる関係である。これと同時に、前述のことから明らかになるのは、関係としての認識は、この関係の関係項と同じ次元に属するのではないということ、言い換えれば、一方の認識する存在者は、他方の認識される存在者、あるいは互いに他在として存在する存在者の間の認識された関係と同じ次元に属するのではないということである。この理由から、ある対象の認識作用それ自体は、認識の対象と同時に認識されうるものではない。つまり、対象認識は、それがおよそ対象認識であることを止めないかぎりは、認識対象に依存して認識されるのである。

（4）Viktor E. Frankl, Das Menschenbild der Seelenheilkunde, Hippokrates-Verlag, Stuttgart 1959, S.13.〔宮本忠雄・小田晋訳『精神医学的人間像』みすず書房、八頁〕

（5）Vgl. V. E. Frankl, Zentralblatt für Psychotherapie 10, 33, 1938.「このような人間的実存の高次の層をまと

もに取り入れ、それによって、深層心理学という言葉とは反対の高層心理学という名に貢献するような、精神療法的関心をもった心理学はどこに存在するであろうか。」さて、高層心理学のある代表者は、かつて次のように語った。「理想をもつことは、生き続けるために必要な本質的要素である」と。つまり、理想に向かって生きることによってはじめて、人間は生き残ることができるのである。そして、この高層心理学の代表者は、さらに、このことは個々の人間にとってだけでなく、人類全体にとっても言えることであると考えていた。さて、ここで私が高層心理学者と呼んでいるのは誰のことであろうか。それはアメリカの最初の宇宙飛行士、ジョン・H・グレンである。彼こそ真の高層心理学者であった……。

（6）Sigmund Freud, Briefe 1873–1939, Frankfurt am Main 1960, S.429.

（7）J. H. Crumbaugh and L. T. Maholick, The Psychometric Approach to Frankl's Concept of Noogenic Neurosis, Journal of Clinical Psychology 24, 74, 1968.

（8）Arthur Burton, Death as a Contertransference, Psychoanalysis and the Psychoanalytic Review 49, 3, 1962/63.

（9）精神療法が、あるイデオロギーの裏に隠された心理学的根拠を暴露しなければならないとすれば、ロゴセラピーは、ある世界観の表向きの論理的な根拠を見かけにすぎないものとして暴露し、その根拠を論破しなければならない。

（10）Vgl. V. E. Frankl, Anthropologische Grundlagen der Psychotherapie, Bern 1975, S.109 ff.（山田邦男監訳『制約されざる人間』春秋社、一五五頁以下参照）

（11）Metabasis eis allo genos: 当該の問題が属するのとは別の領域に誤って移ることによる概念の混同。（アリストテレス、De coel. II. 268b 1）（"Metabasis eis allo genos" とは、「論証の際、当該の論点に踏み止まって

論証を進めず、途中から他の論点に移っていく誤謬」（「他の類への移行」）である。（『哲学事典』平凡社、参照）

(12) 過度の主観主義や相対主義は、通常、過度の決定論である汎決定論を伴っている。前者、すなわち過度の主観主義は、特に、流行の動機理論――正確に言えば、一面的で、もっぱら恒常性原理《ホメオスタティック》によって方向づけられているような動機理論――の中に現れている。

(13)「実際には、矛盾というものは存在しない。……というのも、われわれは現実を二つの異なった視点から見ることができるからである。」(Rabbi Yehuda Leove ben Bezalel [The Maharal of Prague], The Book of Divine Power : Introduction on the Diverse Aspects and Levels of Reality, Cracow, 1582[translated by Shlomo Mallin, Feldheim, New York, 1975, S.24]）「一つの対象は、二つの異なった視点に応じて、二つの矛盾した質をもつことができる。つまりそこには二つの異なった地平が含まれている……。」（I. c., p.36）

(14) これらすべてのイデオロギーの系譜は以下のとおりである。心理学主義、生物学主義、社会学主義の父は、自然主義である。生物学主義が社会学主義と結婚するという、いわば近親結婚的な結びつきから、その晩期産の奇形として生まれたのが集団的な生物学主義である。この集団的な生物学主義は、いわゆる人種差別主義の中にも見られる。

(15)「長所という短所」と「短所という長所」の両方を持っているということは、個々の人間に当てはまるだけではなく、一つの民族全体にも当てはまる。それゆえ、次のようにもいえる。個々の人間にとって重要なのは、ある民族の一員としてその人に付与されている能力――その能力の大小は問題ではない――から何をつくり出すかということにある。この能力は、個々人がそれを実現し、個々人によって初めてさまざまに実現される可能性に他ならない。個々人は、それらの可能性の中から選択し、それを実現するか否かを自ら決断するのである。彼がこの選択を行い、決断を下すことによって初めて、彼が属する国民が有するそれ自体としては価値中立的な素質から、彼の選択と決断に応じて、彼の人格の価値肯定的または価値否定的な性質が生まれてくるのである。

(16) Vgl. V. E. Frankl, »Zur geistigen Problematik der Psychotherapie«, Zentralblatt für Psychotherapie (1938), および »Zur Grundlegung einer Existenzanalyse«, Schweiz. med. Wschr. (1939).

[訳注]

(一)「意識」と「良心」は英語では consciousness, conscience、フランス語ではいずれも conscience である。

(二) Max Scheler (1874-1928) ドイツの哲学者。フッサールの影響を受け、現象学の方法を精神科学、倫理学、心理学、宗教哲学、知識社会学、哲学的人間学に適用した。とくに倫理学においては、カントの形式主義を現象学の立場から批判して実質的な事実としての価値を重視し、快、生命的、精神的、聖の四つの価値の段階をきめた。彼の『倫理学における形式主義と実質的価値倫理学』と『宇宙における人間の位置』はフランクルに大きな影響を与えた。

(三) ここで「自己の永遠化」と言われているのは、もちろん現世的な名誉の「永遠化」ではなく、後で詳しく述べられるように、意味の充足による「自己の永遠化」であろう。後述の「超意味」の項では次のように述べられている。「人生におけるあらゆる活動は、過ぎ去ったにもかかわらず、もはやいかなる時間の介入からも救い出されて、まさにその過去の中で永遠に守られるのだと言えるであろう。」

(四) ドイツの天文学者ベッセル (Bessel, F. W.) が一八二〇年に天体観測時刻の個人差研究を行い、その個人差を修正するために提出した方程式。

（五）言うまでもないことであるが、フランクルが「心理学主義」とよんでいるものは、通常の心理学とは区別されねばならない。後の「人間の似姿」の節で述べられる図式を借りて言えば、フランクルの言う心理学主義とは、本来二次元的平面に投影された像である心理学的認識を、三次元的空間にある生きた全体的現実として、したがってまた真理そのものであるかのように誤解ないし僭称することによって、それを一般化し絶対化しようとする立場、あるいは逆に言えば、後者の全体的現実を前者の心理学的要素に還元する立場である。このような個別科学の絶対化はもちろん心理学主義に限らない。生理学主義や社会学主義その他についても同様である。ここでは、それゆえ、人間という多元的かつ精神の自由を有する人間存在を一定の単純な要素ないし原理に還元する科学主義一般が問題になっている。フランクルは、そのような立場のうちに人間性の否定（さらには彼の言うニヒリズム）を見るのである。

（六）「審級」（Instanz）――フロイトによって明らかにされた心的装置における諸種の下部構造。たとえば検閲という審級（第一局所論）、超自我という審級（第二局所論）。法律の審級制度における第一審、第二審などの審に相当する。

（七）“subhuman”とは「人間以下の」という意味で、たとえば類人猿のような人間に近い動物を形容する言葉である。したがって“Subhumanismus”とは、直訳すれば「人間以下主義」であるが、人間を「人間以下の」存在に貶めるという意味では「人間貶下主義」である。

（八）Nicolai Hartmann（1882-1950）ドイツの哲学者。現象学の影響を受けながら、独自の存在論的、実在論的立場に立った。存在の世界を構成する存在層を非有機体・有機体・意識・精神などに分け、各存在層の構造、各層の関係、それぞれのもつ固有の範疇を詳細に展開した。（『哲学事典』平凡社参照）

（九）Benedictus de Spinoza（1632-77）オランダの哲学者。幾何学的論証の方法を用いて神や人間を理解しようとした。

（一〇）ニコラウス・クザーヌス（Nikolaus Cusanus, 1400/1-1464 ドイツの神秘主義哲学者）は無限大の円周が直線になることなど、互いに排除しあう二つの性質が一致することを主張し、これを「反対の一致」（coincidentia oppositorum）とよんだ。彼は、この「反対の一致」を神の属性とし、神を有限者のあらゆる対立を自己のうちに統一し、可能にして存在、最大にして最小である絶対者であるとした。

（一一）他の動物は周囲の環境（Umwelt）に対して閉じられているのに対して、人間はそれを意識（悟性・理性）によって対象化することができる。この人間独自の能力によって、人間は環境を「世界」化し、それを無限に造り変えることができるようになった。つまり、人間は「無限に世界開放的なX」（シェーラー）になったのである。この「世界開放性」という人間独自の性質は、シェーラー以後のいわゆる人間学的立場（ゲーレン〔1904-1976 ドイツの哲学者。哲学的人間学の代表者の一人〕、ポルトマン〔1897-1982 スイスの生物学者〕もこれに属する）の基本的人間観になった。

（一二）Ludwig von Bertalanffy（1901-72）オーストリアの理論生物学者。

（一三）Kurt Goldstein（1878-1965）ユダヤ系ドイツ人の神経生理学者。

（一四）Charlotte Bühler（1893-1974）オーストリアの心理学者。発達心理学の分野で活躍し、特に幼児の発達テストの創案で有名。

（一五）Ivan Petrovich Pavlov（1849-1936）ロシアの生理学者。条件反射の研究に従事した。

（一六）John Broadus Watson（1878-1958）アメリカの心理学者。行動主義の主唱者。行動を条件反射によって理解しようとした。

（一七）アレクサンドル・デュマ（Alexandre Dumas, 1824-1895）フランスの劇作家、小説家。『椿姫』の作者。

父（1802- 1870）は『モンテ・クリスト伯（巖窟王）』『三銃士』に始まる『ダルタニャン物語』等の作者で、晩年、遊興に明け暮れ身を持ち崩したことで知られる。同名のため、父を大デュマ、息子を小デュマと区別する。

第２章　精神分析から実存分析へ

1　一般的実存分析

〈1〉人生の意味

精神療法は、その具体的形態である精神分析においては、心理的なものの意識化に努める。それに対してロゴセラピーは、精神的なものの意識化に努める。またその際、ロゴセラピーは、その具体的形態である実存分析としては、とくに人間的実存の本質的根拠である責任性を人間の意識にもたらそうと努めるのである。

責任とは、つねに、意味に対する責任である。それゆえ、人生の意味への問いというものが、この章の最初に立てられねばならず、またそれがつねに中心的な問いでありつづけねばならないのである。実際、この問いは、精神的に苦闘する者である心を病む患者が最も頻繁に医師を悩ます問いの一つである。医師がこの問いを出すのではなく、精神的苦境にある患者がこの問いによってますます医師を攻め立てるのである。

1 現存在の意味への問い

人生の意味への問いは、たとえそれが明確に語られようと語られまいと、本来的に人間的な問いであると見なされねばならない。したがって、人生の意味を問題にするということは、それ自体としては、決して人間の病的なものの表現ではない。むしろそれは、まったく人間存在の本来的表現であり、まさに人間における最も人間的なものの表現なのである。というのも、われわれは確かに、たとえば蜂や蟻のように、多くの点で人間の国家形態にも似た、いやそれどころか人間の社会をも凌駕するほどの社会組織をもった高度に発達した動物を考えることはできても、自分自身の存在の意味を問い、自分自身の現存在を問題視するような動物を思い浮かべることは決してできないからである。自分の存在を疑わしいものとして体験し、存在のまったき疑わしさを経験することは、ただ人間そのものにのみ与えられているのである。

すでに述べたように、私の知っているある症例では、その患者は自分の存在の意味に関する絶望のために私のクリニックに来たのだった。面談の中で明らかになったことは、この患者の場合、本当は内因性の抑うつ状態が問題であるということであった。さらに明らかになったことは、彼の人生の意味への煩悶は、普通想像されるように、抑うつ段階の時期に彼を襲ったのではないということである。むしろ、彼はこの抑うつの時期には、そうしたことをまったく考えることができないほど、心気症《ヒポコンドリー》的な症状に支配されていたのである。ただ健康なときにだけ、この煩悶が起こったのである。言い換えれば、この症例においては、一方の精神的苦境と他方の心理的疾病との間には排除的関係すら成立していたのである。この症例の場合、絶望や懐疑の原因を抑うつに帰することができなかったとすれば、反対に、その原因を――精神因性の――抑うつに求めることも可能であろう。

意味の問題を真に徹底的に究明しようとすれば、それは人間を圧倒しかねない問題になる。このことは、とくに思春期にしばしば起こる。この時期には、人間存在の本質的問題性が、精神的に格闘しながら成熟しつつある若者に立ち現われてくるからである。かつて、あるギムナジウムの理科の教師が授業中に、有機体の生命は、したがって人間の生命も、「結局」一つの酸化現象、燃焼過程に「他ならない」と説明したところ、一人の生徒が突然立ち上がって、その教師に激しく食ってかかった。「それでは、いったい人生そのものにはどんな意味があるのでしょうか。」この少年は、人間という存在が、われわれの前の机上で燃え尽きていくロウソクとは異なった存在様式で実存していることを正しく理解していたのである。ロウソクの存在（ハイデッガーならば「眼前存在（Vorhanden-Sein）」〔事物存在〕と言うであろう）は燃焼過程として理解されうるであろう。しかし、人間自身は本質的にそれとは違う存在形式をもっているのである。人間存在は、何よりもまず本質的に歴史的存在であり、つねに歴史的空間の中に置かれており、この座標系から逃れることはできないのである。そしてこの関係の体系は、たとえ明白なものではないとしても、おそらく表現できない意味によってつねに規定されているのである。蟻の群れの活動はなるほど目的追求的ということはできても、有意味的ということはできない。意味のカテゴリーが欠落するとともに、「歴史的」と呼ばれうるものもまた欠落するのである。蟻の「国家」には、いかなる「歴史」もないのである。

エルヴィン・シュトラウスが（その著書『出来事と体験』〔Erwin Straus, Geschehn's und Erlebnis〕で）述べたように、彼が「生成的現実」と名づけた人間の生の現実から、とくに神経症を病む人間の生の現実から、歴史的時間という要素を排除して考えることはできない。人間（とくに神経症を病む人間）が、この生成的現実を「歪める」場合にも、いやむしろそのような場合にこそ、この歴史的時間という要素を無視することはできないのである。この歪曲の一つの形態は、人間の本来的なあり方から離反し離脱しようとする企てであり、それをシュトラウスは「現在的（präsentisch）」存在と呼んでいる。この「現在的」存在とは、シュトラウスによれば、あらゆる時間的方向性（Gerichtetheit）を放棄しうると思っている人生への態度のことである。つまり、それは、過去にも基づかず、未来にも向かわず、むしろただ歴史なき純粋な現在だけに関係しようとする態度である。この態度は、一種の耽美主義への神経症的逃避の中に、すなわち神経症患者が芸術的な耽溺や過度の白然主義的熱狂に逃避することの中にみられる。そのとき、その人間は、ある意味で自己忘却に陥っているのである。さらに言えば、彼はそのような瞬間に、現存在の個人的－歴史的な有意味性から生じてくるあらゆる義務の彼岸に生きているかぎり、義務忘却に陥っていると言うこともできるであろう。

「正常な」（平均的および倫理的規準という意味で）人間は、ただある時間においてのみ、しかもただある程度においてのみ、現在的な態度をとることが許されているのであり、またそれが可能なのである。人間は、日常の有意味的に行われている生活から、意識的につかの間だけ離れて、たとえば「祭り」に酔いしれる。人間は、この陶酔によって、すなわちこのような計画的・人為的に引き起こされた自己忘却によって、自分が本質的な責任を負っている大きな重荷を時々意識的に軽減しようとする。しかし、少なくとも西洋の人間は、本来的にはつねに、彼が創造的に実現しなければならない諸価値の命令のもとに置かれている。もっとも、自分自身の活動に酔いしれ麻痺するということもあり得ないわけではない。シェーラーは「ブルジョア」に関する論文の中で、価値実現の手段にかまけて最終目標である価値そのものを忘れるようなタイプの人間に、この可能性があると言っている。このタイプに属する人間は、一週間ずっと緊張して働き、日曜日がくると突然意識に浮かび上がってくる自分の生活の空虚さ、不毛さ、内容のなさに直面して憂鬱になる（「日曜神経症」）か、あるいは（精神的な意味での）真空嫌悪（一）のために、何らかの陶酔状態に逃げこむのである。

人生の意味への問いは、思春期に典型的にあらわれるだけでなく、時には、いわば運命的に、たとえば心を揺さぶるような衝撃的な体験によって生じることもある。思春期における人生の意味への疑問が本来的に病的なものではないのと同じように、内容ある生活を求めて苦しんでいる人間の心の苦しみや精神的苦闘のすべても、なんら異常なものではない。それゆえ、ロゴセラピーにまで拡大された精神療法、ないしはロゴセラピーという形の実存分析は、場合によっては、本来臨床的な意味では病的とはみなされないような心の悩みを抱える人間とも関わりをもつのだということが決して忘れられてはならないのである。「精神的なものからの精神療法」の対象となるのは、まさに人間の問題としての苦しみなのである。しかしまた、実際に臨床的な症状が見出されるような場合でも、ロゴセラピーによって患者に確かな精神的支えを与えることは大切なことでありうる。このような精神的支えは、健康に日常生活を送っている人にはあまり必要ないが、心の不安定な人にはその不安定さを補償するためにさしせまって必要なものなのである。人間の精神的な問題は、いかなる場合にも、単なる「症状」として片づけられてはならない。それは、どのような場合でも（オズヴァルト・シュヴァルツが「症状」のアンチテーゼとして使用した言葉でいえば）「業績《ライストゥング》」なのであり、ある場合には、患者がすでに成し遂げた業績であり、また別の場合には、われわれの援助によって患者がこれから成し遂げねばならない業績なのである。

　このことはまったく外的な理由から心の均衡を失ったような人々に当てはまる。このような人々とは、たとえば、自分の人生をその人の世話に捧げてきた最愛の近親者を失い、自分のこれからの人生にまだ意味があるのかどうかという疑問に苛まれている人々であろう。自分の存在には意味があるのだという信念が、そのような瞬間に揺らぎはじめた人間は痛ましい。そのとき、その人は何の備えもなくそこに立っている。その備えとは——たとえはっきりと意識されたり概念的に明確になっていなくとも——人生を無条件に肯定する世界観を与えうるような諸力のことである。この諸力がそのような人には欠けており、人生の困難な瞬間に運命の打撃を「受けとめ」、運命の「力」を自分で補償《コンペンジーレン》することができないのである。こうして一種の心の失調《デコンペンザチオーン》が生じるのである。

　人生を肯定する世界観的態度がどれほど重要な意義をもっているか、またそれがどれほど深く生物学的なものにまで影響を及ぼすものであるかということは、おそらく次のような長寿の原因に関する大規模な統計調査からも読み取れるであろう。その調査から明らかになったことは、すべての被調査者において「快活な」人生観、つまり人生を肯定する人生観を確認することができたということである。心理学的な領域においても、この世界観的態度はきわめて中心的な位置を占めており、どんな場合でも人間に「染み通っている」。それゆえ、たとえば、心の底では人生に対して否定的な気持ちをもっているのに、それを隠そうと努める患者の場合でも、それを残りなく「隠し通す」ことは決してできない。適切な精神医学的診察の方法をもってすれば、隠された人生の倦怠感はただちに発見されてしまう。ある患者が自殺意図を隠していると疑われる場合、それを調べるには次のような方法が適切である。はじめに、自殺の考えがあるかどうか、あるいは場合によっては、以前に述べた自殺意図を今でももっているかどうかをたずねる。患者はこの問いを、いずれにせよ——単に自殺意図を隠している場合にはますますもって——否定するであろう。そこで次に、第二の質問をする。それは、本当に自殺意図（taedium vitae〔生の倦怠〕）をもっていないのか、それとも単にそれを隠しているだけなのかを鑑別診断するためである。それがどれほど残酷に聞こえようとも、われわれは彼にこう問うのである——「なぜ」あなたは（もう）自殺の考えをもっていないのですか、と。これに対して、自殺意図をもっていない、もしくはすでに治癒した患者ならば、即座に、たとえば家族のことを考えねばならないとか、仕事のことを考えねばならない、などと答えるであろう。けれども、自殺意図を隠している患者は、われわれの質問を聞くとすぐさまある典型的な当惑状態に陥るのである。彼は、この（仮装の）人生肯定の論拠を求める質問に答えることに窮するのである。このとき、もしその患者がすでに病院に隔離されている場合には、彼は典型的なやり方で退院を迫りはじめ、退院したからといって自殺する気づかいなどはまったく無用であるなどと断言するのである。こうして、人間は心理学的に見れば、人生肯定の論証とか生きつづけることの論証、さらには、自分の心にいやおうなく浮かんでくる自殺の考えに対する反論といったことを盾にして、その背後に隠れるということはできないことが明らかになる。もし人生肯定が真にその人のものになっており、その人の思考のうちに存在しているのならば、当然、彼はもはや自殺意図に支配されることはまったくなくなり、またいかなる隠すべきものもなくなるのである。

2　超意味

人生の意味に関する問いそのものは多義的である。そのため、われわれは以下の論述に先立って、あらかじめ次のような問題を除外しておくことにしたい。それは、あらゆる事象の意味の問題、たとえば世界全体の「目標や目的」に関わるような問題、あるいはわれわれの身に降りかかる運命や出来事の意味に関わるような問題である。なぜなら、これらすべての問題に積極的に答える権利は、本来、信仰にのみ与えられているからである。それゆえ、摂理を信じている宗教的な人間にとっては、この問題に関してまったく何の問題もないであろう。しかしそれ以外の人間にとっては、いま述べた問題は認識批判的に検討される必要があるであろう。われわれは、果たして世界全体の意味を問うことが許されるのかどうか、そしてこの問いそのものが意味あるものなのかどうかを問わねばならない。本来われわれは、常にただ部分的な出来事の意味を問いうるのみであって、世界全体の出来事の「目的」を問うことはできないのである。目的というカテゴリーは超越的である。すなわち、目的は、それを「持つ」ものの外部に常に存在するかぎりにおいて超越的なものなのである。したがって、われわれは世界全体の意味をせいぜいいわゆる限界概念の形で捉えることができるだけであろう。それゆえ、このような意味を、おそらく超意味（Über-Sinn）〔意味を超えた意味〕とよんでもよいのではないだろうか。この言葉で表現されているのは、全体の意味は捉えられず、かつ捉えられる以上のものである、ということである。この概念は、それゆえ、カントの理性の要請（二）に類似していると言えるかもしれない。つまり、それは思考の必然性と思考の不可能性を同時に示しているのであり、この二律背反《アンチノミー》を超えることができるのは信仰だけなのである。

すでにパスカルは、枝は樹木全体の意味を決して捉えることができないと述べている。また最近の生物学的な環境論は、どんな生物も、その種固有の環界《ウムヴェルト》〔環境世界〕に閉じこめられており、それを打ち破ることはできないことを示した。たとえ人間がこの点において極めて例外的な位置を占め、極めて「世界開放的」であり、環界以上のものをもち、「世界を持つ」（マックス・シェーラー）――世界「というもの」を持つ（三）――のだとしても、この人間の世界の彼岸に超世界（Über-Welt）が存在しないなどと誰が言いうるであろうか。

むしろ、次のように考える方が自然ではないだろうか。すなわち、人間が世界の最高位に立っているというのは見かけだけのことであり、自然の内部で動物に比べてより高い所に立っているにすぎないのだ、と。そして「世界内存在」（ハイデッガー）についても、結局、動物の環界と同じようなことが言えるのではないだろうか。動物が環界から出て、その上位にある人間の世界を理解できないのとまったく同様に、人間も、たとえ超世界を信仰によって予感的に感じとることはあっても、それを明瞭に理解することはできないであろう。家畜化された動物は、人間が、自分を働かせる目的を知らない。人間も、自分の人生にどんな「最終目的」があるのか、全体としての世界にどんな「超意味」があるのか、をどうして知ることができようか。N・ハルトマン[四]は、人間の自由と責任は人間に隠された、より上位にある目的性と矛盾すると主張しているが、この見解は不適切であるように思われる。ただハルトマン自身も、人間の自由が「依存にもかかわらず自由」であることを認めている。すなわち彼も、精神的自由が、自然法則の上に立ち、低次の存在層に「依存」しているにもかかわらず、これに対して「自律的」であるような、人間固有の、より高次の「存在層」にあることを認めているのである。われわれの考えでは、人間の自由の領域とその上位にある領域との間には、動物と人間の関係に似た関係があるように思われる。したがって、摂理が人間に何を意図しようとも、それにかかわらず、人間は自由意志を有するのである。それはちょうど家畜が、その動物的本能を自分の目的のために利用する人間に仕えているにもかかわらず、自らの本能に従って生きているのと同じである。

　ある品物を一定の方法で包装する機能をもった機械を私が設計すると仮定してみよう。このときすぐに明らかになるのは、この設計の仕事にはある種の知性が必要になるということである。その知性は、いずれにしても、私が自分でその品物を包装するのに必要な知性よりも、本質的により高いレベルの知性でなければならないことは確かである。ここですぐに思い至ることは、このレベルの相違ということを本能の問題に適用することである。すると、いわゆる本能の知恵に関して、次のような結論に達せざるをえないのではないだろうか。すなわち、動物の種ないし属に一定の本能を付与したその知恵、それゆえこの本能をいわば創りだしたにちがいない知恵、またそれゆえその本能の背後にある知恵は、その動物がそれによって「賢く」反応することができる本能そのものよりも比較にならないほど高い位階になければならないであろう、ということである。そのかぎり動物と人間との本来的な相違は、究極的には、動物は本能を持ち、人間は知性を持つということにあるのではない（つまり、とくに、あらゆる人間的理性の根底にあり、それ自身はもはや理性によって根拠づけられえないア・プリオリ〔先験的〕なものから見るかぎり、あらゆる人間的知性は単なる「比較的高次の」本能と見なされうるにすぎない）。むしろ人間と動物との本質的な相違は次の点にあるであろう。すなわち、人間の知性は、動物の能力とは決定的に異なって、人間のそれよりも根本的に上位の位階にある知恵——超人間的知恵——が存在するにちがいないことを、そしてその知恵が人間に理性を与え、動物に本能を与えたのだということを、洞察することができるほど高いということである。人間は、すべての知恵、すなわち動物の「賢い」本能と人間の知恵とを共に創造し、かつそれぞれの世界に適合するように調整した知恵、そのような知恵が存在することを洞察することができるのである。

　われわれが動物の「環界」（フォン・ユクスキュル[五]）と人間のそれとの関係に類似したものと考えた、人間の世界と超世界との関係を、シュライヒ[六]ほど簡潔かつ美しく表現した者はいないであろう。「神は可能性のオルガンの前に座り、全世界を即興で作曲した。われわれ憐れな人間は、その中から、いつもただ人間の声を聴き取るばかりである。だがそれだけでもすでに美しい。ならば全体はどれほど素晴らしいことだろうか。」

動物の（より狭い）環界と人間の（より広い）世界との関係や、人間の世界と（すべてを包括する）超世界との関係を規定しようとするならば、黄金分割を比喩として用いるのが適切であろう。それによれば、小さい部分と大きい部分の比は、大きい部分と全体の比に等しい。その例として、血清を採るために痛い注射を打たれる一匹のサルの場合を考えてみよう。そのサルが、なぜ自分は苦しまねばならないかを理解するということがありうるだろうか。サルは自分の環界から抜け出て、自分を実験に用いている人間の意図についていく能力をもっていない。というのも、サルは、人間の世界、その意味と価値の世界に近づくことができないからである。サルは、その世界に手を伸ばしたり、その次元の中に入ったりすることはできない。けれども、われわれは、この人間の世界それ自身も人間には近づくことができない世界によって大きな意味を与えられており、またこの人間には近づけない世界の意味、すなわちその超意味だけが、人間の苦悩に初めて意味を与えることができるのだと推定してはいけないだろうか。

　信仰において成就される超人間的（ultra-human）次元への歩みは、愛に基づいている。このこと自体は周知の事柄である。けれども、この信仰には前人間的な前成構造[七]（eine infrahumane Präformation）が存在することはあまり知られていないのではないだろうか。誰しも見たことがあるであろうが、犬が——獣医の言い方を借りれば——「自分自身のために」苦痛を与えられねばならないとき、どれほど全き信頼を自分の主人に注ぐことだろうか。その苦痛にどんな意味があるのかを「知る」ことはできないけれども、この動物は、自分の主人を信頼するという意味において「信じて〔信仰して〕いる」のであり、しかもまさに主人を「愛する」がゆえに「信じて〔信仰して〕いる」のである。――擬人化をお許しあれ（sit venia anthropomorphismo.）。

超意味への信仰は、たとえそれが限界概念として理解されようと、宗教的に摂理として理解されようと、精神療法的および精神衛生的に極めて重要な意義をもっていることは自ずから明らかである。超意味への信仰は創造的である。真の信仰は内的な強さから生じるものであり、人間をより強くする。このような信仰にとっては、結局、無意味なものというものは存在しない。どんなものでも「無駄な」ものには思われないのである。「どんな行為も記録されずにはおかれない」（ヴィルトガンス〔Anton Wildgans, 1881–1932 オーストリアの詩人、劇作家〕）。この観点から見れば、偉大な思想は、たとえそれがまったく知られることなく終わり、「墓の中に葬られ」ようとも、決して消滅することはないのである。一人の人間の内的生涯の物語は、たとえそれがまったく書き留められず、また小説に書かれるほどのものではなかったとしても、その劇的性格において、さらにはその悲劇性においてすら、決して「無駄に」起こったのではないであろう。一人の人間が生きた「物語」は、かつて書かれたどんな物語よりも、比較にならないほど偉大で創造的な業績なのである。われわれは誰しも、ある人生の内容とその充実がいわばどこかに保存されており、「廃棄」にして「保存」というヘーゲル的な二重の意味で「止揚」されていることを何らかの仕方で知っている。それゆえ、時間、すなわち人生が過ぎゆくことも、人生の意味や価値を少しも損なうことはできないのである。過ぎ去った存在（Gewesen-sein）というのは、なお一つの存在（Sein）のあり方であり、おそらくは最も確実な存在のあり方であろう。そして、この観点から見れば、人生におけるあらゆる活動は、可能的なものが現実の中へ救い入れられることであると考えられる。それらの活動は、過ぎ去ったにもかかわらず、もはやいかなる時間の介入からも救いだされて、まさにその過去の中で永遠に守られるのだと言えるであろう。

確かに、過ぎ去った時間を元に戻すことはできない。けれども、その中で起こった出来事は侵されることも傷つけられることもない。ここから、流れる時間とは、略奪者であるだけでなく、管財者でもあることが明らかになる。ある世界観が現存在のはかなさに目を向けるとしても、そのために悲観的になるには及ばない。このことを比喩で表現すれば次のように言えるであろう。悲観主義者《ペシミスト》とは、たとえば次のような男である。彼は、壁にかかった日めくりカレンダーの前に立ち、日ごとに一枚ずつ引きはがされてどんどん薄くなっていくカレンダーを、恐れと悲しみをもって見つめるのである。他方、人生を上述した意味において捉える人間とは、たとえば次のような男である。彼は、日めくりカレンダーから引きはがしたばかりの一枚を丁寧かつ慎重に、それ以前に引きはがされたものの上に置き、その日の紙の裏面に必ず日記風のメモを記すのである。こうして彼は、これらのメモの中に確定されたすべてのこと、すなわち、彼の人生において「確かに生きられた」すべてのことを、誇りと悦びに満ちて思い出すのである。このような人間が年をとったと気づいたとき、彼はどうするであろうか。そのために、彼は他の人間の若さを嫉妬いっぱいの気持ちで見つめたり、あるいは自分自身に物悲しげなまなざしを投げかけるであろうか。そんなことが果たしてありうるであろうか。「自分はいったい若い人の何を羨まねばならないというのだろうか」と、彼は思うにちがいないであろう。「それとも、ひょっとして彼は、若い人がまだもっている可能性、彼らの未来を羨むのだろうか。しかし、「有難いことに」と彼は思うであろう。「私は未来の代わりに現実を――私の過去の中に存在する現実をもっている。その現実とは、労働という活動のそれであるだけでなく、愛の体験のそれであり、さらには苦悩に耐えたというそれでもある。そして、これらのことを私は何にもまして誇らしく思っているのである。たとえそれらが少しも人から羨ましがられるほどのものではないとしても……。」

過去に生じたすべての善いもの、すべての美しいものは、過去の中に確実に保存されている。しかし、他方では、どのような罪や悪もまだ——一生を通じて——「救われうる」（シェーラー「再生と悔い改め」）のである。それゆえ、それは、たとえば相対性理論が世界過程を四次元の「世界線」（四次元時空における質点の運動や光線の伝播が示す曲線。『物理学辞典』培風館、参照）の集合体として描いているような、出来あがった映画があるというようなことではない。完成した映画は、単に上映されるだけである。そうではなく、この世界の映画はこれから撮影されるのである。つまり、過ぎ去ったものは——「幸いにも」——確定したものとして保護されており、他方、これから来るべきものは——「幸いにも」——未確定なものとして人間の責任の前に置かれている、ということである。

では、責任とは何であろうか。責任とは、人間がそれに向かって「引っ張られる（gezogen）」ものであり、また人間がそれから「逃れる（entziehen）」ものでもある。この言葉の知恵が示唆しているのは、人間の中には、自分にふさわしい責任を引き受けることを妨げようとする抵抗力のようなものがあるにちがいないということである。そして実際に、責任には、ある底知れないものがある。責任について深く考えれば考えるほど、われわれはついに一種の眩暈のようなものに襲われることに気づくだろう。というのも、人間の責任の本質を深く掘り下げていくならば、われわれはただちに、それが或る恐ろしいものであり、かつ同時に或る素晴らしいものでもあることを見てとるからである。恐ろしいというのは、私が、どの瞬間も次の瞬間に対する責任を負っており、どの決断も――ごく小さな決断であれ、極めて大きな決断であれ――「永遠の」決断であることを知るからであり、私が、どの瞬間においても、その瞬間にしかない可能性を実現したり喪失したりすることを知るからである。どの瞬間にも無数に多くの可能性が秘められているが、その中から私はただ一つの可能性を選び、実現しうるだけである。それによって私は、他の可能性をいわば永遠に葬り去り、「二度と存在しない」という判決を――これまた「永遠の」判決を――下したのである。他方、責任が素晴らしいというのは、私自身の未来や、私の周囲の物事や人々の未来が、――たとえ極めてわずかであっても――何らかの仕方で、私のそのつどの決断にかかっているということを知るからである。そのつどの決断によって私が実現するもの、私が「世界の中に創造する」もの、それはまさに、私が現実の中へ救い入れるものであり、移ろいゆくことから守るものなのである。

3　快楽原則と平衡原則

これまで論じてきた意味への問いは世界全体の意味に関する問いであったが、ここからは患者によって立てられる意味への問い、すなわち、通常は個々の患者の個人的な人生の意味に向けられている問いにもどることにしよう。この場合、まず最初に取りあげねばならないことは、この問題について多くの患者たちが論じようとしている方向が、どうしても倫理的ニヒリズムに至らざるをえないということである。というのは、人生のすべての意味は本来ただ快楽〔快感〕(八)にあるのだ、と単純に主張されるからである。この主張は、人間のすべての行為は結局のところ快楽原則によって規定されているという誤った事実認識を根拠にしているのである。快楽原則が人間の心的生活全体の中で支配的な地位を占めているとするこの理論は、周知のように、精神分析によっても唱えられている。それによれば、現実原則は快楽原則の本来的な対立物ではなく、快楽原則の単なる拡張にすぎない。すなわち、現実原則は快楽原則に奉仕するものとして存在するのであって、その役割は快楽原則の単なる「修正」にすぎない。そして、その修正も「結局のところ、やはり快楽を目指しているのだ[1]」。

しかし、われわれの考えでは、快楽原則は心理学的な人工物にすぎない。実際には、快楽は総じて、われわれの努力の目標ではなく、努力が実現されたことの結果なのである。このことは、すでにカントによって指摘されているところである。また幸福主義との関連で言えば、シェーラーは、快楽は行為の目標として思い浮かべられるものではなく、反対に、いわば行為の後からついてくるものである、と述べている。確かに、実際に快楽が意志的行為の目標であるような、特殊な事情ないし状況が存在することもある。そのような特殊なケースを別にすれば、快楽原則の理論は、あらゆる心的活動が有する本質的に志向的な性格を見逃しているのである。一般に人間は快楽を意志するのではなく、まさに、彼が欲する〔意志する〕ものを意志するのである。つまり、人間の意志の対象はそれぞれ互いに異なっているのである。これに対して、快楽は、価値ある行動の場合においても、価値に反する行動の場合においても、つねに同じ快楽であろう。このことから見てとれることは、快楽原則を認めることは、人間として可能な様々な目標設定を水平化することにならざるをえないということである。なぜなら、この快楽原則の視点から見れば、人間がたとえ何をしようとも、まったくどうでもよいことになってしまうからである。その場合には、慈善目的のために寄付をするのは、単に不快感を除去するためであって、その点では同じ金をおいしいものを食べることに使うのと何ら変わりはないことになってしまう。しかし、実際には、この不快感の除去ということを何らかの慈善行為――この行為は〔快楽原則の立場からすれば〕単なる不快の除去という消極的な意味をもつにすぎないが――によって行うということは、それ以前に、たとえば同情の念という意味あるものがすでに存在しているからである。なぜなら、ある人間に同情を呼び起こすのと同じ事態が、他の人間がそれに直面した場合には、秘かにサディスティックな喜びを感じ、その不幸を傍観しながら楽しみ、そのような仕方で積極的な快楽すら感じるということも考えられうるからである。

実際には、快とか不快ということは、人生においてはほとんど問題にならない。劇場の観客にとっては、自分が喜劇を見ているのか悲劇を見ているのかということはまったく本質的なことではない。彼にとって重要なのはむしろ、その内容、すなわち演じられているものの実質である。劇場に行く本来の目的は、舞台上の悲劇的な出来事を見て何らかの不快感が引き起こされることにある、などと主張する人はきっといないであろう。もしそうなら、観客はみな、変装したマゾヒストと見なされねばならなくなってしまう。快感がすべての努力の――単にたまたま得られる結果ではなく――最終目標であるという主張が誤っていることは、この主張を逆にすることによって完全に証明することができる。たとえばナポレオンがいくつもの会戦を戦い抜いたのは、ただその無敵の戦果によって快感を手に入れるためであったということが仮に事実だとすれば――ちなみに他の兵士ならば、これと同様の快感をもっと簡単に、たとえば食べたり飲んだり売春宿に行ったりすることによって手に入れることができた――、最後のナポレオン戦争の「最終目標」、ナポレオンの敗戦の「最終目的」は、勝利が快感をもたらしたのと同じく、敗北によってもたらされる不快感にあったことにならざるをえないであろう。

もしわれわれが本当に、人生全体の意味が単なる快楽〔快感〕にあると考えようとするならば、人生とは結局無意味なものに思われざるをえないであろう。もし本当に快楽が人生の意味であるとすれば、人生は結局いかなる意味ももたなくなってしまうであろう。いったい快楽とは要するに何であろうか。それは一つの状態にすぎないのである。唯物論者――快楽主義は通常唯物論を伴っている――は、さらに次のようにさえ言う――快楽〔快感〕とは大脳の神経節細胞の中に生じる何らかの現象にほかならない、と。

では、そのような現象を獲得するために生き、体験し、苦しみ、行為するのだとすれば、そのことにどのような意味があるのだろうか。たとえば次のようなことを思い浮かべてみよう――死刑を宣告された一人の人間が、処刑の数時間前に、最後の食事に何を食べるかを選んでいる。このとき、死を前にして食欲にふけることに果たして意味があるのだろうか、という疑問が彼にわいてきた。有機体が二時間後に死体になってしまうというのに、その直前に、ひとが快楽〔快感〕と呼んでいる神経節細胞の出来事を素早く味わった後に死体になるのと、それを味わわないまま死体になるのとでは、どこが違っているのだろうか。ところで、すべての生命は死の前に立っているのであり、そのかぎり、すべての人間のすべての快楽〔快感〕は等しく無意味であろう。この慰めのない人生観は、当然ながら、人生そのものの意味を疑わしくせざるをえないであろう。それはまさに、ある患者が達した次のような認識を先取りし、それを一般化するものである。その患者は自殺未遂の後で収容され、その体験を次のように語った――彼は計画した自殺を実行するために、町はずれのへんぴな場所へ行こうとしたのであるが、もう電車の連絡がつかなかった。そのため彼は、タクシーで行くことに決めた。「そのとき」と彼は言った。「数シリングのお金ぐらい節約しない方がよいのではないか、と私はよくよく迷ったのです。それから、私は思わず吹きだしてしまいました。死ぬ直前でも数シリングを節約しようとしていたのですからね。」

ひとは決して「この世の楽しみのために」だけ生きているのではないということを人生そのものからまだ十分に学んでいない人がいるならば、その人は、あるロシアの実験心理学者の統計を参照するとよいであろう。その学者がかつて示したところによれば、普通の人間は、一日を平均すれば、快感よりも不快感の方を比較にならないほど多く体験するということである。快楽《ルストゥ》原則が単に実際的な人生理解としてだけでなく、理論的にもどれほど不十分なものであるかということは、たとえば次のような日常的な経験からも明らかになる。もし、ある人がそれをすることに意味があるようにわれわれには思われるのに、それをしないのはなぜなのか、とその人にたずねたとき、その「理由」として「私にはその気《ルストゥ》がないからだ」と彼が答えたとすれば、われわれはこの答えを不十分なものと感じるであろう。この答えはそもそも答えになっていないことが、われわれにすぐに分かるのである。なぜなら、「する気がある」「する気がない」ということ〔快とか不快ということ〕は、そもそも、ある行為の意味とか無意味に関わる議論の根拠には決してなりえないからである。

フロイトが『快楽原則の彼岸』において述べたこと――すなわち、有機的なものは、その起源である無機的なものの安定へ帰ろうとする一般的傾向を有しているということ――がたとえ事実だとしても、快楽原則を倫理原則《マクシーメ》として支持することができないことには何ら変わりはない。フロイトは、この主張によって、あらゆる快楽追求が死の衝動と彼が呼んでいるものと類縁性をもつことを証明しうると考えているのである。しかし、このような心理学的および生物学的な基本傾向のすべては、さらに存在界全体のすべての緊張を除去するような、何らかの宇宙的な平衡原則にまで還元されうるとも考えられるであろう。事実、これと同様のことは、物理学のエントロピー理論によって予想された宇宙の終末状態として知られている。それゆえ、この宇宙の「熱死」〔エントロピーが最大になった宇宙の最終状態〕の心理学的な対応概念としてニルヴァーナ〔涅槃〕を対置することもできるであろう。このとき、あらゆる不快感からの解放による心的緊張の解除は、大宇宙のエントロピーに対する小宇宙的等価物として見なされ、ニルヴァーナとは「内面から見られた」エントロピーと見なされることになるであろう。

ところで、この平衡原則そのものは、あらゆる存在を個別化された存在、他者に対する存在として維持しようとする「個体化原則」に対する対立物である。(2) このような反対物が存在するということからもすでに明らかになるように、いま述べたような宇宙の原理を知り、何らかの一般的な宇宙の運動を確認したところで、そのことは倫理的な点では何らの関係もない。なぜなら、客観的な事象は、主観的には〔倫理的主体にとっては〕どのような拘束力ももっていないからである。このような原理や運動に自分をいわば一致させなければならない、などと言う者がいるであろうか。そのような運動にわれわれが屈するべきかどうか――たとえわれわれがそれを自分の心的事象のうちに見出しうるとしても、それに屈するべきかどうか――という問いが起こるところから、まさに問題は始まるのである。そのような外的および内的な力の支配に反抗することにこそ、まさにわれわれの本来の課題があるのだ、と考えることができるのではないだろうか。

おそらくわれわれは誰しも、偏った自然主義的教育に基づいて、いわゆる厳密な自然科学的研究の成果、すなわち物理学的世界像の内容に対してあまりにも過大で極端な尊敬の念を抱いているのではないだろうか。しかし、われわれが実際に熱死や「世界の滅亡」を恐れねばならないのは、宇宙規模の破局によって、われわれやそれに続く世代の努力が現実に無意味になる可能性がある場合だけであろう。これと反対に、理論的な先入見をもたない素朴な体験のような「内的経験」は、たとえば美しい夕陽を見たときの疑いようのない喜びが、地球が太陽に吸収される時点を天文学の計算によって推測することよりも「より現実的」であることをわれわれに教えているのではないだろうか。また、われわれには或ることがより直接的に自己体験として与えられているのではないだろうか。それは、われわれ人間存在は責任存在であるという自己理解である。かつて誰かが「最も確かなもの（Das Gewisseste）は良心（das Gewissen）である」と述べた。そして、ある体験の生理学的「本質」についてのいかなる理論も、また、喜びというものは大脳の神経節細胞における分子や原子や電子の一定の決められた運動であるという主張も、至高の芸術を味わい、清純な愛の幸せを体験している人間が自分の人生は意味に充ちていると確信しているほどには説得的ではないのである。

しかし、喜びが人生を意味あるものにするのは、喜びそれ自身が意味をもっている場合だけである。しかも、この喜びの意味は、厳密には、喜びそのもののうちにはない。喜びの意味は、実際には、喜びそのものの外部にあるのである。なぜなら、喜びはつねに、ある対象を志向しているからである。すでにシェーラーは、彼が非志向的感情、「状態的」感情、「感情状態」と見なした単なる快とは反対に、喜びは志向的感情であると述べている。その際、この区別はすでに日常の用語のうちにあらわれている事実である、と彼は指摘している。すなわち、快があるもの「による」(wegen) のに対して、喜びはあるもの「について」(über を超えて) であると言われるということである。われわれはまたエルヴィン・シュトラウスが述べた「現在的な」生き方という概念を思いだす。この体験様式においては、人間は、対象の領域——価値の領域もここにある——に達することなく、ただ快の状態の中に(たとえば酩酊の中に)とどまりつづける。価値の感情に充ちた志向だけが初めて人間に真の「喜び」をもたらすのである。われわれは今や、なぜ喜びは決して自己目的ではありえないかを理解する。喜びそのものは、喜びとしては志向されえない。喜びは「遂行現実」(九)(ライアー)であり、ただ価値認識的な行為を遂行することのうちにのみ、つまり価値把握という志向的行為の遂行のうちにのみ実現されうるのである。(3) このことをキルケゴールは美しくも、幸福に入る扉は外側に向かって開く、と述べている。この扉は、それを押して開けようとする者には閉じられるのである。無理やりに幸福になろうと努める者は、まさにそのことによって幸福への道を自分自身ですでに塞いでしまっているのである。こうして、人生における「究極のもの」と言われたりしている幸福への努力はすべて、結局、すでにそれ自身において不可能なものであることが明らかになるのである。

価値は、それを志向する行為に対して、必然的に超越している。認識行為の対象が、その(狭義の認識)行為の外部に存在するのと同様に、価値は、それに向けられる価値認識の行為を超越している。

現象学は、この対象の超越的性格が志向的行為のうちに、そのつどすでに内容的に同時に与えられていることを示した。たとえば私が明かりのついたランプを見るとき、たとえ私が眼を閉じたり、それに背を向けたりしても、ランプと共に、それがそこに存在しているということも同時に私に与えられている。「見る」ということは、つねに、眼の外にあるものを見ることを意味している。これと反対に、もしある人が、人間はそもそも外部の世界にあるものを見るのではなく、単に自分の眼の網膜に映る像を見るにすぎない――これはまったく誤っているのだが――と言い張ろうとするならば、この誤った主張は、方法的に感覚要素から出発するマッハ流の厳格な実証主義の根本的誤りに対応するものである。[10] 感覚そのものの視点に立つということは、実際には、まったく特定の視点に立つこと、つまり、二次的（「派生的」）、反省的な視点に立つことである。そのような視点は、それゆえ、せいぜい科学的－心理学的な認識態度にはふさわしいものではあっても、決して素朴で自然な認識態度ではない。しかし、認識論は、本来的には、心理学的認識の理論[4]であろうとする意図または課題をもっていない。反対に、認識論は、ただもっぱら認識の理論であろうとする意図と課題をもっているのである。

ここで、われわれは、さらに一歩を進めることができる。もしかすると、さきの人（人間は外部の世界にあるものを見るのではなく、単に自分の眼の網膜に映る像を見るにすぎない、と言い張る人）は、思い違いをしていて、（メガネを通して）物そのものを見るのではなく、メガネによって、メガネのレンズを見るにすぎない、と主張するつもりだったのかもしれない。というのも、もちろん、レンズについているかもしれない汚れ、ほこりやしみに視点を合わせることは可能だからである。しかし、この場合、そのような視点は、レンズのいわば誤り（欠点）に視点を合わせるものであるということを忘れてはならない。これと同じく、認識批判の視点も、認識の誤りの原因に向けられている（この場合、認識それ自体は正しいことになる）。認識の誤りの原因への視点には、認識が誤る可能性があるというまさにその前提によって、正しいこともあるという視点が常に前提されているのである。

ある対象を現実的なものとして認識する場合、そこにはすでに、私または他の誰かがそれを事実的に認識するかどうかということとは無関係に、私がその現実性を承認しているということも含まれている。これと同じことは、価値認識の対象についても言いうる。これを明らかにするために、もし必要なら、次のような例を挙げてもよい。ここに一人の男性がいるとしよう。この男性は、彼の愛人の美的な魅力が、彼がある一定の状態、すなわち性的に興奮している状態にいるときにだけ、彼に「与えられて」おり、他方、彼の性的興奮がおさまるにつれて、そのすべての美的価値も消えてゆく、ということに気がついたとしよう。そして、このことから彼は、美的価値というものは何ら現実的なものではなく、性的衝動によって感覚が眩惑されたものにすぎず、またそれゆえ、それは何ら客観的なものではなく、そのつどの身体の状態と相関的に存在する、主観的な衝動に基づくものにすぎない、と結論したとしよう。この結論はしかし誤っている。確かに、ある一定の主観的状態が、何らかの価値に気づくための条件であり、主観の一定のあり方が価値把握のために必要な媒介ないし機関《オルガノン》ではある。このことはしかし、価値の客観性を排除するものではなく、むしろこの価値の客観性を前提とするものなのである。美的価値や倫理的価値は、認識の対象と同じく、それを把握するためには、それにふさわしい行為を要求する。しかし、この行為において同時に、価値を志向する行為に対する、その行為の対象〔価値〕の超越性、つまり価値の客観性が把握されるのである。

このことは、われわれがすでに述べた事実、すなわち、われわれの価値像は、われわれの世界像と同じく、つねにいわば世界の一部分、単なる一断面をわれわれに示すにすぎず、われわれは一定の視野に拘束されている、という事実によっても何ら変わらない。おそらく一般に、あらゆる当為はつねにただ具体的にのみ人間に与えられ、彼が「いま・ここ」で為す「べき」ことという具体的な形で与えられているのであろう。価値は、日々の要求と個人的な課題のうちに現われてくる。そして、この課題の背後にある価値は、ただ課題を通してのみ志向されうるように思われる。あらゆる具体的な当為がいわばそれへと帰一するような全体性は、具体的なものの視野にしばられている個々の人間にとっては決して認識することができないのではないだろうか(5)。

すべての人間の人格は独自なものであり、すべての人間の個々の生活場面も一回的なものである。この独自性と一回性に、一人の人間のそのつどの具体的使命が関連しているのである。それゆえ、それぞれの人間はそれぞれの瞬間において、一つの、ただ一つの使命をもつことができるだけである。しかし、まさにこの唯一性こそが、その使命の絶対性をなしているのである。世界はなるほど個々の限定された視野から見られるのではあるが、しかし、それぞれの立場にはまさに唯一の正しい視野が対応しているのである。それゆえ、視野の相対性にもかかわらず、ではなく、まさに視野の相対性のゆえに、一つの絶対的な正しさが存在するのである。

4 主観主義と相対主義

ここで、意味というものの客観性について簡単に私の見解を述べておきたい。客観性と言っても、それは意味の主観性を排除するものではない。万人にとっての意味というものが存在するのではなく、それぞれの人間にとって異なった仕方で意味が存在するのであるかぎり、意味とは主観的なものなのである。もっとも、そのつど問題になっている意味は、単なる主観的なものではありえない[6]。意味とは、主観主義[7]や相対主義が考え信じさせようとしているような、私の存在の単なる表現とか単なる写像ではありえないのである。

このように、意味は、主観的であるだけでなく、相対的でもある。言い換えれば、意味は、人間との関係の中で、そしてまさにこの人間がそこに組み入れられ、置かれている状況との関係の中で成立するのである。この意味において、個々の状況の意味はまさに実際に相対的である。すなわち、意味は、そのつどの一回的で独自なものである状況に関わるという点で相対的なのである。

人間は状況の意味を理解し、把握し、認め、守らねばならない。つまり、人間は状況の意味を実現しなければならない。意味は、それが状況と関係づけられていることによって、それ自身も一回的であり独自である。そして、この「無くてならぬ一つのもの」の単一性が意味の超主観性を形成するのであり、意味はわれわれが与えるものではなく、むしろ与えられたもの〔所与〕であるという本質を形成するのである。たとえ、この所与としての意味を認め、それを実現することが、どれほど人間の知識と良心の主観性によるものだとしても、意味そのものは与えられたものなのである。人間の知識と良心は誤りうるものであるが、だからといって、そのために、人間の良心によって志向された存在者や人間の良心によって志向された義務の超主観性までもが損なわれることはない。この意味の超主観性を確信している者は、誤った良心だけが殺人や自殺といったことを支持することができるのだということをも確信しているのである。この超主観性の確信は、実際また、危急の場合には、医師が自分の価値観や世界観を押しつけることを自分の良心に基づいて引き受けることをも正当化するものである。もっとも、その場合であっても、医師は、自分の良心や患者の良心が誤りうることをわきまえているのである。

　良心は人間特有の現象の一つである。良心とは、それぞれの状況の中に隠れている一回的で独自の意味を探知する直観的能力と定義されうるであろう。一言でいえば、良心とは意味－器官（Sinn-Organ）なのである。

　しかし、良心は単に人間的であるというだけでなく、あまりに人間的でもある。そのため、良心は人間の条件（condition humaine）と結びついており、人間の条件の特徴である有限性に拘束されている。それどころか、良心は人間を誤らせることさえあるのである。それだけではない。人間は、自分が本当に人生の意味を充たしたのか、それともただ自分でそれを充たしたと思いこんでいるだけではないのか、ということを最後の瞬間まで、最後の一息に至るまで知らないのである。「われわれはそれを知らず、またこれからも知ることはないであろう。(二〇)」ペーター・ヴスト〔Peter Wust, 1884-1940 ドイツの哲学者〕以来、「不確実性と冒険」は互いに切り離せなくなっている。たとえ良心が、人間が自分の人生そのものの意味に気づき、それを理解し把握したかどうかという問題については不確実なままにしておくことを人間に許すとしても、しかし、そのような「不確実性」のために、人間が自分の良心に従ったり、まずもって良心の声に耳を傾けるという「冒険」から解放されることはないのである。

この不確実性と結びついているのは「冒険」だけではない。謙虚さもそれに結びついている。われわれは死の床において、意味－器官、すなわち、われわれの良心がひょっとして意味－錯覚に陥っていなかったかどうかを決して知ることはないであろうということ、このことは同時に、他者の良心の方が正しかったかもしれないということを意味している。謙虚さとは、それゆえ、寛容さを意味しているのである。もっとも、謙虚さは無差別ということではない。というのも、異教徒の信仰を尊重するということは、決して他の信仰と一致するということではないからである。

人間は、場合によっては、意味を理解することができず、解釈せざるをえないことがあるのは誰も否定しないであろう[8]。しかし、これは、そのような解釈が恣意的に行われるということではまったくない。人間は任意に解釈する自由を有しているであろうか。むしろ人間は、正しい解釈をする責任を負っているのではないだろうか。各々の問いにはただ一つの答え、ただ一つの正しい答えしかなく、各々の課題にはただ一つの解決、ただ一つの適切な解決しかないのであり、したがってまた各々の人生、各々の人生の局面にもただ一つの意味、ただ一つの真実の意味しかないのである。ロールシャッハ・テストの場合にも、一つの図に一つの意味が与えられる。この意味付与とは、それを行う人間の主観的判断を基にして、（投影された）ロールシャッハ・テストの主体〔被検者〕が「正体を現す」というものである。しかし、人生においては意味付与が重要なのではなく、意味発見が重要なのである。

何らかの意味を付与することが重要なのではなく、特定の意味を発見することが重要なのである（発見であって、発明ではない。なぜなら、人生の意味は発明されうるものではなく、発見されねばならないものだからである）。

次のエピソードは、解釈にまとわりついているあらゆる主観性と同じくらい、その解釈が得ようとした意味にも、どれほどわずかの超主観性しか含まれないかを示している。ある日、私は、アメリカ合衆国で講演を行った。そして、その終了後の質疑の時間に、質問を紙に書いて提出してもらった。その一枚には次のように記されていた。「あなたの理論では、６００はどのように定義されますか？」討論の司会者はそれを読み終わるやいなや、それが記されている紙をわきへ取り除けようとしながら、私の方に振り向いて言った。「ナンセンスだ。――『あなたの理論では、６００はどのように定義されますか？』だって……。」私は手を伸ばして紙を受けとり、さっとそれに目を通した。そして、私は司会者――ちなみに彼の職業は神学者であった――の思い違いであることを確認した。というのも、その質問はブロック体で書かれていて、英語では〈ＧＯＤ〉と〈６００〉はたいへん区別しにくいからである。このあいまいさのために、図らずも投影テストが行われることになったわけである。そして、そのテストの結果が、神学者の場合と精神医学者である私自身の場合とでまったく逆になったのである。私は後に、この英語の現物を、ウィーン大学で私の講義を聴講しているアメリカ人たちにどうしても見せたくなった。その結果、〈６００〉とこじつけて読んだ者が九名、〈ＧＯＤ〉と正しく読み取った者も九名、どちらとも決められない者が四名であった。ここで私が指摘したいことは、これらの解釈は等価ではなく、むしろ、そのうちの一つだけが求められているものだという事実である。

この質問の提出者はただ「神」だけを考えていたのであり、またそれゆえ、「神」と正しく読み取った者（決してこじつけて読んだ者ではなく）だけが質問を正しく理解していたのである。たとえ人間は、具体的な状況の意味に関して、どれほど良心に頼らざるをえないとしても、そしてまた、たとえ人間は、自分の良心が具体的状況において――およそ人間が自由意志をもっているかぎり――誤りを犯していないかどうかということについて、どれほど（最後の一息に至るまで）不確実であろうとも、人間は、そのような誤りを犯す危険を自らに引き受け、自らの人間性、自らの有限性を信じなければならないのである。ゴードン・W・オルポートもこう述べている。「われわれは、半分しか確信がもてないときでも、全身全霊を傾けることができる。[9]」

人間が決して全能でない以上、人間の自由は有限であり、人間が決して全知でない以上、人間の責任も有限である。しかし、人間はそれだけに「自己の最善の知と良心を尽くして」決断しなければならないのである。

良心はつねに個々の状況の独自な意味を発見し、また場合によってはそこに普遍的な価値が含まれているかどうかを告知する。このような良心の働きは、ゲシュタルト把握といわれるものを超えているように思われる。すなわち、この良心の働きは、われわれが意味への意志と名づけているもの――またジェームズ・C・クランボーとレオナルド[一一]・T・マホリックは「人間の本来的能力」とも名づけている――に基づいて、意味ゲシュタルトを単に現実的な意味においてだけではなく、可能的な意味においても発見するのである[10]。

ヴェルトハイマー〔Max Wertheimer, 1890-1943 ドイツの心理学者。ゲシュタルト心理学の創始者の一人〉はかつて次のように主張した。「〈7＋7＝　〉という状況は一つの空白をもった体系である。この空白にはさまざまな満たし方があるが、ただ一つの満たし方――14――だけがこの状況に合致し、空白に当てはまる。すなわち、それだけがこの体系の中で、この場所で、構造的に求められているものであり、全体の中での役割を果たすものである。それだけが、その状況そのものを正しく示すのである。他の満たし方――たとえば15――は空白に当てはまらない。それでは正しい満たし方にならない。ここから、われわれは状況からの要求という概念を得る。すなわち、そのような秩序から〈要求されていること〉〈要求されているもの〉こそが客観的な質をもっているのである。」(11)

ところで、意味が一回的かつ独自の状況の意味として限定されたものであるのに対して、それを超えた普遍的な人間の条件に関わる意味－普遍性〔普遍的意味〕というものが存在する。この包括的な意味可能性は、価値と呼ばれているものである。人間は、多少とも普遍的に妥当している価値――道徳的原理や倫理的原理――について経験するのであるが、これらの価値は人間社会の歴史的な流れの中で結晶化してきたものである。そして、これらの価値があるおかげで、人間が葛藤に陥ったときの負担が軽減されるのである。しかし、葛藤と言っても、良心の葛藤ということはそもそも問題にならない。そのような葛藤は実際には存在しないのである。なぜなら、良心が人間に告げることは一義的だからである。良心の葛藤というものは、むしろ価値の中に存在しているのである。というのは、そのつどの状況の一回的かつ独自な具体的意味（私がいつも言っているように、意味とは、単に個人ごとの意味であるだけでなく、必ず「状況ごとの」意味でもある）とは反対に、価値とは定義上、抽象的な意味－普遍性〔普遍的意味〕であるからである。このようなものとして、価値は、二度と繰り返しえない状況の中に置かれている、かけがえのない個人だけに妥当するというよりも、むしろ、繰り返し起こる類型的な状況という広い範囲に妥当するものである。そして、この価値の妥当範囲は互いに重なりあっているのである。ここから、人間が価値選択に直面するという状況が生まれてくる。ここで人間は、互いに矛盾しあう原理の間の選択に直面するのである。このとき、人間が恣意的に選択してはならないとすれば、彼はふたたび良心に投げ返され、良心に頼らざるをえなくなる。良心だけが、自由に決断すること、ただし恣意的にではなく責任をもって決断することを人間に指し示すのである。なるほど、人間は良心に対してすらも自由である。しかし、この自由はただ二つの可能性の間の選択の中にのみ、つまり、良心の声に耳を傾けるか、それともそれを馬耳東風と聞き流すかの選択の中にのみ存在するのである。もし良心が組織的ないし制度的に抑圧されたり弾圧されたりすれば、西側諸国の画一主義か東側諸国の全体主義かのどちらかになってしまうであろう。それは、社会によって過度に一般化された「価値」が人間に提示されるか、それとも強制されるかの違いである。

　しかしながら、価値には本来的に葛藤という性格がつきものであるというようには必ずしも言えない。というのは、価値の妥当範囲が重なるというのは、単なる見かけ上のことにすぎず、投影の結果、すなわち次元の喪失の結果として起こってくると考えられるからである。つまり、二つの価値の位階的な高さの違いを無視することによって初めて、両者は重なりあい、その重なった領域において互いに対立しあうように見えるのである。これは、喩えて言えば、二つの球があって、それらを三次元空間から二次元平面に投影したときにのみ、両者が重なりあっているように見えるのと同様である。

5　三つの価値カテゴリー

われわれはこれまで、患者たちから非常にしばしば聞かされる根本的な懐疑に対して必要な反論を行い、それによってニヒリズムのほこ先をくじこうと試みてきた。しかしさらに、価値の世界の豊かさ、諸価値の領域の全体像を明らかにすることもしばしば必要になるのである。また人間が、いわば一つの価値群の実現にとらわれて行き詰まってしまうよりも、他の価値群へ――そこにおいて価値実現の可能性がある場合には――「柔軟に」転換することも時には必要なのである。この点で、人生は、著しい柔軟性、人間に与えられるチャンスへの柔軟な適応を人間に要求するのである。

われわれは、患者のなかに、自分の仕事には何の高い価値もないから、自分の人生には何の意味もない、と不平をこぼす人がいるのをしばしば経験する。われわれが彼に何よりもまず指摘しなければならないことは、人間がどんな職業についており、どういう仕事をしているかは結局どうでもよいことで、大事なことはむしろただ、彼がいかに働いているか、自分の持ち場を実際によく充足しているかどうかなのだ、ということである。それゆえ、その活動範囲がどれほど大きいかが重要なのではなく、その人が自分の使命圏をよく充たしているかどうかということが重要なのである。職業や家族が与える具体的な使命を実際によく果たしている一人の平凡な人間は、その「ささやかな」生活にもかかわらず、ペンのひと筆で数百万人の運命を良心なしに決定する「大きな」政治家よりも「偉大」でありり高貴なのである。

創造を通して実現される価値――われわれはこれを「創造価値」と名づけたい――が存在するだけ

ではなく、さらに、体験において実現される価値、すなわち「体験価値」も存在する。この価値は、世界を受容すること、たとえば自然や芸術の美しさに没入することによって実現される。この価値が人生に与えうる豊かな意味は過小評価されてはならない。人間の生活における一定の瞬間の現実的意味が、あらゆる行為や行動によってではなく、つまり活動による価値実現によってではまったくなく、単なる体験によって充たされうることを疑う人は、次のような思考実験をしてみるとよい。すなわち、一人の音楽を愛する人間がコンサートホールに座り、彼の好きなシンフォニーの最も感動的な小節が今まさに耳に響きわたり、その結果、ひとが最も純粋な美に触れたときに体験するような、あの身震いするような感動に打たれている、と想像しよう。そして、このような瞬間に、誰かが彼に、あなたの人生には意味があるか、と問うたと想像しよう。このとき、問われた人間は、きっと、このような恍惚とした瞬間を体験するだけでも生きる価値がある、と答えるにちがいないであろう(12)。なぜなら、それがほんの一瞬間のことであったとしても、その瞬間の大きさだけで一生涯の大きさが測られうるからである。山脈の高さは、谷底の高さによってではなく、もっぱら最高峰の高さによって示される。それと同じように、人生の有意味性についても、その頂点が決定的なのであり、この比類のない瞬間が人生全体にさかのぼって意味を与えるのである。山歩きの途中で、アルプスの夕焼けを体験し、背筋が寒くなるほどの自然のまったき素晴らしさに打たれている人間に、こうたずねてみるがよい——このような体験の後でも、自分の人生がいつかすっかり無意味になるということがありうるだろうか、と。

われわれの考えによれば、さらに第三の可能な価値カテゴリーが存在する。なぜなら、たとえ人生が創造的に実りあるものではなく、また体験においても豊かなものではなくても、なお根本的に意味に充ちたものであることが証されるからである。このさらなる価値グループは、人間が自分の制限された生活に対して取る態度によって実現されるものである。人間が自分の狭められた可能性に対して、みずから態度を決めるというまさにそのことによって、新たな独自の価値領域、しかも確実に最高の価値に属するような価値領域が開かれるのである。一見したところ極めて恵まれない存在――しかし実際には単に創造価値と体験価値に関してのみ恵まれない存在――であっても、なお最後の、否それどころかまさに最も偉大な価値実現の機会を有しているのである。われわれは、この価値を態度価値と名づけることにしたい。というのは、ここでは、人間が変えることのできない運命に対してどのような態度をとるかということが問題だからである。このような態度価値を実現する可能性は、それゆえ、人間がみずからそれを引き受け、それを担うほかはないような運命に対峙する場合につねに生じるのである。すなわち、ここでは、人間が運命をいかに担い、それをいわばみずからの十字架としていかに引き受けるかということが問題なのである。この態度は、たとえば苦悩における勇気、没落や挫折においてもなお失わない品位といったものである[13]。

態度価値が可能な価値カテゴリーの領域に引き入れられるならば、人間の実存は本来決して実際に無意味になりえないことがただちに明らかになる。人間の生命は「最期まで」その意味を保持している。それゆえ、人間が息をしているかぎり、人間に意識があるかぎり、彼は価値に対して、少なくとも態度価値に対して、責任を担っているのである。人間は意識を有しているかぎり、責任を有している。価値を実現するという人間の義務は、その存在の最後の瞬間に至るまで、人間から離れることはない。たとえ価値実現の可能性がどれほど制限されていようとも、まだ態度価値を実現することは依然として可能である。ここから、われわれが最初に提示した命題、すなわち、人間存在とは意識存在にして責任存在であるという命題の妥当性も明らかになるのである。

人生における価値実現の機会は、ある時はこの価値グループへ、他の時はあの価値グループへと時々刻々に移り変わっていく。人生は、ある時はわれわれに創造価値の実現を求め、またある時は体験価値のカテゴリーへ向かうことを求める。われわれは、ある時は行為によって、いわば世界をより豊かにせねばならず、他の時は体験によってわれわれ自身をより豊かにせねばならない。一方は、その時点がわれわれに要求するものを行為によって充たすのであり、他方は、体験可能なものにわれわれが専心することによって充たされるのである。人間は、それゆえ、喜びに対してすら「義務づけられる」ということもありうるのである。この意味においては、たとえば電車の座席にすわっている人が、窓外の素晴らしい夕陽を見たり、今を盛りに咲いているアカシアの香りを味わうこともできたのに、その可能な自然体験を無視して、新聞を読みつづけていたとすれば、その人は、そのとき何らかの仕方で「義務を忘れている」とも言えるであろう。

右に述べた三つの価値カテゴリーの可能性のすべてをほとんど劇的な仕方で次々と連続的に実現した患者のことが知られている。その患者の生活史の最後の様子は次のようであったという。この若い男性患者は、手術不可能な、重篤の脊髄腫瘍のために病院に入院していた。職業的に活動することは、すでに久しく彼には不可能であった。麻痺の症状のために働くことが困難になっていたからである。そのため、彼はもはや創造価値を実現する道を閉ざされてしまっていた。しかし、このような状態においても、彼にはまだ体験価値の領域が開かれていた。彼は他の患者たちと心を引き立たせる会話を交わし（それは同時に他の患者たちを楽しませ、彼らに勇気と慰めを与えた）、いくつかの良書をじっくり味わい、またとくにラジオでよい音楽を聴くことに専念した。しかし、ある日ついに、彼はヘッドホンをつけることに耐えられなくなり、また次第に手が麻痺してきたために本を持つこともできなくなった。このとき、彼は、自分の人生の第二の転回を行ったのである。すなわち、彼は以前からすでに創造価値から体験価値へ後退せねばならなかったのであるが、今度はさらに態度価値に向かうことを強いられたのである。あるいは、このとき、もし彼が患者仲間たちの忠告者になり模範になろうと決意したのだとすれば、われわれは彼の態度を〔単なる消極的・受動的な意味とは〕違ったふうに解釈することもできるであろう。なぜなら、彼はみずからの苦悩に勇敢に耐えたからである。彼は、死の前日に——彼はそれを予見したのであるが——当直の医師が時間どおりに彼にモルヒネの注射をするように委託されているのを知った。このとき、われわれの患者はどうしたであろうか。彼は、この医師が午後の回診に来たときに、もう夕方のうちに注射を済ましておいてくれるように頼んだのである。それは、この医師がわざわざ自分のために夜中に起こされなくてもよいように、というためであった。

6　安楽死

ここでわれわれに生じてくる問題は、死を間近に控えた患者から、その人が「自分の死」を死ぬ機会、すなわち自分の存在を最後の瞬間まで意味で充たす機会を奪うことは許されるかどうか、ということである。ここでは態度価値を実現することだけが問題であるとはいえ、この頂点にして終点である最後の機会において、この患者、この「苦悩する人」が、まさに自分の苦悩に対していかなる態度をとるかということが問題なのである。その人の死はまさに実際にその人の死であるかぎり、本来まったくその人の人生に属しているものであり、その人生を初めて一つの意味ある全体性へと完成させるのである。ここで生じてくるのが安楽死の問題である。しかもそれは、単なる狭義の安楽死の問題だけではなく、広義の安楽死の問題でもある。最も狭義の安楽死は、先の医師にとってはまったく問題にならなかった。予想される死の苦しみを薬によって緩和するのは当然である。それをいつ行うかはいわば技術的な問題にすぎず、原理的にはまったく議論の余地はない。しかし、そのような狭義の安楽死をこえて、いわゆる生きる価値のない生命の抹殺を法律的に認めようとする試みが繰り返しさまざまな所でなされている。これに対して、まず第一になされるべき反論は、医師の使命は人間の生命の価値と無価値を裁くことにあるのではないということである。彼が人間社会から委ねられている務めは、できるだけ病人を救い、必要な場合は苦痛を緩《やわ》らげ、癒せるかぎりは癒し、もはや癒すことができなくなった時には病人を看護することだけである。もし医師がこの彼の使命を誠実かつ忠実に果たしていると患者やその家族から信じられなくなれば、医師に対する信頼は一挙に消え去ってしまうであろう。そうなれば、医師がまだ救助者として自分に近づいてくるのか、それともすでに死刑執行人としてやってくるのかということも、病人にはまったくわからなくなってしまうのではないだろうか。

この原則的な態度は、不治の身体的病気であれ、不治の精神病であれ、いかなる例外も許さない。

なぜなら、そもそも不治と認められている精神病であっても、それが実際にいつまでも不治と見なされねばならない、と誰が予言できるであろうか。とくに忘れてならないことは、不治とされている精神病の診断が主観的確信でしかなく、患者の生死に関する判断が下されてよいほど客観的に確かなものではないということである。われわれの知っている例を挙げれば、ある男性は、まる五年間、昏睡状態のままベッドに横たわり、ついに脚の筋肉も委縮してしまった。彼はまた人工的に栄養を補給されねばならなかった。もしこのような症例を精神病院に見学に来る医学生たちに見せたならば、彼らの中には、典型的にいえば、こう問う者もいることだろう――このような人間は、いっそのこと、死なせてしまったほうがよいのではないでしょうか、と。しかし、このような問いに対しては、未来が最善の答えを与えるであろう。実際、この患者は、ある日、いつもの食事を普段どおりに摂ることを求め、ベッドから出ることを望んだのである。彼は歩行訓練を行い、その結果、委縮していた脚の筋肉も再び歩けるまでに回復した。数週間後に彼は退院した。そして、彼はただちに、ある市民大学で講演し、自分が病気になる前に行った旅行の話をしたのである。その後、彼は親しい人々の集まりの場で、精神科医たちを前にして、自分が病気中に体験したさまざまな記憶を報告した――これは、彼をあまりよく取り扱わなかった若干の看護人にとっては、はなはだ困ったことではあったが――。彼らも、この患者が数年後に、起こったことのすべてを理性的な言葉で表現できるとは、予想だにしなかったのである。

ところで、次のように主張する人がいるかもしれない。すなわち、精神病の患者は自分自身のことを知る能力を失っている。だから、この心の病にかかった意志のいわば代理として、医師が彼を死に至らしめねばならない。というのも、もし彼が自分の欠陥に気づくことができるほど精神錯乱によって妨げられていないとすれば、患者自身が自分で生命を断つであろうと考えられるからである、と。しかし、われわれは、まったく異なる立場に立っている。医師たるものは、患者の生きる意志と生きる権利を否定するのではなく、それに奉仕し、それに則って行為しなければならないのである。この点で、ある若い医師の例は教えるところが多い。彼は黒色肉腫にかかっており、自分でもそれを正しく診断していた。同僚たちは、その診断が誤りであることを説得しようとして、彼の尿を他の患者の尿と取りかえ、その尿検査の結果が陰性であるといって彼を欺こうとした。しかし、その試みは無駄であった。彼は夜にこっそり検査室に入り、自分で検査を行ったのである。病状が進むにつれて、人々は彼が自殺するのではないかと心配した。しかし、この病気の医師は何をしたであろうか。彼は次第に自分の最初の——正しい——診断を疑いはじめたのである。すでに肝臓に転移したときに、彼はそれを危険ではない肝臓疾患であると診断しはじめた。こうして彼は無意識のうちに自分自身を欺こうとしたのである。それは、まさに生命がぎりぎりの段階に追いこまれたときに湧きあがってくる生きようとする意志の現われであった。われわれは、この生きようとする意志を尊重しなければならないのであり、それを無視して、何らかのイデオロギーのために人間の生命を奪うようなことをしてはならないのである。

また、しばしば次のような別の反論もなされる。不治の精神病者、とくに先天的な精神障害者は社会にとって経済的なお荷物であり、非生産的で、なんら社会に役立たない、という主張である。この主張をどう考えるべきであろうか。現実的に考えれば、たとえば一輪車を押して働いている知的障害者は、老人ホームで病み衰えていく老齢の祖父母たちよりも「より生産的」である。しかし、他の場合には社会に対する有用性という基準を主張する者であっても、この祖父母たちを、非生産的であるという理由で殺すことは拒否するであろう。なぜなら、家族の愛によって取り囲まれている人間は、この愛のかけがえのない対象であり、（いわば単に受動的であっても）生きる意味を有していることを誰しも認めざるをえないからである。これに対して、普通、知的障害のある子どもほど、まさにその無力さのゆえに、両親から特別に愛され、こまやかな情愛に包まれて育てられていることは、誰もが知っているわけではない。

可能なかぎり救うという医師に課せられた無条件的な義務は、われわれの考えでは、自分の生命を放棄しようと企て、その結果ほとんど危篤状態に陥った患者に対する場合でも決して変わることはない。この状況において医師は次のような問題に対峙することになる。すなわち、医師は、自殺者が自由に選んだ運命に彼を委ねるべきか否か、また医師は、ひとたび実行された自殺者の意思に逆らってもよいか、それともそれを尊重すべきか、という問題である。というのも、この自殺を図った者の事例に治療的に介入する医師は、運命の成り行きに任せるのではなく、運命をもてあそぼうとするものだ、と言う人もいるかもしれないからである。しかし、これに対しては次のように答えよう。もしも、この生きることに疲れた人を死なせることが運命と定められていたのであれば、医療的介入を手遅れにさせるために、運命はさまざまな方策を講じたことであろう。しかし、まだ生命のある者が「運命」によって、手遅れにならないうちに医師の手に委ねられたのであるかぎり、その医師はただちに医師として行動しなければならない。彼は、いかなる場合においても、個人的－世界観的考えによって、それどころか恣意的に、生か死かを決定する裁判官の役割を演じてはならないのである。

7 自殺

これまで自殺の問題について、外部に立つ者としての医師が取りうる態度という観点から述べてきたが、次にこの問題を、いわば内部から解明することにしよう。すなわち、この問題を生きることに疲れた人間の側から理解し、同時に自殺の動機の内面的な正当性について検討することにしたい。

時おり、いわゆる決算自殺ということが語られることがある。それによって意味されているのは、人間は、ただ人生全体のプラスとマイナスを決算するという、ただそれだけの理由で自殺を決断してもよいということである。このような快楽計算としての決算が、どのみち否定的な結果に終わらざるをえない理由については、すでに「人生の意味としての快楽」の問題について述べた際に明らかにされた。それゆえ、ここでは、人生の価値決算が、いつの日にか、生きつづけることが無価値に思われざるをえないほどに否定的なものになりうるかどうか、という問題についてのみ述べることにしたい。

ところで、人間がはたして十分な客観性をもって人生の決算を行うことができるかどうかは疑問である。このことはとくに、もはや逃げ場がない状況に追いこまれ、自殺だけが唯一の逃げ場である、と主張される場合に当てはまる。たとえこの主張がどれほど強い確信に基づくものであったとしても、その確信は主観的なものにとどまる。逃げ場のない状況に置かれているという確信から自殺を企てた数多の人々の中にあって、そのうちの一人の人間の自殺だけは、後で別の逃げ場があったことが判明したために、やはり間違っていたとされるというようなことがあるとしても、実際にはしかし、すべての人間の自殺企図も間違っていたのではないだろうか。なぜなら、この主観的確信は、自殺を決意するすべての人々において、等しく強い確信であるからである。自分の確信が客観的でもあり、また正当なものであるかどうかということを前もって知ることのできる人間はいない。次の瞬間に――すなわち自殺すればもはや体験することのない次の瞬間に――生じる出来事によって、自分の確信が正しくなかったことが証明されるかもしれないことを予め知ることのできる人間はいないのである。

　確かに、純粋に理論的に考えれば、意識的になされた犠牲として正当化されるような自殺もありうるかもしれない。けれども周知のように、経験的には、そのような自殺であっても、その動機は実際にはルサンチマン〔怨恨感情〕から起こっていることがきわめて多いのであり、また、そのようなルサンチマンからなされる自殺の場合でも、その見込みのないように見える状況にもかかわらず、最終的には何らかの他の解決策を見出すことができたのではないだろうか。それゆえ、実践的〔倫理的〕には、自殺は決して正当化されない、と言ってよいであろう。償いとしての自殺についても同様である。なぜなら、自殺は――態度価値の実現という意味において――自己の苦悩において成長し成熟することを不可能にするだけでなく、他人に与えた苦悩をいつか何らかの仕方で償うことをも不可能にするからである。こうして自殺は、過去を永遠化してしまうのである。つまり、自殺は、起こった不幸や為された不正を世界から取り去るかわりに、自己を世界から取り去ってしまうのである。

　次に、自殺の動機が病的な心理状態に基づいていると思われる事例について考えてみよう。ただし、ここでは、十分に厳密な精神医学的調査をすれば、そもそも精神病理学的な基礎をまったくもたない自殺の試みというものが発見されうるのかどうかという問題には触れずにおきたい。むしろ、ここでわれわれにとって重要なことは、どのような場合においても自殺が無意味であること、そして人生には無条件に意味があることを、生きることに倦んだ人に示す義務があることを確認することである。そのためには、内在的な批評と事柄に即《ザッハリッヒ》した論証、つまりロゴセラピーの方法が必要である。そして、とくにここで指摘しておかねばならないことは、自殺企図者が抱く人生への倦怠は一つの感情であり、また感情というものは何らの論拠を示すものではないということである。自殺企図者が求めているもの、つまり問題の解決は〔自殺という方法によっては〕彼に与えられないのである。われわれは自殺を決意した人に、何よりもまず繰り返し指摘せねばならないことは、自殺は何らの問題解決にもなりえないということである。われわれは、彼が次のようなチェスの棋士とどれほどよく似ているかをはっきり分からせねばならない。すなわち、その棋士は、自分には極めて難しいと思われる局面に置かれていて、そのために駒をチェス盤から放り出してしまうのである。しかしそれではチェスの問題は解決しない。人生も同様であって、生命を投げ出してしまうことによっては、人生の問題は解決しないのである。そして、この棋士がチェスのルールを守らないのとまったく同様に、自殺を選ぶ人間は人生のルールに違反するのである。この人生のルールは、どんな犠牲を払っても勝つことを求めているのではなく、決して闘いを放棄しないことをわれわれに求めているのである(14)。

　われわれは自殺を決意した人間の計画を中止させるために、世界からいっさいの不幸の原因を取り除くことはできないし、また取り除くべきでもない。すべての失恋した男性に女性を世話したり、すべての経済的に困窮している人間に豊かな収入を与えたりするには及ばない。そうではなく、彼らが何らかの理由で得ることのできなかったものが無くても生きてゆくことができるばかりか、まさにその中に望ましい人生の一片の意味を見つけねばならないこと、そして自らの不幸を内面的に克服し、その不幸において成長しうること、たとえ何かが運命的に与えられていなくても、その自らの運命に打ち克つことができること、このようなことを彼らが示して見せるように、彼らを導くことが必要なのである。われわれは、患者が自らに生活内容を与え、自らの存在の中に何らかの目標と目的を見出させることができたとき、言い換えれば、彼らが自分たちの前に何らかの課題《アウフガーベ》を見出すことができたときに初めて、彼らは、人生には価値があり、どんな場合にも意味があるのだと見なしうるようになるであろう。「生きるべき『なぜ』〔理由〕を持っている者は、ほとんどいかなる『いかに』〔事態〕にも耐えられる」とニーチェは述べている(15)。事実、人生の課題を知ることは、精神療法的にも精神衛生的にも極めて大きな価値がある。われわれは、しかし、人生において何らかの課題を有しているという意識ほど、客観的な困難や主観的な苦しみに打ち克ち、耐えさせるものはない、という主張で満足しているわけではない。この課題がいわば個人向けに調整されたものになり、使命《ミシォーン》とでも呼びうるようなものになる場合に初めて——そしてそうなればなるほど——、いま述べたことが言いうるのである。使命は、それを担う者を代理不可能な、かけがえのない存在にし、その人の人生に独自の価値を与えるのである。さきのニーチェの言葉は、人生の「いかに」〔事態〕、つまり何らかの困難な随伴状況は、「なぜ」〔理由〕が前面に出てくる瞬間に、またその程度に応じて背景に退く、ということをも理解させる。しかし、それだけではない。そのようにして得られた人生の使命的性格についての洞察から帰結されるのは、人生は本来、それが困難になればなるほど、それだけ意味に充ちたものになる、という洞察である。

8　人生の使命的性格

もしわれわれが患者たちを助けて、彼らの人生をできるだけ積極的なものにし、彼らをいわば「受動《パティエンス》」の状態から「能動《アゲーンス》」の状態に変えようと思うならば、われわれは彼らに、自分の存在が単に価値実現の可能性に対して責任を負っていることを体験させねばならないだけでなく、その果たすべき責任のある使命《アウフガーベ》が常に特殊な使命であることをも示さねばならない。この使命の特殊性には二重の意味がある。というのも、使命は各人ごとに――各々の人格の唯一性に応じて――変化するだけでなく、時間ごとに、そのつどの状況の一回性に応じても変化するからである。これはシェーラーが「状況価値」と名づけたもの（常にかつ万人に妥当する「永遠の」価値に対して）を考えれば明らかである。この価値は、人間がそれを実現する一回的な機会をつかみ取るそのときが到来するのを、いわば待ちうけているのである。もしこの機会が逃されたならば、それは取り返しようもなく失われてしまったのであり、その状況価値は永遠に実現されないままになり――その実現されないままに終わるということを当の人間がまさに実現してしまったことになるのである。こうしてわれわれは、一回性と唯一性という二つの契機が人間的実存の有意味性の契機として、いかに本質的であるかということを知るのである。そして現代の実存哲学の功績は――かつての生の哲学の漠然とした生概念とは反対に――、人間の現存在を本質的に具体的なもの、「各人ごとのもの」として際立たせたことにある。いまや初めて人間の生は、その具体的な姿において責任性を獲得したのである。それゆえ、実存哲学が「訴えかける」哲学と呼ばれるのも理由のないことではないであろう。実存哲学が人間の現存在を唯一的かつ一回的なものとして表現することには、何といっても、その唯一的で一回的な可能性を実現せよという訴えかけが含まれているのである。

もしわれわれが実存分析の意味において、ロゴセラピーによって患者をできるだけ彼の人生に集中させようとするならば、われわれは彼にただ、どの人間の人生にも唯一的な目標があり、そこへ通じる道は一回的なのだということを示しさえすればよい。その際の人間は、夜と霧の中を計器飛行で空港へと「誘導」される飛行機と同じである。指示された道だけが、パイロットを彼の目的地へと導くのである。これと同じように、どのような境遇にあろうとも、それぞれの人間は、その人の固有の可能性を実現しうる、そのつど一回的で唯一的な道をもっているのである。

もしある患者が、自分の人生の意味はわからないし、自分の存在の唯一的な可能性は自分から締めだされてしまっているのだ、と訴えるとすれば、われわれはただ次のように答えうるのみである。すなわち、あなたが最初になすべき、もっとも身近な使命は、固有の使命を見つけだすこと、そしてその使命の一回性と唯一性の中にある人生の意味へと突き進むことなのだ、と。そしてその際、とりわけ彼の内的な可能性に関しては、つまり、彼がいかにして彼の当為《ゾレン》の方向を彼の存在《ザイン》からいわば読み取ることができるのか、という問いに関しては、次のゲーテの答えに従うのがもっとも良い方法であろう。「ひとはいかにして自分自身を知ることができるか。それは決して考えることによってではなく、行為することによってである。汝の義務を果そうと努めよ、そのとき汝はただちに、汝が何であるかを知るであろう。では、汝の義務とは何か。日々の要求がそれである。」

しかし、確かに人生はそのつど唯一的で使命的な性格を有していると認め、さらにはその具体的で一回的な状況価値を実現しようと心に決めていながらも、自分の個人的な状況は「見込みがない」ものだとみなしている人間もいるであろう。この場合、われわれがまず問わなければならないのは、見込みがないというのはどういう意味なのか、ということである。人間は自分の未来を決して予言することはできない。もしも人間が未来のことを知るとすれば、そのことがすぐさま彼の将来の行動に影響を及ぼしてしまうであろう。すでにこのことからしても、人間は決して未来を予言することができないのである。つまり、人間は未来のことを知ることによって、それに対していっそう逆らうか、ますますそれを信じこんでしまうかのどちらかの態度をとることによって、未来の行動に影響を及ぼすことになるのである。こうして彼は、いずれにせよ未来を異なったものに形成するであろうから、もとの予言はもはや正しくなくなってしまうのである。

このように人間は予言することができないかぎり、彼は、彼の未来が価値を実現する可能性を秘めているのかどうかを判断することもできない。かつて、終身刑の判決を受けた一人の黒人がマルセイユで悪魔島に向かう船に乗せられた。波高い海に浮かぶ汽船の上で——それは当時沈没した「リヴァイアサン号」のことなのだが——火災が起こった。並外れて体力のある男だったその囚人は、手錠をはずされ十人の生命を救った。後に彼はその功績により、恩赦されたのである。もしこの男がまだマルセイユの波止場にいるときに、彼のこれからの人生が意味を持ちうると思うかとたずねられたとすれば、彼はきっと首を横に振らざるをえなかったであろう。このように人間は誰しも、自分がまだ人生から何を期待すべきか、どのような偉大な瞬間がまだ自分を待っているかということを、決して知りえないのである。

その場合、誰にも自分自身の力のなさを引き合いに出す権限はなく、したがって彼自身の内的な可能性を過小評価する権限もないのである。たとえこのような人間がどれほど自分に絶望し、どれほど自虐的にくよくよ自分を裁こうとも、まさにそのことによって、彼の正しさはすでに何らかの仕方で証明されているのである。あらゆる認識の（さらにはあらゆる価値把握の）相対性と主観性について嘆くこと自体のうちに、その客観性が本来すでに前提されているのと同様に、ある人が自分自身を非難する場合にも、すでに何らかの人格的理想、人格的な「ある《ザイン》―べし《ソレン》」（当為）が前提とされている。この人は、それゆえ何らかの価値に気づいているのであり、したがって価値の世界に参与しているのである。彼が理想の尺度を自分自身にあてがうことができたその瞬間に、彼はもはや価値とまったく無関係でいることはできないのである。なぜなら、そのことによって彼はすでに、自らの倫理的責任を担う何らかの水準に達しているからである。自分を自分自身を超えて立てることができることによって、彼は精神的な領域に歩み入っているのであり、精神的世界の市民であることを自ら証明し、その価値を共にしているのである。「もしわれわれの眼が太陽のように光の性質を持つものでないとするならば、眼は決して太陽をみることはできないだろう。」

これと同様のことは、絶望の一般化、すなわち人間性に対する懐疑についても言われうる。このとき、次のように批判する人がいるかもしれない――「人間は本来的かつ根本的に邪悪なものである」[16]と。しかし、この場合も、こうした厭世観によって自分の倫理的行為が麻痺させられてはならない。

もし誰かが次のように主張したとしよう、すなわち、「すべての人間は結局ただの利己主義者」にすぎず、たまにあらわれる利他主義も元々は利己主義でしかないのだ、なぜなら一見利他主義らしく見えるものは、そのつどの共に苦しむ感情《ミットゥライツゲフール》〔同情心〕から逃れたいだけだからだ、と。

このような主張に対して、われわれはどのように答えるべきかをすでに知っている。第一に、共に苦しむ感情の動きを消し去ろうとするのは、目的ではなく結果なのである。第二に、そうした感情の動きが起こること自体がすでに、本当の利他主義の存在を前提しているのである。さらに付け加えるならば、先に個人の人生《レーベン》の意味について述べたこと、すなわち、空間的な山脈と同じく時間的な歴史においては、その最も高いところが決定的であるということが、人類の生命《レーベン》についても当てはまるのだ、とわれわれは答えることができる。少数の模範となる人間が存在するだけで、あるいはまた、われわれが真に愛する個々の具体的な人間が存在するだけで、人類全体が是認されうるのではないだろうか。そして最後に、永遠の偉大な人類の理想というものは至る所で乱用され、政治、ビジネス、個人的性愛や虚栄心といった目的のための手段として利用されているではないかと指摘されるとすれば、われわれはそれに対してこう答えることができる。すなわち、それらすべてのことがまさに、この理想の普遍的な拘束力と不朽の力を証明しているのだ、と。なぜなら、ある事柄が有効になりうるためには道徳的なマントをかぶらざるをえないということは、結局、道徳性がまさに有効であるということと、言い換えれば、それが人間に対して――人間自身の道徳性によって――作用しうるということを証明するものに他ならないからである。

人間が人生において果さねばならない使命は、それゆえ、根本的に常に現に存在しており、またそれは原則として決して果すことのできないものではない。従って、実存分析にとって一般的に重要なことは、人々に各人の使命を果すことに対する責任を体験させることである。人間が人生の使命的性格を把握すればするほど、人生はよりいっそう意味に満ちたものとして彼に立ち現れてくるであろう。自分の責任を意識していない人間は、人生を単に与えられた《ゲゲーベン》ものとして受けとるのに対して、実存分析は、人生を課せられた《アウフゲゲーベン》〔使命として与えられた〕ものとして見ることを教えるのである。そして、われわれはさらに次のことを付け加えねばならない。それは、今述べた歩みをさらに進めて、人生をいわばより広い次元において体験する人々がいるということである。彼らにとっては、使命はいわば何か他動詞のようなものである。つまり、彼らは同時に、その使命の出どころである超越的な審級〔委託者〕をも体験し、その使命を課する超越的な審級〔委託者〕をも体験するのである。彼らは使命を委託されたものとして体験する。そのとき人生は、超越的委託者への方向をもつものとして明瞭に立ち現われてくる。それゆえ、この宗教的人間《ホモ・レリギオスス》の本質的特徴は、われわれの考えでは次のように素描されるであろう。宗教的人間とは、人生の使命と共にその使命の委託者もが、彼の意識と責任性に対して与えられている人間である、と[17]。

　人間存在は責任存在である、とわれわれは述べた。この責任存在とは、そのつどの価値の実現に対して責任を有する存在のことである。そしてわれわれは、この価値について、一回的な価値、すなわち「状況価値」（シェーラー）が考慮されなければならないと述べた。価値実現の機会は、それゆえ、具体的な性格をもっている。それは状況に関係しているだけでなく、個人にも結びついている。より正確に言えば、価値実現の機会は、時々刻々変化するとともに、個々人によっても変化するのである。

各々の人間が自分にとって、そしてただ自分にとってのみ有している可能性は、各々の時間的状況がその一回性において与えている可能性と同じく独自なものなのである。

一般的に妥当し、すべての人を拘束するような人生の使命というものは、実存分析の観点では、本来、ありえないように思われる。この観点から見れば、人生の使命「というもの一般」、人生の意味「というもの一般」についての問いは意味がないのである。それは、たとえば記者がチェスの世界チャンピオンにインタビューして、次のようにたずねるようなものである。「ところで、チャンピオンさん、どういう手が一番よい手なのでしょうか。」この問いには、一般的に妥当する仕方で答えることはできず、ただ具体的な状況（と個人）との関連においてのみ答えることができるだけである。もし仮にこのチャンピオンがこの問いを真面目に受け止めたとすれば、彼は次のように答えるほかはなかったであろう。「チェスの棋士がなすべきことは、自分に可能なことと対戦相手が許すことに応じて、そのつど、最上の手を打とうと努めることなのです。」ここで、二つのことが強調されねばならないだろう。第一に、「自分に可能なことに応じて」――これは、内的な状況《ラーゲ》すなわち素質《アンラーゲ》と呼ばれているものを考慮に入れねばならないことを意味している。そして第二に考慮されねばならないのは、この当の棋士が常に「努める」ことができるのは、ある具体的なゲームの状況の中での一番よい手を、すなわちある特定の局面に適した手を、そのつど打つのだということである。というのは、もし彼が最初から絶対に最良の手を打つことを追求していたならば、疑念と葛藤に苦しめられて、少なくとも持ち時間を越えてしまい、ゲームを放棄することになるにちがいないからである。

これとまったく同じようなことが、自分の人生の意味についての問いの前に立たされている人間についても言える。彼もまた、もしそれが問いとしての意味をもちうるとすれば、その問いを自分の具体的な人格と具体的な状況を顧慮してのみ立てることができるのである。もし彼が、それを飛び越えて、単に絶対的に最善のことを行おうと「努める」というだけではなく、それを行うことに取りつかれてしまうとすれば、それは間違っているし、病的でもあるだろう。確かに、彼は最善を志向しなければならない。そうでなければ多少とも善いことも決して生じないだろう。けれども、それと同時に、彼は、ただ自分の目的に漸進的に到達することより以上のことは断念しうるのでなければならないのである。

ここで、これまで人生の意味への問いについて述べてきたことの全体から結論を得ようとするとき、われわれは、この問いそのものの根本的な批判に到達する。それは、人生そのものの意味への問いは無意味である、ということである。なぜなら、もしその問いが漠然と人生「というもの一般」を指し、具体的な「各々の私の」実存を指していないならば、誤って立てられているからである。われわれが、世界体験の本来的構造に立ちもどり、それを深く熟考しようとするならば、人生の意味への問いにある種のコペルニクス的転回を与えなければならない。すなわち、人生それ自身が人間に問いを立てているのである。人間が問うのではなく、むしろ人間は人生から問われているものであり、人生に答え（antworten）ねばならず、人生に責任を持た（ver-antworten）ねばならないものなのである。そして、人間が与える答は、「具体的な人生の問い」に対する具体的な答でしかありえない。現存在の責任のうちにその答は生じ、人間は実存そのものにおいて彼固有の問いに対する答を「遂行する」のである。

ここで、発達心理学も「意味察知」は「意味付与」よりも高い発達段階にあることを示している

（シャルロッテ・ビューラー）と指摘してもおそらく的外れではないだろう。われわれが先に論理的に「展開《エントゥヴィッケルン》」しようとしたことは、心理学的発達《エントゥヴィックルング》にそのまま対応しているのである。それは、一見したところ逆説的に思われる、問いに対する応答の優位ということである。この優位は、人生から問われた者として自分を体験したことのある人間の自己体験に基づいている。すでに述べたように、人間をその最も固有の人生の使命へと導くのと同じ直覚が、人生からの問いに責任をもって答える際にも人間を導くのである。この直覚とは、良心にほかならない。良心は「声」を持ち、われわれに「語りかけてくる」——これは議論の余地のない現象学的事実である。このような良心の語りかけは、しかし、つねに答えとして生じるのである。ここで明らかになるのは、宗教的人間とは、心理学的に見れば、語りかけられる者として語り手を体験する人間であり、したがって非宗教的な人間よりもいわば聴覚の鋭い人間であるということである。自分の良心との対話においては——すなわち、この存在しうるかぎり最も親密な独白においては——、彼の神が彼の相手なのである。(18)

9　ホメオスタシス原理と実存的力動

ロゴセラピーは、実践面では実存をロゴスに直面させることを目指し、理論面では実存がロゴスによって動機づけられていることから出発する。

ここでただちに次のような異論が唱えられるであろう。すなわち、実存をロゴスに直面させ、人格を意味や価値の世界に向かって秩序づけることは、人間に過大な要求をすることになるのではないか、という異論である。しかし、そうしたことは今日では以前ほど心配する必要はないということは別にしても、そのような懸念はすでに初めから見当はずれである。というのも、それは、フォン・ベルタランフィー(19)以来、時代遅れになったホメオスタシス原理に未だに固執しているからである。神経学と精神医学の領域においてクルト・ゴルトシュタインが証明したところによれば、精神分析学や心理力動学の仮説が少なくとも基礎にしている「緊張緩和」の原理は、元来、明白な病理学的原理を想定しているということである(20)。正常ならば、人間にとって重要なのは、むしろ緊張に耐えること、あるいは価値を目指すことであって、是が非でもそれらから逃れることではないのである。

われわれ自身の考えでは、人間存在にとっての本質的な指標とは、存在と当為の両極の間に生じる緊張の場に立つこと、意味と価値に直面して立つこと、意味と価値から呼び求められていることである。こうした要求から逃避しようとすることが神経症的存在の特徴なのである。ここから明らかになることは、精神療法がどれほどこの典型的に神経症的な逃避主義と闘わねばならないかということであり、またホメオスタシスの障害を過度に恐れるあまり、精神療法が知らず知らずのうちに、患者を各々の緊張から遠ざけようとしたり、意味や価値に直面させないように手助けしたりすることを、どれほど警戒しなければならないかということである。

存在と当為の両極の間に生じる緊張の場に構築される力動を、ロゴセラピーでは、すべての心理力動《プシヒョデュナーミク》と対照させて精神力動《ノーデュナーミク》と呼んでいる。精神力動は、第一に、自由の契機が精神力動に入りこむことによって心理力動から区別される。私は衝動によって駆り立てられる一方で、価値によって引きつけられる。言い換えれば、私は価値の要求に対してイエスともノーとも言うことができ、そのどちらを決断することもできる。この自由な態度決定の契機は、生物学的・心理学的・社会学的といった、まさに単なる見かけ上の必然的制約に対するものであるだけでなく、実現されるべき価値可能性に対するものでもある。

このように緊張は精神力動から生じるものであるが、この緊張が緩和されればされるほど、人間はますますおびやかされ、危険にさらされる。カール・ロジャーズによって触発されたもろもろの研究成果をもとにして、オルポートは次のように主張している。「自己と理想的自己との間、現在のあり方と願望との間には、つねに健全な隔たりが存在する。他方、過度の満足は病気の徴候なのである。[21]」現実の自己像と理想の自己像との間の標準的な相関係数は、彼によれば、+〇・五八であるとされている。

それゆえ、アメリカの論者たちが――ここではセオドア・A・コッチェン[22]を引用するにとどめるが――統計学的調査に基づいて、人間の意味への定位を心の健康の尺度とみなしうることをロゴセラピーに保証しているのは、まったくよく理解できることである。

アメリカの心理学は、主に二つの潮流によって占められている。一つは機械論的心理学であり、もう一つは――それに対する反動という意味での――人間性心理学である。前者に関して言えば、それはホメオスタシス原理によって支えられている。後者に関して言えば、そこで念頭に置かれているのは自己実現の理念（ゴルトシュタイン、ホーナイ、マズロー）である。

ゴードン・W・オルポートは、動機を、緊張状態を平衡状態《ホメオスターゼ》に移す試みであるとする通常の理解は本来の努力の本質を適切に表現していない、と指摘している。[23]事実、フロイトは、「心的装置」の

「目的」を、「外部および内部から心的装置に迫り来る大量の刺激と大きな興奮を片づけ処理すること[24]」にあると述べているのである。またユングの元型もやはり、ホメオスタシス的に構想されており、そこでも人間は依然として次のような存在であるとされている。すなわち、人間の努力は、まさに元型によってあらかじめ形成された諸可能性の実現を目指しており、またその努力は、ただもっぱら、心の痛みや十分に発揮されていない元型による復讐から逃れ、それらによって引き起こされる緊張を回避するという目的にのみ基づいているのだ、と。

シャルロッテ・ビューラーが次のように主張しているのはもっともである。「フロイトの最も初期の快楽原則〔快感原則〕の定式化から最近の緊張搬出原理とホメオスタシス原理の現代版に至るまで、人生全体のすべての活動のつねに変わらぬ最終目標は個体内の平衡の回復という意味で理解されてきた[25]。」また彼女は、実際に「活動している人は自分の製品や作品を肯定的に解釈された現実の中へ実現している」のに、フロイトの適応過程論では「適応する人が平衡を保とうとする努力においては、現実は否定的に解釈されている」と批判している[26]。確かに、現実に奉仕する現実原則は、それがまさに快楽原則の単なる「変容」にすぎず、「根本的には快楽をも目指している[27]」と考えられるかぎり、それ自体としても、快楽原則に奉仕するものであることになる。しかしこれをさらに詳しく見れば、次のことが確認される。すなわち、快楽原則がより高次の原理であるホメオスタシス原理、つまり、できるだけ低い緊張レベルを維持ないし回復しようとする傾向に奉仕するものであるかぎり、快楽原則それ自体も〔ホメオスタシス原理の〕単なる変容にすぎない、ということである。

快楽への意志が、精神分析によって快楽原則という形で強調されたように、力への意志は個人心理学によって、いわゆる自己顕示欲《ゲルトゥングスシュトゥレーベン》という形で強調された。もっとも、アドラーの自己顕示欲の場合には、フロイトが前面に押しだした性欲と同列に扱われうるような、たとえば攻撃性といったものへ人間が駆り立てられているということはもはや重視されておらず、むしろ重要なものは人格という「行為の中心」（シェーラー）から出てくる意志なのである。

　快楽原則によって支配される「心的装置」の閉じられたシステムのうちには、まさに人間を世界に向かって秩序づけ方向づける、われわれが意味への意志と名づけたものの存在する余地はない。この概念は主意主義的な意味に誤解されてはならない。われわれが「意味への意志」という言葉を用い、たとえば「意味への衝動」という言葉を用いないということは、われわれが主意主義を信奉しているということでは決してない。むしろ、この言葉であらわされているのは、（第一次的な）直接的な意味志向性という事実、すなわち、人間にとって重要なのは徹頭徹尾意味であり、意味だけであるという事実から目を離してはならないということである。もし本当に衝動が重要であるとすれば、その衝動がもたらす苦痛から逃れ、平衡を回復するためにのみ、人間は意味を満たすことになるだろう。けれどもその場合には、人間は意味それ自体のために行動することをやめてしまっているのであり、その結果、われわれの動機理論は、またもやホメオスタシス原理にもどってしまうことになるであろう。

　ロゴセラピーに対して、ヨーロッパでは今でも「意志に訴えかける」といった嘲笑的な批評がなされているが、アメリカの精神医学では、とっくにそれを越えて、ヨーロッパでひどくけなされている意志を再びその正当な地位に就けるようになっている。ニューヨークの指導的な実存心理学者であるロロ・メイが主張するところによれば、精神分析は知らずしらずのうちに、患者が受身になってしまう傾向を助長しており、自分自身をもはや決断力ある者として理解しないように、また困難に対して責任を有する者と見なさないようにばかり患者をそそのかしている、という。彼は、この辛辣なコメントに続けて、「実存的なアプローチは、決断と意志をふたたび問題の中心に据えなおすのである」と述べ、最後に、含蓄に富んだ詩編のことばで締めくくっている。「家造りらの捨てた石は、隅のかしら石となった。」[28] そしてアメリカのジョージア州コロンビアにあるブラッドリーセンター所長であるジェームズ・C・クランボーとレオナルド・T・マホリックは、『実存的精神医学ジャーナル』に掲載された論文（フランクルの「意味への意志」の症例）において、彼らの実験結果が実存的な意味への意志に関するわれわれの仮説の正しさを証明していると述べている。

意味への意志という観念は、意志への訴えかけであるというように誤解されてはならない。信頼、愛、希望は操作されたり人為的に作りだされたりするものではない。誰もそれらを命令することはできない。それらは自分の意志でつかむことすらできないのである。私は、信じようと意志することはできないし、愛そうと意志することも、希望しようと意志することもできない——そして何よりも、意志しようと意志することはできないのである。それゆえ、ひとに「意味を意志する」ように要求しても無駄である。意味への意志に訴えるということが意味しているのは、むしろ、意味それ自体を輝かせるということであり——意味を意志することを意志に任せるということなのである。

シャルロッテ・ビューラーは衝動満足理論と自己実現理論を対置させて、次のように要約している。「現在、生命の基本的傾向に関して、精神療法で問題にされる範囲内では、本質的に二つの基本的な見方がある。一つは精神分析理論の見方であり、それによれば生命の唯一の基本的傾向は、ホメオスタシス的平衡の回復であるとされる。生命の基本的傾向に関するもう一つの理論は、生命の最終目標は自己実現であるとする説である[29]。」しかし人間は、彼が意味を充足する程度に応じてのみ、自己自身をも実現するのである。自己実現は、意味充足の結果として自ずから生じるのであって、それ自体としては目的になりえないのである。自分自身を超越する実存のみが自己自身を実現することができるのであって、自己自身または自己実現を志向する実存は、自己自身をのがしてしまうだけであろう。何かある事または誰かある人に向かって、すなわち、何らかの理想または人格に向かって、秩序づけられ方向づけられているということが人間の本質に属しているのである！[30]

ところでシャルロッテ・ビューラーが、「自己実現の原理の代表者たちが実際に考えていたのは、可能性の追求ということであった」と述べているのはまったく正当である。実際、「自己－自身の－実現」というものはすべて、結局のところ、自分の可能性を実現することを目的としている。だが、ここでわれわれは次のように問うてみたい。すなわち、人間はただ自分の内的可能性を発揮するように努めるべきである、あるいは、自分自身を表現するように努めるべきである、という今日の人間に与えられるこれらすべての教えの背後にあるものは何か、と。私見によれば、人間が現にあるところのものと、そうならねばならないところのものとの間の分裂によって引き起こされる緊張を減少させることの背後には、隠れた動機が働いている。この緊張は、一方の現実と、他方のこれから実現されるべき理想との間の緊張と言うことができるし、また別の表現をすれば、実存と本質、存在と意味の間の緊張とも言うことができる。ところが、さきの教えは、実のところ、人間は理想や価値のことで心をわずらわせる必要はまったくない、ということを意味している。なぜなら、それらはまさに自分自身の表現以上のものではなく、したがって人間は自分の自己と自分の可能性を実現することだけで安んじて満足しうるのだから、というのである。――このようなお告げは、一つの喜ばしい知らせである。というのも、こうした仕方で人間は、意味を充足したり価値を実現しようとする必要はまったくないということを知らされるからである。なぜなら、すべてのものはとっくに整えられており、少なくとも実現されるに値するものは、自分の可能性としてすでにつねに用意されているからである。人間は、彼が本来あるところのものになるべきであるというピンダロスの命令は、こうした仕方でその命令的性格を奪われ、いまや次のような直説法の命題に変質させられてしまうのである。すなわち、人間がつねにそうなるべきであるところのもの――そのようなもので人間はつねにすでにあったのだ！　そしてまさにそれゆえに、人間は理想のことを気づかう必要はなくなるのである。比喩的に表現すれば、次のようになるであろう。――人間は、星を大地に引き下ろそうとして、星に手を伸ばす必要はない、なぜなら大地それ自体が一つの星であるのだから……。

このとき、自分たちの似非《えせ》道徳にうしろめたさを感じていた偏狭な人々の間に、安堵の吐息がもれることだろう。けれども、存在と意味との間の緊張は、消し去りえないほど人間の本質に深く基礎づけられていることを、われわれは知っている。「ある」〔存在〕ことと、「あるべし」〔当為〕ということの間の緊張は、まさに「人間」であること〔人間存在〕そのものに属しているのである。それゆえ、この緊張は、心が「健康」であることの不可欠の条件でもある。アメリカ合衆国で実施された種々の調査によれば、意味定位性〔意味へ方向づけられていること〕というロゴセラピーの基礎概念は、心理的健康を測る最もすぐれた基準でもあることを示している。

しかし、よりいっそう深い意味においても、存在と当為、存在と意味との間の隔たりは、すべての人間存在にとって本質的なものである。実存と本質は決して一致することがないのに対して、意味は、そのつど存在に先だって存在するものでなければならない。そのときにのみ意味は、その存在自身にとっての意味になりうるのである。その意味こそが、存在の先導者なのである！ これと反対に、もし実存が自分自身を超越して、自分自身の外部にある何ものかに達するのでないとすれば、自分自身のうちへ崩れ落ちてしまうばかりである。

実際、聖書にも、イスラエル人たちが砂漠をさまよっていたとき、神は雲の姿をとって彼の民の前を進んだ、と記されている。この記録を次のように解釈しても的外れではないだろう。すなわち、（究極的）意味（これを私は超意味と名づけている）は存在の前を進むのだが、それは後者が前者について行くため、前者が後者を一緒に引っ張るためである、と。しかし、もし神の栄光がイスラエル人たちの前を進むことがなく、むしろこの民族の真ん中に留まったとするならば、はたして何が生じたであろうか。もしそうなら明らかに、雲は決して砂漠を通り抜けるようにイスラエル人たちを導くことはできなかったし、彼らを目的地まで連れて行くこともできなかったであろう。それどころか、雲はすべての人々の視界を遮り、誰も進むべき方向を見出すことができず、イスラエル人たちは道に迷ってしまったことであろう。

このような実存の力動性が理解されたとき、われわれは二種類の人間のタイプをきわめて明確に区別することができる。それを私は、先導者と調停者（英語では「ペースメーカー」と「ピースメーカー」）と名づけることにしたい。先導者はわれわれを価値や意味に直面させ、われわれの意味への意志に価値や意味を提供する。これに対して調停者は、われわれ各人が意味に直面する際に生じる重荷を、われわれから取り除こうとするのである。

この意味での先導者とは、たとえばモーゼがそうであった。彼は、自分の民の良心を寝かしつけることをまったく望まず、逆に、良心を呼び起こしたのであった。彼はシナイ山から降りて来たときに、自分の民に十戒をもたらし、彼らが理想に直面することからも、理想にまったくそぐわない現実について知ることからも、免れさせなかったのである。

次に、内的な平衡を重視する調停者のタイプがある。この内的な平衡は、何としても妨げられてはならないものであり、そのため、どのような手段も許してしまうだけでなく、世界の全体を単なる手段以外の何ものでもないものに変質させ、格下げしてしまうものである。その手段とは、衝動の満足とか自己実現という目的のための手段であり、欲求の満足、超自我の緩和あるいは元型の展開といった目的のための手段である。いずれにせよ、人間は自分自身と和解させられ、「平衡が取りもどされる」のである。ここで重視されているのは事実だけである。その事実とは、何と言ってもごく少数の人間しか理想に達しないということである。ここから次のような問いと主張が出てくる――われわれはどうして理想のために心をわずらわさなければならないのか、なぜ平均的であってはならないのか、われわれは何のために理想的になるべきなのか、普通に留まろう！　こうして、われわれは今や、どのような意味でキンゼイ[三三]が調停者と呼ばれるにふさわしいかをも理解することができるのである……。

シャルロッテ・ビューラーの考えによれば、健康な有機体の機能は緊張除去と緊張維持とが交互に生じることに依存しているという[31]。これを個体発生的リズムと呼ぶとすれば、これに類似した系統発生的リズムも存在しないのかどうかを問うことにしよう。ショーペンハウアーは、苦しみと退屈とは、それらが歴史的・社会的規模で現れるかぎり、交互に前面に現れてくると指摘してはいなかっただろうか。もっとも、この場合には、苦しみの時期と退屈の時期とが、「健康な有機体」の場合のように同時に入れ替わるのではなく、継起的に相前後して入れ替わるのである。いやそれどころか、われわれはあえて次のように主張したい。人間は、（「豊かな社会」のような）「ホメオスタシス的な」時代と釣り合いを取るための錘《おもり》として、苦しみを自発的に手に入れようとするのだ、と。ゲーレンもこれと同じく「苦しみがもたらす圧迫は、人間学的に、おそらく極めて重要な意味をもっている」と述べ、さらにこの連関で次のように述べている。「もしわれわれが逃げ道を思い浮かべることができるとすれば、つまるところ禁欲しかないだろう。」しかし、彼が「キリスト教のほとんどすべての要素は世俗化されたが、禁欲だけは例外だった[32]」と主張するとき、われわれは彼に同意できなくなる。というのも、スポーツは、有機体を周期的にストレスにさらし、豊かさの只中で人間に人為的で束の間の苦しみを獲得させる使命を引き受けてきた、と思われるからである。

　しかし現在流布している種々の動機理論よりも危険なものは、その精神衛生への実践的適用である。この実践的適用が、まったくいかなる緊張をも人間に生じさせないという誤った原理の上に立てられているかぎり、つまりそれが――「涅槃原則」（ジークムント・フロイト）とは言わないまでも――ホメオスタシス原理を信じきっているものであるかぎり、それは出発点から誤っているように思われる。実際に人間が必要としているのは、どのような緊張もない状態ではなく、むしろある一定の、健全な量の緊張なのである。この健全な量の緊張とは、たとえば、人間が何らかの意味によって要求され、呼び起こされてくるような緊張である。

けれども豊かな社会においては、この緊張が生じることがあまりにも少なすぎる。そのため、以前の時代に比べて、今日の人間は多くの困難と緊張を免除されている状態にあり、遂には、それらに耐えることを忘れてしまっている。欲求不満に対する耐性が下がり、人間は断念することを忘れてしまったのである。そこで人間は、まさにこうした状況の中で、社会が彼に与えるはずの緊張を人為的に造りだそうとする。彼は自分が必要とする緊張をこしらえるのである。そして彼は今や、自分自身に何かを要求するという仕方でそれを行う。すなわち、彼は自分に、あることを成し遂げることを、とりわけ断念を「成し遂げる」ことを要求する。このようにして人間は、豊かさの只中で、自発的に何かを断つことを企て、人為的・意図的に苦境の状況を造りだすようになる。そして豊かすぎる社会の只中で、人間はいわば「禁欲の島」を築こうと企てる。――まさにこうしたことの中に、私はスポーツの機能を見るのである。スポーツは、現代の世俗化された禁欲なのである。

アメリカ合衆国の教授たちが嘆いているように、今日の学生たちは底知れぬ無感動によって特徴づけられる。「カリフォルニアからニューイングランドに至る、ほとんどすべてのキャンパスで、学生の無感動《スチューデント・アパシー》が話題になっていた。それは、われわれが教職員や学生たちと行った討論の中で最も多く言及された主題の一つであった。[33]」

アメリカ合衆国の教授たちは、自由の理想を高く掲げている。けれども、彼らが考えている自由は消極的であり、積極的な理念によって補足される必要がある。それは責任の理念である。東海岸の自由の女神の像と対になるもの、すなわち西海岸の責任の像は、いったい、いつになれば建立されるのだろうか[34]。

アメリカ合衆国の精神分析家たちは、新しいタイプの神経症を相手にしなければならなくなったとこぼしている。その神経症の最も際立った特徴は、自発性と関心の欠如ということにある。

人間は、物理学的な意味での絶対的な無重力状態に耐えることができないのと同じように、心理学的な意味でまったく負担のない状態に長く耐えることもできないであろう。また人間は、空気のない空間に存在することができないのと同じように、意味のない空間に存在することもできないであろう。

周知のように、宇宙飛行の準備のために行われた実験で明らかになったように、感覚的印象の完全な遮断は錯覚を生みだす。けれども、イエール大学とハーバード大学における実験によって示されたのは、「感覚的印象の遮断という結果を生みだすものは、感覚的刺激それ自体の欠如ではなく、意味のある刺激の欠如である」ということであった。これに続けて、その著者たちは、脳が必要としているのは意味である、と主張している。ここで明らかになったことは、人間の基本的な意味欲求は、その存在の生物学的基盤にまで追跡されうるということである。このような人間存在の生理学的平面への投影から、ふたたび人間特有の現象という空間へと移調しながら、ロゴセラピーのライトモチーフが、あたかもフーガ〔同じ旋律が複数の声部に順次現われる、対位法による楽曲のひとつ〕のようにたえず鳴り響き、ロゴス——精神と意味——のさまざまな意味内容の間を架橋する。精神は意味を必要とし、ヌースはロゴスを必要とし、またそれゆえに精神《ノー》-因《ゲネ》性の病気はロゴ-セラピー的な治療を必要とするのである。

この精神因性神経症と並んで、心因性神経症があり、さらには私が報告した身体因性偽神経症がある。この偽神経症に関して私が言及しているのは、広場恐怖症の背後には甲状腺機能亢進があり、閉所恐怖症のうちには潜在的なテタニー（一四）があること、および離人症症状ないし心無力症の背後には副腎皮質ホルモンの機能不全が潜んでいるということである。それゆえ、ロゴセラピーは理論においては精神主義的であり、実践においては道徳主義的である、という批判はまったく当たらない。ロゴセラピーは心身医学だ、という陰口のほうが、まだしもましであろう。ただし、心身医学は、身体的な病気の発症がもつ生活史における価値や心のあらわれとしての価値を非常に大きく認めるのであるが、実際には、すべての身体的病気がそうした価値をもつわけではまったくない。人間の身体は、決して彼の精神の忠実な鏡像ではない。仮に「聖化された」身体というものがあるとすれば、そう言えるかもしれないが、「堕落した」人間の身体は、もし鏡であるとしても、壊れた、歪んだ鏡なのである。確かに、どんな病気も「意味」をもっている。しかし、ある病気が本当に意味をもつのは、病気であるというそのこと〔事実〕によってではなく、むしろ、どのように苦悩するかということ、患者がその病気に対して取る姿勢、病気に真剣に取り組もうとする態度によってなのである。

　ロゴセラピーは、その実践において道徳主義的であろうか。単純な理由から、そうではないと言える。というのも、意味は処方箋として与えられうるようなものではないからである。医師は患者の人生に意味を与えることはできない。結局のところ、意味というものはそもそも、与えられるものではなく、見出されねばならないものなのである。しかも、患者はそれを自分自身で見出さねばならないのである。ロゴセラピーは、意味と無意味、あるいは価値と無価値について診断を下したりはしない。人間を「神のように善と悪を知る」存在にするであろうと楽園で人間に約束したのは、蛇であって、ロゴセラピーではないのである。

10　死の意味

人生の意味についての問い——この人間がなしうる最も人間的な問い——に答えようとするとき、人間は、人生から問われている者、自分の人生に責任をもつべき者としての自分自身に立ち返ることを求められている。つまり、彼は、人間存在は責任存在である、という原事実に立ち返ることを求められているのである。実存分析によって、責任性は個人と状況の具体性から生じ、かつその具体性とともに増大していくものであることが示された。すでに述べたように、責任は個人の唯一性と状況の一回性とともに生じるのである。唯一性と一回性は、前述したように、人生の意味にとって本質的なものである。そして、人間の実存のこの二つの本質的契機のうちに人間の有限性も同時にあらわれている。それゆえ、有限性それ自体も、人間存在から意味を奪えないもの、むしろ人間存在に意味を与えうるものであることを示しているにちがいない。その理由をわれわれは明らかにしなければならない。そこで、われわれはまず、時間における人間の有限性、人生の時間的な有限性、すなわち死という事実は、人生を無意味にしうるかどうか、という問いに答えることにしよう。

われわれは、どれほどしばしば次のように責め立てられることであろうか——死は人生全体の意味を疑わしいものにするのではないか、死はすべてを最終的に無にしてしまうのだから、すべては結局、無意味なのではないか、と。しかし、死は本当に人生の有意味性を破壊することができるのだろうか。

その反対なのである。というのも、もしわれわれの人生が時間的に有限ではなく、無限であるとすれば、どうなるであろうか。もしわれわれが不死であるとすれば、当然ながらわれわれは、あらゆる行為を無限に先延ばしすることができるのであって、それをまさに今行うことはまったく重要ではなくなり、明日、明後日、あるいは一年後、十年後に行っても同じことになってしまうであろう。けれども、われわれの未来の乗り越えることのできない限界であり、かつわれわれの諸可能性の極限である死に直面して、われわれは、みずからの人生の時間を余すところなく利用し尽くすように強いられ、そのつど一回的である機会——その機会の「有限な」総計が全人生である——を利用しないまま過ぎ去らせないように強いられているのである。

したがって、有限性、時間性は人間の生命の本質的な特徴であるばかりでなく、その意味にとっても根本的である。人間の現存在の意味は、この現存在の〔時間的な〕不可逆的性質のうちに基礎づけられている。それゆえ、人生における人間の責任が正しく理解されるのは、それが時間性と一回性という観点から理解されるときにのみ可能になるのである。もしわれわれが、実存分析の意味において患者たちに責任存在であることを意識させ、実際に自分の責任に気づかせようとするならば、次のような比喩を用いて、人生の歴史的性質やそれに伴う人生における人間の責任をありありと思い浮かべるようにしなければならない。すなわち、私は、診察で対面している実直な人に、たとえば一度次のように思い浮かべることを勧めるのである——いま私は人生の終わりにさしかかっていて、私自身の伝記のページをめくっている。そして私は今まさに、ちょうど現在の時期を扱っている章を開いている。このとき私は、奇跡によって、次の章に何を書きこむべきかを決定するチャンスを持っており、またそれゆえ、私のいまだ書かれていない内的伝記の重要な章に、私はいわばまだ修正を施すことができるのだ、と思い浮かべてもらうのである。実存分析の格律は、次のような命法の形式に一般化することができるであろう。――あたかも、あなたが今なそうとしかけているように一度目の人生は過ちばかり犯してきたが、いまや新たに二度目の人生を生きているかのように生きよ。この想像的観念に専心することができたときには、人間は同時に、自分の人生のあらゆる瞬間に担っている責任の重大さをも意識するであろう。この責任は、そのつどの次の時間から生ずるべきものに対する責任であり、いかに次の日を形成するかということに対する責任なのである。

あるいは、われわれは患者に、自分の人生は一巻の映画であると想像するように助言することもある。つまり、その映画は今まさに「撮影中」であって、後から切り離して「編集」されてはならず、一度「撮影」されたものは後戻りできないということである。このような仕方によっても、人生の不可逆的性質、現存在の歴史性に気づかせることにしばしば成功するのである。

生命は、その誕生の時点においては、いまだ使われていない素材そのものである。けれども時の経過とともに次第に素材が消えてゆき、ますます機能へと変化し、最終的には、その担い手である人間が行為や体験や苦悩において実現したものの中にのみ存在することになる。この点で人間の生命はラジウムを思い起こさせる。周知のように、ラジウムも限られた「寿命」しかもたない。その原子は崩壊し、質量は次第にエネルギーに変化して放射され、二度とふたたび質量にもどることはない。というのも、原子の崩壊過程は不可逆的なものとして「方向づけられている」からである。このようにラジウムの場合も、最初の素材性が徐々になくなっていくのであるが、これと同様に生命においても、最初の質料的性質は次第に後退して、最終的には純粋な形相にまで変化するのである。なぜなら、人間は、形のない石を鑿《のみ》と槌《つち》で加工して、徐々に素材に形を与える彫刻家に似ているからである。人間も、運命が彼に与える素材を加工する。すなわち、時には創造し、時には体験し、時には苦悩しながら、自分の人生から創造価値や体験価値や態度価値といったさまざまな価値を可能なかぎり「刻みだそう」とするのである。この彫刻家の比喩に、さらに時間の契機を導入することもできる。彼が作品を仕上げるまでの時間が限られていて、しかもそれを引き渡さねばならない期日が彼に知らされていない、といった場合を想像してみよう。彼は、いつ自分が「召される」のか、そしてこの召喚〔死〕がまさに次の瞬間にやってくるかどうか、も決して知らないのである。こうして彼は、自分の作品がトルソー〔未完成の作品〕に終わってしまう危険を冒しながら、ともかくも時間を有効に使うように強いられるのである。しかし、たとえ完成させることができなかったとしても、そのために作品が無価値になることは決してない。人生の「断片的性格」（ジンメル）[一五]は、決して人生の意味を損ないはしない。ある人間の人生の長さから、その意味の充足を推し量ることは決してできない。伝記の価値は、その「長さ」、ページ数によってではなく、その内容の豊かさによって判断されるのである。若くして亡くなった人間の英雄的な人生は、長生きしている俗物の存在よりも、確かにより多くの内容と意味をもっている。どれほど多くの「未完成」が、最も美しいシンフォニーに数えられていることだろうか。

人間は、卒業試験を前にするように人生の中に立っている。この場合も、それで学業が終わるということよりも、それが高い価値をもっているということが重要なのである。チャイムが鳴ると試験時間が終わることを受験者は知っていなければならないのとまったく同じように、われわれも人生において、いつ「召される」かもしれないことを常に覚悟しておかねばならないのである。

人間は、時間と有限性の中で、あることを成就しなければならない。すなわち、人間は、有限性を自らに引き受け、終わりのあることを自覚的に甘受しなければならないのである。この態度は、必ずしも英雄的であるとは限らない。むしろそれは、平均的な人間の日常のふるまいの中にはっきりあらわれている。たとえば映画館を訪れる人間は、映画がハッピーエンドで終わるということよりも、ともかくその映画に目的《エンデ》〔終わり〕があるということを求めているであろう。日常の人間が映画館や劇場といったものを必要としているという素朴な事実からだけでも、歴史的《ゲシヒトリッヒ》〔物語的〕なものには意味があるのだということがすでに証明されている。それだけの価値あるものがまずもって明らかにされ、それゆえにこそ、それが時間の中で展開され、歴史的〔物語的〕に表現されることが重要になるのである。もしそうでないとすれば、日常の人間は、劇場や映画館で何時間も座っている代わりに、「つまりは……というわけだ」という「その歴史《ゲシヒテ》〔物語〕の教訓」をごく手短に話してもらうだけで満足しうることであろう。

それゆえ、死を人生からなんとかして締めだすという必要はまったくない。死は本来、何といっても、まさに人生の一部だからである。しかし人間は、思い違いをして、生殖によって自分を「永遠化」しようとするのであるが、このような仕方で死を克服することはまったく不可能である。なぜなら、人生の意味は子孫を残すことにあるという主張は誤っているからである。この主張が矛盾していることを明らかにするのは簡単である。第一に、われわれの生命を無限に継続することはできない。

子孫も結局は死に絶えるであろうし、人類全体もおそらくいつかは――「地球」という星が消滅すれば――死滅するにちがいないであろう。もし有限な生命が無意味であるとすれば、その終末がいつ来るのか、その時期を予見できるかどうか、ということはまったくどうでもよいことになるであろう。この終末の時期がどうしても気になって仕方がない人は、世界の滅亡が一兆年後に待ち受けているという天文学者の予言を聞いて恐れおののいたあの女性に似ている。彼女は「ようやく一兆年後のこと」であるのを改めて確認して、ほっと安堵のため息をついた。そして、こう言い添えたのである。「だって私は、はじめ、百万年後のことだと思ったものですから。」もし人生に意味があるとすれば、人生の長短とか子孫の有無ということとは無関係に意味があるのであり、またもし人生に意味がないとすれば、たとえそれがどれほど長く続き、無限に子孫をのこすことができたとしても意味はないのである。もし子どものいない女性の人生が、ただ子どもがいないという理由だけで本当に無意味になるとするならば、人間はただ子どものためにだけ生き、その存在の唯一の意味はただ次の世代のうちにのみある、ということになるであろう。しかし、これでは、問題が先送りにされたにすぎない。なぜなら、この場合、各々の世代は、問題を未解決のまま次の世代に押しやっているからである。このとき、一つの世代の人生の意味は次の世代を育てること以外のどこにあるというのだろうか。それ自体として無意味なものを継続させることは、それ自体が無意味である。なぜなら、それ自体として無意味なものは、それが永遠化されたというだけで意味あるものになったりはしないからである。

一本の松明《たいまつ》が消えたとしても、それが輝いたということには意味がある。しかし、火のついていない松明リレーをいくら永遠に（果てしなく）続けたとしても、それには意味がない。ヴィルトガンス

〔Anton Wildgans, 1881–1932 オーストリアの詩人、劇作家〕は「輝くべきものは、燃えることに耐えなければならない」と言ったが、この「燃える」とはおそらく苦悩することを意味しているであろう。そして、われわれはさらに、それが燃え－尽きること、「最後まで」燃えることに耐えなければならない、と言うことができるであろう。

　こうしてわれわれは、自分の子孫をのこすことにその唯一の意味があるような人生は、まさにそのために、子孫をのこすこととまったく同じくらい、その人生それ自体にも意味がなくなるという逆説に達するのである。反対に、子孫を残すことは、すでに人生それ自体が何らかの意味を有する場合にのみ、そしてその場合に初めて、意味を有するのである。それゆえ、女性の人生の唯一にして究極の意味は母になることにあると考える者は、実際には子どものいない女性の人生から意味を奪うのではなく、母親となった女性の人生から意味を奪うのである。したがって子孫がないからといって、一人の重要な人間の存在が無意味になることはありえないのである。しかもそれ以上に、この重要な人間へと連なるすべての先祖が、この一人の重要な存在を出現させただけですでに、遡って栄誉ある意味を獲得することであろう。これらすべてのことから、われわれはまたもや、生命は決して自己目的ではありえないということ、子孫をのこすことが決してその固有の意味ではありえないということ、むしろ生命はその意味を他のものから、すなわち非生物学的な連関から初めて受けとるのだということを知るのである。この非生物学的な連関とは、それゆえ、ある超越的な契機を示している。生命は自分自身を超越するが、それは自分の子孫を残すという意味での「長さ」に向かってではなく、何らかの意味を志向することによって、「高さ」に向かって超越するのである。

11　共同体と大衆

人間の現存在は時間的継起において一回的であるが、これに対応するのは、個々人の空間的並存における唯一性である。時間的・外的な制約としての死が人生を無意味にせず、むしろそれこそが人生の有意味性を本質的に構成しているのと同じように、人間の内的な制約も彼の人生に意味を与えるだけなのである。もしすべての人間が完全であるとすれば、誰もが互いに同等になってしまい、どの個人も任意に他の人間と代替可能なものになるであろう。まさに人間は不完全だからこそ、すべての個人は欠くべからざる存在であり、他と交換することのできない存在なのである。というのも、個人は確かに不完全ではあるが、どの個人もその人独自の仕方で不完全だからである。個人は完全ではなく一面的であるが、しかしそのことによって独自なのである。

このことを生物学的なモデルを用いて考えてみたい。周知のように、単細胞生物が多細胞有機体へ発展するためには、「不死性」を代償にし、全能性を犠牲にしている。しかしその代わりに、細胞は特殊性を獲得するのである。たとえば高度に分化した網膜細胞は、他のどのような種類の細胞によってもその機能を代行させることはできない。このように、分業の原理は、確かに細胞から機能的な全能性を取り去りはするが、その代わりに細胞の機能的な一面性によって、有機体に対する相対的な代替不可能性を細胞に与えるのである。

モザイクにおいても同様に、各々の部分、個々の石は、形と色において欠けたところがあり、不完全なものである。それらは、全体から見たときに初めて、全体に対して何かを意味するのである。もし、それぞれの石が、たとえばミニチュアのように、それぞれ全体を含んでいるとしたら、それは他のどの石とでも取りかえることができるだろう。同じことは結晶体についても言える。なんらかの完全な形状をもつ結晶体は、まさにそのために同じ形をもつ他の結晶体と取りかえられる。ある正八面体は、結局、他の正八面体と同じなのである。

人間がより高度に特殊化すればするほど、平均という意味でも、理想という意味でも、標準と合致しなくなる。人間は、こうした標準や理想を犠牲にすることによって個人性を獲得したのである。けれども、このような個人性の意義、人間の人格性の意味は、つねに共同体《ゲマインシャフト》へ向けられており、それに関係づけられているのである。なぜなら、モザイクの石の独自性が価値を得るのは、ただそれがモザイクの全体に関係づけられることによってのみであるのと同じように、すべての人間の個人的な独自性が意味をもつのは、ただそれが、その上位にある全体に対して有する意義によってのみであるからである。それゆえ、人格的存在としての人間の実存の意味、人格性としての人間の人格の意味は、それ自身の限界を超えて、共同体へと指し向けられているのである。個人の意味は、共同体への方向において、それ自身を超越するのである。

この共同体は、人間の社会性という感情的な、いわば単なる「状態的な」所与性《ゲゲーベンハイト》を越えて、使命性《アウフゲゲーベンハイト》をもったものとして立ち現れる。単なる心理学的な事実性から、それどころか生物学的な事実性からも——なにしろ人間は「ポリス的動物」なのだから——倫理的な要請が生じてくる。しかし、個人的実存が有意味になるためには共同体を必要としているだけでなく、反対に、共同体そのものも、それが意味をもつためには、個人的実存を必要としている。この点で共同体と単なる大衆とは、本質的に区別される。なぜなら、大衆はまったく個人性を許容しないからであり、ましてや群衆のうちで個人的実存が意味の充足を見出すということはありえないからである。個人と共同体との関係を、モザイクの石とモザイク全体との関係にたとえるとすれば、個々の人間の大衆に対する関係は、規格化された敷石の灰色一色に統一された舗道に対する関係と同じだとみなしうるであろう。同じ形に削ってあるので、どの石も、他のどの石とも入れ替えることができる。これらの石はもはや、大きな全体に対して、何らの質的な意味をもってはいない――この大きな全体そのものも、本当は全体というべきものではなく、単なる量的な大きさにすぎない――。また、この単調な舗道がモザイクのような美的価値をもたず、単なる利用価値しかもっていないのと同じように、大衆は人間を利用することしか知らず、もはや人間の価値や尊厳については知らないのである。

個性の意味は、共同体の中で初めて充たされる。そのかぎり、個人の価値は共同体を必要としている。しかし、共同体それ自身が意味をもつべきであるならば、共同体はそれを構成する個々人の個性を欠くことはできない。他方、大衆の場合には、個々の独自の実存の意味は消え去らざるをえない。というのは、大衆の中では、すべての独自性が妨害的な要素として働くからである。共同体の意味は個性によって構成され、個性の意味は共同体によって成立する。他方、大衆の「意味」は、大衆を形成する個々人の個性によって妨げられ[35]、個性の意味は（共同体の中では発現するのに対して）大衆の中では消失してしまうのである。

これまで、各々の人間の唯一性とすべての人生の一回性が、現存在の意味の本質を構成するものであることを述べてきた。だがそれらは、単なる数的な単一性とは区別されねばならない。数的な単一性はどのようなものであれ、それ自体として価値があるわけではない。たとえば、それぞれの人間は他のあらゆる人間から指紋法的に区別されうるという事実だけで、その人間が人格性を得るというのではまったくない。それゆえ、人間的実存の意味契機としての唯一性が問題になるときはいつも、この「指紋法的な」唯一性のことを指しているのではない。それゆえ、ヘーゲルの「善無限」と「悪無限」[一六]にならっていえば、善い唯一性と悪い唯一性とがあると言うこともできるだろう。その場合、「善い唯一性」とは共同体に向けられている唯一性であろう。各人は、その共同体にとって、その人独自の価値的意義を有しているのである。

　人間の現存在の唯一性は、われわれの考えでは、存在論的に基礎づけられている。なにしろ人格的実存は特殊な存在形態をもっているからである。たとえば家屋は各階から成り、各階は部屋から成っている。したがって家屋は各階の合計であると言うこともできるし、また部屋は各階の分割であると言うこともできる。このようにわれわれは、ある程度任意に、存在の中に境界線を引くことができ、存在するものを任意に限定して、存在全体の中から取りだすことができる。ただし、人格存在、人格的実存だけは、この任意性から免れている。人格は、それ自身で完結したもの、それ自身で存立するものであり、分割することも合成することもできないものなのである。

　ここで、人間が存在全体の中で占めている特別な地位、つまり人間の特殊なあり方を正確に規定するならば、先に述べた根本的命題「存在－他在」にならって、人格存在（人間的現存在、実存）とは絶対的な他在[36]である、という命題を立てることができる。なぜなら、すべての個人が有している本質的で価値的な唯一性とは、まさにその個人が他のすべての人間とは異なっている〔他のすべての人間に対して他者である」ということに他ならないからである。

したがって、もし人間の存在が、何らかのより高次の複雑な組織に統合されてしまうならば、その上位の組織のために、必ず人間の尊厳は失われてしまうのである。このことは、大衆においてもっとも顕著にみられる。大衆が活動的であり、またその意味では「現実的」であるとしても、決して本当の意味で現実的に働くのではない。社会学的な法則は、個々人の頭を跳び越えて働くのではなく、個々人を貫いて働く。しかし仮に、その法則が妥当するとしても、群集心理学が妥当する程度にしか妥当せず、また平均的タイプというものも心理学的に計算されうる程度にしか妥当しない。この平均的タイプというのは、学問上の仮構であって、決して現実の人格ではない。平均的タイプというものは、それがまさに計算できるという点で、すでに現実の人格ではありえないのである。

大衆の中へ逃避することによって、人間は彼の最も本来的なもの、すなわち責任性を失ってしまう。だが、人間がそこに置かれ、そこで生まれた共同体から与えられる使命に専心することによって、人間は責任を獲得するのであり、より厳密に言えば、よりいっそうの責任を獲得するのである。大衆の中へ逃避することは、それゆえ、個人的な責任からの逃避である。もし誰かが、あたかも単なる全体の部分にすぎず、まずはこの全体こそが本来的なものであるかのように振舞ったなら、すぐさま彼は自分の責任の重みから解放されたような感じをもつことができる。この責任から逃避しようとする傾向こそが、あらゆる集団主義の動機なのである。真の共同体は本質的に責任ある人格の共同体である――それに対して、単なる大衆は非人格化された存在の集合にすぎないのである。

集団主義が人間を判断する場合、責任ある人格の代わりに単なるタイプしか見ず、人格的な責任性の代わりに、タイプに結びつけられていることしか見ようとしない。しかし、この場合、判断される側が責任なきものとされるだけではなく、判断する側もまた、責任から免れることになる。何らかのタイプを基準にして評価を下すほうが、判断する者にとっても、判断の責任から部分的に解放されるので、やはり気楽なのである。ある人間をタイプとして判断するならば、最初から個々の事情と関わりあう必要がまったくなく、非常に気楽なのである。これはちょうど、モーターを、工場のマークや設計タイプによって評価するような気楽さである。誰かがある型の自動車を運転すれば、それがどういうものであるかが分かる。あるタイプライターのマークを見れば、それがどういう性能のものかも分かる。犬の場合ですら、その品種で判断することができる。プードルならプードルの、シェパードならシェパードの傾向性や性格の特徴を、われわれは決めてかかるのである。しかし人間だけは、そうは行かない。人間だけは、あるタイプに属しているということによって決められたり、それによって計算されたりすることはできない。というのは、この計算は決して割り切れず、いつも余りが出るからである。この余りは、タイプによる制約から彼を引き離す、人間の自由に対応するものである。人間は、彼がタイプへの拘束に対抗する自由をもつときに初めて倫理的判断の対象になりうるのである。なぜなら、そのとき初めて彼の存在は責任存在になるからである。人間は、そのとき初めて本来的に「存在する」のであり、そのとき初めて「本来的に」存在するのである。機械は、規格化されればされるほどよくなるが、人間は規格化されればされるほど、つまり（人種的・階級的・性格的）タイプに埋没すればするほど倫理的規範から離れていくのである。

　集団主義が道徳的な領域で人間を評価あるいは批判する場合の基準は、その人間に「集団的な責任を負わせる」ことができるかどうかにある。集団主義は、その人間が責任を負っていないことに対して、責任を負わせるのである。それによって、集団主義の側は、判断の責任から逃れようとするのである。倫理的な観点から見れば、「人種」には、正しい人間という「人種」と不正な人間という「人種」の二つしかない。しかし、個々の人間をこれら二つの「人種」のどちらに属しているかということによって判断するよりも、その両方をひっくるめて、「人種」〔民族〕全体が、価値をもっているか否かを判断するほうがずっと簡単なことなのである(一七)。

12 自由と責任性

実存分析が意識化しようと努める人間の責任は、それぞれの実存の一回性と唯一性に対する責任である。人間存在は、その有限性に対して責任を負っている存在なのである。時間的な有限性としての人生のこの有限性は、人生を無意味にするのではなくて、その反対である。すでに見たように、死は人生を有意味にするのである。そして前述のように、人生の一回性には各々の状況の一回性が含まれ、人生の唯一性には各々の運命の唯一性が含まれている。およそ人生には——死と同じく——運命が何らかの形で不可欠なものとして属している。人間は、自らの具体的で唯一的な運命の領域から飛び出ることはできないのである。もし人間がその運命に逆らうならば、すなわち、人間がそれに対して何もなしえず、何の責任も罪もないものに対して逆らうならば、その人は運命の意味を見過ごしてしまうことになる。運命には意味があり、死と同様に人生に意味を与えるものなのである。いわばその人だけが専有している運命の領域の内部においては、どの人間もみな、他人と取り替えることのできない存在である。各人のこの代替不可能性が、自らの運命を形成することに対する各人の責任の本質をなしている。運命をもつということは、自分固有の運命をもつということである。すべての個人は、自分独自の運命をもちながら、いわば全宇宙の中でただ一人そこに立っているのである。彼の運命は繰り返されない。誰も彼と同じ可能性をもたないし、彼自身もそれを再びもつことは決してない。創造価値や体験価値の実現の機会として彼に生じてくるもの、あるいは、まさに運命的に彼に生起してきて、自分では変えることができず、ただ態度価値という意味において担うほかないもの、こうしたものはすべて唯一的にして一回的なのである。

　運命に反抗することのパラドックスは、たとえば誰かが、もし自分を生んだのが実際の父親ではなく他の人間だったら、自分はどうなっていただろうか、と考える場合に明らかになる。この場合、彼が忘れているのは、もしそうならば、彼は「彼」ではなくなっており、その運命の担い手はまったく別の人物であり、したがって、もはや「彼の」運命について云々することはできなくなっているのだ、ということである。それゆえ、別の運命の可能性を問うことは、それ自身不可能であり、矛盾であり、無意味なのである。

　運命は大地のように人間に属している。人間は重力によって大地に縛りつけられているが、しかし重力なしには人間は歩くことができない。われわれは、われわれが立っている大地に対するように、自らの運命に対さねばならない。すなわち、われわれは、自らの運命を、われわれの自由のための跳躍台にしなければならないのである。運命のない自由はありえない。自由とは、運命に対する自由、運命に対して自由に態度を取ることに他ならない。人間はなるほど自由ではあるが、しかしその自由はいわば真空の中を漂うような自由ではなく、あらゆる制約の只中における自由なのである。しかし、この制約こそが、彼の自由の出発点なのである。自由は制約を前提とし、制約へと指し向けられている。この制約へと指し向けられているということは、しかし、依存しているということではない。人間が歩む大地は、その一歩ごとの歩行において常にすでに超えられている。そして大地は結局、まさにそれが超えられるかぎりにおいてのみ、すなわち踏まれる土台であるかぎりにおいてのみ、人間にとって大地なのである。もし人間を定義しようとするならば、人間を〔生物学的・心理学的・社会学的タイプとして〕規定するものからすでに自らを自由にしている存在として定義されねばならないであろう。人間とは、それゆえ、これらすべての人間を規定するものを克服したり形成したりすることによって、それらを超越する存在なのである。とはいえ、人間はまた他方では、これらを自ら受けいれる存在でもあるのである。

　このパラドックスは人間の弁証法的性格を示している。その本質的特徴は、永遠の未完成性と自己課題性である。人間の現実性は可能性であり、彼の存在は可能存在なのである。人間は決して自らの事実性の中に埋没してはいない。もしこう言ってよければ、人間であるとは、事実的にあるのではなく、自由意志的にあることなのである。

　人間存在は、自由存在であるがゆえに、責任存在である。人間存在は、ヤスパースの言うように、彼があるところのものをそのつどまず決心する存在、つまり「決断する存在」である。彼はまさに「現存在」[一八]であって、単なる「眼前存在（Vorhanden-Sein）」〔事物存在〕（ハイデッガー）ではない。私の前にあるテーブルは、少なくともそれ自身では、すなわち人間によって動かされないならば、今のままそこにありつづける。ところが、このテーブルで私と向かい合って座っている人間は、次の瞬間に彼が「ある」ところのもの、たとえば次の瞬間に私に話しかけるのか、それとも黙ったままでいるのかを、そのつど決断している。人間は、彼が有する多様な可能性の中から、つねに一つの可能性だけをその存在において実現する。このことは人間存在そのものの際立った特徴をなしている（この際立った特徴をもつ人間の存在は実存と呼ばれているが、また「私である存在」と呼ばれてもよいであろう）。人間はつねに、諸々の可能性の中から選択することを強いられており、人生の一瞬たりともそれから逃れることはできない。もしできるとすれば、それは、「あたかも」彼がどのような選択の余地も、どのような決断の自由ももっていないかのように振舞うことだけである。そして、このように「あたかも」のように振舞う」ことが、人間の悲喜劇の一部を成しているのである。

オーストリア皇帝フランツ一世について、次のような逸話が伝えられている。何度も同じ願い事をもって謁見に現れ、今度もまた拒否された一人の請願者について、皇帝は臣下に向かって次のように言った。「おまえは、あの愚か者の願いがいつか叶えられると思うかね。」さて、この逸話のどこがおかしさを感じさせるのだろうか。それは、ここで皇帝があたかも自由ではなくて、その「愚か者の願い」が次には本当に「叶えられる」のかどうかについて自分で決断することができないかのように振舞っているところにある。

人間が本来的にもっている決断の自由を自覚していない人間のこっけいさは、多くの笑い話の中に見てとることができる。そのような笑い話として、今どきの人間がいかに不道徳であるかを妻に説明した男の話がある。彼はその証拠として次のような話を持ちだした。「たとえば今日、財布を拾ったんだけど、おれが警察に届けでるなんて、お前だって信じないだろう。」この人物のどこがおかしいのだろうか。それは自分の不道徳について、あたかも自分にその責任がないかのように語っているところにある。われわれは他人の不道徳についてはその事実のまま受けいれるほかはないとしても、この男は、自分の不道徳についても、それと同じように、あたかも既定の事実としてそのまま受けいれるほかはないかのごとくに語っているのである。また彼は、財布を着服するか警察に持って行くかについて、自分で決断する自由がないかのごとくに語っているのである。

われわれは先に、生命の「本質」を一つの酸化現象ないし燃焼過程とみなしたギムナジウムの教師のことを述べた。一本のロウソクは、実存哲学の用語を用いれば「事物的に」存在しているものであり、終わりまで燃えてゆくだけで、その燃焼過程をそれ自身で止めることはできない。それに対して「現存在」である人間は、自分の存在をそのつど自由に決断する可能性をもっている。その決断は、自分自身を無きものにする可能性を選ぶこともできるほど自由なものである。つまり人間は「自分自身を吹き消す」こともできるのである。

いかなる決断も自由であること、すなわち、いわゆる意志の自由ということは、先入観にとらわれない人間にとっては自明のことである。人間は自分が自由であることを直接的に体験するのである。およそ意志の自由を本気で疑うことができるのは、決定論的な哲学理論にとらわれている者か、妄想性の統合失調症を患って、自分の意志を不自由な、「作られた」ものとして体験する者だけである。すなわち、神経症的な宿命論の場合は、しかし、意志の自由が覆い隠されているのである。

症的な人間は、自分本来の可能性への道を自分でふさいでいるのであり、自分の「存在－可能」（「あり－うる」こと）を自分で難しくしているのである。こうして彼は自分の人生を歪め、「生成的現実」を遂行する代わりに、そこから逃れてしまうのである（しかし実際には人間の全人生は「遂行的現実」として理解されねばならない）。われわれは最初に、あらゆる存在は他在（Anders-sein）〔他であること〕である、と述べたが、今やこれはさらに次のように定式化されねばならない。人間存在は他在であるだけではなく、他でありうる（Anders-können）ものでもある、と。[一九]

意志の自由は、運命的なものに対立する。なぜなら、人間の自由から本質的に逃れるもの、人間の力や責任の及ばないものを、われわれはまさに運命とよんでいるからである。けれどもその際、われわれは、人間のいかなる自由も運命的なものを必要としており、自由は運命的なものの中でのみ、かつそれによってのみ発揮されうるのだということを片時も忘れるわけにはいかない。

運命的なものに属しているのは、何よりもまず過去である。過去はまさに変えることのできないものだからである。事実（Faktum）（為されたこと・生じたこと・過ぎ去ったこと）こそが最も本来的な運命（Fatum）[二〇]なのである。しかし、それにもかかわらず人間は、この過ぎ去ったこと、またその意味で運命的なものに対して自由でもあるのである。確かに過去によって現在を理解することはできるが、未来もまた過去によってのみ規定されると考えるのは正しくない。それは典型的な神経症的宿命論に特有の誤りである。この宿命論は、過去に犯した過ちを理解してもらうことによって、未来に犯すであろう同じ過ちをも同時に赦してもらうことを求めるのである。それに対して、過去の過ちは、それから「学ぶ」ことによって、「よりよい」未来の形成のための豊かな糧として役立てることもできる。

それゆえ、過去に対して、単に宿命論的な態度をとるのか、反対にそこから学び直すのかは、人間の自由に委ねられているのである。学び直すのに、遅すぎるということも早すぎるということもなく、つねに「絶好の時」なのである。このことを見逃す者は、もう酒を飲むのは止めるべきだと人から意見されて、もう手遅れだと答えたあの大酒飲みと同じことになるであろう。まだ手遅れではないと反論されて、彼はこう答えたのである。「だったら、まだ飲む時間があるってことだ。」

過ぎ去ったものとして運命になった過去は変えることのできないものであるが、まさにこの過去の変更不可能性が人間の自由を呼び起こすのである。運命はつねに、責任を意識した行為へと鼓舞するものでなければならないのである。すでに見たように、人間は、あらゆる瞬間に多くの可能性の中からただ一つの可能性を選びだし、それを実現することによって、可能性を過去の領域にいわば救いだし、それを確実性のうちへ運び入れる存在として生きているのである。どれほど逆説的に聞こえようとも、過ぎ去ったものは過去の領域に「留まっている」のであり、過ぎ去ったにもかかわらず、ではなく、まさに過ぎ去ったがゆえに「留まっている」のである。他の箇所でも述べたように、過ぎ去ったものの現実性は、廃棄と保存というヘーゲル的な二重の意味で「止揚」されており、あったということは、存在の「もっとも確実な」形式なのである。過ぎ去ったものは、過去（過ぎ去ったこと）によって移ろいやすさから救い出される。移ろいゆくものは諸々の可能性だけであり（前述〔8「人生の使命的性格」〕の唯一的な状況価値とその実現のための取り返しがたく過ぎ去った機会について述べたことを参照）、過去の中に保存されたもの、過去存在の中へ救い入れられた現実は、移ろいやすさから守られるのである。もし現在が蔵する可能性が過去の中で「永遠に」蔵される現実へと移されるならば、そのとき、瞬間は永遠になるのである。これが、およそ何かを実現するということの意味に他ならない。人間は、「一所懸命に」仕事をし作品を創造する場合だけでなく、なにかを体験する場合にも、この意味での「実現」を行っているのである。さらに、われわれが言う意味においても、また客観主義的な見方からしても、体験において実現されたものは、たとえそれが忘れられようとも、それどころか思いだされる可能性が――それを覚えている人間の死によって――完全になくなったとしても、実際に無に帰することは本来的にありえない、ということが主張されうるのである。[37]

人間は通常、移ろいやすさという、刈り入れの済んだ畑しか見ていない。彼は過去という、収穫でいっぱいになった穀物倉を見過ごしているのである。すなわち、過ぎ去ったということは、何ものも取り返しがたく失われてしまったということではなく、むしろ、すべてが失われることなく救い出されているということなのである。一度生じたものは、何ものも世界から取り除かれることはない。それだけに、何であれ、世界の中へと創りだされることが重要になるのではないだろうか。

13 精神の抵抗力

運命的なものは、主に三つの形で人間に与えられる。第一は、タンドラーが人間の「身体的運命」と呼んだ素質（Anlage）であり、第二は、そのつどの外的状況の総体としての境遇（Lage）である。そしてこの素質と境遇が合わさって、人間の立場（Stellung）を形づくる。さらにこの自分の立場に対して、人間は何らかの態度（Einstellung）をとる。この態度は、本質的に運命的な「立場」とは反対に、自由な態度である。それは態度転換（Umstellung）といったことがあることからもわかる（時間次元をわれわれの図式の中に取りこむやいなや、この態度転換は、時間の中で、時間とともに変わる態度の変更を意味するものになる）。この意味での態度転換には、たとえば教育、成人教育、自己教育と呼ばれるすべてのものが属しており、また最も広い意味での精神療法、さらには宗教的回心のような現象も属している。

素質は人間の生物学的な運命をあらわし、境遇は彼の社会学的な運命をあらわしている。さらにそれに心理学的な運命が付け加わる。この心理学的運命には、不自由で、自由な精神的態度決定ではないというかぎりでの、彼の心理的な態度が属している。以下、運命的なものとしての生物学的なもの、心理学的なもの、社会学的なものが、どのように人間の自由をいわば妨げるのかを順次見てゆくことにしよう。

i　生物学的運命

人間が生物学的な運命に直面するような事態ないし状況に目を向けるならば、われわれは、人間の自由が身体的な出来事にどこまで及びうるか、あるいは、自由意志の力が生理学的なものにどれほど深く介入しうるか、という問いの前に立つことになる。またそれとともに、われわれはいわゆる心身問題に近づくことになる。しかしわれわれは、人間の身体がどれほど心理的‐精神的なものに依存しているか、あるいはその逆に心理的‐精神的なものがどれほど身体に依存しているかという際限のない議論には立ちいらないことにする。われわれは、次のような二つの際立った事実を対置することによって、それらの事実そのものに語らせることで満足することにしたい。

第一の事実は、精神医学者ランゲ〔Johannes Lange, 1891-1938 ドイツの精神医学者〕によって報告された次のような症例である。彼は、長年の間、まったく離ればなれに暮らしていた一卵性双生児の兄弟を知っていた。そのうちの一人はランゲのところで妄想症（パラノイア）のために精神科の治療を受けていたが、それとほとんど同じ時期に、ランゲは別の町に住んでいたもう一方から手紙を受けとった。それは先の患者と同じ内容の妄想を初めて訴えてきたものであった。一卵性双生児として同じ胚細胞から成長し、したがって同じ素質を持っていたこの兄弟において、共通の疾病素質がかくも運命的な結果をもたらしたのである。

では、われわれはこのような生物学的な運命の力に対して、ただ手をこまぬいているべきなのだろうか。われわれは、有機体の徹底的な影響力を証するこうした事実に直面して、それを軽視してもよいのだろうか。その担い手の運命は、素質によって、生物学的なものによって、強制的に形づくられるのではないだろうか。果たしてそこには、人間の精神の自由によって運命を形成する余地がまだ残されているのだろうか。いずれにしても、このような遺伝病理学的な双生児研究の結果は、内的な運命に抵抗しようとする意志を萎えさせてしまう、危険な宿命論を招きかねないものである。なぜなら、自らの運命を決定されたもの（besiegelt）と見なす人は、それに打ち克つ（besiegen）ことができないからである。

次に、第二の事実を見てみよう。ウィーン大学の神経科で、ホフとその共同研究者たちは被験者を催眠状態に置いて、そこからいわば純粋な形の情動をつくりだそうとした。ある時は喜ばしい体験が暗示され、ある時は悲しい体験が暗示された。この実験から明らかになったことは、喜ばしい興奮のときに採られた血清が、悲しい気分のときに採られた血清よりも、チフス菌に対する凝集反応滴定濃度が比較にならないほど高いということであった。この研究は、心気症的不安に悩む人間の身体の場合には感染に対する抵抗力が低下することを明らかにするとともに、感染病病棟やハンセン氏病病棟で働いている倫理的使命感に満たされた看護師たちが、たえず「奇跡」や「空想話」として人々の口にのぼるほど感染から免れつづけているという事実に光を当てるものである。

われわれの考えでは、「精神の力」か「自然の力」か、というように両者をたえず互いに対立させることは無意味である。すでに述べたように、どちらも人間に本質的に属しているのであり、人間においてはどちらも互いを必要としているのである。人間は何といっても複数の国の住人なのであり、その住人として、本質的に緊張のうちに、すなわち両極的な力の場に立っているのである。もしわれわれが両方の力を比較し、両者に優劣を競わせようとするならば、きっと「決着のつかない勝負」になるだろう。しかし周知のように、決着のつかない勝負ほど活気に満ちたものはないのである。そして人間の内なる精神的自由が、その内的および外的な運命と永遠に格闘することこそ、まさに真に彼の人生を形成するのである。運命的なもの、とくに生物学的な運命を少しも過小評価することなく、なおかつわれわれは精神療法の医師として、この格闘の中に、人間の自由に対する究極的な試練を見るのである。われわれは少なくとも発見的な理由から、運命的な必然に対抗する自由な可能性には、あたかも限界がないかのように振舞わねばならないだろう。そうすることによって、われわれは少なくとも可能なかぎり遠くまで進むことができるであろう（ルドルフ・アラース）〔Rudolf Allers, 1883–1963 オーストリアの医師、心理学者、哲学者〕。

生理的なものが心理的なものと密接に関係しているところ、すなわち脳病理学においてさえ、身体的な病的変化それ自体はまだ決して決定的な運命を意味するものではなく、そこからそのつど自由な形成が始まる出発点でもありうるのである。この意味で脳は「可塑的」であると言われる。周知のように、脳の部位が広範囲にわたって損傷された場合、この器官の他の部位が「代理的に」働き、代わりとして動員されることによって、遅かれ早かれ機能が回復するということがありうるのである。アメリカの脳外科医であるダンディは、その上さらに（右利きの人の）右脳皮質をすべて手術によって切除することに成功したが、取り立てて言うほどの持続的な心理的障害は生じなかったという。ただし、そのような手術の後、左半身全体の麻痺に現れる身体の持続的な衰弱が、この患者やその家族によって受けいれられるものかどうかということは、それ自体、別の問題として残る。この問題は、これらの人々に対して繰り返し、医療行為の根本にある究極的な世界観を明るみに出すものである。

今日でもまだわれわれには、人間の大脳のあらゆる部分がいわば耕されないままになっていないのかどうか、ということすら判っていない。すべての神経節細胞がすでに実際に利用し尽くされているのかどうかも、さだかではない（損傷した中枢に代わって他の中枢がその機能を引き受けることができるという事実は、まさにそのことに対する反証になるであろう）。とくに最近の研究では、神経節細胞の数は徐々に増えたのではなく、そのつど毎に突然倍増したということから、系統発生的な大脳の発達は飛躍的な仕方で生じたのだということが明らかにされている。もし大脳の機能の発達が、この器官の最大限の可能性、その潜在能力にまだ追いついていないと考えることができるとすれば、われわれ現代人が、人間の大脳の現在の器官形成の段階にふさわしいすべての可能性をすでに実現しているなどと、誰が確信をもって主張できるだろうか。

生物学的運命は、人間の自由にとって、常にこれから形成されるべき素材にほかならない。これが、人間の側から見た生物学的運命の究極の意味である。事実われわれは、いかに人間がそれを彼の生涯の歴史的、伝記的構造の中に意味深く組み入れているかをたえず目にしている。われわれは、生物学的なものによる生まれながらの自由の制限と限定を、すなわちその精神の展開を初めから妨げている困難を、模範的な仕方で克服することに成功した人々にしばしば出会うのである。このような彼らの確固たる生き方は、芸術家やスポーツ選手の活動に似ている。芸術家の活動と似ているのは、扱いにくい生物学的素材が形づくられたからであり、スポーツ選手の活動と似ているのは、優れたスポーツマンシップの民族であるアングロサクソンの人々の最も日常的な教えの一つである、「ベストを尽くす」ということを実践しているからである。もっとも、「自分の」ベストを尽くすこと、そのつど可能なことを行ったかどうかということは、行為が成し遂げられた状況を含めて判断される。すなわちそれは、その行為の「スタート」との関連において、つまり、その行為の外的および内的な障害のあらゆる困難を伴った具体的な状況を考慮して判断されるのである。

その生涯の全体が最初から運命的な生物学的ハンディキャップに対する抵抗を余儀なくされながら、その困難な「スタート」にもかかわらず、そこから無比の偉大な業績が発揮されることもありうる。われわれの知っているある人物は、すでに胎内で罹患した脳疾患のために四肢すべてか部分的に麻痺し、脚も非常に委縮していたために、一生の間、車椅子を押してもらって移動することしかできなかった。少年期の終わりになるまで、彼は誰からも精神的に遅れているとみなされていて、読み書きもできないままであった。しかし、あるとき、一人の教師が彼を引き受け、教えることになった。この患者は、考えられないほど短期間のうちに読み書きなどを習得しただけでなく、とくに彼が興味を持ったいくつかの科目では大学レベルの知識を習得したのである。何人もの優れた学者や大学教授たちが、彼の家庭教師の名誉を得ようと争った。彼は自宅で、週に何度も文学的なサークルを開き、みずからその社交の中心人物として尊敬されることになった。美しい女性たちは彼から愛されることを熱望し、彼をめぐってのいさかい、スキャンダル、自殺騒動が生じた。しかし、それにもかかわらず、この男性は普通に話すことすらできなかったのである。全身的な重度のアテトーゼ〔ゆるやかで、うごめくような不随意運動が手、足の指、顔面、舌などに繰り返される疾患〕のために発語機能も損なわれていたからである。彼は緊張で汗を流し、痙攣で顔を歪めながら、一語一語の発語運動を整えるために、はた目にも分かるほど格闘しなければならなかった。けれども、この男性が具体化した人生は、どれほど大きな業績を示していることだろうか。彼の人生は、概して彼よりもずっと容易なスタートを切っている他の患者たちに対する模範として、どれほど大きな証明力をもっていることだろうか。もし、この男性がただ自分の「運命」に従うだけの生き方を送っていたとすれば、以前と同じく今も施設で無気力に暮らし、いつかそこで生涯を閉じることになったであろう。

ii　心理学的運命

次に、われわれが人間の心理学的運命とよぶもの、すなわち人間の自由に対立的に働く心理的なものについて述べよう。神経症患者には、この心理学的な意味での運命を盲目的に信じる傾向がある。彼らは、衝動の方向づけやその強力さ、あるいは自分たちの意志や性格の弱さといったものを運命的なものと思い込んで、いつもそれらのせいにするのである。神経症者は、自分で作り上げた宿命論の中で、「事実そうなのです」――つまり彼の相在〔事実存在〕――、「だからそれは変えようがないのです」という決まり文句によって支配されているように見える。この文句の後半部分によって、彼はまさに自分の首を絞めているのである。

自我は「意志する」ものであり、エスは「駆り立てる」ものである。[38] 自我が「駆り立てられる」ことは決してない。帆走の本質は、ヨットが風によって単純に駆り立てられるということにあるのではない。帆走者の技量はむしろ、風の力を自分の欲する方向へ利用し、さらには風に逆らってすら帆走することができるところから始まるのである。

生まれつきの意志薄弱というものは存在しないだろう。神経症者は意志の強さというものが実体的にあるかのように見なすのであるが、しかしそれはなんら固定的なものでも決定的な所与でもなく、明瞭な目標意識、真剣な決心および一定の訓練といったものの、いわば関数なのである。ある人が何かを試みる前から、それは失敗するにちがいないと、ずっと思い続けるという過ちを犯すかぎり、その試みが成功することはありえないだろう。なぜなら、彼はその試みを自分でも知らぬ間に否定しているからである。それだけに、何らかの計画を心の中で立てる際には、逃げ道になるようないっさいの屁理屈を前もって閉めだしておくことが重要になる。もし誰かがたとえば「もう酒を飲むのはやめよう」と自分に言い聞かせるとするなら、そのときすぐに、あれこれの理屈が立てられることも考えに入れておかねばならない。「やめなければいけない、でも……」とか「それでも誘惑には勝てないだろう……」といった具合である。けれども、もしこの男が改めてきっぱりと「酒を飲まない、そしてそのことについて理屈をこねない」と言うならば、彼はすでに正しい道を歩んでいるのである。

ある統合失調症の女性患者が、あなたは意志薄弱かという問いに、思わず言った答えはどれほど賢明なものだったろうか――もちろん彼女はそんなことを知らず、またそのつもりもなかったのであるが――。「私がそう欲するときは、私は意志薄弱ですし、私がそう欲しないときは、私は意志薄弱ではありません。」こうして、この精神病患者が多くの神経症患者たちに教えることができたのは、人間は、自称する意志薄弱の背後にある彼自身の自由意志を自分自身に対して隠そうとしがちであるということである。

とくに個人心理学の命題に影響されて――これは個人心理学の誤解であり濫用であるが――、神経症的な宿命論者はしばしば、自分は子ども時代に受けた教育的・環境的な影響によって「作られ」、それが自分の運命になったのだ、といったことを引き合いに出す。こうした人々は、これらすべてのことによって、自分の性格の弱さを弁護しようとする。彼らは、この弱さを所与のものとして受けとり、その中に教育ないし自己教育の課題を見ようとしないのである。自殺未遂の後に神経科に移されたある患者は、その行為をとがめた精神療法医のことばをはねつけて、こう言った。「あなたは私をどうしようというんですか。私はまさにアルフレート・アドラーが言う典型的な『ひとりっ子』なんですよ。」それはあたかも、自分が属している類型から自分を自由にすることはまったく問題にならないかのようである。個人心理学の精神をよく理解するならば、それは、教育の状況から生じ、彼にしみついているかもしれない類型的な欠点や性格の弱さから自由になり、最終的には自分が「ひとりっ子」（あるいは、何であれ、彼がそうであったもの）であることが誰にもまったくわからなくなるほど、それから自由になることを人間に求めているのである。

いま引用した患者が（ひとりっ子として）「とらわれた」（個人心理学の）「法則」は、局外者にとってはつねにただ理論的にしか妥当しない。それは、実践的・実存的には、まさに人がそれを「妥当させる」かぎりにおいてのみ妥当するにすぎない。教育の誤りは何らの言い訳にもならず、自己教育によって改められるべきものなのである。これに対して神経症的な宿命論が意味しているのは、唯一性と一回性が人間に課する責任からの逃避であり、類型的なものへの逃避、類型に属しているという見かけ上運命的なものへの逃避なのである。この場合、その類型――その法則性が誤って信じられている類型――が、性格類型であろうと、人種の類型であろうと、階級の類型であろうと、言い換えれば、それが心理学的制約であろうと、（集団）生物学的制約であろうと、社会学的制約であろうと、そうした違いは本質的なものではないのである。

人間の精神的態度は、身体的なものに対してだけでなく、心理的なものに対しても自由な活動の余地をもっている。それゆえ、人間は、決して心理学的運命に盲目的に屈服せざるをえないわけではない。このことが最も明瞭かつ印象的に現れるのは、おそらく病的な心理状態に対する人間の自由選択的な態度が重要になる場合であろう。ある女性患者が、周期的に再発する内因性の抑うつのために入院治療を受けていた。彼女の病気の内因的な側面に対して薬物治療が行われた。つまり、身体的なものに向けられた治療が行われたのである。ところが、ある日のこと、担当医は彼女が泣きながら激しく興奮しているのを発見した。少し話しあっただけで、この瞬間の抑うつはまったく内因的なものではなく心因的なものであり、したがって全体としては心因性の要素をもっていることがわかった。なぜなら、この患者はそのとき、自分がそれほど涙もろいということについて泣いていたからである。このときの抑うつは、内因性の抑うつを対象とするものであり、したがって内因性の状態に対する反応としての抑うつだったのである。この反応的な心の失調という事実に対して、新たな治療、すなわち心因的な要素に対応する精神療法が追加されることになった。患者は抑うつから生じる悩み、抑うつについての悩みをできるだけ避けるように助言された。というのは、それは無理からぬこととはいえ、不当に悲観的なものになるにちがいないからである。患者は、ちょうど太陽を人間の眼から遮りながらもやがて通り過ぎていく雲のように、抑うつを通り過ぎていかせることを勧められた。太陽は一時的に見えなくなったとしても存在しつづけているように、抑うつによって価値に盲目になった人間が一時的にそれを見失っているとしても、価値はやはり存在しつづけているのである。

　こうしてこの患者の内面が精神療法によって一応明らかになったのであるが、その後さらに彼女のすべての精神的苦悩が明らかになってきた。彼女が自ら打ち明けたところによれば、彼女は再発する抑うつという運命によってハンディキャップを背負わされていると感じており、そのような人間の実存は内容が乏しく、意味がないと思いこんでいたのである。そこで、狭い意味での精神療法的な治療を越えて、ロゴセラピー的な治療を行う必要性が示された。この治療が患者に示そうとしたのは次のことである。すなわち、まさにこの運命的に（シュトラウスなら「被造物的に」と言うであろう）繰り返し起こってくる心の失調という事実こそ、心理的事象に対して精神的態度をとる人間の自由を呼び覚まし、それに対する唯一の正しい行為へと赴かせるのにどれほどふさわしいものであるかということ、つまり、われわれが態度価値と呼んでいるものを実現するのにどれほどふさわしいものであるかということである。この患者は抑うつ状態にもかかわらず、次第に、個人的な使命に満ちた人生を思い浮かべるようになっただけでなく、この抑うつ状態そのものの中にも使命を、すなわち、それをなんとか意のままにし、自らをその上に置くという使命を見るようになったのである。彼女は、この実存分析——というのは、この場合は実存分析以外の方法は問題にならなかったから——以後も引きつづき内因性の抑うつの時期を迎えたが、その時でも彼女は、治療を受ける前よりも、それどころかおそらくまったく病気ではなく、治療の必要もなかった時よりも、いっそう意味に充ちた生活を送ることができたのである。ここでも、さきに引用した、あらゆる精神療法にとって最高の格律であるゲーテのことばが想起される。「もしわれわれが人間を、彼らが現にあるとおりに受けとるならば、彼らをいっそう悪くしてしまう。しかし、もしわれわれが人間を、彼らがあるべきように受けとるならば、われわれは人間を、彼らがありうるところのものにするのである（二二）。」

　多くの精神的疾患の症例において、その疾患に対する自由な精神的態度は、疾病の運命との和解という形でもっともよくもたらされる。あの「被造物的な」状態に対する無益で果てしのない闘いは、かえってますます抑うつを増大させていく。他方、その当の状態を自然にそのまま受けいれる人は、より容易にその状態を乗り越えていくのである。

数十年来、重度の幻聴に苦しんできたある女性患者がいた。彼女のすることなすことすべてを嘲る恐ろしい声が絶え間なく彼女に聞こえていた。ある日、彼女は、それほどの幻聴にもかかわらず、どうしてそんなに上機嫌でいられるのか、この幻聴の声を一体どう思っているのか、とたずねられた。それに対して彼女は、こう答えたのである。「私はほんとに思うんです、声が聞こえるというのは、やっぱり、耳が遠いよりはまだずっといいのではないか、と。」この実直な人間が、苦しみに充ちた統合失調症的症状の恐ろしい運命に対して取った態度のうちに、どれほど多くの処世術と（態度価値という意味での）業績が秘められていることであろうか。そして、この患者の滑稽ではあるが、深い知恵のある言葉には、心の病に対する精神の自由の片鱗が同時に含まれてはいないだろうか。

まったく同じ精神病であっても、それを患う人間の振舞いが、その人間の精神的態度に応じてどれほど異なったものになるかということは、精神科医なら誰でも知っていることである。進行性麻痺の患者の中には、怒りっぽく、仲間に対して敵対的な態度をとる人もいれば、まったく同じ病的基盤に立っているにもかかわらず、好意あふれる、温厚な、それどころか魅力的ですらある人もいる。またわれわれは次のような例も知っている。二、三十人の発疹チフス患者が、ある強制収容所のバラックの中で一緒に横たわっていた。誰もみな譫妄状態であったが、一人だけは、夜に意図的に起きていることによって夜間の譫妄を回避しようと努めていた。彼は発熱による興奮と精神的な興奮を逆に利用して、強制収容所の中で奪われてしまい、まだ公刊されないままになっている学術書の原稿のキーワードを、熱にうなされた一六日間、夜通し暗闇の中で小さな紙切れに速記文字で書きつけて再構成したのである。

iii 社会学的運命

個々の人間は、あらゆる面で社会的連関の中に組み込まれているように思われる。人間は二重の意味で共同体によって規定されている。すなわち、人間は、一方では社会的有機的組織全体によって条件づけられているとともに、他方ではこの有機的組織全体へと方向づけられている。それゆえ、個人のうちには、社会的な因果性と共に社会的な目的性も存在しているのである。社会的因果性に関しては、いわゆる社会学的法則なるものは決して個人を完全に決定するものではなく、したがって決して個人の自由意志を奪うものではないということが改めて強調されねばならない。反対に、社会学的法則は、それが個人の行動に影響を及ぼしうる前に、いわば個人の自由の地帯をまず通過しなければならないのである。このように人間は、生物学的運命や心理学的運命に対するのと同じように、社会的な運命に対しても自由な決断可能性の余地をもっているのである。

社会的目的性に関しては、精神療法の領域ではとくに個人心理学が陥った誤りが指摘されねばならないであろう。その誤った見解によれば、あらゆる価値ある人間の行動は、結局、社会的に正しい行動にほかならないというのである。共同社会に有用なものしか価値がない、というこの立場は支持しがたいものである。これは人間の現存在の価値を貧困化させることになるであろう。なぜなら、価値の領域には個人のために留保されている領域があるということ、すなわち、その価値の実現があらゆる人間的共同体の彼岸において、かつそれから独立に遂行されうるし、またむしろ遂行されねばならないような領域があるということは容易に証明されうるからである。とりわけ、われわれが体験価値とよんでいるものに関わる領域では、共同社会にとっての有用性という基準はまったく妥当しない。芸術や自然に触れる体験によって個人の孤独の内に開かれる豊かな価値は、共同社会がいつかそこから有用性を引きだすかどうかということとは――これはともかく考えにくいことであるが――本質的かつ根本的に無関係なのである。もっとも、他方では、本質的・必然的に共同社会的体験から生じる一連の体験価値が存在することも確かである。この意味での体験価値は、たとえば仲間意識や連帯感といった、より広い基盤の上で生じることもあれば、恋愛のように二人だけの共同体という基盤の上に生じることもある。

　これによって、生活の基盤ないし目標を意味しうるかぎりの人間存在の社会的契機が示されたとすれば、次にわれわれは、本来の運命的なものとしての社会的なものを取りあげねばならない。それは、人間の意志に立ちはだかり、それに闘いを挑むような、多かれ少なかれ変えることも影響を与えることもできないものとしての社会的なものである。つまり、われわれは、運命的なものが人間に対立する第三の領域として、社会学的なものに目を向けねばならないのである。ただし、職業生活の形成の問題や、社会的環境とのいわば労働上の葛藤の問題については後で取りあげることにして〔これについては〈3〉「労働の意味」の節を参照〕、ここでは、個々の人間が時として苦悩せねばならない原因となる社会的環境について見ておこう。

　この社会的状況のもとで生じうる苦悩の心理については、最近、多くの資料がもたらされている。

すでに第一次世界大戦の際の捕虜収容所における精神病理学的な観察と経験は、いわゆる「鉄条網病」の病像を解明するきっかけを与え、それによって拘留の心理学が豊かにされた。またその後の第二次世界大戦は「神経戦」の後遺症に関する知識をもたらした。しかし、集団の精神病理学的研究を豊かにし、それに寄与するという点では、強制収容所の集団生活がごく最近まで手つかずのまま残されてきたのである。

14 強制収容所の心理

強制収容所では、人間のあり方は歪《いびつ》に変形させられてしまった。この変形はあまりに甚だしいために、それを観察する者自身が収容所の中にいる場合には、その判断が十分な客観性をもちうるかどうかが疑わしく思われるほどであった。心理的な点において、自分や他人を評価する能力そのものが損なわれざるをえなかったからである。収容所の外部にいた人間は、あまりにかけ離れたところにいて、ほとんど想像すらできなかったのに対して、「その真只中に」いて、自らそれを実際に体験した人間は、あまりに近くにいすぎたのである。言い換えれば、この歪に変形された生活の現実にあてがわれるべき尺度そのものが歪になっていると考えざるをえないところに根本的な問題があるのである。

こうした問題があるとはいえ、精神病理学や精神療法の専門家たちは、彼らの自己観察や他者観察の資料、彼らの経験や体験のすべてを――ひどく主観的なものも除外することなく――理論化した。それでも、それらの理論は本質的にほぼ一致した結論に達しているのである。

強制収容所に収容された人々の反応は三つの段階に分けられる。すなわち、収容所に収容された当初の段階と本来の収容所生活の段階および収容所からの解放の段階である。最初の段階は、いわゆる収容ショックによって特徴づけられる。不慣れで異常な環境に対するこの反応形式は、心理学的には何ら新奇なものではない。新たに収容所に入ってきた者は、それまでの自分の生活に決別するのである。彼の持ち物はすべて取り去られる。たまに所持を許されることもあるメガネを除いては、それまでの生活を偲ばせる物はすべてなくなってしまう。彼を襲うさまざまな印象は、彼をひどくいらいらさせるか、あるいは激しく憤慨させる。絶えざる生命の脅威に直面して、幾人かの被収容者は、「鉄条網（収容所の周囲に張りめぐらされた高圧電流の通った有刺鉄線）に跳びこむ」か、あるいは他の方法で自殺しようと決心する。しかし、この段階は通常、数日ないし数週間でおさまり、続いて第二の段階、すなわち深刻な無感動《アパティー》の段階に移る。この無感動は、心の一つの自己防御機制なのである。被収容者をいらいらさせたり不快にさせたりしていたもの、憤激や絶望に駆り立てていたもの、そういったものを彼はそれまで自分の周囲で目にしたり自分でも経験せざるをえなかったのであるが、それらのものは、いまや、彼が自分のまわりに張りめぐらした一種の鎧の膜によってはね返されてしまうのである。これは、この特異な環境に対する一種の心理的適応現象の問題である。すなわち、この環境の中で起こることが覆いをかけられて意識に達するのであり、感情生活がより低い水準へと引き下げられるのである。これは、精神分析の立場の観察者が原始性への退行と解したような事態である。その関心は、直接的な、最もさしせまった欲求に限定される。すべての努力は、その日その日を生き延びるという、ただその一点に集中される。被収容者たちが夕方に、疲れ、凍え、飢えながら、雪の野原をよろめきつつ、「作業班」から収容所に帰ってきたとき、いつも深いため息をつきながら、こう洩らす声が聞かれた。「あー、また一日、もちこたえた！」

ただ単純に自分の生命を維持するという最も現実的な問題を超えたもの、その日その時の目下の生命――自分や仲間の生命――を助けることの彼岸にあるもの、こうしたものは贅沢と見なされざるをえなかった。すべてのものが無価値化されたのである。すべての価値を貶めるというこの傾向は、収容所生活で最もよく聞かれたものの一つである次の言葉に端的にあらわれている。「すべて、くそくらえだ。」収容所生活を続けているうちに、すべての高級な関心は後退してしまうのである。ただし、当然ながら、その例外もあった。場合によっては政治的関心が残ったし、また注目すべきことには宗教的関心が残ることもあったのである。それを除けば、被収容者は一種の文化的冬眠状態にもぐりこんだのである。

強制収容所における内的生活の原始性は、被収容者の典型的な夢の中に特徴的にあらわれている。たいていの被収容者は、パンやケーキやタバコや温かい風呂の夢を見たのである。食事のこともたえず話題になった。たとえば、被収容者たちが「作業班」で一緒になり、看視兵が近くにいなかったときには、料理の作り方のメモを交換したり、いつか解放後に、お互いを食事に招待しあったときに、どんな料理を食べたいかなどと想像しあうのであった。被収容者たちの中の優れた人々は、もはや飢えなくてもすむ日の来ることを待ち望んでいたが、それはおいしい料理のためではなく、食事以外の何も考えることのできないような非人間的な状態がついに終わることを願っていたからである。収容所生活が（前述の例外を除いて）原始性へと導き、栄養不良が、食欲を思考や願望の主な内容にさせたのだとすれば、あらゆる性的なテーマの会話に対する著しい無関心が見られたのも、おそらくはこれと同様に、主として栄養不良のためであろう。強制収容所では「わい談をする」ことはなかったのである。

　収容所生活に対する心的反応は、単に原始的な衝動構造への退行と解釈されるだけではない。E・ウティッツは、被収容者たちに見られた典型的な性格変化として、循環気質的な性格類型から分裂気質的なそれへの移行を挙げている（二二）。彼は、たいていの被収容者には無感動だけでなく、苛立ちやすさも目立つことに気づいたのである。この無感動と苛立ちやすさは、クレッチマーの意味における分裂性気質の精神感受性比率（二三）にまったく対応している。このような性格変化ないし優位な性格の交代という考え方は心理学的にはまったく疑問であるが、それはともかくとして、この——一見したところ——分裂気質化しているように見えるものは、われわれの考えでは、はるかに簡単に説明できるものである。すなわち、被収容者の大部分は、一方では栄養不足に苦しみ、他方では睡眠不足に苦しんでいたのである。この睡眠不足は、狭いところに多くの人間が詰めこまれていたために、ノミやシラミに悩まされたからである。栄養不良が人々を無感動にする一方で、慢性的な睡眠不足が人々を苛立ちやすくしたのである。この二つの要因に加えて、さらに二つの要因が加わった。通常の生活で無感動や苛立ちをやわらげる働きをする二つの文明的嗜好物、すなわちカフェインとニコチンがなくなったのである。タバコやコーヒーを持つことは収容所長によって禁止されていたのである。これらすべてのものは、問題の「性格変化」の生理学的基礎を説明するものであろう。さらにこれに心理学的要因が加わる。大多数の者は劣等感に苦しめられたのである。というのは、これらの人々は、かつては特定の「誰か」であったが、今は「誰でもない」無名の者として扱われたからである。しかし少数の者は徒党を組み、とくにカポー（労働看視人）になった被収容者たちには、まさにミニ皇帝のような妄想が生まれた。性格学的に「陰性の」人間から選りすぐられたこの集団には、彼らの無責任さにまったく不釣りあいなほどの権力が与えられた。一方の貶められた大多数と他方の成り上がりの少数者との間に衝突が起こるときには――このような衝突はしょっちゅう起こったのだが――、上述したような理由ですでに被収容者たちに潜在していた苛立ちが爆発せざるをえなかったのである。

これらのことはすべて、性格類型が環境によって形づくられることを示すものではないだろうか。それらは、人間がその社会的環境という運命から逃れることができないことを証明してはいないだろうか。しかしわれわれは、否、と答える。では、そのとき人間の内的自由はどこに残っているのであろうか。そのとき人間の取る態度はどうなっているのであろうか。そのときでも人間は、彼の心に起こることに対して、強制収容所が彼から「作りだす」ものに対して、精神的に責任を有しているのだろうか。われわれは、然り、と答える。なぜなら、この局限された社会的環境においてすらも、この人格的自由の社会的制約にもかかわらず、人間にはなお、自己の存在を何らかの形で形成する最後の自由が残されているからである。このような状況にあっても人間にはなお「別のあり方が可能である」こと、人間は強制収容所による心の病態化という一見抗しがたく思われる法則性に屈しなければならないわけではないということ、このことを証明する多くの実例が――それはしばしば英雄的な実例であるが――存在したのである。これと反対に、前述したような被収容者に典型的な性格特性が認められる場合には、つまり彼の社会環境の性格形成力に屈する場合には、いつもそれに先立って、まさに精神的な自己放棄が行われることが示されたのである。彼は、具体的な状況に対して態度をとる自由を失ったのではない。彼は単にそれを放棄したのである[39]。たとえ収容所に入れられた最初の時点で何が奪われようとも、運命に対してあれこれの態度をとる自由だけは、最後の息を引き取るまで、誰もその人から奪うことはできないのである。そしてまさに、この「あれこれ」の態度をとる自由は実際に存在したのである。確かに、どの強制収容所にも、自らの無感動を克服し、苛立たちを抑制することができた少数の人々がいたのである。それらの人々は自分自身のためには何も求めず、ひたすら自分を捨て、自分を犠牲にしながら、点呼場を横切り、収容所のバラックを通って、こちらでは優しい言葉をかけ、あちらでは最後の一切れのパンを手渡していたのである。

われわれは先に、強制収容所における症状として、身体的および心理的な原因から生じる一見運命的・強制的と思われる症状について述べたが、それはまた精神的なものから形成されうるものでもあることが今や明らかになる。そして、後の章で神経症的症状についてまったく一般的に述べることが、この強制収容所の精神病理学においても当てはまるのである。すなわち、その症状はつねに、単なる身体的なものの結果や心理的なものの表現であるだけでなく、実存のあり方でもあるということである。そして、この契機こそ究極的に決定的なものなのである。強制収容所における人間の性格変化は、生理的状態の変化（飢え、睡眠不足など）の結果であり、心理的状況（劣等感など）の表現であるとともに、最終的かつ本質的には精神的にどのような態度をとるかという問題なのである。なぜなら、いかなる場合にも、人間は、環境の影響に屈するか、それともそれに抵抗するかを決断する自由と可能性を有しているからである[40]。たとえ通常はこの自由と可能性をごくまれにしか用いないとしても、それは人間に属しているのである。それゆえ、強制収容所の環境の心理的影響に屈した人間の手の中にも、それは何らかの形で存在していたのであり、その影響から脱する力と責任を何らかの形で有していたのである。では、これらの人々が、環境の身体的－心理的影響の中に崩壊せざるをえないほど、精神的に自分を失ってしまった理由はどこにあったのかとたずねられるならば、われわれは次のように答えることができるであろう。それらの人々は精神的な支えを失ったがゆえに、そしてそのときにのみ、自分たち自身をも失ったのである、と。このことはしかし、もっと詳しく述べられねばならない。

すでにウティッツは、被収容者の生き方を「仮の存在」と特徴づけた。しかし、この特徴づけには、ある本質的な補足が必要であるように思われる。というのは、この収容所での人間の生き方においては、単に仮の生活ということだけが問題だったのではなく、「無期限の」仮の生活が問題だったからである。被収容者たちがまだ収容所に足を踏み入れていなかったときには、彼らはしばしば、(誰も帰ってきたことのない)彼岸に向かっている人間にも似た気分になっていた。実際、多くの収容所からはまだ誰も帰ってこなかったか、あるいは、そうしたことが公けに伝えられたことはなかったのである。しかし、ひとたび収容所に足を踏み入れたときには、(収容所の状態についての)不確かさが終わるとともに、終わりの不確かさが始まったのである。つまり、被収容者たちは誰も、いつまでそこにいなければならないのかを知りえなかったのである。狭いところに押しこめられた大勢の人々の間には毎日毎時、多くの噂が流れ、いよいよ収容所生活も「終わり」だと語られたが、それらはつねに、ますます徹底的で決定的な失望へ導くだけであった。解放の時期が分からないということは、被収容者の心の中に、その拘留期間が――限定できないゆえに――実際に無限であるという感情を生みだすのである。こうして彼は次第に、鉄条網の外の世界に対して、ある疎隔感をもつようになる。すなわち、彼は、鉄条網を通して、外の人間や事物を、あたかも自分の世界ではないかのように、あるいはむしろ、自分はもうこの世のものではないかのように、自分が「失ってしまった」ものであるかのように、眺めるのである。非‐拘留者たちの世界は、彼の眼には、さながら死者が彼岸の世界からそれを眺めるように、非現実的で、よそよそしく、到達しがたい世界、つまり幻の世界のように見えるのである。

強制収容所での生活が無期限であることは、未来がないという体験に行き着く。別の収容所に向かって長い列をなして行進していた被収容者の一人は、あたかもそのとき自分の死体の後をついて歩いているかのように感じたと報告している。それほど彼の人生には未来がなく、すべては過去になり、死者のそれのように過ぎ去ってしまったように感じられたのである。このような「生ける屍《しかばね》」の人生は、著しく回顧的なものになる。彼の想念はいつも繰り返し、過去の同じような体験の細部をぐるぐる回るのである。そしてそのとき、ごく日常的な些細な事柄がメルヘンのように美しい光に包まれるのである。

しかし人間は、未来における一定の時点なしには本当に生きることはできないのである。人間の現在のすべては、通常、この未来の時点から形成されるのであり、ちょうど鉄片が磁極に向くように、その未来へと方向づけられるのである。これと反対に、人間が「自分の未来」を失ったときには、いつでも、この内的時間、体験時間もその全構造を失うのである。それは、たとえばトーマス・マンが

『魔の山』で描いた不治の結核患者たちの生活のように、ただ現在だけを漫然と過ごす生き方になる。この結核患者たちもまた、いつ退院できるかがまったく分からなかったからである。あるいは、それはまた、多くの失業者たちを支配する生存の無内容さと無意味さのような感情になる。失業した鉱山労働者を対象にした一連の心理学的研究から明らかになったように、失業者にも時間体験構造の崩壊が見られるのである。

ラテン語の"finis"は、終わりを意味するとともに目標をも意味している。人間が自分の仮の生活の終わりを予測できなくなったときには、その瞬間に、人生に何の目標も立てられず、何の使命も見出すことができなくなる。彼の眼には、人生からあらゆる内容と意味が消えてなくならざるをえないのである。反対に、「終わり」を見つめ、未来における目標を見据えることは、まさに被収容者にとって極めて必要な精神的支えになる。なぜなら、この精神的支えだけが、収容所の環境がもつ性格を変形させる力に屈し自分を失ってしまうことから、人間を守ることができるからである。たとえば一人の被収容者は、いつも次のようなことを思い浮かべることによって、この収容所生活の最悪の状況を本能的に正しく乗り越えようとしたのである。すなわち、彼は、あたかも多くの聴衆を前にした演台に立って、彼が今まさに体験していることについて講演しているのだ、と思い浮かべたのである。このトリックによって、彼は事態を「ある程度、永遠の相のもとに」体験し、耐えることに成功したのである。(41)

精神的な支えがないことによる心の崩壊は、あらゆることに対する無感動に至るほどのまったき自己放棄に陥るのであるが、このことはすべての被収容者によく知られ、かつ恐れられた現象であった。

それはしばしば極めて急激に起こり、数日のうちに彼らを破滅にいたらしめたのである。このような被収容者は、ある日突然、バラックの中の自分の場所にただ横たわったままになり、点呼に出ることも「作業」に行くことも拒絶し、食事をとろうともせず洗面所にも行かなくなる。こうして、いかなる忠告、いかなる脅しも、彼らを無感動から引きだすことはできなくなるのであった。もはや何ものも、いかなる罰ですらも、彼らを恐れさせることはできなかった。彼らは、それをぼんやりと無関心にやりすごすだけであった——すべては「どうでもよい」ことだったのである。このように——自分の糞尿にまみれて——横たわっていることは、単に〔収容所当局による〕懲罰という点からだけでなく、直接に身体的生命という点から言っても、生命の危険を意味するものであった。こうした生命の危険は、拘留に「終わりがない」という体験にまったく突然襲われた場合にとくに明らかに見られたことである。その例を次に述べよう。

被収容者の一人が、ある日その仲間たちに、自分は奇妙な夢を見たと語った。ある声が彼に語りかけて、「おまえは何か知りたいことはないか。おまえの未来を予言してやろう」と言った、というのである。それで彼は、「この第二次世界大戦が、私にとって、いつ終わりになるかを知りたい」と答えた。それに対して夢の声は、「一九四五年三月三〇日だ」と答えた。この被収容者が、この夢について話したのは三月の初めだった。当時、彼はまだ希望にあふれ、楽観的であった。だが三月三〇日が次第に近づくにつれて、その「声」の正しさはますます怪しくなってきた。予言された期日の数日前に、その男性はますます意気消沈するようになった。そして三月二九日に彼は高熱を発し、譫妄状態で病室に運ばれた。彼にとって極めて重要だった三月三〇日に——苦しみが「彼にとって」終わるはずであったその日に――、彼は意識を失った。そして、その翌日に彼は死んだ。彼は発疹チフスで亡くなったのである。

すでに述べたように、有機体の抵抗力は、極めて大きく感情状態に依存しており、生きる勇気や気力の状態に――それゆえまた失望や幻滅の状態にも――依存している。したがって、あの夢の声の偽りの予言に対する被収容者の失望が、彼の有機体の抵抗力を急激に低下させ、潜伏していた伝染病に有機体を屈伏させたということは、臨床的に十分想定しうることである。ある収容所の医師がかつて報告した次のようなより大規模な観察は、このわれわれの見解に一致している。すなわち、彼がいた収容所の被収容者たちは皆、一九四四年のクリスマスに解放されることに一縷の望みをかけていた。しかしクリスマスがやってきても、彼らを勇気づける知らせはまったく届かなかった。そのとき、どんなことが起こったであろうか。クリスマスから新年までの一週間の間に、この強制収容所にかつてなかったほど多数の死者が出たのである。それは、気候の変化や労働条件の苛酷化や伝染病の発生といった事情では説明できないほど大規模なものであった。

強制収容所において精神療法を試みるとすれば、それはつねに、未来における目標に精神的支えの照準を合わせたときにのみ、すなわち、生きなければならないということを「未来の相のもとに」――未来の視点から――見るときにのみ、可能になることは明らかである。実際に、個々の被収容者の目を未来に向けさせることによって精神的に毅然とさせることは、しばしばさほど困難なことではなかった。ある時、絶望のあまり自殺しようと決心していた二人の被収容者と語りあったとき、次のような類似点のあることがわかった。すなわち二人とも、「もはや人生から何も期待できない」という感情に支配されていたのである。ここでも前述のコペルニクス的転回を行うように説いて聞かせることが重要だった。すなわち、人生の意味はそもそも問われうるものではなく、むしろ人生とは、その具体的な問いに答えねばならないもの、それに応答せねばならないものである、ということである。事実——この二人が人生から期待していたことの彼岸で——、それぞれの人生がまったく具体的な使命をもって彼らを待っていることが明らかになったのである。その一人は地理学のシリーズ本を書いていたが、そのシリーズがまだ完結していなかった。他方の人には、彼をひたすら愛し頼っている一人の娘が外国にいた。それゆえ、一方の人には作品が、他方の人には人間が待っていたのである。こうして二人は同じように、かけがえのない唯一性をもっていることが確かめられ、それが苦悩にもかかわらず彼らの生命に無条件の意味を与えることができたのである。一人はその学問的な仕事にとって取り替えがたく、他の一人はその娘の愛の中でかけがえのない存在だったのである。

　被収容者は、解放された後でも心理的な保護を必要としている。突然自由になり、解放《エントラッスング》されることは心理的圧迫の重荷を下ろすこと《エントラストゥング》であるが、それがまさに、他面では——心理学的な意味では——ある危険性を意味しているのである。この場合、性格学的な意味で人間を脅かすのは、いわば心理的な潜函病（ケーソン病）（二四）とも言うべきものにほかならない。こうしてわれわれは今や、この被収容者の心理の素描で取り扱わねばならない第三の段階に達したように思われる。解放に対する彼の反応を簡単に言えば、次のようにまとめることができるであろう。解放された当初、彼にはすべてが美しい夢のように思われ、それを信じようとしない。なにしろ、彼はそれまであまりにも多くの美しい夢に欺かれてきたからである。彼はどんなにしばしば解放を夢見たことだろうか——家に帰り、妻と抱擁し、友人たちに挨拶し、テーブルに坐って自分の体験したことを話し、また、この再会の瞬間をどんなに待ち焦がれたか、この瞬間をどれほどしばしば夢見たか、そしてついにその瞬間が現実になったのだと、そんなことを話す夢を、である。すると突然、早朝の起床を命ずる三回の鋭い笛の音が彼の耳をつんざき、夢から彼を引き離すのであった。解放を本当と思わせた夢は、ただ彼をあざ笑うものでしかなかったのである。ところが今度こそは、待ち焦がれ夢見ていたことが、本当の現実になったのである。しかし解放された者はまだ一種の離人症的な感情に支配されたままである。彼は生きていることをまだ真に喜ぶことができない——彼は喜ぶことを忘れてしまっているのであり、それを新たに学び直さねばならないのである。解放された最初のうちは、そのつどの現在が彼には美しい夢のように思われたが、やがてある時、過去が悪夢としか思われないような状態になる。彼自身、自分がどうしてあの拘留生活に耐えることができたのかを理解できないのである。そして、その次には、彼が体験し且つ耐え抜いたすべての苦しみから見れば、最早この世で恐れるべきものは——彼の神を除いて——何もないという得難い感情が彼の心を占めるのである。多くの人々が強制収容所において、また強制収容所を通して学んだこと——それは神を再び信じることであった。

〈2〉苦悩の意味

人生の意味の問題を論じた際に、われわれはまったく一般的に三つの可能な価値カテゴリーを区別した。それは創造価値、体験価値および態度価値であった。創造価値は行為によって実現され、体験価値は世界（自然・芸術）を自我の中に受動的に受けいれることによって実現される。これに対して態度価値は、変えることのできないもの、運命的なものが、まさにそのまま受けいれられねばならない場合に至るところで実現される。人間がこの運命的な事柄をいかに自らに引き受けるかというその仕方のうちに、かぎりなく豊かな価値可能性が生まれるのである。すなわち、人生は創造や喜びにおいて充たされうるだけでなく、苦悩においてすらも充たされうるのである。

このような考え方は、あらゆる通俗的な功利的倫理学には理解しがたいものであろう。しかし人間存在の価値や尊厳に関するわれわれの日常的判断の根底にあるものを顧みるとき、成功とか失敗の彼岸に、およそいかなる結果ともまったく無関係に価値を有しているような体験の深みがただちに開かれるのである。外的な失敗にもかかわらず内的に充たされるこの領域は、とりわけ、しばしば文学作品において示されているような見方によって開かれる。それを示すものとしては、たとえばトルストイの『イワン・イリッチの死』の話を思い起こすだけで十分であろう。ここには、ある俗物的な存在が描かれている。彼は、予期せざる死に直面したときに初めて、自分の存在の底知れぬ無意味さに襲われる。けれども、この無意味さの洞察によって、この人物は同時に、その人生の最後の数時間においても自分をはるかに超えて成長し、ある内的な偉大さに達する。そしてこの内的な偉大さは、一見無駄に過ごしてきたように思われる彼のそれまでの全人生に遡って、それを意味あるものへと高めるのである。このように人生は、その究極的な意味を――英雄の場合のように――死によって得ることができるだけではなく、死においてすらも得ることができるのである。つまり、自分の生命を犠牲にすることだけが人生に意味を与えるのではなく、人生は挫折においてすら充たされうるのである。

　成果がないということは、意味がないということではない。このことは、人が自分の過去の人生、たとえば過去の恋愛の体験を考えてみるだけで明らかになる。もし、ある人が自分自身に向かって、過去の失恋の体験を無くしてしまう気があるか、その不快で苦悩に充ちた体験を自分の人生から抹消してしまってよいか、と真剣に自問するならば、きっと彼は否と言うであろう。苦悩に充ちているということは、彼にとっては充たされていないということではない。その反対である。彼は苦悩の中で成熟し、苦悩によって成長したのである。その苦悩は、多くの恋愛の成功が彼に与えたであろうよりも多くのものを彼に与えたのである。

　一般に人間は、自分の体験の快・不快という性質を過大に評価しがちである。この性質を重大視することは、運命に対する不当な愚痴っぽさを人間の中に生みだすことになる。すでに述べたように、人間は、決して「楽しみのために世界に存在するのではない」。快楽《ルストゥ》が人生に意味を与えるということは決してありえないであろう。またそのかぎり、快楽の欠如が人生から意味を奪い取るということもありえないのである。このことは、またもや芸術によって示されている。芸術は、とらわれのない、端的で直接的な体験によって、このことを正しく洞察させるからである。たとえば芸術的な内実から見れば、あるメロディーが長調であるか短調であるかは重要なことではないということを思い起こしさえすればよい。すでに他の連関で述べたように、「未完成」なシンフォニーは未完成であるにもかかわらず最も価値ある作品に属しているが、それだけではなくピアノソナタ「悲愴」もまた最も価値ある作品に属しているのである。

前述のように、人間は労働において創造価値を、体験において体験価値を、苦悩に耐えること《エアライデン》において態度価値を実現する。しかしそれだけでなく、苦悩は、ある内在的な意味をもっている。この内在的な意味は、「われわれは或ることに苦しみたくないから、そのことに苦しむのだ」という逆説的な表現からも明らかである。つまり、それを妥当させたくないからこそ、われわれはそれに苦しむのである。運命的に与えられたものと対決することは、苦悩の究極的課題であり、苦悩の真の関心事である。ある事柄に苦悩する場合、われわれは内的にその事柄から身を引き離し、われわれの人格とその事柄との間に距離をつくる。あるべきではない状態にわれわれが苦しむかぎり、われわれは、一方の事実的な存在と、他方のあるべき状態との間の緊張の中にいるのである。このことは、すでに述べたように、自分自身に絶望している人間についても当てはまる。その人が絶望しているというまさにその事実のゆえに、彼はもはや絶望に対するいかなる根拠ももっていないのである。なぜなら、彼はまさに自分の現実を、ある理想に向かって評価し、その理想によって測っているからである。彼が（実現されていない）価値にともかく気づいたという事実が、すでにこの人間における何らかの価値を指し示しているのである。もし彼が——存在に対する当為を知っている人間として——裁判官の厳粛さと尊厳とを本来的にもっていなかったとすれば、自分自身を裁くことは決してできなかったであろう。[42] それゆえ、苦悩は、あるべきではないことを、まさにあるべきではないこととして人間に感じさせることによって、実り多い、革命的とも言うべき緊張をつくり出すのである。人間が所与的なものと自らをいわば同一化すればするほど、彼はこの所与的なものとの距離をなくし、存在と当為との実り多い緊張を消し去ってしまうのである。

このことから、人間の感情の中には、あらゆる合理性に先立ち、しかも合理的な有用性に矛盾しさえするような深い知恵が存在することが明らかになる。たとえば悲哀や悔恨の感情を考えてみよう。それらはいずれも、功利主義的な立場から見れば無意味に思われるにちがいない。なぜなら、取り返しがたく失われてしまったものを悲しむことも、取り消すことのできない罪過を悔いることも、「健全な人間悟性」〔常識〕の立場から見れば無益で不合理なことに思われざるをえないからである。しかし個人の内的歴史においては、悲哀や悔恨はそれぞれ意味をもっているのである。われわれが愛し、そして失ってしまった一人の人間を悲しむことは、その人間を何らかの仕方で生きつづけさせるのであり、また罪を犯した人間の悔恨は、彼をその罪から解放し、何らかの仕方で立ち直らせるのである。

　われわれの愛や悲哀の対象は、客観的には、すなわち経験的時間においては、失われてしまったとしても、主観的には、すなわち内的時間においては、保存されているのである。つまり、悲哀は、その対象を現在化するのである。これに対して、悔恨は、シェーラーが明らかにしたように、罪を消し去ることができる。なるほど罪を負っている者から、それが取り去られることはないとしても、その担い手自身は——道徳的な再生によって——いわば弁証法的に高められるのである。生起したことを内的歴史において実りあるものにするというこの可能性は、人間の責任性と決して矛盾するものではなく、むしろこれと弁証法的関係にある。なぜなら、罪を犯すということは、責任性というものを前提しているからである。人間が責任を有しているということは、人間が人生において歩んでいくどの一歩も決して取りもどすことができないという事実に基づいている。最小の決断も、最大の決断と同様に、最終の決断なのである。彼が為したことや為さずにいたことは、何ものも消し去ることはできない。しかし、それにもかかわらず人間は、悔恨において、ある行為から身を引き離すことができるのであり、この悔恨という内的な出来事を遂行することによって、外的な出来事を道徳的地平においていわば起こらなかったことにすることができるのである。このことは、皮相な見方からすれば先のこと〔過去の何ものも消し去ることはできないということ〕と矛盾するように思われるであろうが、決してそうではない。

　周知のようにショーペンハウアーは、人生は苦しみと退屈との間を振り子のように揺れ動いていると嘆いた。しかし実際には、この二つのものはそれぞれ深い意味をもっている。退屈とはつねに一つの警告なのである。退屈をもたらすものは何か。それは無為に過ごすことである。しかし、行為は、われわれが退屈から逃れるためにあるのではなく、われわれが無為から逃れ、人生の意味を正しく判断するために退屈があるのである。人生の闘いは、われわれを「緊張」の中におく。というのも、人生の意味は、各人に求められている使命を実際に果たすか否かにかかっているからである。この「緊張」は、それゆえ、センセーショナルなことを神経症的に欲したり、刺激をヒステリックに求めたりするような緊張とは本質的に異なるのである。

「苦しみ」も同様に、一つの警告の意味をもっている。生物学的なレベルでの「苦痛」というものがすでに有意義な監視人であり警告者である。心理的-精神的な領域においても、それは類似した機能をもっている。苦悩は、人間を無感動から、すなわち心理的硬直から守ってくれるのである。われわれは苦悩するかぎり、心理的に生き生きとしているのである。それどころか、われわれはまさに苦悩において成熟し、苦悩によって成長するのである。苦悩は、われわれをより豊かにし、より力強くするのである。

先に述べたように、悔恨は、外的に起こったことを（道徳的な意味での）内的な歴史において起こらなかったことにするという意味と力とをもっている。また悲哀は、過ぎ去ったことを何らかの仕方で存続させるという意味と力とをもっている。それゆえ、この二つのものは、過去を何らかの仕方で修正するのである。それと同時に、この両者は、気晴らしや麻痺とは反対に、一つの問題を解決するのである。不幸を気晴らししたり麻痺させたりする人間は、なんら問題を解決することができず、不幸をなくすことはできない。彼がなくすことができるものは、それと反対に、不幸の単なる結果、すなわち不快という単なる感情状態にすぎない。気晴らしや麻痺によって、「彼は自分のことを何も知らないようにする」のである。彼は現実から逃げようと試みるのである。たとえば彼は酩酊のうちに逃げこむ。こうして彼は、ある主観主義的な、まさに心理学主義的な誤りを犯すのである。それは、麻痺によって沈黙させようとする情緒的な行為によって、その情緒の対象もなくなるかのように振舞うという誤りであり、不意識〔忘却〕（Ungewußtheit）へと追いやることによって、それがすでに非現実へと追い払われたかのように振舞うという誤りである。しかし、ある対象に目を向けることによって、その対象がつくりだされるわけではないし、ある対象から目をそむけることによって、その対象が消えて無くなるわけでもない。同様に、悲哀の感情を抑圧したからといって、悲しい事態がなくなるわけではないのである。実際、悲しむ人間の健康な感覚は、「毎夜泣きとおす」代わりに睡眠剤を飲むといったことを拒否するのが普通である。悲しむ人間は、睡眠剤のような無意味な処方につねに異を唱えるのである。彼は、それによってもっとよく眠れたとしても、それでは自分の涙が向けられている死者は浮かばれないであろう、と思うからである。死というこの典型的に不可逆的な事象は、たとえそれが不意識〔忘却〕に追いやられても、起こらなかったことにすることは決してできない。それは、たとえ悲しむ人間自身が絶対的な無意識（Unbewußtheit）に、すなわち〔自殺による〕自分の死という無意識に、逃げこんだとしても変わりはないのである[43]。

情緒的なものがもつ意味に対する感覚が、人間にとってどれほど根本的なものであるかは、次の事実から明らかである。うつ病患者の中には、（通常のように）悲しみの情緒がその症状の前面に出ない人々がいる。そのような患者たちは、彼らがまさに悲しむことができないこと、存分に泣けないこと、感情が冷たくなり内的に枯死してしまったことを訴えるのである。これは、いわゆる無感動うつ病（Melancholia anaesthetica）の症例である。このような症例を知っている者は、悲しむことができないというこの患者たちの絶望ほど大きな絶望は、おそらく他にほとんどないことを知っている。この逆説はまたしても、いかに快楽原則が単なる構成物、心理学的な人工物にすぎず、決して現象学的事実ではないかということを示している。実際には、人間は情緒的な「心情の論理」にもとづいて、喜びの興奮であれ悲しみのそれであれ、つねに心理的に「生き生き」していることを求め、無感動に陥らないように努めているのである。それゆえ、無感動うつ病を病む者が苦悩することができないことに苦悩するという逆説は、単なる精神病理学的な逆説にすぎず、実存分析的に見れば、すでにその意味は明らかである。なぜなら、実存分析においては、苦悩の意味が明らかにされ、苦悩は有意味なものとして人生に属していることが証明されているからである。苦悩や苦難は、運命や死と同じく、人生に必然的に属しているものである。もしこれらすべてが人生から切り離されるならば、人生の意味はすっかり無くなってしまう。苦難と死、運命と苦悩が人生から剥ぎとられるならば、人生はその形と姿を失ってしまうであろう。運命が打ち下ろす槌と苦悩の灼熱によって初めて人生はその形と姿を得るのである。

　したがって、人間がこうむる運命は、第一に――もし可能ならば――それを形成し直すことによって、第二に――もし必要ならば――それに耐えることによって意味をもつのである。しかし他方、われわれが忘れてならないことは、人間があまりに早くかぶとを脱ぎ、あまりに早く事態を運命的なものと認め、単に運命と思いこんだにすぎないことを耐え忍ぶといったことのないように気をつけねばならないということである。もはや創造価値を実現するどのような可能性ももたず、運命を形成する可能性が実際に存在しない場合に初めて、人間は態度価値を実現することができるのであり、その時に初めて「自らの十字架を引き受けること」が意味をもつのである。態度価値の本質は、人間が変えることのできないものをいかに受けいれるかということにある。それゆえ、実際に変えることができないものが問題であるということが、真の態度価値の実現の前提をなしている。すなわち、ブロート〔Max Brod, 1884-1968 チェコ出身のユダヤ系作家〕が「高貴な不幸」と呼んで、「高貴ならざる」不幸と対比させたものが重要なのである。後者の不幸の場合には、そもそも運命的なものではなく、避けることのできるもの、もしくは（すぐ後で述べるように）自ら惹き起したものなのである[44]。

　どのような状況も、創造価値の意味においてであれ、態度価値の意味においてであれ、何らかの価値実現の機会を提供している。「行動または忍耐によって高貴にすることができないような状況は存在しない」（ゲーテ）。もちろん忍耐そのもののうちにも何らかの意味で「業績」が存在すると言えるのであるが、その場合の忍耐とは、正しい忍耐、すなわち、どうしても変えることも避けることもできない運命の忍耐でなければならない。このような「正しい」忍耐である場合にのみ業績があるのであり、このような避けることのできない苦悩のみが意味ある苦悩なのである。苦悩がこのように業績という性質をもっていることは、普通の人間の素朴な感覚からかけはなれたものではない。たとえば次のような出来事は、普通の人間の感覚からもよく理解できることである。何年も前のこと、イギリスの「ボーイスカウト」が最も優れた業績を表彰することになったとき、それに選ばれたのは三人の少年たちであった。この少年たちは治癒不可能な病気のために入院していたが、それでも勇気と気丈さを失わず、その苦悩に毅然と耐えたのである。このように彼らの苦悩は、他の多くのボーイスカウトの団員たちの狭義の業績よりも、より高い「業績」として認められたのである。

「人生は或るものではなく、つねに、或るものへの機会にすぎない。」このヘッベル〔Christian Friedrich Hebbel, 1813–1863: ドイツの劇作家〕の言葉は、運命的なもの（したがって根本的かつ本来的に変えることのできないもの）を創造価値の実現という意味において形成するか、それとも、それが実際に不可能な場合には、態度価値の意味において運命に対して態度を取るか、という選択的な可能性に直面した場合に、それを正しく引き受け苦悩することにも人間としての業績があるのだということを証している。われわれが病気は人間に「苦悩」への「機会」を与えると言うとき、この表現は同語反復のように聞こえるかもしれない。しかし「機会」と「苦悩」を上述の意味に解するならば、この表現は決してそれほど自明なものではない。とくに病気（心理的な病気も含めて）と苦悩とは根本的に区別されねばならないからである。人間は、本来の意味で「苦悩する」ことなしに病気でありうるだけでなく、他方では、あらゆる病気の彼岸にある苦悩、まさに人間であるが故の苦悩、人生に本質的かつ有意味的に属しているような苦悩がある。したがって、たとえば精神分析が人間を単に享受可能あるいは活動可能なものにしようとするのに対して、実存分析においては人間を苦悩可能なものにせざるをえないような場合も起こりうるのである。というのは、真の苦悩においてのみ人間が充たされうるような状況というものが存在するからである。人生が「或るものへの機会」であるということは、真の苦悩への機会という場合にも、したがって態度価値を実現する可能性という場合にも見失われてはならないのである。こうしてわれわれは今や、なぜドストエフスキーがただ一つのこと、すなわち、私は自分の苦悩にふさわしくなくなることだけを恐れる、と言ったのかを理解するのである。そして、われわれはさらに、自分の苦悩にふさわしくなろうと闘っている患者の苦悩のうちにどれほどの業績があるかということをも思い見るのである。

ある非常に優れた精神をもった若い男性が、かなり急速に悪化した（脊髄の結核性疾患による）両脚の横断麻痺のために、ある日突然、その活発な職業生活から引き離されることになった。手術（椎弓切除）が必要であると思われたが、患者の友人たちから相談されたヨーロッパの最も著名な神経外科医の一人は予後に対して悲観的であると述べ、手術するのを断った。このことを友人たちの一人が、患者の或る女友だちへの手紙で報告した。その女友だちの田舎の別荘に患者は運ばれていたのである。何も事情を知らないお手伝いさんは、その手紙を、病気の客と一緒に朝食をとっていたその家の女主人に手渡した。このとき起こったことを、患者は或る友人宛ての手紙に記している。その一部をここに引用しよう。「……エヴァはその手紙を私に見せないわけにはいきませんでした。こうして私は、教授の言葉の中に含まれている私の死の宣告を知ることになったのです。愛する友よ、私は何年も前に見た映画『タイタニック』を思いだします。とくにフリッツ・コルトナー扮する手足の麻痺した人物が、次第に船が沈んで海水が彼らの体を浸していく間、主の祈りを唱えながら小さな運命共同体を死に向かって導くシーンを思いだすのです。私は感動に打ちふるえながら映画館を後にしました。意識して死に赴いていくというのは、運命の贈り物であるにちがいない、と私は思ったのです。そして今やそれが私にも与えられたのです。私はもう一度勇猛心を試すことを許されたのです。けれども、この闘いではそもそも勝利することが問題なのではありません。ただ最後の力をふりしぼること、いわば最後の身体訓練を行うだけが問題なのです。……私は、できるかぎり、麻酔なしで苦痛に耐えようと思うのです。これは『無益な闘い』でしょうか。そんなことは、決してあってはなりません。ただ闘うことだけが重要なのです。……無益な闘いというものはありえないのです。……夕方、私たちはブルックナーの交響曲第四番『ロマンティック』を演奏しました。すべてが流れるような、心地よい静けさが私の心を満たしました。――そのほか、私は毎日数学の研究をし、少しも感傷的になることはありません。」

また、それまで人生を「形而上学的無思慮」（シェーラー）のうちに過ごし、自分本来の可能性を顧みることのなかった人間であっても、やがて、病気や死に直面することによって根本的なものへ導かれることもある。まったく甘やかされた暮らしをしてきた或る若い女性が、ある日突然、強制収容所に収容されることになった。そこで彼女は病気になり、日ごとに衰弱していった。亡くなる数日前、彼女は次のように語った。「こんなにひどい目に遭わせた運命に、私は本当に感謝しています。これまでのブルジョワ的な暮らしの中で、私は確かにあまりにもだらしなく生きてきました。文学者気取りのディレッタントだった私は少しも真剣ではなかったのです。」彼女は、死が近づいてくるのをはっきり意識していた。彼女が横たわっている病室の寝台からは、窓越しに、今を盛りに咲いているカスタニエン〔マロニエ〕の木が見えた。そして彼女の頭のところまで身をかがめると、二本のロウソクのような花をつけた一本の枝を見ることができた。「この木は孤独な私の唯一の友達です」と彼女は言った。「私はこの木と話をするのです。」彼女はひょっとして幻覚を起こして、うわごとを言っているのではないだろうか。彼女は木が「答えてくれる」とさえいうのである。だが、彼女には譫妄状態の様子はまったくなかった。何という奇妙な「対話」であろうか。この花咲く木は、一体、この死に瀕した女性に何と「言った」のであろうか。「木はこう言ったのです――私はここにいる――私はここにいる――私はいのちだ、永遠のいのちだ。」

ヴィクトール・フォン・ヴァイツゼッカー〔Viktor von Weizsäcker, 1886–1957:『ゲシュタルトクライス』その他の著者として知られるドイツの精神医学者〕はかつて、苦悩する者としての患者は、何らかの意味で医師よりも優っている、と語ったことがある。このことは、医師が患者を見放さざるをえない場合に痛切に意識される。ある状況がもつ計り知れない意味に対して繊細な感覚をもっている医師ならば、つねに、何らかの恥じらいの感情なしには、不治の患者や死に瀕した者に対することはできないであろう。医師自身は、死からその犠牲者を奪い返すことに無力なままである。しかし患者は、運命に耐える人間としてそこに立っている。彼は、運命を静かな苦悩のうちに受けいれ、かつそれによって形而上的な地平で真の業績をなしとげているのである。それに対して医師の方は、形而下的世界、つまり医療的業績の領域において、ただ無力さをさらけだすばかりなのである。

〈3〉労働の意味

すでに述べたように、人生の意味は問われるべきものではなくて、答えられるべきものである。われわれは人生に答える責任を負っているのである。そして、この答えはつねに、言葉によってではなく、実際の行為を通してなされねばならないことは明らかである。[45] さらにこの答えは、そのつどの具体的な状況と個人に即したものであり、その具体性をいわば自らのうちに引き受けたものでなければならない。それゆえ、正しい答えは、行動を伴った答えであり、日常の具体性における答えであり、人間が責任を負っている具体的空間における具体的な答えなのである。

この空間の中では、各々の人間は他人と取り替えることのできない、かけがえのない存在である。この各人の唯一性と一回性を意識することの意義についてはすでに述べた。また実存分析が、どのような根拠から責任性の意識化に努めるのか、そしてこの責任意識が、いかにしてとくに具体的な個人的課題の意識、つまり「使命」の意識をもとにして生まれてくるのか、ということについてもすでに述べた。人間が自分の一回的存在の唯一的意味を自覚していなければ、困難な状況の中では持ちこたえることができなくなる。それはあたかも、登山家が深い霧の中に迷いこんで進むべき道を見失い、疲労のために生命の危険にさらされているのに似た状況である。しかし霧が晴れて遠くに避難小屋が見えれば、彼は急に気を取り直し、元気になるであろう。また「岩壁にとりついている」ロッククライマーが、間違ったルートにいたり間違った岩棚に迷いこんでいることに気づくとき、独特の気力の衰えを体験しないクライマーはいない。しかし突然「頂上に通じる割れ目」を見つけ、頂上まで数ザイル分の距離しかないことを知るとき、岩をつかむ彼の腕に新たな力が流れこむのを感じるのである。

創造価値とその実現が人生の使命の前面に出ているかぎり、その具体的な充足の範囲は一般に職業労働と一致している。労働とはとくに、個人の独自性が共同体との関係において意味と価値をもつような領域である。しかしこの意味と価値は、つねに業績（共同体に対する業績）にそなわっているのであって、具体的な職業そのものにそなわっているのではない。それゆえ、ある特定の職業だけが人間に価値充足の可能性を与えるということではない。この意味において、特別に貴い職業というものは存在しない。多くの、主として神経症的な傾向をもった人間は、もし自分が他の職業に就いていたならば、充足した生き方ができたのにと主張するが、そのとき彼らは職業労働の意味を誤解しているか、さもなければ自分を偽っているのである。もし具体的な職業がいかなる充足感も与えないとすれば、その責めは人間にあるのであって、職業にあるのではない。職業それ自体が人間をかけがえのないものにするのではない。職業はただそのための機会を与えるにすぎないのである。

ある女性患者はかつて、自分の人生が無意味なものに思われ、そのため病気を治そうとはまったく思わないと語った。そして、もし自分を充実させるような職業、たとえば医師とか看護師とか、なにか科学的発見をするような化学の研究者のような職業に就いていたならば、人生はすっかり別の、素晴らしいものになっていただろうというのである。ここでこの患者に明らかにせねばならなかったことは、人間がどういう職業に就いているかが重要なのではなく、むしろその人間がいかにそれを為しているかが重要なのであるということであった。具体的な職業そのものが問題なのではなく、人間的実存の唯一性の本質をなす人格的なものと独自なものを労働において発揮し、そのことによって人生を意味あるものにしているかどうかが問題なのである。

では、医師の場合は実際、どうなのであろうか。はたして何が彼の行為を意味あるものにするのであろうか。定められた技術（Kunst）に従って振舞うことであろうか。個々の患者に、あれこれの注射をしたり、薬を処方することであろうか。定められた技術に従うことだけでは医術（ärztliche Kunst）にならない。医療という職業が医療者に与えるのは、人格的なものによって職業活動を遂行するための常設の場所にすぎない。医師が、その医療活動において――単なる技術をこえて――行うことは人格的なもの・人間的なものであり、これこそが医療活動の本質的意味をなし、その人間を医療において代理不可能な存在にするのである。なぜなら、彼がまさに「定められた技術に従って」行うこと以外は何もしないのであれば、「規則どおりに」（lege artis）彼が注射等々をするか、それとも他の同僚がそれをするかということは結局同じことになるからである。彼が単なる職業的な処方の限界をこえ、職業的に「定められたこと」の彼岸へ進むとき、そこで初めて真に人格的で、その人独自の充足感を与える労働が始まるのである。では、さきの女性患者が羨んだような看護師の労働の場合はどうであろうか。看護師たちは注射器を消毒し、浴槽を移動し、患者のベッドを新しくする。これらの労働はまさにすべて必要なものではあるが、それ自体としてはあまり人間に満足を与えるものではないだろう。そして看護師が、多少とも定められた義務をこえて個人的・人間的なことを行い、重篤の患者にたとえば個人的・人間的な言葉をかけるといった場合に初めて、自分の生活を労働によって意味づける機会が始まるのである。このような機会はどんな職業によっても与えられるものであるが、ただしそれは、その職業における労働のあり方が正しく理解された場合だけである。人間の代理不可能性やかけがえなさ、一回性や唯一性はつねに、誰がそれを行うか、いかにそれを行うかにかかっているのであって、何を彼が行うかにあるのではない。けれども、自分の職業にまったく満足できないと思っていた先の患者の場合には、さらにその職業生活の彼岸においても、つまりその私生活においても、唯一性と一回性とを実存の意味契機として呼び起こしうることを指摘せねばならなかった。彼女は、愛し愛される者として、妻であり母である者として、夫や子どもにとっては、あらゆる生活において無二のかけがえのない存在だったのである。

可能な創造価値の実現や自己の独自性の実現の場である職業労働に対する人間の自然な関係は、現代に支配的な労働環境によってさまざまな歪曲を蒙っている。とくに一日に八時間またはそれ以上も企業家とその利益のために働き、たとえばベルトコンベアの流れ作業で同じことを繰り返したり、同じ機械のスイッチを反射的に押すだけの作業をしなければならない、と訴える人々がいる。このように労働が非人格的になり規格化されればされるほど、それだけ生産は確実なものになり、企業家にとって好都合なものになるのである。このような状況においては、労働が目的のための単なる手段、すなわち、賃金を得るため、そして本来の生活に必要な物資を獲得するという目的のための手段としか見なされないのは当然である。この場合、本来の生活は自由な時間において初めて始まるのであり、その時間を自分なりに自由に用いることに生活の意味があることになる。しかしわれわれは、労働で疲れはて、それが終わった後はただ死んだようにベッドに倒れこむだけで、何かよいことを始めることなど最早できない人々がいることを忘れてはならない。彼らは、その自由な時間をただ休養の時間として使うほかはないのであり、ただ眠ること以外に、またそれ以上に、賢明なことはなくなっているのである。

しかし、労働機会を提供する企業家自身も、その自由時間において必ずしも「自由」ではない。彼もまた、前述した自然な労働関係の歪曲から必ずしも免れてはいないのである。金儲けに没頭し、生活の手段の獲得にかまけて、生活の目的を忘れるタイプの人々がいることはよく知られている。生活の手段である金儲けが自己目的になっているのである。そのような人間は多くの金を持ち、またその金も目的を持ってはいるが、彼の生活はもはや目的を持っていないのである。そのような人間にあっては、金儲けの生活が彼の本来の生活を覆い隠してしまう。彼は金儲け以外のことは何も知らなくなり、芸術も、またスポーツすらも知らず、知っているのは、せいぜい遊戯における緊張、それも賭博場《カジノ》の遊戯のような金銭に関わる緊張である。ここでも金銭が「賭けられ」、その獲得が最終目的になるのである。

1　失業神経症

職業の実存的意味が最もはっきりと現われるのは、職業労働が完全になくなる場合、つまり失業した場合である。失業した人間を心理学的に観察するとき、われわれは失業神経症[46]という概念を提出せざるをえなくなる。この症状の前面に現われているのは、注目すべきことに、抑うつではなく無感動である。失業者は次第に無関心になり、ますます自発性が消え去っていく。彼らの無感動はかなり危険なものである。その無感動のために、彼らに差しだされる援助の手をつかむことができなくなるからである。失業者は、時間が満たされないことを内面が満たされないこと、自分の意識が満たされないことと感じる。彼は、自分は無職だから無用であると感じ、仕事がないから生きる意味もないと考える。生物学的な領域においていわゆる真空増殖〔ある種の細菌（たとえばボツリヌス菌）が真空中で増殖する現象〕が存在するように、心理学的な領域においても同様な現象が存在する。失業が神経症発症の温床になるのである。精神的な空白は「恒常的な」日曜神経症に導くのである。

失業神経症の主要な症状である無感動は、しかし、単に心理的に満たされないことのあらわれであるだけではない。無感動は、われわれの考えでは、あらゆる神経症の症状と同じく、ある身体的状態の随伴現象、それも実際には、たいていの場合同時に存在する栄養不足の結果なのである。また時には、無感動は、神経症的症状一般と同じく、目的に対する手段になることもある。とりわけ、何らかの神経症がすでに先に存在していて、そこに失業がいわば入りこむことによって、それが増悪ないし再発した人間の場合には、失業という事実はいわば素材として神経症の中に入りこむ。そして、その事実が神経症の中に内容として取り入れられ、「神経症的に加工される」のである。このような場合には、失業は、神経症者にとっては〔単に職業生活においてばかりではなく〕人生そのものにおけるあらゆる失敗の言い訳をするための好都合な手段になる。失業は、「しくじった」人生のすべての責めを負わせる贖罪のヤギとして役立てられる。そして、自分の過ちは失業による運命的な結果であると言うのである。「ほんとうに、もし私が失業さえしていなければ、すべては違ったものになり、何もかも素晴らしく、よいものになっていただろうに。」そして、この神経症的なタイプの人間は、「もし私が失業さえしていなければ」、あれこれのことを為すであろうに、と断言するのである。失業者であることは、生活を仮の生活として過ごすことを失業者に許し、彼らを仮の存在というあり方に頽落するように誘惑するのである。彼らは、ひとは自分たちから何も求めてはならない、と考える。彼ら自身も、自分たちから何も求めないのである。彼らには、失業という運命は、他者ならびに自分自身に対する責任から、つまり彼らの生活そのものの責任から、彼らを解放してくれるように思われるのである。生活のすべての領域にわたる断念は、ひとえにこの運命のせいにされる。靴が足に当って痛むのはただ一カ所だけであると思う方がおそらく好都合であろう。すべてをただこの一点から説明し、さらにはこの一点を運命的な所与と見なすことは、人間がいかなる義務を負う必要もなくなり、もはや何もする必要もなくなるという利点をもっている。そのとき、ひとは、ただこの一点からすべてが癒されるような仮想の瞬間を待ちさえすればよいのである。

このように、すべての神経症的症状と同じく、失業神経症も結果であり、表現であり、手段である。それは、究極的・結論的に見れば、すべての他の神経症と同じく実存のあり方であり、一つの精神的な態度決定、一つの実存的決断でもあるように思われる。というのも、失業神経症は、神経症者が言うような、どうにもならない運命では決してないからである。失業者が失業神経症に陥らねばならない必然性はまったくないのである。むしろ、この点に関して明らかなことは、人間には「別のあり方も可能である」ということ、人間が社会的運命の力に対して心理的に屈するか否かを、彼は何らかの仕方で自ら決断することができるということである。事実、失業のために性格が一方的・運命的に歪められることがなかったことを証明する例も多い。すなわち、さきに述べた神経症的なタイプとは別の失業者のタイプもあるのである。このタイプに属する失業者は、失業神経症にかかった人々と同じような不利な経済的条件のもとで生きることを強いられながらも、神経症にならず、無感動や無気力な印象も与えず、中には快活さを失わない人々すらいるのである。

この理由は何にあるのであろうか。よく調べてみると、これらの人々は、なるほど職業には従事していないものの、他の活動を行っていることがわかる。彼らは、たとえば何らかの組織でボランティア活動をしたり、成人教育組織の相談役であったり、青少年団体の無給の協力者であったりする。また彼らは、しばしば講演やよい音楽を聞き、多くの読書をし、読んだことについて仲間たちと議論をする。彼らは、あり余る自由な時間を意味あるものにし、それによって彼らの意識、彼らの時間、彼らの生活を内容に満ちたものにする。神経症になった他のタイプの失業者とまったく同様に、しばしば腹がグーグー鳴ることはあっても、彼らは自分たちの生活を肯定し、いささかも絶望することはない。彼らは、自分たちの生活に内容を与えるすべを心得ており、その生活から意味を手に入れるすべを心得ている。彼らは、人間の生活の意味は職業労働に尽きないこと、従って職業に就いていないからといって無意味に生きざるをえないわけではないことを知っているのである。彼らにとってはもはや、生活の意味は職業活動の事実とは一致しないのである。神経症的な失業者を実際に無感動にするもの、失業神経症の根本にあるものは、それゆえ、職業労働こそ唯一の生きる意味であるという誤った考え方である。なぜなら、職業《ベルーフ》と、人間がそれへと召《ベルーフェン》ばれている人生の使命との同一視、この誤った同一化こそ失業者を、自分は無用で余計な者であるという感情で苦しめざるをえなくするものだからである。

以上のことから明らかになるのは、結局、失業に対する心理的反応はいかに運命的なところが少ないか、そして人間の精神的自由の余地がここでもどれほど多く残されているか、ということである。われわれが右に試みた失業神経症の実存分析的視点から明らかになることは、失業という同一の状況が様々な人間によって異なって形成されること、すなわち、一方の人間は社会的運命によって心理的に形成され、性格的に変形させられるのに対して、他方の神経症的ではない人間は社会的運命を形成するということである。したがって、それぞれの失業者は誰でも、内面的に毅然としたままでいるか、それとも無感動になってしまうか、そのどちらのタイプに自分を入れるべきかを、常になお決断しうるのである。

失業神経症は、それゆえ、決して失業の直接的結果ではない。それどころか、反対に、失業が神経症の結果であるとすら考えられる場合もあるのである。神経症が、それを病んでいる人間の社会的運命や経済的状況に対して影響を及ぼすことは明らかである。もし他の事情が同じならば、内面的に毅然とした失業者の方が、無感動になった失業者よりも競争においてより大きなチャンスをもち、就職活動においても成功しやすいであろう。しかし失業神経症の影響は、単に社会的なものにとどまらず、生理的なものにまで及ぶ。なぜなら、精神的生命がその使命的性格によって獲得した構造的統一性は、生物学的なものにまで及ぶからである。他方、無意味さと無内容さの体験と共に生じる内的構造の突然の喪失は、有機体的な崩壊現象にすら至るのである。精神医学は、たとえば定年退職した人々に現われる急激な老化現象という形での、典型的な心身の崩壊を知っている。これと同じようなことは動物の場合にも見られる。たとえば、調教されて「任務」を与えられたサーカスの動物は、動物園で「働かずに」飼われているだけの同種類の動物よりも平均寿命が長いことが知られている。

　失業神経症が失業によって運命的にひき起こされるのではないという事実から、それを精神医学的に治療する可能性が生まれてくる。これに対して、失業の心理学的問題をこのような方法で解決すべきではないとして、この方法を過小評価する者には、とくに若い失業者がしばしば次のような言葉を口にするのを指摘せねばならない。「われわれが欲しいのは金ではない。われわれは生きがいが欲しいのだ。」このような事例の場合、狭義の、ロゴセラピー的ではない精神療法――たとえば「深層心理学的な」治療法――では見込みがないことは明らかであろう。ここで示されているような問題は、むしろ、ただ実存分析によってのみ克服されうるものである。実存分析は、この失業者に対して社会的運命に対する彼の内的自由への道を示し、その困難な生活に対してすら内容を与え、意味を克ち取ることができるような責任性の意識へと彼を導くのである。

　すでに述べたように、失業と同じく職業労働も神経症的な目的のための手段として濫用されることがある。しかし、このように職業を目的のための手段として神経症的に利用することと、労働が有意味な生活という目的のための手段であるように配慮するという正当な態度とはきちんと区別されねばならない。なぜなら、人間の尊厳は、人間自身が一つの手段に、すなわち、単なる労働過程の手段とか生産手段に貶められることを禁ずるからである。労働能力だけがすべてなのではない。それは生活を意味で充たすための十分な根拠でもなければ必要な根拠でもない。労働能力をもらいながら、無意味な生活を送る人もいれば、労働能力をもたないにもかかわらず、その人生に意味を与えることができる人もいる。享受能力についても、ほぼ同様のことが言える。ある人間が自分の人生の意味をもっぱら特定の領域に求め、そのかぎり自分の生活を何らかの形で制限するのは問題なく正当である。ただ問題は、このような制限、このように自己を限定することが事実に即したものなのか、それとも、神経症の場合のように、本当は不必要なものなのではないか、ということである。後者の場合には、労働能力のために不必要に享受能力が犠牲にされたり、あるいはその逆であったりするのである。そのような神経症的な人間に対しては、ある恋愛小説（アリス・リトゥケンスの『夕食はいらない』）にある言葉が示されねばならないであろう。「もし愛がなければ、労働は代用物になり、もし労働がなければ、愛は阿片になるであろう。」

2 日曜神経症

多忙な職業的労働によって充たされていることと、その生活が創造的意味によって充たされていることとは同じではない。神経症者はしばしば、生活そのもの、生活全体から、職業生活の中に逃避しようとする。しかし、その多忙な職業活動が一定時間停止するや否や、すぐさま彼の生活の本来的な無内容さや究極的な無意味さが露わになる。それが日曜日である。日曜日にはその労働を放棄せねばならず、さらには、たとえばデートもできず、映画の切符も手に入らなかったりしたために、自分自身をも放棄せねばならなくなった人間のほとんど覆いがたい惨めな表情を知らない者はいるだろうか。

そのときは「愛」の「阿片」も手元になく、心のわびしさをかき消してくれるはずの週末の騒がしさからも締めだされている。しかし、ただ労働する人間以外の何ものでもない労働人間には週末の無意味な活動が必要なのである。なぜなら、ウィークデーの労働のスピードが消え去る日曜日には、大都会の日常の意味の乏しさが露わになるからである。ウィークデーのスピードは、あたかもいかなる人生の目的も知らない人間が、その無目的性に気づかないようにするために、人生という道路を全速力で走っているかのような印象を与える。そのことによって、彼は同時に、自分自身からも逃れ去ろうとするのである。しかし、これは無駄である。ウィークデーにおける四六時中の忙しさが中断する日曜日がやって来るからである。このとき、自分の実存のまったき無目的さ、無内容さ、無意味さがまたもや彼の前に立ち現れてくるのである。

この体験から逃れるために、彼はあらゆることを試みる。彼はダンスホールに逃げこむ。そこには騒がしい音楽があり、人と話をしなくても済み、かつてのような「舞踏会の会話」を強いられることもない。また、ものを考えなくても済む。こうして、すべての注意をダンスに向けることができる。「日曜神経症者」はまた、週末の騒がしさのもう一つの「避難所」、すなわちスポーツの騒がしさに逃避することもある。彼はたとえば、どのサッカーチームが試合に勝つかということが、この地上の最重要事でもあるかのように振舞うこともできる。この試合では2×11人がプレーし、その何千倍もの人々がそれを観戦するのである。ボクシングの場合はただ二人の人間だけが活動するのであるが、彼らが真剣に闘えば闘うほど、これを観戦する非活動的な人間ののぞき趣味に何らかのサディズムが加わるのである。もっとも、このように言ったからといって、健全なスポーツ活動に反対しているのではない。ただ、われわれは、スポーツにはどのような内面的価値があるのかということを、つねに批判的に問う必要があるであろう。たとえば登山家のスポーツに対する態度を考えてみよう。登山は積極的な関与を前提としており、受動的な見物ということはここにはありえない。ここでは行為は真実なものになる。まず身体的能力について言えば、たとえばロッククライマーは、ある状況（生命の危険があるような状況）においては自分の全能力を発揮するように迫られる。心理的な面について言えば、ここでも次のことを「成就」することが問題になる、すなわち、人間はつねに、不安や高所での不安を伴っためまい《ヘーエンシュヴィンデル》のような心理的な弱さを克服することを学ばねばならないのである。ここで注意されねばならないことは、クライマーは——すでにシュトラウスが指摘したように——危険を（危険それ自身のために）「追求する」のではなく、危険を「克服しようとする」のである。競争ということは、他のスポーツの場合は記録の追求になるのに対して、登山の場合には「自分自身との競争」ということに高い価値が置かれるのである。最後に、より広い社会的側面について言えば、一本のザイルで結ばれたザイル仲間の連帯性の体験が、この側面をあらわしている。

　しかしながら、記録の追求は本来のあり方ではないとしても、それがいわば一回性と唯一性を求める人間的努力の表れであるかぎり、そこにも人間本来の特徴を認めることができる。これと同様のことは、他の集団心理学的な現象、たとえば（服装などの）ファッションについても言いうる。ファッションにおいて人間は、是が非でも独自性を求めようとする。ただ、その唯一性と一回性は、最も外面的なものに限定されているのである。

　スポーツだけでなく、芸術も神経症的に誤用されることがある。真の芸術ないし芸術体験は人間を豊かにし、彼の最も固有の可能性へと導くのに対して、神経症的に誤用された「芸術」は人間を彼自身から引き離すだけである。そのとき芸術は、自分を酔わせ麻痺させる可能性と機会にすぎなくなる。人間が自分自身から逃れ、実存的空虚の体験から逃れようとするとき、彼はたとえば、できるだけハラハラする推理小説にすがりつくであろう。この推理小説のスリルの中で、彼は結局、ある不快なものを解消し、それから逃れるという消極的な快感を求めているのである——この消極的な快感は、ショーペンハウアーが誤って唯一の可能な快感と見なしたのであるが。けれども、すでに述べたように、不快・緊張・闘いといったものは、それらから解放されることによって消極的な快感を体験させるためにあるのではない。われわれが実際に人生の闘いを行うのは、つねに新たなセンセーションを体験するためではない。反対に、人生の闘いは志向的なものであり、またそれによって初めてそれは意味あるものになるのである。

スリルに飢えた人間にとって最大のセンセーションであるものは、「芸術」においてであれ現実の出来事においてであれ、死である。通俗的な新聞の読者が朝の食卓で必要としているのは、不幸や死亡の記事である。しかし大衆の不幸や死では、彼は満足することができない。匿名の大衆では抽象的に思われるからであろう。そこでこの人間は、同じ日に映画館に行ってギャング映画を見たいと思ったりするのである。こうして、すべての中毒者と同じようなことが彼に起こる。センセーショナルなことを追い求める人間はスリルを必要とする。スリルは新たな、より大きな刺激の飢えを生みだし、ますます強い刺激を求めるようになる。ここで彼にとって重要なものは結局、死なねばならないのは常に他人たちであるかのように思われるという、その対照効果なのである。すなわち、このタイプの人間は、自分が最も恐れるもの、すなわち自分の死の確実性から――したがって自分の実存的空虚さをきわめて耐えがたくするものから――逃避しようとするのである。なぜなら、死の確実性は、生き方に良心のやましさを抱いている者にとってのみ恐怖であるからである。生涯の終わりとしての死は、その生涯を充実させなかった者にとってのみ恐ろしいものになりうるのである。ただそのような人間だけが死をまともに見ることができないのである。彼は、自分のかぎりある人生の時間を充実させ、その中で自分自身を実現させるかわりに、あたかも最後の瞬間に恩赦を与えられると信じている死刑囚と同じように、一種の恩赦妄想に逃げこむのである。このタイプの人間は、自分自身には何ごとも起こりえず、死や破局はつねにただ「他人たち」にのみ起こることだという妄想に逃げこむのである。

神経症者が、小説の世界に神経症的に逃避し、その「ヒーロー」と自分とを同一化することは、さらにいっそう悪しき影響をもたらす。記録妄想に取りつかれたスポーツ選手が少なくとも自分自身の栄誉の上に安らうことを欲しているのに対して、この小説愛好者のタイプは、たとえ虚構の人物にすぎないとしても、誰か他の人間が成し遂げたことによって満足するのである。しかし人生においては、何らかの栄誉に安んじたり、到達したものに満足することは決して重要なことではない。たえず新たに問いかけてくる人生は、決してわれわれを休ませないのである。われわれは、ただ自己を麻痺させることによってのみ、人生がたえず新たな要求をもってわれわれの良心に突きつけてくる永遠の刺激に対して、自らを無感覚にすることができるのである。立ち止まる者は追い越され、自己に満足する者は自己自身を失うのである。それゆえ、われわれは、創造する者としても体験する者としても、そのつど到達したことに満足してはならない。毎日毎時が新しい行為を必要とし、新しい体験を可能にするのである。

〈4〉愛の意味

われわれはすでに、人間の実存の有意味性がどれほど人格の唯一性と一回性によって基礎づけられているかを見た。さらに創造価値が、つねに共同体に関連づけられた活動の形で実現されることについても述べた。ここから明らかになったのは、人間の活動が向けられている共同体こそ、人格の唯一性と一回性に初めて実存的意味を与えるということであった。しかしこの共同体は、人間の体験が向けられているものでもありうる。とくに二人の共同体、すなわち我と汝との親密な共同体がそうである。多少とも比喩的な意味での愛は別として、愛《リーベ》を恋愛《エロス》という意味に解するならば、それは体験価値が特別な仕方で実現される領域を示している。まさに愛とは、他の人間をその全体的な唯一性と一回性において体験することなのである。

自己の人格の唯一性と一回性は、創造価値の実現によって、いわば能動的に発揮されるのであるが、この道とは別の第二の道がある。それはいわば受動的な道であって、人間が通常は行為によって獲得せねばならないすべてのものが、いわば労せずして手に入るのである。この道は愛の道、より適切にいえば、愛されるという道である。このいわば恩恵《グナーデ》の道においては、自分の行為や「功績」がなくても、自己の唯一性と一回性の実現のうちに存するあの充足が人間に与えられるのである。愛においては、愛される人間は本質的に、その現存在において一回的であり、その相在において唯一的である存在として捉えられる。つまり、彼は、あるがままの存在として捉えられるのである。彼は汝として捉えられ、汝として他の自我のうちに受けいれられる。彼は、愛する者にとっては、何もなさなくても、そのままの姿で、かけがえのない存在なのである。愛される人間は、その愛されることにおいて、彼の人格の一回的なものと唯一的なものが、したがって彼の人格価値が実現されるということに「対して」何かをなすことが「できる」わけではない。愛は決して「功績」ではなく、恩恵なのである。

愛はしかし、恩恵であるだけではなく、魔法でもある。愛する者にとって世界は魔法をかけられ、愛によって世界に価値が加えられるのである。愛する人間は、愛によって、価値の豊かさに対する人間的な共感性を高める。彼は愛によって、価値に満ちた世界、その「あらゆる存在」に対して眼を開かれるのである。こうして愛する者は汝への献身において、この汝を超えた世界にまで進むような内的な豊穣化を経験する。彼にとって、宇宙全体は一層広く深い価値を有するものになり、愛する者のみが見ることのできる価値の光の中に輝くのである。なぜなら、愛は、よく言われるように盲目にするものではなく、視力を強めるものであり、価値を洞察させるものであるからである。このような愛されることの恩恵や愛することの魔法と並んで、いまや愛の第三の契機として、愛の奇跡が立ち現れてくる。愛によって、何としても理解しがたいことが成就されるのである。すなわち、――生物学的な迂路を通って――それ自身が実存の唯一性と一回性を有するような秘儀に満ちた新たな人格が生まれてくるという奇跡である。それが、子供という奇跡である。

1　性愛−恋愛−愛

これまで何度も人間存在の段階構造と層構造について述べてきた。われわれが繰り返し述べてきたのは、人間は身体的−心理的−精神的な全体性と見なされねばならないということである。そしてわれわれは精神療法に関しても、この全体性が全体性のままで受けとられること、すなわち、身体的なものや心理的なものだけではなく、人間における精神的なものにも治療上の配慮がなされることを要求してきたのである。(二五)

これからわれわれは、愛する者としての人間が、すなわち、愛を体験し愛において他者を体験する者としての人間が、多層的な人格構造に対して、いかにさまざまな態度を取りうるかを示そうと思う。愛に対する態度は、人間の人格の三つの次元に対応して、三つの形式がありうる。最も原始的な態度は性的な態度である。この場合は、他の人格の身体的現象から性的刺激が生じ、それが性的な態度をとる人間のうちに性欲動を呼び起こし、この人間の身体性を触発する。相手に対する次のより高次の態度は恋愛的な態度である（ここでは発見的な理由から、恋愛と性愛とを対立的な関係において考えることにする）。この狭い意味で恋愛的な態度をとる人間は、単なる性的に興奮した者ではなく、単なる性的欲望をもつ人間以上のものである。彼の態度は決して性欲動によって支配されているのではなく、また相手を単なる性的な対象と感じているのでもない。相手の身体性を最も外的な層とすれば、その相手に恋愛的な態度をとる人間は、単なる性的な態度をとる人間よりも、いわばより深く相手の中に入ると言ってよい。つまり彼は、より深い層である、他者の心理的な層に入りこむのである。相手に対するこのような型の態度は、相手への関係という面から言えば、一般に「惚れる」（verlieben）と呼ばれているものと同一である。われわれは、相手の身体的特徴によって性的に刺激され、心理的特徴によって「惚れる」のである。惚れる者は、それゆえ、身体的に刺激されるのではなく、心理的・情緒的に刺激される、すなわち、相手の何らかの性格特性のような個性的な（唯一的な、ではない）心理によって刺激されるのである。単なる性的な態度が相手の身体性を目標にし、この層だけを志向するのに対して、恋愛的な態度、惚れる態度は心理的なものに向けられている。しかし、この態度も、他者の人格の中核にまでは届かない。このことをなしうるのは第三の態度、すなわち本来の愛のみである。

（最も狭い意味での）愛は、それが相手の人格構造のうちに最も深く入りこみ、相手との精神的な関係へと歩み入るかぎり、（最も広い意味での）恋愛の最高の形式である。それゆえ、相手の精神的なものへ直接に関係することは、二人の人間のあらゆる関係性の究極の形式を意味している。このような意味で愛する者は、もはや自分の身体性や情緒性において刺激されることなく、その精神的な深みにおいて動かされるのであり、相手の身体的なものと心理的なものの精神的担い手によって、つまり相手の人格的核心によって動かされるのである。そのとき、愛は、愛される人間の精神的人格に直接に向けられるのであり、まさに唯一性と一回性をもった相手の人格に向けられるのである。そしてこの唯一性と一回性によって初めて、相手の人格は精神的人格になりうるのである。精神的人格としての人格は、（狭い意味での）恋愛的態度や性的な態度をとる人間が志向するような心理的特徴や身体的特徴の担い手そのものである。言い換えれば、精神的人格としての人格は、単なる性的態度や「惚れる」態度ではそこまでしか届かないような、身体的現象や心理的現象の背後に存在するものである。しかし、それはまた、身体的および心理的現象のうちに、まさに現象しているものでもある。精神的人格の身体的および心理的現象は、いわば精神的人格が「着ている」外的・内的な「衣服」なのである。性的または惚れる人間にとっては、相手に「そなわっている」身体的ないし心理的な特徴、相手が「持っている」ものが気に入るのに対して、愛する人間は、単に愛される人間に「そなわっている」ものではなく、まさにその人間そのものを、つまり、愛される人間が「持っている」ものではなく、その人間が本来「ある」ところのものを、愛するのである。愛する人間は、精神的人格のいわば身体的・心理的「衣服」を通して、精神的人格そのものを見る。それゆえ、愛する人間にとっては、もはや、彼を性的に刺激するかもしれない身体的な「タイプ」とか、彼が惚れるかもしれない心理的な性格とかは問題にならない。彼にとって重要なのは、その人間そのもの、比類なく、かけがえのないその相手そのものなのである。

いわゆる心理的な恋愛において現れてくるような、それ自体としては性的な性質をもっていない欲求は、精神分析においては周知のように「目標を阻止された」欲求と呼ばれている。そのかぎりでは精神分析は正しい――といっても、それは、われわれの考えでは、精神分析が考えているのとは別の意味において正しいのである。つまり精神分析は、それが真の性的欲動目標であると想定するものとの関係において、この欲求を「目標を阻止された」ものと考えているのであるが、われわれの考えでは、それは、反対の意味で目標を阻止されているのである。すなわち、それは、（恋愛よりも）より高次の態度形式への方向、本来の愛への方向において、したがってまた相手の人格のより深い層である精神的中核への方向において、阻止されているのである。

2　一回性と唯一性

愛は人間固有の現象であり、人間独自のものである。つまり、愛は、人間以下の現象に還元されたり、人間以下の現象から演繹されたりすることは決してできないのである。愛は、その背後に向かってそれ以上遡ることのできない「原現象」であり、人間存在を人間的たらしめる行為、つまり実存的行為なのである。それだけではなく、愛はとりわけ実存共同的（koexistentiell）行為でもある。なぜなら、愛は、相手がまったき一回性と唯一性をもった存在であることをわれわれに気づかせるような人間相互の関係であるからである。一言でいえば、愛の際立った特徴は出会いという性格にある。そして、その出会いにおいてはつねに、人格と人格との関係が重要なのである。

愛は、単に人間固有の現象であるだけではなく、人間の根源的現象である。したがって、それは決して副次的現象なのではない。もし愛が、たとえば精神分析的・心理力動的な理論の意味での性欲の昇華と解されるならば、単なる副次的現象になってしまうであろう。しかし愛は、ある単純な理由からしてすでに単なる性欲の昇華などではありえない。というのは、反対に愛は、そもそも昇華というようなことが可能になるための条件や前提をなすものであり、発達し成熟するにつれて次第に性欲が統合されていくための条件や前提をなすものであるからである。

性欲（Sexualität）の発達と成熟は、――フロイトが導入した用語をそのまま使えば――欲動目標も欲動対象も知らない性衝迫性から始まる。(二六) そこからやがて狭義の性欲動（Sexualtrieb）が形成される。この性欲動はすでに欲動目標をもっている。つまり、それは性交を目標としているのである。しかし、この性欲動にはまだ、真の愛の相手という意味での、目指すべき欲動対象が欠けている。この特定の、まさに愛する人格に向かっての方向づけと秩序づけこそ、性的発達と成熟の第三局面ないし第三段階である性的努力を特徴づけるものである。ここから、愛の能力が性欲を統合するための条件であり前提であることが明らかになる。あるいは、私がよく用いる表現でいえば、汝を志向する我〔自我〕だけが、自らのエスを統合することができるのである。

人間が本当に愛しているかぎり、その愛において、自分の心が実際に相手の精神的人格の一回性と唯一性に向けられているということは、それを体験している人間にはそのまま実感されることである。試みに次のような場合を想像してみよう。――ある人間が、一人の人を愛していたところ、その人が亡くなるか旅立つかしたために、永遠にその人と別れねばならなくなった。それで、いわばその人の代役として、元の愛していた人と心身ともそっくりの別人を彼に紹介するのである。そして、この愛する人間に、あなたは自分の愛をこの別の人に移しかえることができますか、とたずねてみる。彼の答えはきまって、そんなことはできない、というものであろう。実際、真の愛のそのような「転移」などは考えられないのである。真に愛する人間は、愛される人にそなわっている何らかの心理的または身体的な特徴を「思って」いるのでも、その人が「持っている」あれこれの個性を思っているのでもなく、その人がその唯一性において「ある」ところのものを思っているのである。その人は無比の人格なのであり、いかにそっくりの代役とであっても断じて取り替えることはできないのである。もっとも、単なる「恋する者」にとっては、代役で役立つこともあるであろう。単なる恋愛ならば、あっさりと代役の方に移ることもできよう。というのも、恋する人間の心は、相手が「持っている」心理的な性格にのみ向いていて、相手が「ある」ところの精神的人格には向けられていないからである。

　本来の愛の態度の対象である精神的人格は、それゆえ、実際に愛している人間にとっては、代理不可能であり交換不可能である。なぜなら、その対象は一回的にして唯一的な存在であるからである。このことから同時に帰結されるのは、真の愛は自ずから時間的に持続するものであるということである。身体的な状態は消え去るものであり、感情的な状態もとどまることはない。性的興奮状態として現れる身体の状態は一過性のものであり、性的欲動は、まさにその充足によって消滅するからである。同様に恋愛と呼ばれる感情状態も長続きすることはまれである。しかし、他の精神的人格を志向的に捉える精神的行為は、何らかの仕方でそれ自身を超えて持続する。その行為の内実が価値をもっているかぎり、それはいつまでもこの価値をもちつづけるのである。それゆえ、汝を「他ならぬ－この－存在」としてとらえる真の愛は、身体的な性愛や心理的な恋愛といった単なる状態性がもっている移ろいやすさを免れているのである。

　愛は単なる感情状態より以上のものである。愛は志向的行為なのである。愛が志向するのは他者の相在(二七)である。この相在——この他者の本質——は、（すべての相在と同じく）究極的に現存在から独立している。つまり、それは「存在」(existentia) には依存しない「本質」(essentia) であり、そのかぎり存在を超越しているのである。こうしてのみ、愛が愛される人間の死をも越えて持続するということが理解されうるのであり、ここから初めて、愛が死よりも、すなわち愛される人間の存在の無化よりも、「強い」ということが理解されるのである。愛される人間の現存在はなるほど死によって無化されるとしても、その相在は死によっても無くなることはない。その人の無比の本質は、すべての真に本質的なものと同じく、時間を超えたものであり、そのかぎり過ぎ去ることのないものである。このような人間の「理念」――まさに愛する人間が直観するような「理念」――は超時間的な領域に属している。このような考えはスコラ的ないしプラトン的な思想に立ち帰らざるをえないもののようにも思われるが、しかしそれは、われわれが尊重している認識の日常の素朴な体験の仕方からかけ離れたものと考えられてはならない。ここにたとえば、かつての強制収容所被収容者の次のような体験報告がある。

「収容所にいた私や私の仲間たちすべてにとって明らかだったのは、われわれが拘留中に経験しなければならなかったことを、いつか未来において埋め合わせすることができるような幸福は、この世には存在しないということだった。もし幸福の収支決算をするとすれば、われわれに残されていたのはただ一つ、〔高圧電流が通っている〕『鉄条網に走り込む』、つまり自殺することだけだった。しかし、われわれの仲間たちがそれを実行しなかったのは、何らかの深い責任感からそれを思いとどまったからである。私自身について言えば、私は母に対して生き抜く責任を負っていた。私たちは互いに何にもまして愛しあっていた。だから、私の生命は、たとえどんなことがあっても、意味をもっていたのである。しかし私は、日々刻々、死を覚悟しなければならなかった。それでも、私の死や、それまでに私が蒙ってきたすべての苦しみは、なお何らかの形で意味をもつはずであった。というのは、そのとき、私は天と一つの契約を結んだからである。それは、もし私が死なねばならない運命ならば、私の死の代わりに母を生き延びさせ給え、そして私が死に至るまでに受けねばならなかった苦悩の代わりに、いつか母が安らかな死を迎えられますように、というものであった。このような犠牲という視点に立つことによってのみ、私は苦しみに満ちた自らの生活を耐え忍ぶことができるように思われたのである。私は、私の生が意味をもつ場合にのみ、私の生を生きることができたのであり、苦しみや死が意味をもつ場合にのみ、私の苦しみを苦しみ、私の死を死することを望むことができたのである。」

彼は、この自己描写を収容所の時間と状況が許すかぎり書き綴り、彼がかくも愛した人間の精神的形姿にどれほど内面的に献身したかを記している。それゆえ、われわれはこう言ってよいであろう。すなわち、彼は、その具体的な生の状況において創造価値を実現することはできなかったとはいえ、まさに愛に献身する存在の内的な豊かさと充足を経験したのであり、愛の観想、愛の体験において体験価値を実現する生の内的な豊かさと充足を経験したのである、と。注目すべきことは、この体験記がさらに次のように続けられていることである。

「しかし私には、母自身がまだ生きているかどうか、わからなかった。私たちは、その間ずっと何の連絡もないままだったからである。そのとき、私の注意を引いたのは、私が心の中でしばしば母と交わしている対話においては、母がまだ生きているかどうかをまったく知らないという事実がなんら妨げにならないということであった。」この男性は、彼が愛している人間が身体的にまだ存在しているかどうかをまったく知らなかったのであるが、それでも、そのことは彼の妨げにならなかったのである。そして彼は、後になってやっとその身体的「存在」の問題に、いわば偶然に、ぶつかったのである。それゆえ、愛は、その人の身体的存在がもはやほとんど問題にならないほど、本質的に人間の相在を意味するものなのである。言い換えれば、真に愛する者は他の人間の本質性によって充たされるために、他の人間の現実性はいわば背景に退くのである。

愛は、それゆえ、愛される者の身体性をほとんど問題とせず、そのために愛はその人の死を越えて持続し、自分自身の死まで存続するのである。実際に愛している者にとって、愛される者の死を現実に捉えることは決してできない。それは、その人が自分自身の死を「捉える」ことができないのと同様である。誰でも自分の死の事実を体験することができないのは周知のことであるが、このことは、誰でも自分が生まれる前の「まだ存在しなかった」事実を知ることができないのと根本的に同じである。人間の死を捉えることができると本当に信じている人は、どこか自分自身を偽っているのである。その人が考え、また他の人にも信じさせようとしていること、すなわち、人格的存在は、それによって担われている有機体が死体になり、まったく消え去ってしまうと同時に、どのような存在の形式をも最早まったく持たなくなるということ、このようなことは結局捉えることができないのである。シェーラーは、（身体の）死後の人格の「存続」という問題について論じた――没後に公表された――論文の中で次のように述べている。すなわち、われわれが本当にある人の人格を「志向する」やいなや、その人の身体的現象の「あれこれの感覚的断片」よりもはるかに多くのものが、その人の存命中にもつねに「与えられている」のである、と。しかし、われわれは、その人の死後、この身体的現象の「あれこれの感覚的断片」の喪失を悲しむのである。死はしかし、人格そのものがもはや存在しなくなるということを意味するのではまったくなく、むしろせいぜい、その人格がもはや自分を表現することができなくなるにすぎない、と言ってよいであろう。というのは、この表現には身体的ないし生理的な表現機能（言語など）が必要だからである。それゆえ、ここでも明らかになることは、どのような根拠と意味において、真の愛の志向や他の人格そのものへの志向が、他者の身体的存在、あるいはおよそ身体性そのものから独立しているかということである。

もっとも、こうしたことは、愛が「身体化」されることを望まないという意味ではない。しかし、愛は、それが身体性を必要としないかぎり、身体性から独立しているのである。異性間の愛ですらも、身体的なものや性的なものは、決して第一義的なものでも自己目的でもなく、単なる表現手段にすぎない。この表現手段がなくても、愛は原則的に成立しうるのである。もしそれが可能であれば、愛はその表現手段を望み、それを求めるであろう。しかし、たとえそれを断念することが必要な場合であっても、そのために愛が冷めたり消えたりすることはないであろう。精神的人格は、その心理的および身体的な現象と表現の形式をとることによって、その具体的な姿を得るのである。このように、人格的中核を中心とする全体性の中で、より外部の層はそれぞれ、より内部の層の表現価値という意味をもっている。ある人の身体的なものは、何らかの仕方でその人の（心理的なものとしての）性格を表現し、さらにその人の性格は、何らかの仕方でその人の（精神的なものとしての）人格を表現している。精神的なものは、身体的なものと心理的なものにおいて表現されており、また表現されることを求めているのである。それゆえ、愛される人間の身体的現象は、愛する者にとっては、背後にあって自らを外部に告げ知らせるものの象徴、しかも汲みつくすことのできない象徴になるのである。真の愛それ自体は、その覚醒と充足のために、決して身体的なものを必要としない。ただ、それは、ここの真の愛の覚醒のために身体的なものを利用するというのは、人間が相手の身体的なものによって直覚的に影響を受けるかぎりにおいてであって、その愛が相手の身体的なものに向けられているということではない。もっとも、場合によっては、相手の身体的なものが、人格の精神的なものの表現として、その人をいわば選択させるということはあるであろう。その場合には、愛する者はまさに彼の直覚的確信に基づいて、その人を他の人々から選択したのである。このように、なんらかの身体的特徴や、なんらかの個性をもった心理的性格が媒介となって、愛する者は、ある一定の——「彼にとっては特定の」——相手へと導かれる。それゆえ、「表面的な」人間は相手の「表面」にとらわれて、その深みをとらえることができないのに対して、「深い」人間にとっては、その「表面」ですらも深みの表現なのであり、そのような表現として、それは、本質的・決定的なものではないとしても、重要な意味をもっているのである。

　愛は、このような意味で、身体的なものをその覚醒のために役立てるのである。しかし前述のように、愛は、その充足のためにも身体的なものを役立てるのである。実際、この身体的なものは、身体的に成熟した愛する人間を一般に身体的関係へと強く迫るであろう。しかし、真に愛する者にとっては、身体的・性的関係は精神的関係の一つの表現手段にとどまるのであり、精神的関係こそが本来、彼の愛なのである。そして、表現手段としての身体的・性的関係は、それを担っている精神的行為である愛から初めて人間的尊厳を受けとるのである。それゆえ、愛する者にとっては、相手の身体はその人の精神的人格の表現になるのと同じように、性的行為も精神的志向の表現なのである、と言ってよいであろう。

ある人間の身体的現象という外面的な印象は、したがって、その人が愛されることにとっては、比較的取るに足らないことである。その人の身体や心理が実際にもっている個人的特徴は、愛によって初めてその恋愛の尊厳を得るのであり、愛こそがそれを初めて「愛するに値する」特徴にするのである。このことはわれわれを、美容的な努力に対して批判的・消極的な気持ちにさせざるをえない。なぜなら、美を損なうと思われるものであっても、その当の人間の不可欠の一部なのである。ある外面的なものが効果をもつとしても、それは、その外面的なもの自体が効果をもつのではなく、まさに愛される人間のものであるがゆえに効果をもつのである。たとえば、ある女性患者は、彼女の美しくない胸を乳房プラスチックによる美容整形手術によって美しくしてもらおうと考えていた。彼女は、それによって彼女の夫の愛を確かなものにしようと思ったからである。それで彼女は主治医に相談した。すると主治医は彼女を戒めて、彼女の夫は彼女を本当に愛しているのであり、それゆえ、あるがままの彼女の体を愛しているのだから、と言った。イブニングドレスですらも、「それ自体」が夫に効果があるのではなく、それを着ている愛する妻に「おいて」、夫はそれを美しいと感じるのである。結局、患者は、彼女の夫の考えを聞くことにした。事実、彼もまた、手術が成功したとしても、それは彼を困らせるだけであるということを彼女に理解させようとした。そのとき彼は、こう思わざるをえなかったのではないだろうか。――「それはもう、どこか自分の妻ではなくなっている。」

あまり外面的に魅力のない人間が、外面的に魅力のある人間にとってはいわば労せずして手に入るものを、無理にも得ようとつとめることは、心理学的にはもちろん理解できることである。醜い人間は、愛の生活が困難になればなるほど、愛の生活を過大に評価するであろう。しかし、愛は実際には、人生を意味で充たす可能な機会の一つにすぎないのであり、決してその最大の機会なのではない。もし人生の意味が愛の幸福を体験するか否かということにかかっているのだとすれば、われわれの存在が悲しいものになることもあるだろうし、またわれわれの人生も貧しいものになると言わねばならないであろう。しかし人生は、無限に豊かな価値実現の機会をもっているのである。それは創造価値の実現の優位ということを考えるだけで明らかである。愛したり愛されたりすることのない人間であっても、それゆえ、その人生を最高に有意味に形成することができるのである。

もっとも、ある人間が愛の幸福へのいかなる機会をも見出さないという場合、その断念が本当に運命的なものであるのか、それともひょっとして神経症的な拒否ではないのか、ということが問われねばならない。この愛の体験価値の場合においても——態度価値のために創造価値の実現を断念する場合と類似して——断念が不必要になされたり、またあまりにも早くなされたりしてはならないのである。そして、このような早すぎる諦めには、一般に危険が大きいのである。というのは、人間は通常、外面的な魅力は相対的にどれほどわずかの意義しかもっていないか、そして愛の生活においては人格性がどれほど重要であるか、ということを忘れているからである。われわれは誰しも、外面的に魅力が乏しかったり、それどころかまったく見栄えのしない人が、その人格的な魅力によって、いかに愛の生活において成功を収めているかという素晴らしい——かつ人を慰める——実例を知っている。われわれは、考えられるかぎり最も不利な生活状況の中にあっても、精神的のみならず恋愛においても優れた男性であることを示した、前述のある身体障害者の例を思いだすのである。

それゆえ、外面的に魅力の乏しい人間の諦めには、本来、まったく根拠がないのである。そのような諦めが募れば募るほど、それだけ多くの悪い影響、すなわちねたみ《ルサンチマン》をもたらす。なぜなら、ある一定の価値領域において充たされないままでいる神経症的人間は、その当の生活領域を過大評価するか過小評価するかのいずれかの方向に逃避するからである。しかし、このいずれの方向においても、彼は自分を実際以上に悪者にし、その結果、自分を不幸に陥れているのである。愛における「幸福」を神経症的に、不自然に追求することは、すでにその神経症的な不自然さのために「不幸」に至る。自分で過大評価した恋愛に固着している人は、さきのキルケゴールの言葉でいえば、「外側に向かって開く」「幸福への扉」を無理に押し開けようとするのである。しかし、そのような性急な人には、その扉は閉じられるばかりである。他方、いわば消極的な意味で愛の生活に固着している人は、愛の生活を過小評価し、この得られなかったもの——あるいは得られないように思われたもの——を過小評価することによって、その埋め合わせをし、自分の気持を和らげようとする。しかし、彼もまた、愛の幸福への通路を自分自身で閉ざしているのである。こうして、見かけ上であれ、実際的にであれ、断念しなければならないことから生じる内面的な恨みは、運命に対する反抗や反逆と同じような結果に至る。すなわち、いずれのタイプの人間も、彼らの機会をみずから奪っているのである。それに対して、きっぱりと——といっても硬直的ではなく——断念した人がもつ、自然で、ねたみのない態度は、人格性の価値を輝かせるものであり、断念による獲得（abstinendo obtinere）という昔の言葉を守っている人間に与えられる最後の機会を可能にするものである。

外面的な見かけを強調することは、一般に恋愛における身体的な「美」を過大評価する結果になる。しかし、それによって同時に、人間そのものの価値も何らかの形で貶められるのである。たとえば、ある女性について、彼女は「美人だ」と評することのうちには、本来、ある侮辱が含まれている。この評は結局のところ、他の価値、たとえば精神的価値については、遠慮して語りたくないということを言っているに等しいのではないだろうか。相対的に低い価値領域に属するものをことさら強調して肯定的に評価することは、より高い価値領域に属するものの否定的評価を包み隠しているのではないかという疑いを起こさせざるをえない。さらに、この恋愛的－美的な価値判断の強調には、そのように判断された人格の価値の軽視が含まれているだけでなく、そのように判断する人間自身の価値をも貶めているのである。なぜなら、もし私がもっぱらある人の美しさについてだけ語るならば、それは、私がその人の精神性について語りうる何ものをも知らないということを意味するばかりか、同時にまた、私がその人の精神性にまったくどのような価値をも置かないが故に、その精神性に関心をもたないのだということをも意味しているからである。

3 「所有」の地平

相手の精神的人格から無意識に目をそらそうとすることは、最近のあらゆる戯れの恋、平均的な恋愛の特徴である。それは他者の唯一性や一回性を見ず、そのようなものをまったく認めようとしない。このような恋愛は、本来の愛の結びつき、相手との真の結びつきの感情から逃れ、またその結びつきの中にある責任から逃れようとする。それは集合的なものの中へ、すなわち、そのつどの相手が多少とも自分の好みを代表しているような「タイプ」の中へ逃れるのである。そのとき、ある特定の人格が選ばれるのではなく、ただある特定のタイプが好まれるにすぎない。この愛の志向はタイプに、それもとくに非人格的な、外からの見かけに向けられる。こうして好まれることになった女性のタイプは、たいていの場合、非人格的な女性、すなわち、どのような人格的関係ももつ必要がなく、無責任な関係だけで済む「非‐人格」としての女性であり、まさに「持つ」ことはできても、「愛する」必要のない女性になってしまう。彼女は所有物、個性も独自の価値もない所有物になってしまうのである。愛はただ人格そのものに対してのみ存在するのであり、「非人格」としての女性に対しては存在しえない。後者の場合には誠実は存在しえず、非人格に対応するものは不実にすぎない。この不実は、このような恋愛的な関係においては、単に可能であるだけでなく、必要でもある。なぜなら、愛の幸福の質が欠けている場合には、この欠如は性的享楽の量によって補われねばならないからである。人間が「幸せに」なることが少なければ少ないほど、彼の衝動はますます多く「満たされ」ねばならないのである。

戯れの恋は愛の発育不全の形態である。私はこの女性を「手に入れた（gehabt）」というような言い方があるということが、そもそもこの恋愛という形態の本質を根本的に示している。「持つ（haben）」ものは交換することができるし、所有するものは取りかえることができる。これと同様に、男性が「所有」している女性も取りかえることができるし、さらには他の女性を「買う」ことすらできる。この「所有」というカテゴリーは、相手の女性の側における恋愛についても当てはまる。この真の意味で「表面的」な恋愛――相手の「表面」、相手の外面的・身体的な見かけに固着する恋愛――は、女性の側の「所有」の視野にも含まれている。この関心においては、人間そのものが本来的に「ある」ところのものが重要なのではなく、ただその人間が（性の相手として）性的魅力をもっているかどうかだけが重要なのである。一般に、ひとが持っているものは変えることができるのと同様に、女性が持っている「外面」も――化粧によって――変えることができる。それゆえ、女性は、さきに述べたような男性の態度に叶うように努めるのである。そのような場合、女性はもっぱら、あらゆる個人的な事柄を隠し、男性を苦しめないようにし、彼が求めているもの、つまり彼の好みのタイプになることだけを気にかけるのである。こうして、その女性は、自分の外面の手入れに没頭する。彼女は「気に入られる」ことを望んではいるが、真剣に受けとめられること、彼女が本来的にあるところのもの、すなわち唯一性と一回性における人間として受けとめられることは望んでいないのである。彼女は類的存在（「タイプ」）として受けとられることを望み、自分の非人格的な肉体性を前面に押しだそうとする。彼女は非個人的であろうとし、まさに恋愛的な虚栄の市でもてはやされている流行のタイプであることを見せようとする。彼女は、そのようなタイプをできるかぎり忠実に模倣しようとし、そのために、自分自身、つまり彼女の本来の自己に対しては不実にならざるをえないのである。

このタイプを、彼女は、たとえば映画の世界から借りてくる。それは、そのつどの彼女または彼女の男性パートナーの理想的女性像をあらわしているものであり、それと自分とをたえず比較し、できるだけその女性像に似ようとする。彼女はとっくに、どの人にもそなわっている比較不可能性を自認する気力をなくしている。彼女には、自分で新しい女性のタイプを創造したり、いわば流行を「創ろう」という野心はまったくない。タイプを創りだそうとする代わりに、タイプを演じることで満足している。彼女は進んでパートナーの好みの「タイプ」を彼に見せようとする。しかし、彼女は決して自分自身、つまり本来の自己を与えようとはしないのである。このような脇道にそれることによって、彼女は充実した、真の愛の体験からますます離れていく。けれども、彼女自身は、パートナーが彼女を求めているように見えながら、実際には彼女のタイプを求めているのだとは決して思っていない。それで彼女は、彼の望みどおりに、彼が必要とし、「持つ」ことを欲しているものを喜んで与えようとする。そのために結局、二人とも、何も得られずに終わるのである。というのは、彼らが、まさに他者を愛すべき者にすると共に自分の人生を生きるに値するものにする唯一性と一回性に気づくことによってこそ初めて、互いに求めあい、また自分自身をも見出すに至るのだ、ということを知らないままに終わるからである。人間は、創造することによって自分の唯一性と一回性を外に表現し、愛することによって相手の唯一性と一回性を自分のうちに受けとるのである。相互の愛の献身によって、相互に与えあい受けとりあうことによって、同時に、自分の人格性が発揮されるのである。それゆえ、真の愛の志向性は、それぞれの人間がもはや単なる「タイプ」を表現するような存在層に向かうのではなく、他と比べることも、他と取りかえることもできない、まったき唯一性の尊厳をもった唯一独自の個体であるような存在層に突き進むのである。この尊厳は、幾人かのスコラ哲学者によって主張された、あの天使たちの尊厳である。すなわち、この天使たちは「個体化の原理」[二八]に支配されず、したがってそれぞれの天使がそれぞれ一つの種類をあらわすのではなく、それぞれ唯一の個体である天使の中にすべての種類があらわされているのである。

一人の精神的人格が他の精神的人格に向けられていることが真の愛の態度であるとすれば、この愛の態度こそは誠実に対する唯一の保証でもある。それゆえ、この愛そのものから生じてくるのは、それが経験的時間の中で〔生きているかぎり〕持続するということである。しかし、この体験的時間の中で生じるのは、それ以上のこと、すなわち愛の「永遠性」の体験なのである。愛はただ永遠の相の下[二九]にのみ体験されうるのである。真に愛する者は、その愛の瞬間においては、すなわち、その瞬間に没入し、愛の対象に没入しているその只中においては、自分の感情がいつか変化するかもしれないなどとは決して考えることができないのである。このことは、彼の感情が「状態的」ではなく、志向的であることを考えれば理解できることであろう。それは、たとえば認識や価値認識といった他の精神的行為によって本質や価値が把握されるのと同様に、愛される人間の本質と価値を志向するのである。もし私がひとたび2×2＝4ということを把握したならば、私はそれを永久に把握したのであり、「それは私の中で存続する」のである。そして、もし私が他者の本質を愛の中で直観することによって、それを真理の中で把握したならば、その本質はこの真理の中で存続せねばならず、また、私はこの愛の中で存続し、この愛は私の中で存続しなければならないのである。われわれが真の愛を体験するその瞬間に、われわれはそれを永遠に妥当するものとして体験するのである。それは、われわれがある真理を真理として認識したとき、それを「永遠の真理」と呼ぶのと同じである。これとまったく同様に、経験的時間の中で存続する愛も、必然的に「永遠の愛」として体験されるのである。

　しかし、どんな真理の探究においても、人間は誤りを犯すものであるのと同様に、愛においても個々の人間は思い違いをするものである。けれども、主観的な真理は最初から「単なる主観的なもの」であるとか誤りであると見なされることはできない。ただ、後になって初めて、それが誤りであることがわかるのである。同様に、人間は「期限つきで」、暫定的に愛するなどということはできない。人間は暫定性そのものを志向することはできず、愛の時間的有限性を「欲する」などということはできない。人間にできることは、せいぜい、彼の愛の対象が愛するのにふさわしくないことが後でわかったり、愛される人間の価値が愛する人間の目から見てなくなってしまうことによって愛が「死ぬ」、といった「危険を冒してでも」愛することができるだけである。

単なる所有物ならば、どんなものでも取りかえることができる。真の愛が志向するものは、他者から「所有」できるものとか他者が「持っている」ものではなく、他者が「ある」ところのものである。まさにこのことのゆえに、真の愛は、そして真の愛だけが、一夫一婦的な態度に通じているのである。なぜなら、一夫一婦的な態度は、相手が他と取りかえられえない唯一性と一回性において捉えられることを前提にしており、したがってまた、あらゆる身体的または心理的な特徴の彼岸にある、その人の精神的な本質と価値において捉えられることを前提にしているからである。身体的または心理的な特徴だけならば、同じような特徴をもった他の人間によっても代理されたり取りかえられたりすることができるのである。

このことから帰結されることは、本質的に多かれ少なかれ一次的な「感情状態」である単なる恋情は、結婚に対してはほとんどタブーであると見なされねばならないということである。もっとも、そうだからといって、真の愛そのものだけが結婚の積極的な条件になるわけではない。結婚は単なる個人的な体験の事柄より以上のものである。結婚は複雑な要素を含んでいるものであって、そこには国家的な法律制度や教会で定められた社会生活の制度が含まれ、社会的なものと深く関わっている。この点から言っても、婚姻が結ばれる前に、一定の条件が満たされねばならない。これに加えて、結婚が実際に適切または不適切であると見なされるような生物学的な条件や状況も存在する。たとえば優生学的なタブーもやはり存在するのである。そうしたものによって、愛そのものが危険にさらされてはならないのである。結婚は、二人の生物学的個体の間のいわば共同の「生殖行為」としてではなく、いわば二人の精神的な生活共同体としてなされる場合にのみ望ましいものに思われる。これに対して、もし真の愛の体験の領域以外のものが最初から結婚の積極的な動機として決定的であるならば、そのような結婚は、さきに述べた「持つこと」・所有というカテゴリーが支配的である恋愛の範囲内においてのみ可能である。とくに経済的な条件が結婚の決定的な動機をなしている場合には、「持つこと」を欲する唯物論的なものになる。この場合には、結婚の社会的契機だけが考慮され、それもとくに経済的なもの、それどころか金銭的なものに限られているのである。

真の愛そのものは一夫一婦的関係のほとんど決定的な契機をなしている。この関係には、しかし、さらに第二の契機が必要である。それは排他性（オズヴァルト・シュヴァルツ）の契機である。愛は内的な結びつきの感情を意味するが、結婚という形の一夫一婦的関係は外的な結合を意味している。この結合をあくまでも正しく保っていくことが、誠実であるということである。そして結合の排他性は、人間が「正しい」結合に入ることを要求する。すなわち、人間が単に結合しうるということだけでなく、彼が誰と結合すべきなのかをも知っているということをも必要としているのである。このことは、一定の相手に対して決断する能力を前提にしている。それゆえ、一夫一婦的関係に対して内的に成熟しているという意味での性的成熟には二重の要求が含まれている。もっぱら（排他的に）一人の相手に対して決断するという能力の要求と、その相手に対してあくまでも〔決定的に〕誠実をつくすという能力の要求である。青年期を性的な意味でも愛の生活という意味でも、その準備期間と考えるならば、そこから明らかに青年に求められるべきことは、正しい相手を探し見出すこと、そしてその相手に誠実であることを時期を逸せずに「学ぶ」こと、である。この二重の要求は、しかし、二律背反しないわけではない。というのは、一方では青年は、決断能力への要求という意味においては、ある程度の性的な人間知と性的な習熟を得るように努めねばならず、また他方では、誠実さの能力への要求という意味においては、単なる気分的なものを越えて、一人の独自の人間に対する関係を正しく保つように努めねばならないからである。そのため、次のようなことも起こりうる。すなわち、できるだけ多くの関係を経験し、最終的に一つの正しい関係を決断しうるためには、〔現在の〕ある具体的な関係を断念すべきであるのか、それとも、できるだけ早く誠実であることを学ぶためには、特定の具体的関係をできるだけ長く維持する方がよいのか、が分からなくなるということである。しかし実際的にいえば、このディレンマに直面した青年に勧めるべきことは、もし分からなくなれば、問題をいわば消極的に整理してみよ、ということである。すなわち、彼は、ひょっとして、ただ束縛されるのを恐れ、責任から逃れたいがために、価値ある具体的関係から「跳びだそう」としているのではないか、あるいは、彼はひょっとして、ほんの数週間または数カ月間、孤独でいなければならないことを恐れるがために、壊れかけた関係にしがみついているだけではないのか、ということを自分に問いかけさえすればよいのである。このような方法で、事実に即さない動機にみずから問いかけることによって、事実に即した決断をすることが容易になるのである。

4　価値と快楽

シェーラーは愛について、愛される人格の最高の可能な価値へ向かう精神的運動であり、その最高の可能な価値をとらえる精神的行為であると述べている――そして彼はこの可能な価値を人間の「至福」とよんでいる。シュプランガー〔Eduard Spranger, 1882-1963 ドイツの哲学者〕もこれと同じように、愛は愛される人間の価値可能性を認識すると述べている。またドストエフスキーはこれを別の形で表現し、人間を愛するとは、神がその人間を思し召したように見ることである、と述べている。

愛は人間の価値像をわれわれに見せる、と言えるであろう。そのかぎり、愛はまさに形而上学的な偉業を成し遂げるのである。なぜなら、われわれが精神的な愛の行為を行うなかで見ることができる価値像は、本質的に、見ることのできないもの、非現実的にして非実現的なものの「像」だからである。それゆえ、愛の精神的行為において、われわれは、人間がその唯一性と一回性において「ある」ところのもの、すなわちスコラ哲学で言われる意味での個性原理（haecceitas）(三〇)を把握するだけでなく、同時に、その唯一性と一回性においてありうるもの、なりうるもの、すなわちエンテレキー(三一)をも把握するのである。先に述べた人間の可能性としての現実性という逆説的な定義を思いだしてほしい。その可能性とは、価値実現の可能性であるとともに、自己実現の可能性でもあったのである。まさに、この人間の可能性こそ、愛がとらえるものなのである。ついでに付言すれば、ここで気づかれることは、あらゆる精神療法は、それが教育愛（Eros paidagogs）〔プリンツホルン〔Hans Prinzhorn, 1866-1933 ドイツの精神病医、心理学者、哲学者〕〕によって担われているかぎり、それが関わらねばならない人間を、その最も固有の可能性において見、その価値的な可能性を先取りしなければならない、ということである。

愛される人間の本質像からその価値像が読み取られうるということは、愛と呼ばれる精神的行為の形而上学的な不思議さに属している。なぜなら、現実的な本質に基づいて価値可能性を先取りすることは、決してあらかじめ計測することではないからである。計測できるのは現実だけであって、可能性そのものはいかなる計測をも免れているのである。すでに述べたように、人間は、与えられた現実や自然的な制約によっては計測されえず、自分自身に課された可能性を具現するときに初めて、本来の意味での人間であることを始めるのである。衝動的な人間は予測がつかない、というよくなされる主張は、いま述べた観点から見れば不適切であるように思われる。むしろ、その逆が真であって、まさに衝動的自然に従って動く場合にこそ、人間は最も予測できるのである。そしてまた、単なる悟性人、人間という名の単なる「理性的生物」という人工物、さらには、自分のあらゆる行為を計算する人間としての「計算的」人間という心理学的類型、こういった人間だけが計測可能なのである。しかし「本来の」人間はもちろん計測不可能である。実存は、事実性に還元されることも、事実性から演繹されることもできないのである。

価値が見えるようになることは、人間をもっぱら豊かにする。このように内面的に豊かになることは、さらに、さきに体験価値のところで述べたように、人生の意味の本質をなすものでもある。それゆえまた、愛は、どんな場合でも、愛する者を豊かにせざるをえないのである。だから、「不幸な」愛というものは存在しないし、また存在しうるものでもない。「不幸な愛」というのは、一つの自己矛盾である。というのは、私は本当に愛しているか、本当には愛していないかのどちらかであるが、もし私が本当に愛している場合には、それが報われるか否かにかかわらず、私は豊かにされていると感じるのであり、また私が本当に愛してはいない場合には、私は他の人間の人格を本当に「思っている」のではなく、その人格を離れて、その人が「持っている」単なる身体的なものや（心理的な）性格特性を見ているにすぎない。この場合は私はもちろん不幸であろうが、しかしこの場合は私はそもそも愛する人間ではないのである。言うまでもなく、単なる恋情《フェアリープテ》は人間を何らかの形で盲目にする。しかし、真の愛は人間の目を鋭くする。真の愛は、恋愛的な態度をもつ相手の精神的人格を、その本質的現実性と価値可能性において見させるのである。愛は他者を一つの独自な世界としてわれわれに体験させ、それによってわれわれ自身の世界をいっそう広くさせるのである。こうして愛はわれわれを豊かにし幸せにするとともに、他者をも助けて、ただ愛だけが先取りして直観する価値可能性へと他者を導くのである。愛は、愛される者を助けて、愛する者が先取りして直観するものを実現させるのである。なぜなら、愛される者は、愛する者とその愛にいっそうふさわしくなろうとするからであり、愛する者が自分について抱いている像にいっそう似たものになり、さらには「神が自分を思し召し、自分に望まれている」ようになろうとするからである。このように、「不幸な」愛、つまり片思いの愛ですら、われわれを豊かにし、幸せにするのであるから、「幸福な」愛、つまり相互的な愛が創造的であることは明らかである。相互的な愛、すなわち、一方が他方にふさわしくあり、またふさわしくなろうとする愛においては、一種の弁証法的な過程とも言うべきものが生じて、愛しあう者が自分たちの可能性を実現することによって互いに高めあうのである。

単なる性的欲動の満足は快感（Lust）を与え、恋する者の恋愛は喜びを与え、愛は幸福を与える。ここには次第に高まっていく志向性があらわれている。快感は単なる状態的感情〔客観的対象への志向性をもたない単なる主観的な感情〕にすぎないが、喜びは、あるものに向けられている点で志向的である。しかし幸福は、ある一定の方向、すなわち幸福それ自身を充足するという方向をもっている。こうして幸福は、一つの業績という性格を獲得するのである（「徳そのものの至福」〔beatitudo ipse virtus〕スピノザ）。幸福は志向的であるだけではなく、「生産的」でもある。ここから初めて、人間は幸福において「充たされる」ということも理解されるのである。またここから、幸福の苦悩に対する根本的な類似性も理解される。なぜなら、前述の苦悩の意味のところでも述べたように、人間は苦悩においてさえも充たされうるからである。そして、われわれは苦悩のうちにも一つの業績を見ることを学んだのである。こうして、まったく一般的に言って、一方の志向的・「生産的」感情と、他方の「非生産的」な単なる感情状態とを区別することができる。さきに悲哀がもつ志向的意味と創造的業績について述べたが、この悲哀も、単なる反応的な感情状態にすぎない非生産的な不機嫌（ある喪失に対する）に対立するものである。さらに、志向的感情としての「正義の」怒りと、単なる状態的感情にすぎない「盲目的な」憎しみとがきわめて鋭く区別されるのである。

さきに「不幸な愛」は論理的に矛盾していることが示されたが、それは心理的に見れば一種の感傷（Wehleidigkeit）のあらわれである。体験の快または不快の感じ、あるいはその「調子」が、体験の内容に比べて過大に重大視されるのである。しかし恋愛においてすら、そのような快楽主義的な立場は是認されるものではない。真剣な人生の役者である人間は、演劇の観客に似た状態にある。すなわち、彼は一般に、喜劇よりも悲劇によって、より深い体験をするのである。われわれは、愛の生活の「不幸な」結末に終わった体験によってさえも、豊かにされるばかりか、深められもするのであり、まさにその体験によってこそ何にもまして成長し、成熟するのである。人間が愛の中で体験するこの内的な豊かさは、言うまでもなく必ず内的な緊張を伴っている。そして神経症的な大人は、この内的な緊張を恐れ、それから逃れるのである。しかし、このように大人の場合にはいわば病的な形をとって現れるものが、若い人々には、程度の差はあっても、生理的な形をとって現れる。これらいずれの場合においても、「不幸な愛」の体験が、あたかも恋の炎で火傷をした子どもを改めてその炎から守るという目的のための手段になる。つまり、このような人々は、最初の、あるいは一度の不幸な経験の後ろに隠れて、それ以後の不快な経験から逃れようとするのである。「不幸な愛」は、それゆえ、感傷のあらわれであるだけではなく、手段、すなわち耐え忍ぶための手段でもある。この不幸な恋愛の観念は、ほとんどマゾヒズム的な形で自分の不幸の周りを回る。彼は、最初の——あるいは最後の——失敗の後ろに立てこもって、決して二度と指に火傷をしないようにするのである。不幸な結果に終わった愛の体験の背後に隠れ、過去の不幸に逃れることによって、彼は未来の幸福の可能性からも逃れるのである。彼は、それを「見出す」まで求めていくかわりに、追求そのものを放棄する。愛の生活をする豊かな機会に対して目を開いているかわりに、自分で自分に目隠しをするのである。彼は、人生を見なくても済むように、まるで金縛りにあったように、自分の体験だけに目を注ぐのである。彼にとって重要なことは、可能な人生のために備えるということではなく、ただ安全ということだけである。彼がその不幸な体験から逃れられないのは、二度目の不幸な体験を起こらせまいとするからである。未来の豊かな可能性に対して常に開かれ、常にそれに備えているように、彼は改めて教育されねばならない。ごく単純な計算で言えば、人間の平均的な人生においては、いわゆる不幸な愛の関係を九回も経験して後に、やっと一回の幸福な愛の関係に至るのではないだろうか。そして、人間はまさに、この一つの機会を待たねばならないのである。彼は、幸福を得るために不幸の中に逃れるというような逆説な仕方で、幸福への道を閉ざしてはならないのである。それゆえ、いわゆる不幸な愛の精神療法は、この逃避傾向を明るみに出し、人生と愛の生活がもっている使命的性格を明示することにある。とはいえ、よくある親切心から「まだ他にも素晴らしい娘さんをもった母親たちがいますよ」などと言ってもみても効果はないにちがいない。彼がまさに「この母親のこの娘」に固執するところに、恋愛の出発点があり、さらには愛の出発点があるのである。

　互いに愛しあう幸福な愛であっても、必ずしも「不幸」から自由であるとは限らない。愛の幸福が嫉妬の苦しみによって妨げられることがあるからである。嫉妬にはまた、さきに述べたような性愛《エローティッシュ》的な唯物思想が含まれている。というのは、嫉妬の根っこには、愛の対象を所有物と見なす態度があるからである。嫉妬する人は、自分が愛していると称する相手を、あたかも自分の財産でもあるかのように取り扱い、単なる所有物に貶めてしまう。彼は相手を「ただ自分のためにだけ」持とうとし、それによって彼の態度がまさに「所有」のカテゴリーに属していることを証明するのである。しかし、真の愛の関係には、嫉妬の入りこむ余地はないであろう。そこにおいては人間はその一回性と唯一性において把握され、他の人間とは根本的に比較できない者として把握されることが前提となっているかぎり、そこに嫉妬が生まれる根拠は原理的にありえないのである。一方、愛の関係において嫉妬する人がとても恐れるのは、競争相手と比較される可能性である。しかし真に愛されることのうちには、ライバルとか競争というものは存在しえない。というのは、人間は誰でも、その人を愛する者にとっては比較しえない存在であり、したがって競争外（hors de concours）の存在だからである。

また周知のように、相手の過去にまで遡る嫉妬もある。「前の人」への嫉妬である。このような嫉妬に苦しむ人は、つねに「最初の人」であることを欲する。これに対して、「最後の人」であることに満足するタイプの人は、より控え目である。しかし、このような人も、ある意味では、控え目な人ではなく、より要求の多い人である。というのは、このような人にとっては、時間的な優先性――すべての前の人たちや、これから現れるかもしれない人たちに対する時間的な優先性――が重要なのではなく、優越性が重要なのである。しかし、こうした人たちは皆、各々の人間が根本的に有している比較不可能性という事実を見過ごしているのである。自分を他者と比較する人は、この他者または自分自身に対して不正をなしているのである。このことは愛の生活以外のことについても当てはまる。人間はそれぞれ異なった人生のスタートをきっている。より困難なスタートをきった人は、より困難な運命を負っていたがゆえに、その人の業績は――他の条件が同じならば――相対的により偉大である。しかしながら、運命の状況を、そのあらゆる細部に至るまで見通すことは決してできないがゆえに、業績を比較する規準や尺度というものはまったくありえないのである。

嫉妬に関してさらに付け加えておかねばならないことは、それが駆け引きという点で危険な力学をそれ自身のうちにもっていることである。嫉妬する人は、彼が恐れている当のもの、つまり愛の消滅を生みだすのである。ちょうど信仰が内的な強さから生まれて、さらに大きな強さに達するのと同じように、疑惑それ自身も不成功から生まれて、疑惑を抱く人をますます不成功へ追いやるのである。嫉妬する人は今や、相手を「つかまえておく」ことができるかということを疑うのである。そして、彼は、自分がその誠実を疑っている相手の人間を不実に追いやることによって、実際にその相手を失ってしまうこともありうる。つまり、彼は結局、その相手を第三者の腕の中に追いやってしまうことになるのである。こうして彼は、自分が恐れていたことを現実のものにしてしまう。確かに誠実は、愛における使命である。だがその誠実は、つねに愛する者自身にとっての使命としてのみ可能なのであり、相手への要求としてではない。もし相手に対してたえず誠実を要求するならば、結局それに対する反発的な態度を呼び起こし、遅かれ早かれ相手が実際に不実になるということもあるであろう。他者と自分自身への信頼は人間を安定させ、その結果この信頼は概して長続きするものである。これと反対に、不信は人間を不安定にし、その結果この不信もまた概していつまでも続くことになるであろう。他方、この他者への信頼に対応するものは正直である。信頼は、それが信じるものを真実なものにするという弁証法をもっているのと同じように、正直もそのパラドックスをもっている。すなわち、人間は真実によって嘘を言うことができ、またその逆に、嘘によって真実を言うことができる、否それればかりか「真実なものにする」ことすらできるということである。このことを、医師ならば誰でも経験している例で説明してみよう。われわれが患者の血圧を測るとき、それが少し上がっていることに気づくが、本当の結果――患者が予期していたよりも高い数値になっている――を伝える。そのとき患者は、この真実に驚き、彼の血圧は、われわれが彼に伝えたときよりも実際に一層高くなることがある。これと反対に、われわれが患者に真実を伝えず、実際の数値よりも低い数値を伝えると、彼は安心し、その結果血圧も実際に低くなる．こうして、われわれの仮の嘘（決して苦しまぎれの嘘ではない）が結局真実なものになることがあるのである。

相手の不実から生じる結果はさまざまである。相手が行った不貞に対してどのような「態度」をとるかということの内に、「態度価値」を実現する機会も与えられている。その体験を克服するために、ある人はその相手を見捨て、また別のある人は相手を諦めず、相手を許して和解するであろう。そして第三の人は、相手を改めて獲得し直し、自分に取りもどそうとするであろう。

性愛《エローティッシュ》的な唯物思想は、性愛の相手を自分の所有物にするだけではなく、性愛そのものを一つの商品にする。このことは売春にはっきりあらわれている。売春は、心理学的な問題として見れば、売春する人間の問題というよりも、売春の「消費者」の問題である。売春する女性が多かれ少なかれ精神病質的な人格タイプをもつものとして精神病理学の対象になることはあっても、その点を除けばとくに心理学的には問題にならない。また個々のケースの社会学的分析も役に立たない。というのも、すでに他の連関で述べたように、人が経済的な困窮だけで一定の行動を強いられるということはなく、したがって心理的倫理的に正常な女性が売春せざるをえないということはないのである。反対に、驚嘆すべきことに、いかにしばしば女性たちが極度の困窮にもかかわらず売春に走る誘惑に抗していることだろうか。経済的な困窮から売春に逃避することは、彼女たちにはまったく問題にならない。それが彼女たちにとって自明なことであると思われるのは、典型的な売春女性にとって売春という道の選択が自明であると思われたのと同様である。

売春の消費者についていえば、彼はそこに、まさに商品や物品に対する関係のような非人格的で責任のない形の「愛の生活」を求めるのである。売春は、精神衛生の観点からいえば、通常の身体衛生の観点から見るのと少なくとも同じ程度に危険である。そして、この心理的な危険を予防することも、少なくとも同じ程度に困難なのである。その主な危険は、理性的な性教育がまさに防止しようとしている性に対する態度へ、若い男性を仕向けることにある。それは、性を快楽獲得という目的のための単なる手段と見なす態度である。

売春という逃げ道ないし脇道に逸脱することの危険性、したがって性を単なる衝動満足に貶め、相手を単なる衝動対象に貶める危険性が最もはっきりと現れるのは、真の愛の生活への道がそれによってふさがれてしまう場合である。しかし、真の愛の生活においては、性的なものはその表現であり、まさにその頂点をなすものなのである。若い男性が売春によって経験する自己目的としての性的享楽に固着してしまうと、場合によっては彼の将来の結婚生活全体に暗い影を投げかけるであろう。というのは、彼がいつか実際に誰かを愛することになった場合に、彼は、愛する人間が性に対してとる正常な態度にいわばもはや戻れなくなる――あるいはより適切にいえば、もはや進めなくなる――からである。愛する人間にとって性的行為は、心理的‐精神的結びつきの身体的表現であるが、この男性にとっては、性は表現手段ではなく自己目的になっている。こうして、以前から精神科医たちを大いに困らせてきた周知の事態、すなわち、いわゆるマドンナ型と娼婦型との癒しがたい分裂という事態が生じるのである。

相手の女性の側でも、愛の表現としての性の体験において絶頂に達するという正常な発達を妨げる典型的な状況がある。そしてこの障害は、後で精神療法によって治療しようとしても、しばしば非常に困難なのである。たとえば次のような事例がある。ある少女が、最初は一人の男友だちと「プラトニックな」関係をもち、彼との性的関係を拒否していた。というのも、彼女はそうした欲求をまだまったく感じていなかったからである。しかし、彼女の相手はますます性的関係を迫り、嫌がる彼女を批判して言った――「君は冷感症じゃないかと思うよ」。すると彼女は、彼の言っていることは本当かもしれない、ひょっとして自分は実際に「本当の女」ではないかもしれない、と不安に駆られた。そしてついに彼女は、ある日、彼に身をまかせる決心をした。それは、彼の言ったことが間違っていることを、彼と自分自身に証明するためだった。この実験の結果は、当然ながら、完全な享楽不能性を示すだけに終わらざるをえなかった。なぜなら、欲求がまだまったく芽生えていず、目覚めも呼び起こされもしていなかったからである。欲求が徐々に自発的に発達してくるのを待つ代わりに、この少女は、初めての性行為において、自分の享楽能力を証明しようと必死に努力したのであり、しかもその際同時に、彼女は自分の享楽不能性が証明されるのではないかという秘かな不安も抱いていたのである。すでにこの不自然な自己観察(47)そのものが、欲求の発動を妨げざるをえないのである。このような状態においては、彼女――不安を抱きながら自分を観察する者である彼女――が決して享楽に没頭する者でありえないとしても不思議ではない。このような失望がその後の愛の生活や結婚生活に及ぼす影響が、性的予期不安という神経症の一タイプとしての心因性冷感症という形をとることがありうるのである。

5　性神経症障害

周知のように、精神療法医は、いわゆる予期不安の「機制《メカニスムス》」にたえず出くわしている。通常は自動的に調整され、意識されないまま行われている行為に対して、それに観察の目を向ければ、ただそれだけですでにその行為は妨げられる。どもる癖のある人は、自分が話そうとすることではなく、自分の話し方に目を向ける。その人は、話の内容を気にかけるのではなく、話し方を観察する。こうして、その人は、自分で自分を妨げるのである。それは、ちょうど、エンジンのスイッチを入れるだけで、あとはエンジン自身が勝手に始動するのにまかせる代わりに、自分の指をわざとエンジンにつっこむようなものである。このようなどもる癖のある人には、次のようにアドバイスするだけで十分なことが多い。すなわち、「あなたは、いわばひとりごとを言うように心がけねばならず、また単なるひとりごとを言わねばなりません。そのとき、いわば自然に口から言葉が出てきます。最もなめらかな話し方ができるのは、それが観察されない場合なのです」と。このアドバイスが成功すれば、精神療法医の主な仕事はすでに終わっているのである。これに似た動きを示すものとして、入眠障害の精神療法が知られている。入眠が誤ってそれ自体として志向され、不自然に「意図される」ならば、内的緊張状態が生じ、入眠は不可能にならざるをえない。このような場合、予期不安としての不眠に対する不安が入眠の妨げとなる。そして、このようにして生じてきた睡眠障害が予期不安を証明することになり、それによって予期不安が強化されるのである。その結果、入眠は一つの悪循環に陥ることになる。

これと同様のことは、とくに、自分の性的能力に自信をなくした人間にも当てはまる。彼らの自己観察が強められることによって、失敗するのではないかという予期不安そのものが性的な諦めへと導くのである。性神経症患者は、もはや相手（愛する者）を志向せず、性行為そのものを志向するのである。こうして、この行為は失敗し、また失敗せざるをえない。というのは、その行為が「ありのままの」、自明なこととして行われず、「意図されて」行われるからである。この場合、精神療法の本質的課題は、この行為のあらゆる志向そのものを排除することによって、性的な予期不安の忌まわしい悪循環を断ち切ることにある。このことは、性行為を行うことをいわば義務と感じることが決してないように患者を指導することによって、ただちに達せられるのである。この目的のためには、患者にとって一種の「性への強制」を意味するようなものはすべて遠ざけられねばならない。この強制は、相手の女性（「情熱的な」、性的要求の強い女性）からの強制であったり、自分の自我（ある一定の日に性行為を行わねばならないという「予定」）からの強制であったり、状況（時間制ホテル〔いわゆるラブホテル〕での休憩など）からの強制などであったりする。

このような、性神経症患者がつねに強制と感じるすべてのものを締めだすことと並んで、いわば即興的に性行為ができるように彼を教育することも必要である。この教育によって同時に、患者が徐々に再び自然さと自発性をもって性的な行為を行えるように彼を導いていくような、繊細で巧みな指導が行われねばならない。しかし、このような精神療法に先立って行われねばならないことは、この根本的に「病的な」あり方が人間的にまったく理解できるものであることを患者に指摘し、そのことによって、自分は運命的に病的な障害に苦しんでいるのではないかという感情から彼を解放するように試みることである。言い換えれば、予期不安およびその予期不安のために彼が巻きこまれている循環の忌まわしい影響を理解させることによって、それが人間にとってごく普通のあり方なのだということを分からせねばならないのである。

ある若い男性が、インポテンツのために医師を訪ねた。何年もの苦心の末、彼はついに相手の女性に彼と「親密な関係になる」ことを承知させた、ということであった。彼女は「聖霊降臨祭の日に」身をまかせようと約束した。彼女がこの約束をしたのは聖霊降臨祭の十四日前のことであった。そのまる二週間というもの、この男性は緊張と期待のあまりほとんど眠ることができなかった。それから二人は、二日間の聖霊降臨祭の旅行をし、とある山小屋に泊まった。夕方に、この患者が二人の部屋に通じる階段を上がっていたとき、非常に興奮して——性的興奮という意味ではなく予期不安という意味で——、後に彼が述べたところによれば、体のふるえと心臓の動悸のために、とてもまともに歩けなかった。これでも、彼は性的能力をもつべきであったと言いうるであろうか。この具体的な外的および内的な状況に直面して、なおも性的能力を示すことがどれほど困難なことであるか、またこの状況に対する患者の反応がどれほど理解できるものであるか——それが人間的な態度であって、決して病的な態度ではないことが、どれほど明らかであるか——、このことを医師は患者に納得させさえすればよかったのである。その結果、患者は、自分が恐れていたように、インポテンツというものが世間では正しく語られていないことを理解したのである（そして、このインポテンツというものが、彼の場合はほとんど、予期不安の内容となり、さらにはこの二つが宿命的に循環するという結果に至ったのである）。この理解だけでもすでに、性的に自信をもてなくなった者に必要な自信を取りもどさせずにはおかなかった。こうして、この患者に次のことが明らかになった。すなわち、相手を愛しつつ献身すること（これは性的な享受能力と達成能力の前提条件である）と不安を予期しつつ自分自身を観察することとを同時に行うことができないからといって、その人間が病的であるわけではまったくないということである。

したがって、性生活の領域において、そしてその心理学と病理学の領域において、たえず明らかになり、ここでもまた明らかになることは、幸福を追求する人間のあらゆる努力がいかに見当はずれのものであり、幸福を、さらには享楽そのものを無理に追求することが、いかに挫折する運命にあるかということである。われわれはすでに、別の連関において、人間は本来まったく幸福を追求しているのではなく、また概してまったく快楽を追求しているのでもないことを述べた。人間にとって重要なことは、快楽それ自体ではなく、快楽を得るための根拠である。快楽が実際に人間の志向の内容になり、場合によってはさらに反省の対象になればなるほど、人間は快楽を得るための根拠を見失い、また快楽もなくなってしまうのである。カントは、人間は幸福であることを欲するが、人間が欲するべきことは「幸福に値する」ようになることである、と述べたが、これに対して、われわれは次のように言いたい。すなわち、人間は本来幸福であることを欲しているのではまったくない。むしろ、人間は、幸福であるための根拠をもつことを欲しているのである、と。このことは、人間の努力が、そのつどの志向の対象から志向そのものへ逸れること、努力の目標（幸福であることの「根拠」）から快楽（目標達成の結果）へ逸れることが、いわば人間の努力の歪んだあり方である、ということを意味している。この歪んだあり方に欠けているものは直接性なのである。

このような直接性の欠如は、あらゆる神経症的体験の顕著な特徴である。この直接性の欠如がどれほど神経症的障害、とくに性的障害を引き起こすものであるかはすでに述べたとおりである。この性的志向の直接性――これは同時に性的志向の真実性でもある――は、とくに男性の性的能力の不可欠の前提である。オズヴァルト・シュヴァルツは、性の病理学との関連において、いま問題になっている志向の真実性の性格を「模範性」という言葉で表現している。われわれは、この模範性を真実性と一貫性との結合ととらえたい。そうすると、真実性はいわば模範性の横断面をあらわし、また一貫性は、この同じ模範性という事態のいわば縦断面に相当することになる。「模範的」な人間の特徴は、あまり安易に「困った状況に」陥らないことにある。彼は、この種の人間に特徴的な直覚的確実さをもって、自分の「手に負えない」いっさいの状況を避け、自分に「合わない」すべての環境を遠ざけるのである。これに対して、典型的に「非模範的」な例は、売春婦のところに行ったものの、いざという時にインポテンツになるような繊細な神経の人間の行動であろう。この行動それ自体は、なんら病的なものでも神経症的なものでもない。むしろ、このような状況においてインポテンツになることは、文化的水準をもった男性には望ましいことであり、それどころか要求されるべきことでもあろう。しかし、そうは言っても、そもそも、そのような人間がそのような状況に立ち至るということ、急場を切り抜けうる唯一の道がインポテンツになることしかないような状況に足を踏み入れるということ、そのこと自体がまずもって、その人間が「模範的」ではないことを証明している。したがって、この事態を次のようにまとめることができるであろう。模範的と呼ぶことができる行動とは、人間において、精神的なものが心理学的および生物学的なものと内的に一致しているような行動である、と。また、それゆえ、「模範的」という概念は、心理学的レベルで「非神経症的」であることを意味するものと同一のものの実存的レベルにおける表現であると考えられる。

性心理の障害は、人間存在の根本的事実から出発しないかぎり、理解することができない。その事実とは、人間の性欲は常にすでに単なる性欲以上のものであり、しかも、それが愛の関係の表現であればあるほど、単なる性欲以上のものである、という事実である。

この、人間の性欲は単なる性欲以上のものであるという主張は、実際には、まったく正しいわけではない。なぜなら、動物の性欲も単なる性欲以上のものでありうるからである。イレネウス・アイブル－アイベスフェルトは『愛と憎しみ』という著書の中で次のように指摘している。「脊椎動物の性行動は、しばしば、集団の結びつきに奉仕している」「とくに霊長類の場合がそうである」。たとえば「マントヒヒの交尾はただこの社会的目的のためにのみ」役立てられる。さらに「人間の性的結合の場合には、生殖という課題とともに、相手との結びつきという役割をも有していることは疑いがない」。「性欲が相手との結びつきに奉仕するという事実は、相手との人間関係、つまり個人化された結びつきとしての愛が、その内容として含まれていることが前提されている。」「愛は個人化された相手との関係であり、たえず相手を変えることは、それに矛盾する。」そして、アイブル－アイベスフェルトは、ためらうことなく、あえて次のように主張している。すなわち、人間は「この意味では、結婚という形の相手との持続的な関係をもつように生まれついているのだ」と。そして最後に彼は、「性的関係を非個人化することの危険」について警告し、それは「愛の死を意味することになるであろう」と述べている。

このことは、しかし、それにとどまらない。すなわち、「愛の死」は、もしわれわれ自身がそれを信じるとすれば、必然的に快楽の減少をも伴うことになるであろう。われわれ精神科医は、性欲がもはや愛の表現ではなくなり、単なる快楽獲得という目的のための手段にされるとき、この快楽獲得そのものも失敗する、ということをたえず観察することができる。なぜなら、誇張していえば、人間が快楽を気にかければかけるほど、ますます快楽は逃げていくからである。人間が快楽を捕えようとすればするほど、ますます快楽を捕えそこなうのである。

6　性心理の成熟

このように非人間化される性欲は、最初から人間的なものでありうるのではなく、そのつどやっと人間化されねばならないものであることを忘れてはならない。このことを明らかにするためには、ジークムント・フロイトが述べた対概念、すなわち「衝動目標」と「衝動対象」の区別から出発しなければならない。思春期に（狭義の）性欲の発達と成熟が生じる場合、蓄積された性的緊張の解除が——「衝動目標」という意味において——向かう方向は、必ずしも性行為という形をとるとは限らない。自慰でもよいわけである。性欲がさらに発達し成熟した段階になって初めて「衝動対象」が付け加わる。このとき、性欲は、性行為に適したものとして自分に与えられている相手に向けられることになる。ただし、それだけであれば、相手は不特定であり、売春婦でもよいことになる。

このことからも明らかなように、この段階では性欲はまだ本来の人間的地平にまで高められておらず、まだ全体的に人間化されてはいない。というのも、人間的地平においては、相手は対象〔客体〕にされることなく、主体でありつづけるからである。そして、この人間的地平においては、相手は、何よりもまず、単なる目的のための手段として、つまり衝動満足や快楽獲得という目的のための手段として、利用されたり乱用されたりすることはもはや不可能だからである(48)。この場合、言うまでもなく、人間が快楽を手に入れようと気にかけない場合にのみ、それだけ多く快楽が生じる、ということを否定するものではない。

さて、人間が性的発達と成熟の第一段階または第二段階にとどまるとき、つまり、人間がこれら二つの段階のいずれかに「退行」するとき、何が起こるであろうか。人間がまだ第一段階にあり、「性行為」の衝動目標なしにやってゆけると思っているかぎり、彼はオナニーで間に合わせる(49)。この場合、彼はポルノグラフィーを必要とするのである。また、人間が第二段階以上には進まないとすれば、この「固着」は性の乱れとなって現れ、場合によっては買春行為へと至るのである。

それゆえ、ポルノグラフィーを必要としたり買春行為に走ったりすること、さらにはそもそも性の乱れに陥ったりすることは、性心理の発達障害の症状と診断されねばならないことは明らかである。しかし、性的娯楽産業は、これら性心理の発達障害を「進んだ」ものとして格付けすることによって、それらが称揚されるように仕向けるのである。加えて、啓蒙産業が、偽善と闘うという名目で、これに加担する。しかし、この啓蒙産業は、「検閲からの自由」を叫びながらも、実は、あくどい金儲けのための自由を意図しているかぎり、それ自身が偽善をはたらいているのである。これらすべてのものから生じる性の消費への強制は、必然的に、性的能力が次第に障害されるという結果を招く。この性的能力の障害は、通常、患者が性行為を一つの業績であるという感情をもつ場合に現れてくる。すなわち、性行為を果たすことが彼に期待され、さらにはそれが彼に強く求められる——とくに相手の女性から求められる——場合、彼はそれを果たすことを業績であると感じるのであるが、そのときにこの障害が立ち現れてくるのである。このことは人間だけでなく、動物にも見られる。コンラート・ローレンツは、ベタ〔東インド産の観賞用闘魚〕のメスが、交尾の際に、気のあるそぶりを見せつつオスから逃げるのではなく、勢いよくオスに向かって泳がせることに成功した。その結果、メスの生殖器はオスに対して反射的に閉じてしまったのである。

ニューヨーク大学のジョージ・L・ギンズバーグ、ウィリアム・A・フロッシュおよびセオドア・シャピロが『一般心理学論叢』において報告しているところによれば、若い人々の間で性的不能が以前にもまして増えてきているという。しかも、その理由は、これら三人の精神科医によれば、女性たちが、新たに獲得した性的自由によって、男性たちから性的能力をますます強く求めるようになったことにある。このことは、患者たちが答えた次の言葉に明瞭に現れている。——「これらの新たに自由を獲得した女性たちは性的能力を要求した。」

さきに述べたように、人間の性欲は、それが快楽獲得という目的のための単なる手段として乱用されるときには、非人間化される。この乱用は、性欲が本来ある所のもの、すなわち愛の表現である代わりに、生殖という目的のための単なる手段と見なされる場合も同様である。そして、神は究極的に愛に他ならないとする宗教は、夫婦関係や愛は生殖に奉仕する場合にのみ意味をもつとする教皇的《エクス・カテドゥラ》権威による定めから自らを守らねばならないであろう。もっとも、この定めは、愛による結婚[50]

が例外的であっただけではなく、乳児死亡率が非常に高かった時代に告知されたものである。しかし、今日では、「ピル」が自由に手に入る。ピルは、それによって性欲が解放されるという点で、性欲の人間化に役立つものである。性欲は、時たま生殖に奉仕するだけで、強制的に生殖に奉仕することからは免れ、愛の支配に委ねられるのである。

では、愛とは、それ自体、何であろうか。愛は、本当に、フロイトが考えたように「目標を阻止された」性欲にすぎないのであろうか。また、それは、実際に、単なる性的な衝動エネルギーの昇華に還元されうるものなのであろうか。そう信じるのは還元主義だけである。還元主義は、ある一つの現象を、他のさまざまな現象から推論された単なる二次的現象に無理やり変換させようとするのである。しかも、それは、経験的な事実に基づいて行われるのではなく、むしろ何らかの人間像に基づいて行われるのである。この人間像は、もちろん、それ自体として表明されるのではなく、暗黙裏に前提されているものであり、科学的な説明の装いの中にこっそり持ちこまれているものなのである。

もしわれわれが、愛のような現象を、何らかの教条的解釈というプロクルステスのベッドに固定するのではなく、そのままの短縮されない姿でとらえようと望むのであれば、精神分析的な解釈では不十分であり、現象学的な分析が必要になってくる。そして、この現象学的分析によって、愛は、とりわけ重要な人間学的現象であることが証明されるのである。すなわち、愛は、私が人間的実存の自己超越と名づけているものがもつ二つの側面のうちの一つであることが明らかになるのである。

7　人間的実存の自己超越

自己超越という言葉で私が理解しているのは、次のような根本的な人間学的事態、すなわち、人間存在はつねに自己自身を超えて、もはや自己自身ではないなにかへ、つまり、ある事またはある者へ、人間が充たすべき意味あるいは出会うべき他の人間存在へ、指し向けられているという事態である。そして、そのように自己自身を超越する程度に応じてのみ、人間は自己自身を実現するのである。すなわち、人間は、ある事柄への従事またはある他の人格への愛によってのみ自己自身を実現するのである。言い換えれば、人間は、本来、ある事柄にまったく専心し、他の人格にまったく献身する場合にのみ全き人間なのである。このような全き自己になるのは、人間が自己自身を無視し、忘れることによってである。この人間存在の自己超越性が、どれほど深く人間の生物学的な深みと根底にまで及んでいるかは、人間の眼も自己超越的であるというパラドックスに現れている。周囲の世界を知覚する眼の能力は、眼自身を知覚することができないということに不可避的に依存している。眼が——鏡に映った眼を別にすれば——眼自身を見たり、眼の何かを見たりするのは、どういう場合であろうか。もし眼が白内障にかかっているとすれば、その眼が見るのは、何らかのかすみ、つまり眼自身の水晶体混濁である。また眼が緑内障にかかっている場合には、その眼は、光源の周りに虹色の輪を見るのである。これと同じく、人間は、ある相手への献身であれ、ある事柄への専心であれ、自己自身を忘れて見る《ユーバーゼーエン》〔無視する〕とき、自己自身を実現するのである。

先ほど、出会いということを言った〔「一回性と唯一性」の項参照〕。では、愛は出会いとして定義されるべきなのであろうか。出会いとは、そこにおいて相手が人間として承認されるような、相手への関係である。このことからもすでに明らかになるように、相手は、目的に対する単なる手段として利用される存在ではない。つまり、イマヌエル・カントの定言命法の第二式（三二）に従っていえば、他の人間を決して目的に対する単なる手段に貶めないということが、まさに人間的な態度とあり方の本質に属しているのである。

　愛は、しかし、このような出会いに対して、さらに一歩を進めるものであるように思われる。すなわち、愛は、相手を単にその人間性の全体においてとらえるだけではなく、それを超えて、その人の一回性と唯一性においてとらえるのである。そして、このことは、相手を人格としてとらえることを意味している。なぜなら、人間が人格であるのは、その人間が、他の人間たちのうちの一人の人間であるだけではなく、他のすべての人間とは異なった人間でもあるという事実に、言い換えれば、その人間があらゆる他の人間に対して有しているこのような他在性（他者であること）によって一回的かつ唯一的な存在であるという事実に基づいているからである。そして、愛する者が愛される者をその一回性と唯一性においてとらえることによって初めて、愛される者は愛する者にとって汝になるのである。

　自己超越に関する一つの見方として、それを、意味への欲求や、意味の獲得を見通した自己超出とする見方がある。これは、私がいつも「意味への意志」と呼んでいるものを動機理論的にとらえようとした見方である。この見方の有効性は、最近、経験的にも証明されてきている（エリザベート・S・ルーカス、ジェームズ・C・クランボーなど）。クラトクヴィルとプラノーヴァの見解によれば、意味への意志はそれ自体として独自の動機であって、（還元主義的に）他の動機に還元されたり、あるいは他の動機から演繹されたりできないものであるとされている。またアブラハム・H・マズローは、それをさらに進めて、意味への意志は人間の行動の根底にある「第一次的な」動機である、と見なしている。

しかし、われわれは、こんにち至る所で、まさにこの意味への意志が著しく欲求不満に陥っているのを見てとることができる。われわれ精神科医は、――共産主義国や発展途上国においても――ますます無意味感に直面しており、それはアルフレート・アドラーが神経症の発症原因と考えた劣等感をしのぐものになっている。この無意味感は、私が「実存的空虚感」と呼んでいる空虚感を伴って現れてくる。そして、この実存的空虚感の中に向かって性的リビドーが増殖していくのである。このことによってこそ、こんにち広まっている性的インフレーションも、最終的に説明されうるのである。インフレーションというものはすべて、金融市場におけるインフレーションと同じく、価値の低下をもたらすものである。正確に言えば、性的インフレーションの流れの中で性欲の価値低下が起こるのは、それが非人間化されるかぎりにおいてである。人間的な性欲は、まさに単なる性欲以上のものであり、それが性欲を超えた人格的関係の表現手段であればあるほど、単なる性欲以上のものなのである。

ところで、性神経症の予防という観点から見れば、相手の人格への方向だけではなく、自分自身の人格への方向においても、性欲をできるだけ「人格化」することが望ましい。人間の正常な性欲の発達と成熟は、性欲を次第に自分自身の人格の全体構造の中へ統合するに至る。ここから明らかになることは、これと反対に、性欲の分離――性欲を個人および人間関係における性欲を超えた連関から切り離すこと――は、あらゆる統合への動向に逆行するものであり、またそれゆえ、神経症的傾向を助長するものでもある、ということである。

2 特殊実存分析

すでにこれまでの章で折にふれて、神経症の症例を手がかりにしながら、実存分析的な観察と治療の方法について説明してきた。その際、一つの神経症理論として体系的に論じたわけではなかったが、それでも、たとえばいわゆる日曜神経症やいくつかの形式の性的神経症に言及することによって、実存分析をロゴセラピーとして応用する可能性をわれわれは知った。以下では、やはり体系的ではないものの、神経症や精神病に対する特殊な実存分析について――とくに症例を考慮に入れながら――まとまった考察を行うことにしたい。われわれは本書の初めにロゴセラピーの必要性を考察し、次にその輪郭を実存分析の形式において描いたのであるが、ここでは、ロゴセラピーが神経症に対して解決の糸口となるのはどの範囲においてなのか、ということについて見ていきたい。しかし、その手始めとして、一般的な心理学的考察、まったく一般的な病像成因[二三]的考察を少しばかり行うことから始めたい。

すでにいろいろな箇所で指摘してきたように、どの神経症の症状にも、人間存在の本質的に異なる四つの次元に基づく四つの原因がある。つまり、神経症は同時に、生理的なものの結果として、心理的なものの表現として、社会的な力の場における一つの手段として、そして最後に実存の一つのあり方として現れるのである。この最後に述べた契機において初めて、実存分析的な方法の手がかりが与えられるのである。

神経症の生理学的基礎は多様であり、実際の症例においては、ある場合にはこの基礎が、またある場合には別の基礎が強く現れてくる。そのうち主として考慮すべきものは、体質的基礎（遺伝的素因）と体調的基礎である。体質的基礎に属するものとしては、自律神経失調症と内分泌性のスティグマ[三四]がある。また神経症発症の体調的基礎と見なされるのは、たとえば、重篤な身体的疾患後の回復期、あるいは激しい驚愕体験後の有機体の遷延性情動反応であろう。この体調的な契機はきわめて稀であり、たとえあったとしても、単なる誘因という意義しかもたない場合が多い。それに対して、体質的基礎——つまりは生物学的基礎——がまったくなければ、臨床的な意味での真の神経症が発生することはほとんどないという公算がきわめて高い。

神経症の症状が「表現」ないし「手段」として解釈されうるとしても、その症状は一次的・直接的には表現であり、目的のための手段ということは二次的なものである[51]。それゆえ、神経症の症状のいわゆる目的性は決して神経症の発生を説明するものではなく、むしろ、その当の症状が固定したことを説明するにすぎない。つまり、その患者がどうして神経症になったかは、この目的性によっては決して説明されず、せいぜい説明されるのは、その患者がある症状から逃れられないのはどうしてか、ということだけである。この点において、個人心理学の見解との違いがはっきりする。個人心理学の考えでは、神経症は第一次的には、人間をその生活課題から引き離しておくという「課題」をもっている。実存分析は、このような神経症の目的的機能を信じない。むしろ実存分析は、人間をその生活課題に近づけることに、それ自身の治療的課題を見るのである。なぜなら、そのとき人間はそれだけ早くかつ容易に神経症から自由になれるからである。つまり場合によっては、この（神経症）「からの自由」に対して、生活課題「への自由」、生活課題「への決断」が先行しなければならないのである。最初からこの（ロゴセラピーの）積極的な契機を（精神療法の）消極的な契機に結びつければ、それだけ迅速確実にわれわれは治療目標に到達するのである。ハーバード大学のゴードン・W・オルポートは大胆にもこう説明している。「実際の神経症の最良の定義は頑なな自己中心性であると考えられる。いかなるセラピストも、何かを除去することによっては、恐怖症・強迫神経症・偏見・敵意性を治療することはできない。セラピストにできることは、妨げになっている要因に覆いをかけ、それを和らげる価値体系と世界観を患者が獲得するように援助することである」（*Personality and social Encounter*, Beacon Press, Boston 1960）。

〈1〉不安神経症の心理

次に、いくつかの適切な症例を選びだして、不安神経症の心理学的構造を明らかにしなければならない。その際、神経症は、どの程度まで、本来心理的ではない層にも根ざしているのかということをいくつかの例に即して見ることにしたい。この目的のために、赤面恐怖という具体的な症例から始めよう。この神経症の場合、その生理学的基礎は血管自律神経系の調節障害にある。しかし、それだけでは、まだ本来の意味での神経症ではない。狭義の病因的契機として心因性の契機がさらに加わらねば神経症にはならない。この心的契機は、神経症の病因論的観点から見れば、たいていの場合、何らかの心的「外傷」として立ち現れる。ここで取りあげようとしている赤面不安の症例で言えば、それは次のような体験であった。ある日、この若い男性が冬の寒い通りから暖かい喫茶店に入った。そのことだけでもすでに、彼の顔が特別赤くなったのは説明がつく。それから彼は仲間たちのいつものテーブルの方へ店のなかを歩いていき、友人たちの前へ歩み寄った。するとすぐに、友人の一人が、男性の顔が赤いのを本人や仲間のみんなに指摘し、それなりに彼をからかった。この瞬間、本来の神経症の基盤がすえられたのである。なぜなら、「身体素因」[三五]という意味にすぎない潜行性の植物神経症[三六]の素質に、今度は予期不安が付け加わったからである。その次は同じような状況だけでもすでに、患者は赤面を恐れるようになった。それからというもの、患者は、急激な温度変化という解発因がなくても、すでに直接に赤面を引き起こさざるをえなかった。そして、この予期不安の「メカニズム」がいったん作動しはじめると、それは情け容赦なく働きつづける。不安が症状を発生させ、症状がさらに不安を促進するのである。こうして、この循環は、セラピーによって断ち切られるまで持続する。原則的には、薬物治療という形式[52]も可能ではあるだろう（しかも仮面的暗示という意味においてだけではなく）。しかし一般的で、最善かつ最も簡単に行われる治療は、本来の精神療法の形式である。

　この精神療法においてとくに行われねばならないことが一つある。それは、予期不安を「人間的に」患者に納得させることによって、それはもはや本来の「病気」ではなく、またそれゆえ何らかの運命的なものではないということを悟らせることである。患者は予期不安を無理からぬ運命的なものだとあまりにも自分に納得させていた。まさにそのことによって症状が増幅せざるをえなかったのである。そのことを患者が悟るやいなや、症状への過大評価と恐怖がなくなり、やがてついには症状そのものがなくなり、ひいては悪循環が断ち切られるのである。患者がこの症状をどうにもならない一種の専制的な病的事象と見なして抱いている畏れを彼から取り除くことによって、患者の注意を症状に向けさせそこに固着させるようなとらわれも鎮まるのである。このとらわれこそ症状そのものが定着する本来の基盤なのである。

　また他の症例の中には——病因と考えられる諸契機に関する既述の図式的概観に従えば——内分泌の調節障害が不安神経症の生理学的基礎として現れるものがある。とくに広場恐怖症の症例でいつも気づくことは、甲状腺機能亢進症[三七]のはっきりした徴候がそれに伴っていることである。ともかく甲状腺機能亢進症ないし「交感神経活動亢進」によって、すでに「不安準備」（ヴェクスベルク）のようなものが与えられているわけである。この素因的基礎の上に不安神経症が築かれるのである。とくに広場恐怖に関していえば、この場合もまた「心的外傷」体験が、雪崩のように予期不安を発生させる要因として見出されるであろう。このように、広場恐怖症の背後に甲状腺機能亢進症が潜んでいるのと同様に、閉所恐怖症の背後にはテタニーが潜伏しており、また離人症状ないし心的筋無力症候群の背後には副腎皮質機能不全が隠れている。

　さて、予期不安を明示し解明することと並んで重要なことは、患者に不安から距離を取らせることである。このことが最も簡単にかなえられるのは、患者が症状をいわば客観化することによってである。しかも患者が一種の自己風刺を行えば、一層うまくいくのである。まさに症状の距離化と客観化の役割は、自己をいわば不安感と「同列に」あるいはその「上位に」置くことを患者に可能にすることにある。ユーモア以上に距離をもたらすことに適しているものは他にない。ともかく、こうした事実を思い切って利用してみよう。そして、ぜひひとつ、神経症的不安の、いわば出ばなをくじいてみよう。たとえば、ある広場恐怖症患者が、外出の際に通りで「卒中に襲われる」のではないかという不安に苦しんでいる場合、試しに患者にこう指示してみるのである。家を出る際に、通りで発作に襲われ卒倒することを「決心」しなさい、と。(53) さらに患者の不安がまったく不合理なものであることを知るためには、患者はおまけに、自分にこう言いきかせればよい。「これまで、通りで卒中発作にくずおれるということが、どれほどしばしば私の身に起こったことか。さあ今日も、まさに今一度それを私の身に起こしてやるぞ。」つまり、この瞬間に、患者は正気にもどって、自分の不安が現実的な不安ではなく、むしろ神経症的な不安にすぎないことにはっきりと気づくようになる。それによって、またしても距離化のさらなる一歩が進められたのである。このようにして、患者は、さらに一歩一歩症状の「上位に」自己を位置づけることを次第に学んでゆかねばならない。そして、その場合、われわれが患者に指導しているユーモラスな仕方を、実際にわれわれは患者の前で演じてみせるのである。このユーモラスな仕方は、およそあらゆるユーモアが人間にとって「状況の上位に」自己を置くことを容易にするのと同じように、患者に対しても「状況の上位に」自己を置くことを容易にするのである。このような、患者の症状に対する位置〔態度〕を変えさせるというやり方に対して、冷ややかな笑いを浮かべるのもいいだろう。――なにしろ、患者自身も笑っているのだから。しかし、そのとき同時に、われわれは――患者は――すでに、ある意味で闘いに勝っているのである[54]。

こうして不安神経症の患者は、或ることを不安に思っているにもかかわらずそれを為すことを学びとらねばならないだけでなく、まさに不安に思っているからこそそれを為すことを学びとらねばならないのである。つまり、彼がいつも不安を体験しているまさにその状況を求めることを学びとらねばならないのである。こうして、不安は、「目的を果たさずに」「屈服する」ことになるであろう。というのは、不安というのは、なにしろ、ある行動をいわば忌避しようとする生物学的な警告反応であり、あるいは、「不安の眼」には危険な状況と映る状況を回避しようとするものだからである。ところが、患者が「不安に拠って不安をやり過ごす」所作を学ぶとき、まるで廃用萎縮〔今まで活動を営んでいた組織ないし臓器が、活動をやめたために生ずる萎縮〕になるように、不安は徐々になくなるのである。この「不安に拠って不安をやり過ごして生きる」ことは、それゆえ、狭義の精神療法のいわば消極的な目標である。――この目標は時にはすでに達成されてはいるが、それはいまだ積極的目標ではなく、「ある目標に向かって生きる」という積極的目標はロゴセラピーないし実存分析によって達成されるのである。

ところで、身体因性偽神経症にならんで、心因性神経症が存在し、それのみならず、私の言う精神因性神経症も存在する。たとえば、ある若い男性が、自分はがんで必ず死ぬという絶え間ない恐怖に苦しむ場合、この症例は精神因性であることを示している。この症例の実存分析によって明らかになったことは、自分の将来の死に方についての問いにたえず患者の内面が占有されているそのことが、ちょうど、自分の現在の「生き方」、生きる仕方についての問いに対する無関心にほかならない、ということだった。結局、患者の死の不安は良心の不安であった。つまり、その死への不安は、自分の人生の可能性を――実現することなく――ふいにしてきたために、これまでの生存が無意味に思われてならない人間が持たざるをえないような不安だったのである。患者は自分自身の可能性を見過ごしてきたが、この無関心さに応じて、死に対する関心が活発になり、それだけが唯一の関心となり、神経症に相当するものになったのである。患者はがん恐怖症というやり方で自分のいわば「形而上学的無思慮」（シェーラー）に対して自己弁護したわけである。つまり、そのような神経症的不安の背後に、実存的不安があるということである。逆に言えば、この実存的不安が恐怖症的な症状の中に、いわばその明細が記されるのである。実存的不安は心気症的な恐怖症へと凝縮され、そうして根源的な死の不安（つまり良心の不安）は一定の（がんのような）死病へと集中するのである。つまり、心気性神経症は実存的不安が個々の器官へと分裂・派生したものと見なされねばならない。人生についての良心の呵責から死が恐れられ、この死への恐怖は抑圧される。すると、それに代わって、個々の器官の疾病が恐れられるといった具合である。

　このように実存的不安が凝縮すると、つまり死への不安であると同時に人生全体への不安でもあるものがこのように凝縮すると、それが神経症的な事象となってわれわれの身にくりかえし起こるのである。このような根源的で全体的な不安（実存的不安）は、ある具体的な内容を求め、「死」または「生」を代表する具象的なもの、「限界状況」（ヤスパース）を代表するもの、象徴的代表（E・シュトラウス）となるものを求めているように思われる。この「代表機能」を果たすものが、たとえば広場恐怖の症例では「通り」であり、臨場恐怖の症例では「ステージ」である。患者自身が自分の症状と苦しみについて語る言葉は、それが比喩的・象徴的なものとしか聞こえなくても、神経症の本来的・実存的根拠の痕跡を示している場合が多い。たとえば、ある広場恐怖の女性患者は不安感について「まるで空中にぶら下がっている感じ」という表現を選び取った。事実、それは、彼女のそのときの全精神状況を最もぴったり表現するものであった。まさに、患者の神経症は、結局のところ本質的に、そっくりそのまま、そのような精神状態の心理的表現であったのである。つまり、この広場恐怖の女性患者をいつも通りで襲った発作性の不安感およびめまい感は、実存分析的には、彼女の実存的状況の――言うなれば「入口の」――表現として理解できるわけである。また、たとえば臨場恐怖に苦しんでいた女優がその苦しみの体験を表現した言葉もまったく同様である。「すべてものが圧倒します。――なにもかもが私を追いだしてしまうのです。――いのちが消え失せそうな不安でいます。」もうひとり別の患者は広場恐怖の体験を、周りからの影響をまったく受けずに文字どおり、次のように語った。「私は心の中に空しさを思い描くことがしばしばあります。それとちょうど同じように、まさに空間の中にも空しさを見ています。……自分のいるべき場所はどこなのか、自分がどこに行きたいのか、私にはまるでわからないのです。」

ところで、神経症的不安は、このような人生の不安そのものの直接的な心理的表現であるだけでなく、個々の症例においては何らかの目的のための手段でもある。そのかぎりにおいては、これらの神経症的不安はそのつど二次的に生じてきたものである。(55) それが二次的に生じてきたものである場合、この神経症的不安は、家族の誰かに対する暴君的な傾向として利用されたり、あるいは、「公認された病気」として他人や自分自身に対する自己正当化という目的のために利用されたりする。個人心理学がつねに示そうと努めてきたものがこれである。この二重の意味における不安の「間接的」利用——不安の「二次的」利用と「手段」としての利用——のほかに、つまり、いざという時のための「準備」という神経症的不安の性格のほかに、それに先だって、神経症的不安はつねに第一次的には直接的な表現という性格をもっているのである。フロイトが「疾病利得」(三八)を「二次的（！）疾病動因」として述べたのはもっともなことなのである。ただし、この二次的疾病動因が実際に存在する症例であっても、患者に「ズケズケ言う」ことは勧められない。たとえば、あなたはその症状でもって奥様を束縛したいだけですとか、妹さんを支配したいだけです、などと言うことは勧められない。ふつう、こんなやり方では、患者から抗議されるのがおちである。あるいは、たとえば、あなたの症状は家族をひどく困らせるための武器なのですね、と長期にわたりくりかえし説いて聞かせて、患者に一種の自白の強要を行い、その結果、ついに患者が、そのような非難をもうそれ以上「言わせないようにする」というだけのために、ありったけの余力を絞りだして、その症状をともかくも克服するに至るのである。このようなどこかフェアでないやり方のおかげで、非常に多くの精神療法の治療が成果をあげていると言えるであろう。このように症状を「いけにえ」にすることを強い、それによって治癒を無理に手に入れることよりも、はるかに推奨に値すると思われるのは、患者の心の緊張がほぐされ自分で次のように気づくまで待つということである。すなわち、私は、社会環境や家庭環境に対する権力への意志という目的のための手段として、症状を利用し乱用しているのだ、と。治療が真の効果をもたらすのは、つねにこのような自己認識《エアケントニス》と告白《ベケントニス》の自発性に他ならないのである。(56)

不安神経症の症例の実存分析は、結局、神経症を実存の一様式として理解し、現存在の一つのあり方、人間の態度決定や精神的決断の一つの仕方として理解する。そして、それによって同時に、適切な特殊療法としてのロゴセラピーの出発点もすでに与えられているのである。そして、その具体例として、ある更年期不安神経症の症例を取りあげてみよう。この神経症の身体因的基盤は内分泌平衡障害であったが、それにもかかわらず、その本来の原因は精神的実存的次元に見出されたのである。すなわち、実存的危機としての人生の危機の体験のうちに、つまり、自分のそれまでの人生が精神的な面において否定的な結果しかもっていないと総括することの危険のうちに見出されたのである。この患者は、美しい女性として社交界で甘やかされてきた。しかし今では、もはやエロス的魅力が見向きもされないような人生の時期に向きあわねばならなかった。衰えていく美しさに直面して、それをどう「乗り切る」ことができるかが重要だったのである。この女性は、エロス的には役割を演じ終わった今、もう人生の目標や目的もなくなり、生きがいもなくなった自分を見出した。つまり、彼女には自分の存在そのものが無意味に思われたのである。彼女の言った言葉をそのまま引用しよう。「朝、目が覚めて、私は自分にたずねます。今日という日は何があるの、と。今日は何もないわ……。」患者が不安に駆られたのは、そのときである。そして、生きがいがなく、内容に充ちた人生を築くことができない以上、患者は自分の人生に不安を詰めこむほかはなかったのである。

こうして、いまや重要なことは、生きがいを求めること、自分の人生の意味を見出すことであった。エロス的成功や社会的名声の彼岸にある今、大切なことは、人生の意味を見出し、ひいては自分自身を、本当の自己を、自分の内的可能性を見出すことであった。患者をして不安から目をそらさせ、自分の使命へとふり向けさせることが大切だったのである。すでに述べたように、この実存分析的ロゴセラピーの究極的積極的目標は、狭義のあらゆる精神療法の消極的目標が達成される前であっても達成することができる。実際、この積極的目標の達成によって、患者が自然に神経症的不安から自由になる場合もあるのである。というのは、この不安の実存的基礎が断たれるからである。なにしろ、実存的なものとしての神経症的不安は、人生を意味で満たすものが再び発見され、いわば不安の余地がなくなるやいなや、そしてこの女性患者がふと言い添えたように、不安になる「暇がなくなる」やいなや、取るに足らないものになるからである。ここにおいて為されねばならない重要なことは、この具体的な人間を具体的な状況において、人生における一回的で唯一的な使命へと導くことである。いまや、この具体的な人間にとって重要なことは、「彼が本来あるところのものになる」ことである。彼は、リュッケルト〔Friedrich Rückert, 1788–1866 ドイツの詩人。東洋学者〕の言葉を借りれば、「なるべき自分の像」に直面しているのであり、そうならないかぎり、彼は、「安らぎで満たされることもない」のである。更年期の危機は「精神からの」決定的な再生へと展開されねばならなかった。それこそが、この症例におけるロゴセラピーの使命だったのである。その際、セラピストに相応しいのはソクラテス的意味における助産師の役割であったことは言うまでもない。いずれはわかることだが、何らかの使命を患者に無理強いしようとするならば、何と言ってもそれは医療過誤であろう。それとは反対に、実存分析にとって重要なのは、すでに見たように、まさに自主的な責任性へと導くことなのである。

さて、さきの症例にもどれば、この女性患者も、「彼女自身の」人生の使命を見出すことができた。

すっかり新たな生きがいに向かい、新たに得られた存在の意味に献身し、その意味に固有の充足感を体験することによって、一人の新たな人間が再生し、それのみならず神経症の症状もすっかりなくなったのである。患者が悩まされていた心臓部位の不安感や心悸亢進といった機能的な心臓感覚は、その更年期的基礎が存続していたにもかかわらず、すべて消え去った。したがって、この心臓神経症的な「不安」体験が結局はその人間の精神的不安の表現、自分がまったく救いのない状態にいることの表現であったことは明らかである。アウグスティヌスは「〔あなたのうちに安らうまでは〕わたしたちの心は安んじない」と言った〔服部英次郎訳『告白（上）』岩波文庫、五頁〕。この女性患者の心臓もまた安んじなかったのである――彼女が、一回的にして唯一の使命を意識することのうちに、自分の人生の使命に対する責任と義務を意識することのうちに、安らうことができ、そこに安らぎを見出すまでは。

〈2〉強迫神経症の心理

もともと心因論ないし精神療法の立場を取っているヴェクスベルクその他の研究者ですらも、結局、強迫神経症の前提として身体的基盤を想定している。というのも、脳炎後遺症の疾病過程がはっきり現れてくるにつれて、それと同時に強迫神経症と類似した症状も目立ってくるような疾病像が知られるようになったからである。この場合、形態の類似性と本質の同一性とを混同するという誤りを犯しているわけである。その結果、この誤りは、体質的な要因のみならず過程的な要因をも強迫神経症の基礎に置くまでにいたったのである。このような基礎の仮定は、その経過が徹底的に進行性過程の性質をもつ症例や周期的性質をもつ症例が知られるようになっていっそう強められた。しかし、前者の症例がカムフラージュされた統合失調症に関わり、後者の症例が仮面うつ病（三九）に関わる可能性がないわけではない。また、精神病的な過程を強迫神経症の症状の生理学的基礎と考えない場合であっても、他の意味での運命的契機、すなわち体質的な精神病質という意味での運命的契機が注目されている。たとえば強迫性精神病質のことが「強迫症候群」と表現される場合があるが、この場合は強迫神経症の遺伝的要素が見られているのである。さらに、その場合には、強迫神経症のうちに生得の遺伝学的病根を認め、特殊な遺伝つまり優性遺伝をもっているなどと言われるのである。そして、しまいには、その運命的性格を強調するために、強迫神経症の代わりに「強迫病」という言葉を用いるように提案されたりするのである。

しかし、治療的に見れば、こうしたさまざまな見解はすべて比較的取るに足りない事柄であるように思われる。ここでとくに指摘しておきたいことは、強迫神経症の基礎として運命的な契機が強調されたからといって、そのために精神療法自身の義務が免除されるわけではないし、精神療法の出る幕がなくなるわけでもない。なぜなら、強迫性精神病質というものが意味しているのは、細かいことへのこだわり、特別な几帳面さ、極端な潔癖さ、小心といったある種の性格学的特性に対する単なる素因以上のものではないからである。また、それらの特性があるからといって、その持ち主も周りの人々も悩まされるわけではない。それらの特性は、本来の強迫神経症が育ちうる基盤にすぎないのであって、必ず強迫神経症が育つわけではないのである。そのような体質的基盤がまずあって、そのあとに実際に神経症が生じるということは、そこにすでに人間的自由の基盤も存在しているということである。すなわち、精神病質的な素質に対して人間が取る態度や行動は本質的に自由である、ということである。つまり、それらは、もはや素質そのもののように運命的なものではなく、エルヴィン・シュトラウスの表現を用いれば「被造物的」なものでもない。それゆえ、強迫神経症の第一次的原因が心的なものでないかぎり、つまり強迫神経症が心因性のものでないかぎり、そこで問題になっているのはただ素因だけであり、本来の意味での病気はまだまったく問題になっていない。この素因はそれ自体としては純粋に形式的なものである。この形式的なものに、顕性の強迫神経症の症例では、明らかに心因性であるようなさまざまな内容的規定が付け加わってくるのである。

もちろん、だからといって、具体的な内容である心因が発見されれば、それだけですでに治療にも効果があるとか、治療はそれだけでよいとか言っているわけではない。むしろその反対である。われわれが知りすぎるくらいよく知っているのは、そのつどの症状の内容に立ち入ることがどれほど危険をはらんでいるか、ということである。個々の症状を治療することは、まさに強迫神経症の場合には禁忌であるように思われる。たとえば統合失調症患者に催眠法の治療を試すことが患者に影響感情[四〇]を引き起こす可能性があり、また、うつ病患者に個人心理学的治療を施し、家族に対する権力の道具として情動を利用したと患者を非難することは、ただ単にその患者の自己非難を勢いづかせるだけである。それと同じように、強迫神経症患者の症状に立ち入って治療することは、患者の詮索強迫[四一]を助長するのに役立つだけではないだろうか。それに対して、このような対症療法または症状治療と区別されうるのが、ロゴセラピーによる緩和治療であろう。ロゴセラピーでは個々の症状や病気それ自体を治療することは重要ではない。むしろ、そこで治療されるべきものは強迫神経症患者の自我であり、変えられるべきものは強迫神経症に対する患者の態度なのである。まさにこの態度こそが初めて、体質的な基礎障害から臨床的な疾病症状を形成するものなのである。そして、この態度は、少なくとも軽度の症例や初期段階では、まだ十分に修正が可能である。つまり、態度それ自体がまだ基礎障害によって、いわば強迫神経症の典型的な硬直を起こしていない場合は、すなわち、態度それ自体がまだ強迫神経症に浸潤されていない場合は、態度変更も可能であると思わざるをえないのである。

狭義の精神療法であっても、強迫神経症の場合には、患者の神経症全体に対する態度を変更させるように導くことは当然の使命である。この一般的な態度変更は、不安神経症の場合とよく似た仕方で行われる必要がある。不安神経症の場合と同様に、強迫神経症の場合もまず第一に、「症状に対する距離」を作りださねばならない。恐怖症の治療の場合と同様に、強迫神経症に対する治療的処置も、いわば患者の緊張をほぐし、神経症に対する患者の態度全体のこわばりを取り除くようにしなければならない。よく知られているように、まさに患者が強迫観念に対して不自然に闘うそのことが、逆に「強迫」を強めることになるからである。圧力が逆圧を生みだすのである。患者が自分の強迫観念に対していわば突撃すればするほど、強迫観念は強められ、ますます勢いを増した強迫観念が患者の前に現れざるをえない。それだけに患者にどうしても必要なのは、放下《ほうげ》（Gelassenheit）〔とらわれを捨てて平然としている態度〕とユーモアである。このことをかつて指摘したのはエルヴィン・シュトラウスであった。いまや、この二つの契機は、われわれの治療的処置では一つに合わさって適用されるのである。われわれが不安神経症患者に勧めるのと同種の自己風刺によって、強迫神経症患者も強迫恐怖に対処せねばならないであろう。たとえば、ある患者は、自分が知らず知らずに路面電車の車掌や商店主から二、三グロッシェン〔ユーロが導入される以前のオーストリアの少額貨幣単位。一シリングの百分の一〕をくすねたのではないかとたえず恐れていた。まもなく、患者は恐怖を覚悟のうえで自らにこう言って聞かせることを学んだ。「何だって？　私がその男からだましとったのは、たったの数グロッシェンだって？　いや、ちがう。私は何千シリングもだましとったのだ。そして、これからも彼をだましてやるぞ。それどころか、もっと多くの人々から、もっと多くのお金をだましとってやるのだ。」

しかし、このように強迫観念に対して闘わないということには、ある一つの本質的な前提がある。すなわちそれは、患者がその強迫観念を恐れないということを前提としているのである。しかしその逆に、あまりにも多くの場合、患者はその強迫神経症の症状を過大評価し、そこに精神病発病の前兆や、それどころかその症候さえも見てとるほどである。そしてその場合、やはり患者は強迫観念をどうしても恐れてしまうのである。したがって、さしあたり重要なのは、この今にも精神病になりそうだという恐れを除去することである。この恐れの程度が増すと、まぎれもない精神病恐怖症を患者に引き起こすこともときおりあるからである。患者から強迫神経症に対する過大な恐れを取り去ったときに初めて、それだけでもすでに治療効果のある、きわめて重要な距離化と客観化がもたらされるのである。このような意味で強迫神経症を取るに足りない些事に見せかけることができたとき、ようやく患者は強迫神経症をどうにか無視し、それをやり過ごすことができるようになる。精神病恐怖が見られるような症例で推奨されるのは、完全に事実に基づいてそれに立ち入ることである。たとえばピルツやシュテンゲルの研究論文を患者に参照させるのをはばかる必要はない。その研究によると、強迫神経症と精神病発病とのある種の対立関係すらもが推定され、その結果、まさに強迫神経症患者は、強迫恐怖にもかかわらず、いやむしろ、強迫恐怖のおかげで、まさしく精神病に対して免疫があると思わざるをえない。患者がたいそう恐れる「強迫神経症から精神病への移行」とは、私が真の強迫神経症の経過に関する統計調査を行って精神療法医会議で研究報告した表題である。この統計調査によれば、「移行」はゼロであり、患者の慰めとなるものであった。このことは臆することなく患者に伝えられてよいのである。

それはたとえばこうである。われわれは患者に、あなたはガス栓や玄関ドアが一〇〇パーセント確実に閉められているかどうかをくりかえし確認せずにはおれない癖があるのではないか、とたずねる。びっくりしている患者がその質問に「はい」と答えるとすぐに、われわれは、あたかも精神的な死刑判決を言い渡すつもりであるかのように、いかにも神妙な表情で患者にはっきりこう言うのである。「ご承知のように、どんな人でも精神病になる可能性があります。ただし、例外的に、精神病にかからない一群の人たちがいます。それは、強迫神経症的な性格をもっているような人、つまりさまざまな強迫恐怖の傾向があるような人、さらには、それに苦しんでいるような人です。そしてあなたが今しがた『はい』とお答えになったのは典型的な強迫恐怖です――われわれはそれを反復強迫とか確認強迫と呼んでいます――。ですから、私はあなたから誤解を取り除かねばなりません。あなたが精神病になることは絶対にありえません。そんなことは逆立ちしたって、絶対に不可能です！」そのように話すと、患者の胸につかえていた重しがとれて、ゴロゴロと転がり落ちるのが聞こえるように思われるのである。

ところが、強迫神経症の患者たちは、自分の強迫神経症が精神病に移行するかもしれないということを恐れるだけではない。彼らは、たとえば自殺や殺人の強迫衝動を抑えきれなくなれば、ひょっとして実際にそれを実行に移してしまうのではないかということをも恐れているのである。そうした症例では、なおのこと、強迫衝動に対するこのたいへん不利な闘いを終わらせるためにも、こんな馬鹿げた恐怖は事実に即してしりぞけられねばならないのである。

このような根拠なき精神病恐怖から患者を解き放つことに成功するだけですでに、特筆すべき心の「圧力解放」に達するのである。そのとき同時に、強迫による圧力をますます作りだしていた自我による逆圧が、もはやかけられなくなるからである。この圧力解放は、他のすべての精神療法の前提であり、あらゆるロゴセラピーの前提でもある。このような圧力解放という意味において、病気に対する患者の十全な態度変更を引き起こすことがしばしば重要になってくるのである。というのも、患者の病気の核心にいわば運命的なものがあるかぎり、強迫神経症を運命的なものとして受容することをも患者は学ばねばならず、まさにそうすることによって、不必要な心因性の苦悩が精神病質的－体質的核心の周囲に居座ることが回避されるからである。患者は、精神療法によっては実際にいかんともしがたい最小限の性格素因に対してイエスと言うことを学ばねばならない。このようにある種の運命愛（amor fati）を患者に教えれば教えるほど、残りの、いかんともしがたい運命的な症状すべては取るに足らないものとなるであろう。

われわれは、次のような或る患者の症例を知っている。その患者は、十五年もの間ずっと重度の強迫神経症に苦しみ、その治療のため数カ月の予定で故郷を離れ大都市に来ていた。そこで患者は精神分析を受けたが、滞在できる期間が短かったためであろうか、効果のないままであった。こうなった上は、故郷に帰ろうと彼は思った。しかしそれは、家族や仕事の問題に始末をつけた後で自殺をするためであった。自分の苦しみがどうやら治療的に見込みのないことがはっきりしたことへの彼の絶望は、それほどまでに大きかったわけである。出発のほんの数日前、患者は、友人があまりにも勧めるので、もうひとり別の医師に診てもらいに行った。その医師は、利用できる時間がわずかしかないため、初めからあらゆる分析を断念し、強迫症に対する患者の態度をいわば修正することだけで満足せざるをえなかった。ここで医師が試みたのは、言うならば患者に病気と和解させることであった。この医師の試みは、患者が心からの宗教的人間であるという事実に基づいてなされたものである。そこで、医師が患者に要望したのはほかでもない、患者がその病気を「神の御心」として見ることであり、運命が与えしものとして病気を見ることであった。患者はこれ以上その運命と争うべきではなく、むしろ、その運命を越えて神の御心にかなうような人生を送らねばならない、ということであった。そのとき患者に生じた内的な態度転換は驚くべき効果をもたらし、医師自身がびっくりしたほどであった。患者は、早くも第二回目の診察の際に、一〇年この方初めて強迫観念から自由なひと時を体験したと述べ、そのあと旅程を延期できなかったためにすぐに帰郷したが、手紙でこう書き送ってきた。容体ははるかによくなって、実際には自分は治ったといってもいいくらいです、とのことであった。

強迫神経症の患者が強迫観念に対して不自然に闘うことのなかにある誤った心的態度を修正するこ

とによって、患者には次の二つのことが同時に明らかになる。一方で、患者は強迫神経症の「来襲」に対しては責任がないということ、しかしその一方で、患者はこの来襲に対する自分の態度に対しては大いに責任があるということである。なぜなら、この態度によってこそ、患者にとって不都合なその来襲が拷問のような責め苦となるからである。詳しく言うと、患者が内的にその来襲に「かかずらい」、それをさらに思考しつづけ、その来襲を恐れるために繰り返しそれと闘うときに初めて、それは拷問のような責め苦となるのである。この場合もまた、狭義の精神療法の消極的な治療要素にロゴセラピーの積極的な治療要素が付け加えられねばならない。ロゴセラピーの立場から言えば、結局患者が学びとるものは、強迫神経症をやり過ごして生きること、強迫神経症にもかかわらず意味に充ちた人生を送ることなのである。患者が強迫神経症から具体的な人生の使命に向かうことによって、強迫観念からの回避が容易になることは明らかである。

i　強迫神経症の体験様式の現象学的分析

これまで見てきたような一般的なロゴセラピーのほかに、強迫神経症の場合にはさらに特殊なロゴセラピーが存在する。この特殊なロゴセラピーは、まさに強迫神経症患者に特有の精神的態度を取り扱うものであり、後で述べるような強迫神経症患者が典型的に陥りやすい世界観を修正しようと努めるものである。この世界観を理解するためには、強迫神経症の特殊実存分析が助けになる。そこで、この特殊実存分析を明らかにするために、強迫神経症の体験の先入観にとらわれない現象学的分析から始めることにしよう。

たとえば強迫神経症患者が疑惑癖に悩まされる場合、患者のなかで何が起こっているのだろうか。たとえば患者が「２×２＝４」と計算する。この具体例において、患者に疑惑が起こるまでは、その計算が合っていることをとにかく知っていることは明らかである。それにもかかわらず、すぐに疑惑が姿を現す。「私はその計算が合っているとわかっているのに、もう一度計算せざるをえないのです」と患者は言う。つまり、患者が体験しているのは、ある種の未処理の残存という感情である。正常な人間であればそのつどの思考行為の結果に満足して、それ以上に問おうとはしない。それに対して強迫神経症の人間に欠如しているのは、思考行為に伴う素朴な感情、「２×２＝４」という計算例の場合で言えば「そのとおり」という素朴な感情である。この場合、正常な人が体験しているのが明証[四二]であり、強迫神経症の思考に欠如しているのがまさにこの正常な明証感情である。それゆえ、われわれは、強迫神経症患者における明証感情の機能不全ということを言ってもよいわけである。正常な人は、どんな思考結果にも何らかの形で付着している非合理的な残存を、はるかに難しい計算処理や他の複雑な思考行為の場合ですらも、いわば目をつぶるのに対して、強迫神経症患者はこの非合理的な残存から離れられず、それを越えて思考を前に進めることができない。すなわち、この非合理的な残存に対する不耐性は、さきの患者の明証感情の機能不全に対応しているのである。強迫神経症患者は、まさにこの非合理的な残存に目をつぶることができないのである。

では、この非合理的な残存に対して強迫神経症患者はどのように反応するのであろうか。患者はあらためて思考を最初からやり直すことで、それを克服しようと試みるのである。しかし当然ながら、それをことごとく取り除くことは決してできはしない。このように患者は、いつも新たな思考行為で非合理的な残存の消滅をくりかえし試みるように強いられるのだが、できることと言えば、そのつどそれを少なくすることくらいである。この闘いは、吸い上げポンプの機能に似ている。周知のように、吸い上げポンプには「死空間」がある。そのため、吸い上げポンプが絶対的な真空状態を作りだすことは決してなく、むしろ、空気のない状態を作りだすべき容器内に残存する空気の量が、一定のパーセンテージでそのつど減少するにすぎないのである。すなわち、ポンプの最初のピストンが空気量をたとえば十分の一に削減し、次のピストンが百分の一にまで削減するといった具合である。強迫神経症の場合、このように結局はむなしいピストンの反復運動に相当するのが、反復強迫である。強迫神経症患者は、思考結果を点検する際に、きっと自分の考えに以前よりも多少の確かさは感じているであろう。しかし、そのときでも、不確実性の残存はなくならず、強迫神経症患者がこの残存を締めだす努力をどれほどしようとも、その努力を――反復強迫という仕方で――いくらしようとも、くりかえし残存は生じるのである。患者はこのような努力を疲れ果てるまでつづけ、やっと、漠然とした信念によって片をつけるように思い切り、思いわずらうことを（次の疑惑が起こるまで）やめるのである。

明証感情の障害は、認識の側面においては強迫神経症の根本障害の一要素になるが、決断の側面においては本能的確実性の障害になる。というのは、強迫神経症の体験様式をさらに現象学的に分析すれば、日常の健康をつかさどり、いわばつまらぬ決断を取り除くように働く本能的確実性が強迫神経症患者の場合はぐらついていることが明らかになるからである。正常な人間の本能的確実性は、責任性の意識を人生の岐路という重要なときのために備えさせ、この岐路に立ったときですら、何らかの非合理的な形で働いている。それが良心（Gewissen）の働きなのである。ところが、強迫神経症患者は、自分にとりついたこれら二つの情性精神の欠陥、つまり明証感情の障害と本能的確実性の障害を、特異な意識と特異なきまじめさ（Gewissenhaftigkeit）とで埋め合わせしなければならない。それゆえ、患者の過剰なきまじめさと意識過剰は、（シュトランスキーの周知の対句である「知性精神－情性精神」を用いれば）知性精神の過補償であることがわかる。(四三) 強迫神経症の人間は、認識および決断における情緒的な自己確実性がぐらつくことによって、不自然な自己規制に陥る。このぐらつきは、その補償として人間のなかに、認識と決断における絶対的確実性への意志を生みだし、絶対的に確実な認識と絶対的に道徳的な決断を得ようとする努力を引き起こすのである。正常な人間であれば、せいぜい職業選択や配偶者選択の場合に用いるのと同等のきまじめさと意識でもって、強迫神経症患者は玄関のドアを閉め、手紙をポストに投函するのである。過度の意識と過敏な自己観察がそれ自体ですでに障害を必然的にもたらすことはよく知られている。強迫神経症患者には意識の肥大が見られ、それが認識行為や決断行為に伴うことによって、健康な人の生き方・考え方・ふるまい方である「よどみのないスタイル」が欠如することになるのである。歩行者は――目的地に目を向ける代わりに――自分の歩く行為に注意を向けすぎると、そのとたんに、つまずいて転ぶであろう。人間は、過度の意識によっては、せいぜい行為を意図することはできても、その意識によってすでに妨げられているために、それを実行に移すことはできないのである。

したがって、強迫神経症患者の過度の意識と過剰なきまじめさは、この患者の二つの典型的な性格特性であり、われわれはその原因をその人格の情性精神的な下部構造にまで求めることができた。ここから言えることは、治療の課題の一つは、人格の情動的深層に源をもつ明証感情と本能的確実性の隠れた源泉を強迫神経症患者に再発見させることにあるということである。たとえば、強迫神経症患者の場合においても発見可能なものとして残されている明証感情と本能的確実性への信頼を再教育によって取りもどさせることがそれである。

すでに述べたように、強迫神経症患者が求めるものは、認識および決断における絶対的な確実性である。患者は一〇〇パーセントであることを求めて努力する。彼はつねに絶対的なもの、完全なものを欲しているのである。エルヴィン・シュトラウスの指摘によれば、強迫神経症患者は、いつも自分が「全体としての世界」と対決していると感じている。これに補足していえば、患者が世界全体の荷重に苦しんでいるのは、あたかもアトラス〔ギリシア神話の神。天空を支える罰を受けた巨人神〕のごとくである、と言いたい。強迫神経症患者は、およそ人間的認識がもっているあらゆる不公正さと、あらゆる人間的決断の不確実さに深く苦しんでいるのである。

またシュトラウスはこうも指摘している。強迫神経症患者とは異なり、健康な人間は部分的なものを見ており、世界を各人の視点から見ている、と。この場合も補足して、価値とはそのつど各個人に妥当するものであり、まさにそれだからこそ拘束力をもつのだと言いたい。ところが、強迫神経症患者の世界像においては、個々の具体的な事柄はすべて、ある盲点に射しこんでしまう。しかし、われわれはシュトラウスとは異なって、この精神的な暗点を明るくすることができると考えるものである。それでは、特殊なロゴセラピーが、どこまで強迫神経症の一〇〇パーセントの世界観を具体的な事実に即した議論によって修正することができるかを見ていこう。

　シュトラウスが結論的に指摘しているところによれば、強迫神経症患者は、人間に相応しい「暫定的」な生き方をすることができない。われわれは、これに加えて、強迫神経症患者には特殊な忍耐のなさという特徴があることを注意しておきたい。つまり、患者に際立っているのは、思考における非合理的な残存に対する不耐性のみならず、存在と当為の間の緊張関係に対する不耐性である。その根底には、「神のようになることへの努力」があると言える。これを言ったのはアルフレート・アドラーであるが、ここにわれわれは「被造物」の不完全性を告白することとは反対のものを見てとることができよう。この不完全性の告白に対応するものが、人間そのものがその中へ置かれている存在と当為の間の緊張関係の認識なのである。

　強迫神経症患者は暫定的な生き方ができないというシュトラウスの命題には、さらに、強迫神経症患者は概略的な考え方もできないという命題を補足する必要があるように思われる。患者は暫定的なことではなく決定的なことを欲するのと同様に、概略的なことではなく厳密なことを欲する。つまり、実際的《プラグマーティッシュ》な点においてすべて一〇〇パーセントであることを患者が要求することと、認識的な点においても同様に一〇〇パーセントであることを要求することとがつねに対応している、ということが見てとれるのである。

　このような実存分析の見方から明らかになることは、強迫神経症の本質が結局はファウスト的努力の戯画であるということである。絶対的であろうとする意志と、どんな領域でも一〇〇パーセントでなければならないという努力とをたずさえて、強迫神経症患者はあたかもファウストになりそこねた者のように突っ立っている。患者は、その人間性においては「悲劇的」であり、その病状においては「悲惨な」姿で立っているのである。

われわれは、不安神経症において、世界への不安が特定の恐怖症に凝縮されるのを見た。これと似たようなことが強迫神経症においても見られる。すなわち、要求のすべてを完全に満たすことは不可能なので、強迫神経症患者はその要求をある特定の生活領域に集中させざるをえないのである。一〇〇パーセントであることはいつでもどこでも実現できるわけではないので、そのことがまだしも満たされそうに思われる特定の範囲に限定され、それへの固執が行われる（たとえば洗浄強迫は手の清潔さということに固執している）。強迫神経症患者が絶対性への意志をある程度うまく押し通せる領域は、たとえば主婦にとっては家事であり、知的労働者にとっては机の整頓であり、「メモ魔」にとっては予定や経験したことをしっかり手帳に控えておくことであり、役人タイプの人にとっては絶対的な几帳面さといったものである。つまり、強迫神経症患者はつねに現存在のある特定の領域に自己を限定するのであり、この領域――「全体を代表する部分」――において、患者は自らの完全性への要求を満たそうと努めるのである。(57)（より受動的なタイプの人の）世界全体に対する不安は、恐怖症においては、ある具体的な内容を持つようになり、それぞれ個別の対象に向けられる、ということであった。それとちょうど同じように、強迫神経症の症状においては、自らの似姿に従って世界を形成しようとする（より能動的なタイプの人の）意志は、それぞれ個別の生活領域に向けられる。しかし、そこでもまた強迫神経症患者は自らの完全性への要求をほんの断片的もしくは虚構的にしか満たすことができず、自らの本然性――「被造物性」――をそのつど犠牲にしているにすぎないのである。そのかぎり、患者のあらゆる努力は、どこか非人間的なものであると言えるであろう。彼は「生成的現実」（シュトラウス）から逃れ、強迫神経症ではない人が実存的自由への跳躍台にする現実性を軽んずる。彼は人生の課題の解決を虚構的な形で先取するのである。

強迫神経症患者と不安神経症患者の特徴は、両方とも同じように、確実性への努力がいわば歪曲され「曲げ戻され」て反省されるというところにあり、心理主義的とは言わないまでも、ある意味で主観主義的な特色をもつというところにある。これらすべてのことをよりよく理解するためには、やはり正常な人の確実性への努力から話をはじめねばならない。正常な人であれば、この内容はまったく確実だ、と言う。しかし、神経症的な人間の確実性を求める努力は、そのような確実性では決して満足しない。そんなあいまいな確実性、そんなおよそ被造物的存在が持ちうるようなあいまいな確実性では、彼は満足しないのである。なぜなら、神経症的な人間はとにかく「おびえて」いて、そのために確実性を求める努力も不自然なものになっているからである。こうして、神経症的な人間のなかに絶対的な確実性への意志が生じる。不安神経症患者の場合には、この意志は悲劇的結末《カタストロフィ》に対する保障へと向けられる。けれども、それに対する絶対的な保障というものは存在しないのであるから、不安神経症患者は単なる確実性感情だけで我慢せざるをえない。そのために、患者は客観の世界や対象の世界に背を向けて、主観的なものや状態的なもの〔客観的対象への志向性をもたない単なる主観的な状態〕に向かう。もはや不安神経症の実存の場所は、とうてい普通の人が日常的に安らいでいる世界ではない。その世界は、普通の人なら、相対的に悲劇的結末が起こりそうもないということで済ますのであるが、不安神経症患者はそこに悲劇的結末が絶対に起こらないことを求めるのである。この絶対的保障への意志のせいで、患者は確実性感情をある種の偶像のように崇拝せざるをえなくなる。というのも、この〔不安神経症の〕根底にある世界からの離反はある種の堕罪であり、そのため、いわば良心の呵責が生じて、その償いをするように患者に迫るのであるが、この不安神経症患者にできることは、ただ、反省的－主観主義的な保障を過剰に追求するという努力だけだからである。

このように、不安神経症患者にとって重要なのは、悲劇的結末に対する絶対的な保障であり、それを患者は単なる確実性感情を求める不自然な努力へとねじ曲げざるをえない。それに対して、強迫神経症患者にとって重要なのは、認識と決断の確実性である。しかし、強迫神経症患者の場合にも、こうした確実性への努力と「被造物的」存在の概略性・暫定性とは相容れるものではない。むしろ、患者の確実性を求める努力は主観主義的な変化を被り、「一〇〇パーセント」の確実性という単なる感情を不自然に求める努力に終わるのである。この時点で、それが悲劇的な徒労であることが顕わとなる。なぜなら、絶対的な確実性それ自体を求める患者の「ファウスト的」な努力はもともと挫折すべき運命にあり、そのためにかえってますます絶対的な確実性感情を求める結果になるからである。なにしろ、この感情がそれ自体として志向されるならば（事柄の遂行の単なる結果として自ずから生じるという代わりに）、まさにその瞬間に、その感情も消え失せてしまうのである。どのような意味においても、人間に完全な確実性が与えられるということは決してありえない。しかし、強迫神経症患者は、絶対的な確実性感情が人間に与えられることはまったくないのに、まさにそれをどうしようもなく不自然につかみとろうとするのである。要約すると、次のように言うことができる。正常な人であれば、ほどほどに確実な世界にいることを望むところを、神経症患者は絶対的な確実性感情を手に入れようと努力する。正常な人であれば愛する汝に献身することを望むところを、性的神経症患者はオーガズムを手に入れようと望み、オーガズムそれ自体を志向し、それによって同時に性的能力に異常をきたすことになるのである。正常な人であれば世界の一部を「概ね」認識することを望むところを、強迫神経症患者は明証感情を持つことを望み、明証感情それ自体を志向し、それによって同時に無限進行的にその感情を追い回すのである。結局のところ、正常な人が望むのは具体的な存在に対する責任を実存的に担うことである。それに対して、強迫神経症的に良心の呵責を感じる人は、良心にやましいところがないという感情を（しかも絶対的にやましいところがないという感情を）単にもちたいだけなのである。つまり、それは、人間が望みうることとしてはあまりにも過大であり、同時に、人間が果たしうることとしてはあまりにも過小なのである。

強迫神経症は、神経症そのものにおける自由と制約の拮抗という点で、うってつけの範例であるように思われる。エルヴィン・シュトラウスは、強迫神経症の心理に関する著書において、強迫神経症的性格を「被造物的なもの」より以下のものであると述べている。われわれはそれには同意できない。すなわち、われわれは、明白な強迫神経症へ至る性格発達を不可避的で運命的なものとは見なさないということである。むしろ、われわれはある種の心の整形外科のようなものが必ず可能であると考える。それがどれほど必要であるかということは、たとえば強迫神経症患者に欠けているユーモアや放下といった性格特性を教える精神指導療法（Psychagogik）の文脈で、すでに言及した。シュトラウスの功績は、強迫神経症を追求し実存的なものにまで到達した最初の一人であるということである。しかし同時に、シュトラウスは、強迫神経症を精神的なものから治療する可能性を見落としたのである。強迫神経症に対する患者の態度は、まさに、依然としてつねに自由であるからである。この「態度」こそ、個々の症例において、人格が心的疾病に対して取る自己態度であろう。そして、この心の疾病に対する人格の態度がロゴセラピーの出発点でもあるのである。これまで、われわれは、強迫神経症の一般的ロゴセラピー（心の疾病に対する人格の態度転換）および強迫神経症の特殊実存分析（ファウスト的人間の戯画という解釈）についての叙述を試みてきた。そこで次に、強迫神経症の特殊ロゴセラピー、すなわち強迫神経症的世界観の修正が問題になる。

強迫神経症は、前述のように一〇〇パーセント完全な世界観へと「そそのかす」。シュトラウスはこの強迫神経症的世界観の心的症状のみに目にとめるが、われわれが問題にするのは、世界観一般を治療手段にする可能性、つまり強迫神経症ならびに強迫神経症的世界観に対しても適用されるような治療手段にする可能性である。こうした可能性について、強迫神経症的な世界観が発生しつつあった一つの症例を手かがりに論じてみたい。それは、ある思春期後期の若い男性であったが、成熟期の陣痛のもとで強迫神経症的な世界観の「誕生」がはっきりしてきた一方で、同時にロゴセラピーによる対抗措置も可能であった症例である。

この若い男性はファウスト的な認識衝動にとりつかれていた。「物事の根源にまで帰ろうと思います」と彼は口にした。「私はすべてを証明しようと思います。直接的に明証的であるものすべてを証明するつもりです。たとえば、私が生きているかどうかということを。」強迫神経症患者の明証感情が機能不全であることは前述のとおりである。しかしわれわれの考えでは、正常な人の明証感情も、まぎれもなき「遂行現実」〔行為の遂行それ自体〕であって、そのようなものとして、それは志向的把捉を本質的に免れているのである。もし認識論的な意図において、ただもっぱら明証感情だけを追求しようとするならば、論理的な無限進行に陥ってしまう。この無限進行の精神病理学な側面が、強迫神経症患者の反復強迫ないしは詮索強迫に当たる。われわれは、この詮索強迫に対する内在的批判をはばかってはならないのである。

徹底した懐疑の最後の問い――もしお望みなら最初の問いと言ってもよいが――は、「存在の意味」に向けられる。しかし、存在の意味を問うことは、「存在」が「意味」に先行しているかぎり無意味である。というのは、意味の存在は、存在の意味についての問いに対して、常にすでにその前提になっているからである。存在は、われわれがそれをいかに問おうとも、決してその背後に回ることのできない壁のようなものである。しかし、患者は、この直観的にして直接的な所与、すなわち存在を証明しようと望んだのである。だから、患者に指摘せねばならなかったのは、そのような所与を「証明する」ことは不可能であり、また不必要でもあるということであり、直観的な所与としてそれは明証的なのだということであった。それでも自分は疑うという患者の異議は、ほんとうの意味で対象を欠いたものである。なぜなら、直観的に明証的で直接的な所与である存在を疑うという論理的な不可能性には、そのような疑いは空虚なおしゃべり《ゲレーデ》にすぎないという心理学的な非現実性が対応するからである。最も徹底した懐疑主義者であっても、実際には、行為においてだけでなく、思考においても、現実の諸原則や思考の諸原則を承認する人とまったく同じように行動しているのである。

アルトゥール・クロンフェルト[四四]は（精神療法に関する著作において）懐疑主義はおのれ自身を止揚する〔自己矛盾している〕と言っている。[58]これは、よく知られた哲学的見解ではあるが、この見解は正しくないと思われる。なぜなら、「私はすべてを疑う」という命題は、「すべて」ということで、まさにその命題以外のすべて、という意味に解しているにすぎないからである。つまり、この命題は自分自身に対して向けられているのではなく、決して自己矛盾しているわけではない。また、ソクラテスが「私は、自分が何も知らないということを知っている(!)」と言う場合、それによってソクラテスが考えているのは、まさに、「私は、自分が何も知らないということ以外は何も知らない、ということを知っている」ということなのである。

あらゆる認識論的懐疑と同様に、強迫神経症的な懐疑も、アルキメデスの点を見出そうと努力する。すなわち、真理への絶対的意志をもちつつ論理的に矛盾がないように世界観を築こうとして、その出発点や土台となりうるような絶対に確実な基礎を見出そうと努力するのである。そのとき人は徹底した始原を探し求めることになる。このような第一哲学の理想は、認識論的にそれ自身を正当化する命題を、その第一命題として要求することになるであろう。そんな要求をかなえる命題が仮にあるとすれば、当然ながら、それは逆に、完全に不確実である概念的思考をその不確実性にもかかわらず使用せざるをえないという必然性をそれ自身のうちに含む命題になってしまうであろう。つまり、そういう思考は、概念の助け(したがって明証的な直観とは別のものの助け)を借りて、それ自身の内容とせざるをえないという意味で、おのれをおのれ自身で支えるようなものなのである。

このような合理主義《ラチオナリスムス》〔理性主義〕の自己正当化〔自分で自分を基礎づけようとすること〕には、その自己止揚〔自分で自分を否定すること〕が対応している。この意味において、強迫神経症患者のロゴセラピー的治療においても重要になってくるのは、患者の極端な合理主義を合理的な方法それ自体によって止揚させることである——というのは、この極端な合理主義が患者のあらゆる懐疑の基礎になっており、さらにはあらゆる懐疑一般の基礎になっているからである。この合理的な方法とは、この場合、われわれが懐疑主義者に築かせねばならない「黄金の橋」〔妥協の余地〕のことである。この黄金の橋として、たとえば次のような命題が用いられる。「あまりに理性的であろうとしすぎないことが、最も理性的である。(59)」ある患者は、哲学的に強められた煩悶と懐疑のために、有名なゲーテの次のような命題にすがらざるをえなくなった。「懐疑の積極的意義は懐疑それ自体を克服しようとたえず努力するところにある。(四五)」このため、この患者の強迫神経症的懐疑の世界観についての特殊なロゴセラピーは、患者自らがそういった形式の懐疑を告白するところまで患者を連れていく必要があった。このロゴセラピーから与えられた武器によって、患者は、典型的に強迫神経症的な世界観の包囲網から自由になることができたのである。合理的な方法によって患者が認めることができたのは、現存在の性格とは結局は不合理なものだということであった。こうして最終的に患者は、もともとの問題設定を変更するまでに至った。もともとは思考における徹底した始原という問題が自明の理であったのが、今度は違う仕方で問題が設定されるのである。すなわち、今度からは患者は解答を、いかなる学問的思考や哲学的思考よりも以前に本質的に存在する領域、行為や感情の根源をなしている領域、すなわち実存的領域に求める、ということである。つまり、ここでは、オイケン(四六)が「疑う余地のない自明な行為」と呼んだ領域が重要になるのである。

　この強迫神経症患者にきわめて特有な合理主義の闘いに合理的な方法によって勝利すると、今度は、その反対物である実用主義が生じることになる。なぜなら、一〇〇パーセント完全な世界観を求める強迫神経症患者は、認識における絶対的な確実性を求めるだけではなく、決断における絶対的な確実性をも求めるからである。行為の際に患者の意識過剰がハンディキャップになるのと同様に、過剰なきまじめさも行為の際のハンディキャップになる。患者の理論的な懐疑には倫理的な懐疑が対応し、患者の思考の論理的妥当性への疑いには患者の行為の道徳的妥当性への疑いが対応する。そこから結果として生じるのは、強迫神経症患者の決断不能である。たとえば、ある強迫神経症の女性患者は、自分がそのつど何をなすべきか、ということについての絶え間ない疑いに苛まれた。この疑いはとめどなく増幅し、あげくのはてに患者は何もできなくなるほどであった。患者は何も決断することができなかった。取るに足らない場合でさえ、患者は自分が何を優先すべきかわからなかった。たとえば、患者は、自分がコンサートに行くべきか、それとも公園に行くべきか、ということを決断することができなかった。いずれか一方に行くための時間が患者には十分に残されていたというのに、内面のディベートにかまけて、その時間がすっかり過ぎ去ってしまった。そのため、ずっと家にとどまることになったのである。このように典型的な強迫神経症患者の性格を特徴づけるものは、重要な決断に対してだけではなく、きわめて取るに足らない決断の場合にも決断不能であることなのである。しかし、過度の合理主義の場合と同様に、強迫神経症患者の過剰なきまじめさ〔過剰な良心性 Übergewissenhaftigkeit〕も、特殊なロゴセラピーによって同じく自己止揚へもたらすことが可能である。なぜなら、「行為する者には良心（Gewissen）はなく、ただ観察する者にのみ良心はある」というゲーテの命題[四七]は確かに正しいであろうが、しかし、この過剰なきまじめさに苦しんでいる強迫神経症患者にも、「黄金の橋」〔妥協の余地〕を築いてやることができるからである。われわれは患者に次のような補足的命題を示しさえすればよいのである。――「たしかにあれこれ行為することは何らかの意味で良心的ではないとしても、しかし最も良心的でないのは、そもそも行為しないことである。」まったく何も決断せず、ぜんぜん何も決定しない人間は、その何もしないということによって、疑いなく、最も良心に反する決断をしているのである。

ii　ロゴセラピーの技法としての逆説志向

　ロゴセラピーと言う場合のロゴスとは精神のことであり、さらに意味ということである。精神は人間独自の現象の次元と解されねばならない。そしてロゴセラピーは、還元主義とは反対に、まさにこの人間独自の現象の次元を何らかの人間以下の現象に還元したり、人間以下の現象から演繹することを拒否するのである。

　ところで、種々の現象のうち、人間独自の次元として限定されねばならない現象は、実存のロゴスへの自己超越という現象であろう。実際に人間的現存在は、いつもすでに自己を超えでているのであり、いつもすでに意味へと向かっているのである。この意味で、現存在としての人間にとって重要なのは、快楽や権力ではなく、しかしまた自己実現でもなく、むしろ意味充足である。ロゴセラピーにおいて意味への意志ということが語られるのもそのためである。このように、まさに意味は、精神と並んで、人間的諸現象を楕円のように取り囲むロゴセラピーの焦点の一つなのである。

　この人間の自己超越に加えて、それと対をなすものが人間の自己距離化である。この能力は人間を人間として特徴づけ、人間そのものを成立させるものである。

汎決定論的な人間学は、自己自身から距離を取るというこの本質的に人間的な能力を無視している。反対に、この能力を一層利用しようとするのが、私の開発した逆説志向(60)という方法である。このロゴセラピーの技法は、恐怖症の患者がとても恐れているその恐怖をまさに自分から望むように努力することによって治癒力がはたらくということを土台にしている。要するに、このような仕方で不安の出ばなをくじくわけである。

恐怖は、それが恐れる対象をも同時に実現させる。一方、強すぎる願望は、その願望がたいそう待ち望む対象を不可能にしてしまう。ロゴセラピーはそこを利用するわけである。というのは、ロゴセラピーが患者に指導しようとするのは、患者がそのときまで恐れていたまさにそのことを、もちろんほんの一瞬の間であるとしても、行うことであるからである。たとえば広場恐怖に苦しむ患者は、「今日はひとつ、発作に襲われて卒倒するために、でかけてやろう」と自らに言って聞かせねばならないのである。

では、このことは具体的にどのように進められるのであろうか。以下、症例をもとにして述べることにしたい。

ある臨床講義で逆説志向の方法について話した後で、私は一人の女性の受講生から手紙を受けとった。その手紙には次のような事実が記されていた。――彼女は振戦〔震え〕恐怖に苦しんでいた。この振戦恐怖は、解剖学の教授が大学病院の解剖室に足を踏み入れたときにいつも現れ、そのたびごとにこの若い医学生は震えはじめた。さて、彼女は私の講義で振戦恐怖の症例について聴講した後、試みに同じ療法〔逆説志向〕を自分で自分自身に適用することにした。こうして彼女は、教授が学生の解剖を見に来たときはいつも、こう決心したのである。「さあ、一度、その人の前で少し震えてみせよう。どれほど私が上手に震えることができるか、その人にお見せするとしよう。」その結果——手紙によれば——振戦恐怖も振戦そのものもただちにおさまったということである。

このとき、恐怖に代わって希望が、治癒力のある希望が現れてきたのである。もちろん、そのような希望は本来的・最終的なものとは言えないが、それでも、たとえ一瞬であっても希望を抱くことが重要なのである。その瞬間に、少なくとも患者は心の中でクスクス笑い、勝負に勝ったのである。というのも、その笑いや、あらゆるユーモアが距離を造りだし、それによって患者は神経症から距離をとることができるからである。何らかの事柄と自分自身との間に、これほど距離を造りだす能力を人間に与えるものは、まさにユーモアをおいてほかにないであろう。

逆説志向の療法上の効果を決めるものは、医師が患者の前で逆説志向のやり方を実際に演じてみせるだけの勇気があるかどうかということである。最初、患者は笑うであろう。しかし、そのあと患者が、不安発作の具体的な状況で逆説志向を適用したとたん、自分でも笑わざるをえなくなる。そして最終的に患者は、自分の不安を笑い飛ばし、そのような仕方で不安からますます距離をとることを学ぶようになるのである。ハーバード大学の心理学者G・W・オルポートは、かつて、神経症患者が自分自身のことを一度本当におかしがることができたなら、まさにそのことによって同時にすでに患者は快方に向かっているという趣旨のことを述べている。私は逆説志向法を、このようなオルポートの気のきいた言葉の臨床的検証と見なすことができるのではないかと思うほどである。

人間に課された制約に対する態度転換を行うに当たって、ユーモアほど有効なものはないであろう。次のエピソードは、とくに不安の問題に関して態度を取ることの重要性を示している。第一次世界大戦中、激しい砲撃が行われているさなか、高級士官とユダヤ人軍医が隣り合わせに座っていた。そのとき士官は、揶揄する言葉で軍医を愚弄した。「またしてもセム族に対しアーリア人がまさっていることを見せつけることになりますね。軍医殿、おそらく今あなたは不安に駆られているのではないですか。」それに対してユダヤ人軍医は言い返した。「むろん私は不安です。しかし、どうしてまた、まさっていると言えるのでしょうか。大佐殿、もし私の抱えている不安をあなたがお持ちでしたら、あなたはもうとっくに逃げ去っていることでしょう。」この「症例」では現実不安が問題になっている。それに対して、われわれが種々の症例で関わっているのは神経症的な不安準備である。しかし、どちらの場合も重要なのは、態度ないしは治療上の態度変化なのである。

逆説志向は、精神の抵抗力とわれわれが呼ぶものを必要とする。[61] しかし、この精神の抵抗力という呼び方には、ヒロイックな意味だけではなく、アイロニーの意味もあるのである。

ユーモアが主題になったので、その方法についても述べておくのがよいであろう。それで一つのエピソードを引用させていただきたい。このエピソードは極端ではあるが、その分はっきりと志向の逆転を特徴づけ、まさに逆説志向の特徴をきわめて典型的に示すものだからである。ある男子生徒が学校に遅刻し、次のような言い訳をした。「道が凍っていて、ひどくすべったものですから。私が一歩前へ踏みだすたびに、二歩後ろへ滑ってしまうのです。」それを聞いて、教師は得意げに言った。「もし本当にそういうことだったら、いったい君はどうやって学校まで来れたのかね。」ところが、この嘘つき少年は、まごつくことなく、こう、嘘をついたのである。「とっても簡単です。私は体を一回転させて、家の方に歩いて行ったんですよ。」

私の共同研究者であるエヴァ・ニーバウアー゠コッデラとクルト・ココーレックは、逆説志向を用いることによって、慢性の強迫神経症にかかった年配の患者でさえ短期間のうちに職場復帰できるまでに回復させることができた(62)。ライプツィヒのカール・マルクス大学教授であり、大学付属病院神経科・精神科科長のD・ミュラー゠ヘーゲマン博士の見解によれば、この逆説志向という精神療法的な治療法はきわめて賞賛に値する技法であり、そのことは恐怖症の症例に関する最近何年間かの博士の観察によって得られた有利な結果が証明している、とのことである(63)。

合衆国コネチカット州にある病院の臨床責任者、ハンス・O・ゲルツ教授は膨大な症例報告を手にしている(64)。病歴が二週間の人から二四年を超える人までの二四人の恐怖症・不安神経症・強迫神経症の患者が、逆説志向を用いて治療された。ゲルツ博士は、長年の臨床経験に基づいて、逆説志向がほとんどの恐怖症・不安神経症・強迫神経症の症例にとくに有効な技法であると考えている。また強迫神経症の重篤な症例においても、この方法で患者の症状は少なくとも著しく緩和されたとのことである。急性の症例では逆説志向は格別の短期治療であるとされる。「私は、このロゴセラピーの技法が、慢性の恐怖症的神経症の重篤な症例にも効果的に適用可能であると立証することができた。このことを次の種々の病歴によって証明したい。」(前掲、症例報告集〔注64〕)

――患者A・V（四五歳、既婚、一六歳の息子の母）

この患者にはなんと二四年間にもわたる病歴があり、その間ずっと患者は、閉所恐怖・広場恐怖・高所恐怖・エレベーター恐怖・橋恐怖などからなる重篤の恐怖症の症状に苦しまねばならなかった。これらすべての苦しみのために、患者はさまざまな精神科医の治療を受け、それがまる二四年間も続き、とりわけ何度も受診したのは際だって長期間続いた精神分析であった。そのうえ、患者はくりかえし隔離病棟に収容され、その折にたくさんの電気ショック療法を受け、あげくのはてにはロイコトミー〔前頭葉白質切截術〕を勧められた。最近の四年間、患者は施設で過ごし、しかもその間じゅうずっと、騒々しい病棟で過ごさねばならなかった。ところが、電気ショック療法も、バルビツール酸系薬剤〔抗てんかん薬〕・フェノチアジン系薬剤〔向精神薬〕・モノアミン酸化酵素阻害薬〔抗うつ薬〕・アンフェタミン薬剤〔中枢刺激薬〕を用いた集中的治療も、何の効果もなかった。ベッドの周りの一定の範囲の外に出ることも患者にはできなかった。あらゆる鎮静剤の投与にもかかわらず、たえず患者は極度に興奮していた。経験豊かな精神分析医による一年半にわたる集中的治療が施設にいる間に実施されたが、同様に成果がなかった。一九五九年三月一日、ゲルツ博士が治療を引き継ぎ、しかもその治療に逆説志向が用いられた。即刻あらゆる薬物治療が中断されたが、それにもかかわらず、新たにとられた方法で症状や恐怖を次々と取り除くことに成功した。まずはじめに、この女性患者が指示されたことは、卒倒を望むことであり、できるだけ不安になろうと決心することであった。わずか一週間足らずのうちに、患者は、以前にはできなかったすべてのこと――病棟の外に出ること、エレベーターに乗ることなど――を、卒倒し意識を失うぞという強い決意をもって行うことができ、「どれほど上手にパニック性の不安によって麻痺を起こすことができるか」をゲルツ博士にひとつ十二分に見せつけてやるぞという確固たる決意で行うことができたのである。たとえばエレベーターで患者はこう言った。「驚きましたわ、先生。こうして私は崩れ落ちて不安になる努力をしてはいますでしょう……いくら努力してもだめです。とにかく私にはもうそれができません。」そして次に、患者が取りかかったのが、長年の間で初めて施設の外をあちこち散歩して、故意に怖がろうとすることであった。しかし、それも実際にはできなかったのである（患者は「パニック状態や麻痺状態になろうとたえず懸命に努力した」とのことである）。五カ月後、この女性患者には、いくつかあった症状がなくなっていた。週末の一時帰宅の間に、信じられないことに二四年間で初めて、患者のあらゆる恐怖がなくなっていた。正確に言えば、それでもやはり、なくならない恐怖があった。ただ一つ、橋を渡ることだけは患者を苦しめた。そのことをうけて、患者は施設に戻ってから、まだその日のうちの晩に、ゲルツ博士の自動車に乗せられて、ある橋に行き、その橋を渡った。「さあ、およそ可能なかぎり不安になろうと努力してください」と博士は言った。「うまくいきません。不安になれません。先生、うまくいかないんです」と患者は答えた。その後まもなく患者は退院した。それから四年半が過ぎたが、今も患者は家族に囲まれて正常で幸福な暮らしをしている。一年に二、三度はゲルツ博士の診察を受けたが、それはただ、患者が感謝を述べるための機会にすぎなかった。

――患者D・F（四一歳、既婚、二女の父）

患者は典型的な「実存的空虚感」に苦しんでいた。それと共に、患者は人前で字を書くことができず、書こうとするとすぐに手がぶるぶる震えるほどであった。この手の震えは重症化し、取るに足らない機械的な動作さえ人の面前ではできなくなった。そのため、それはますます患者の職業生活における深刻なハンディキャップへと発展したのである。たとえば、患者は会社では、中身の入ったコップを持ち上げることすらできず、ましてや喫煙者にタバコの火を貸すことなどできはしなかった。さて、患者への療法上の指示は、周りの人々に自分が「どれはど見事に震えることができるかをまあ一度披露しなさい」というものであった。「あなたがどれほどナーバスになることができるか、どれだけたくさんコーヒーをこぼすことができるかを、まあ一度その人たちに見せつけてやりなさい。」さて、三回の治療を経て、患者はどうしてもそれをすることができなくなっていた。「とにかくうまくいきません。私はもう震えることができません。もうそれを怖がることすらできません。怖がろうといくら努力しても、できないのです」と患者は言った。最終的に、実存的空虚感の治療にも成功したのである。（ゲルツ、前掲症例報告集）

――患者A・S（三〇歳、四人の子どもの母）

患者は、重篤なパニック性不安状態、とくに絶え間ない死への不安に苦しんでいた。ここでは症例の細かな点にふれることはできないので、この症例における逆説志向の指示だけに限定して述べることにしよう。その指示は次のとおりであった。「今日から少なくとも毎日三回、心臓麻痺で死ぬことにしましょう。」この症例で注目すべきことは、切実な夫婦間の葛藤が神経症の基礎になっていたという事実である。そして、逆説志向を用いた短期治療によって即座に症状が緩和された後、この精神療法の治療の過程でS夫人は夫婦間の葛藤までもただちに解決することができたのである。「この解決をもって、想定される神経症的葛藤の理解や研究が逆説志向の使用のおかげで不要になるかと言えば、そんなことはない。むしろ、逆説志向が成功を収めた症例であっても、伝統的な精神療法の視点であれロゴセラピーの視点であれ、そのような葛藤についての徹底的な検討が必要であることは言うまでもない。」（ゲルツ、前掲症例報告集）

――患者W・S（三五歳、既婚、三人の子どもの父）

患者をゲルツ博士に紹介したのは主治医であった。患者は心臓発作で死ぬという恐怖、詳しく言うと、とくに性交と時間的・因果的に関係して起こる心臓発作が原因となって死ぬという恐怖に苦しんでいたのである。患者の器官の精密検査が徹底的に行われたが、その検査結果は正常値を示していた（心電図も正常であった）。ゲルツ博士が患者に最初に会ったとき、患者は不安げで、緊張し、まさに抑うつ状態であった。患者がゲルツ博士に伝えることができたのは次のようなことである。確かに自分はいつも神経質で、すぐに不安になり心配ばかりしてきたが、しかし今のような状態はこれまで一度も体験したことがない、と。さらに患者はこうつづけた。ある夜、性交の直後に体を洗いに浴室に行き、その際に身をかがめてバスタブをまたいだ。そのとき突然、心臓部に激痛を感じ、それが契機となって自分の中にパニック性の感情が生じた、とのことである。加えて、心臓病で姉が二四歳という年齢で、母が五〇歳で亡くなったことを患者は思いだしたという。今度は自分にも同じことが起きると予期したわけである。続いて急激な発汗が起こり、患者は自分に死が訪れたと考えた。患者が自分の脈拍を観察しだしたのは、その夜からである。当然ながら、この不安によって患者はくりかえし心悸亢進で苦しむことになった。主治医が「あなたの器官は健康です」といくら確約しても、何の効果もなかった。どうやら事の真相は胸郭肉離れの併発にあり、それは身をかがめてバスタブをまたぐことによって引き起こされたものである。それが解発因となり、予期不安の悪循環を進行させるきっかけとなったというべきである。さて、ロゴセラピーの治療の過程で、こうしたことすべてが患者に説明された。そして患者自身に求められたのは、心臓麻痺をさらに促進させるよう全力を尽くすこと、それどころか、「心臓麻痺で即死すること」であった。それに対して、患者はもうすでに笑いながら、次のように答えた。「先生、そう努力するにはしましたが、でもうまくいきません。」その次に患者に要請された類似の行動は、いつも予期不安に襲われなさいというものであった。あげくのはてに、患者は次のような指示を受けて診察室を後にした。「少なくとも毎日三回は心臓麻痺で死ぬために全力を尽くしなさい」、と。三日後、患者が再び来談したとき、症状はなくなっていた。患者にとって逆説志向の適用はうまくいった。患者が治療に来なければならなかったのは、合わせてたったの三回である。その後依然として、つまり一年半前から今日まで、患者からの苦しみの訴えはない。

――患者P・K（三八歳、既婚、二女の父）

患者は、二一年以上もの間、一連の不安神経症と強迫神経症の重篤な症状に苦しんでいた。その中心は、同性愛者になることへの恐怖、すぐ近くにいる任意の男性の性器をつかもうとすることで社会的信用がそれっきり失墜してしまうことへの恐怖であった。精神科医からは、統合失調症という診断がすでに下されていた。そのうえ、患者は薬物療法も電気ショック治療も受けさせられた。しかし、彼の恐怖をやわらげるものは何ひとつなかった。ゲルツ博士の診察室を初めて訪れたとき、K氏は緊張し、著しく興奮し、泣きぬれていた。「二〇年以上もの間ずっと、私は正真正銘の地獄を通ってきました。私は秘密のすべてを守り通してきました。それを知っているのは妻だけです。ですから先生に誓って言いますが、私の恐怖がやわらぐとすれば、それは眠っているときだけです。」誰かのペニスをつかむことへの恐怖がきわめて強烈に患者を襲ったのは、たとえば理髪店に行かねばならなかったときである。そのときいつも患者は、社会的信用をなくすだけでなく失職もせねばならないと同時に想像した。それほどまで患者の人生を地獄に変えた数々の強迫恐怖について、ここでこと細かにふれることはできない。いずれにせよ、強迫恐怖がもたらしたハンディキャップは甚大であり、患者はたとえば休暇にどこにも出かけられないほどであった。さて、六カ月にわたり週に二回ロゴセラピーの治療が行われた。これまた同様に、症状が次から次へと取り除かれていった。最も重要な部分のみをとくに取りあげるとすれば、街であれレストランであれ、どこであろうと、与えられた機会のすべてを利用して、誰かのペニスをつかみなさいと患者は「忠告」されたということである。そのとき、K氏は笑いだした。自分の強迫恐怖までもがおかしくなって笑いだしたのである。それからほどなくして、ついさっきまで患者を悩ませていた強迫恐怖そのものが止んでいた。それにしても、一番印象的だったのは、患者の人生で初めての飛行機旅行についての報告である。患者はその旅行ができる状態にまでほとんど回復していて、休暇中にフロリダに帰郷したのである（そもそも患者が休暇に旅行に出る決心がついたこと自体、長年の間で初めてのことであった）。患者がゲルツ博士に語ったところによれば、「まともに努力して」飛行機でパニック性の不安に陥ろうとしたり、とりわけ、「客室をうろつき回り、人のペニスを次々にまさぐろう」とした。結果はどうだったか。不安はまったく問題にならず、むしろ、休暇旅行はひとえに喜ばしい体験の連続であった。患者は、完全に苦しみから解放され、すっかり正常な状態になった人生にあらゆる点で満足している。

——患者A・A（三一歳、既婚）

患者は九年前からさまざまな恐怖症に苦しんでおり、その中心は重篤の広場恐怖症であった。容体はひどくなり、あげくのはてに、この女性患者は家からまったく出られなくなるほどであった。患者は、精神科の診療所や大学病院でくりかえし治療を受けた。しかも、その治療は精神分析であり、電気ショック療法であり、薬物療法であった。これらは患者に効き目がなかったというだけにとどまらなかった。予後不良と診断されたのである。「そこで、この症例に私の助手の一人がロゴセラピーの治療ないしは逆説志向の適用を実施した——あらかじめこの助手には私からフランクルの技法が伝授されていたのである。かかった時間は合わせて六週間たらずであった。その後、患者はわれわれのク

リニックに来なくてもよくなり、症状もすっかりなくなり、それから三年が経過している。」（ゲルツ、前掲症例報告集）

――患者S・H（三一歳）

患者の症状は、右に述べたものと非常によく似ていた。ただし、その神経症はもう十二年間も続いていた。たびたびクリニックやサナトリウムといった施設へ収容され、それらの施設でそれぞれ著しく異なった種類の治療処置が実施されたが、まったく効果がなかった。あげくのはてに、一九五四年にロイコトミーの手術が行われたが、それも同様に効果がなかった。ところが、逆説志向の適用によって容体が六週間以内に改善した。「その後、この女性患者はわれわれのクリニックを退院し、まる三年半が経過したが、症状はすっかりなくなり、患者からの苦しみの訴えはない。」（ゲルツ、前掲症例報告集）

さらにゲルツ博士は、第六回精神療法国際会議において開催されたロゴセラピー・シンポジウムで次の二つの病歴報告を行っている。

——患者R・W夫人（二九歳、三児の母）

患者は、一〇年前から続く恐怖症のために、すでに何度も精神科の治療を受けていた。五年前から患者はサナトリウムに入らねばならず、そこでは電気ショック療法を用いた治療が行われた。最終的に患者はコネチカット州の病院に収容されることになるのだが、それはゲルツ博士が患者の治療を引き継ぐ二年前のことであった。その病院を退院後、この女性患者は前に居たサナトリウムの友人を訪ねた。その友人は精神分析をさらに二年間ずっと続けていたのである。結局、この女性患者が実際に学んだのは自分の神経症を心理力動的に解釈することであった。しかし、彼女は神経症から解放されることはなかった。さて、ゲルツ博士を訪れたとき、患者は多発性恐怖症に苦しんでいた。それは高所恐怖・孤独恐怖・会食恐怖であり、しかも患者は恐怖のせいで必ず嘔吐し、パニックになる可能性があった。さらには、スーパーマーケットを訪れる恐怖、地下鉄を利用する恐怖、人々の中にまぎれこむ恐怖、一人で車を運転する恐怖、赤信号で止まると車がきっと動かなくなるという恐怖、教会のミサ中に大声でわめいたり冒瀆の言葉をはいたりせざるをえないという恐怖などがあった。ゲルツ博士がこの女性患者に指示したのは、これまで恐れてきたもののすべてをまさに待ち望むということであった。たとえば、夫や友人と外出し、会食の際に皆のまさに「面前で嘔吐し」、「考えられるかぎり最高に不潔な盛りつけ」をする決心をしてもらいたい、というものであった。実際に女性患者がさっそく取りかかったのは、車でスーパーマーケットに行き、美容院に出かけ、銀行に行き、「およそ可能なかぎりの不安に襲われようと努力すること」であった。結局は、何をしてもそのはとんどが成功しうまくいったと患者は誇らしげに報告することになるわけだが。六週間後には、女性患者の夫が「外出するのはいいけど、少し多すぎはしないか」と言ったくらいである。その後まもなく、患者はまったく一人でゲルツ博士の家に車で乗りつけた——少なくとも往復八〇キロの道のりである。「一人きりでもうどこにでも行けますわ」と彼女は誇らしげに言った。逆説志向を用いた治療が始まってから四カ月が経って、患者は一六〇キロ以上を旅して、ニューヨークに出かけた。ジョージ・ワシントン・ブリッジを渡り、リンカーン・トンネルを通り抜けて、バスと地下鉄を乗り継ぎ、巨大なニューヨーク全体をあちこち見て回ったのである。最終的に患者は、〔当時の〕世界一高い建築物、エンパイア・ステート・ビルディングの最上階までエレベーターで昇ったのだが、それによってあらゆる恐怖症に打ち克ち、それらから自由になるという卒業試験にパスしたわけである。そのとき患者は「すばらしいとしか言いようがありません」と述べた。夫はゲルツ博士に断言した。「妻は別の人間になりました。そして、今では夫婦の営みに満足して身も心も捧げてくれます。」そのあいだに女性患者は四人目の子どもを授かっており、その家族とともに正常な生活を送っている。二年以上も前から今まで、患者からの苦しみの訴えはない。しばらくは精神療法の治療の補助として、一日につき二五ミリグラムのヴァリウム〔Valium. 精神安定剤の商品名。バリウム（barium）とは別のもの。〕が投与された。

——**患者M・P氏**（五六歳、既婚、弁護士、一八歳の大学生の父）

次は、強迫神経症患者の症例である。この患者を、一七年前に「まったく思いがけず、青天の霹靂のように、おそろしい強迫観念」が襲ったという。当時、患者はその気になれば自分の所得税額を三〇〇ドルだけ低く見積もることによって、その分、国から税金を免れることも可能であった——実際には患者は良心に誓って誠実に税額を申告したのであるが。「それからというもの、いくら努力しても、私はこの着想から逃れることがもうできませんでした」と患者はゲルツ博士に言った。それと同時に患者の頭に浮かんだのは、自分がごまかしのかどで検事に起訴・拘留され、新聞には自分の記事が躍り、職業的地位も失ってしまうことであった。それから患者はサナトリウムに行って、そこでまず精神療法の治療を受け、その次に電気ショック療法の治療を二五回も受けた。しかしうまくいかなかった。そのあいだに容体が悪化したため、患者は弁護士事務所を閉めねばならなかった。眠れない夜が続き、患者は強迫観念と闘わざるをえなかったが、それは日に日に増幅していった。「かろうじて一つの強迫観念から解放されると、同時にすでに別の強迫観念が出てくるのです」と患者はゲルツ博士に言った。患者はあらゆることをくりかえし点検することに取りかかった——自家用車のタイヤさえも。とくに患者を苦しめたのは、種々の保険の契約が気づかないままに切れているかもしれないという強迫観念であった。くりかえし患者は契約書を点検せずにはおれなかった。それからまた、ひとつひとつの契約書を何回となく紐でくくって、特殊な鋼鉄製金庫にしまわずにはおれなかった。あげくのはてに、患者はロンドンのロイド海上保険会社で彼専用に作られた保険の契約を結んだ。その保険は、裁判業務で犯してしまうかもしれない何らかの無意識的・無意図的な誤りが引き起こす結果から患者を守るはずのものであった。しかしまた、その裁判業務もまもなくだめになってしまった。というのも、反復強迫がひどくなったため、患者はミドルタウンの精神科に収容されることになったからである。そしてそれから、ゲルツ博士による逆説志向の治療も始められたのである。四カ月の間ずっと、患者はゲルツ博士のもとでロゴセラピーに、しかも週三回取り組んだ。患者がくりかえし指示されたのが、次のように表現されるような逆説志向を用いることであった。すなわち、「すべて、くそ食らえだ。完璧主義なんか、くたばっちまえ。私としては何でもけっこう――自分から進んで拘留されるとしよう。早ければ早いほどいい。ついやってしまった誤りの結果を私が恐れているだって。では逮捕してもらおうじゃないか――毎日三回でも逮捕してもらおう。そういうことなら、少なくとも保険金は支払われるのだから。私がロンドンの紳士諸君にむざむざくれてやったかなりの金が戻ってくるというものだ。」

そして次に逆説志向の観点から患者が取りかかったのは、できるかぎり誤りを犯さねばならないとまさに望むこと、さらに大きな誤りをなそうと企てること、自分の仕事をすっかり混乱させること、自分が「誤りの世界的巨匠」であると秘書に証明することであった。そして、ゲルツ博士が信じて疑わなかったのは次のことである。すなわち、患者の中にあれこれの心配事がすっかりなくなること――というのも、ゲルツ博士の指導が向かう先にあるのはそのことなのだから――が成立するのは、患者が逆説的に志向することができ、それのみならず、まさにこの逆説志向をユーモラスに表現できたときと同時である、ということである。当然そのことにゲルツ博士は尽力するわけであるが、たとえばそれは次のような仕方である。博士が診察室で患者を迎えるとき、その一例として、こう挨拶する。「これはこれは、何ということです。あなたは今もまだ自由に歩き回っているんですか。私は、あなたがもうとうの昔に鉄格子の中にいると思っていました。私はかねてから新聞を読んでは、新聞は一体どうしてあなたがひき起こした大きなスキャンダルを今もまだ伝えていないんだろうと思っていました。」そのあとで、いつも患者は大声で笑いだす――そして次第に、患者自身が自ら進んでこうしたアイロニーの態度をとり、自分自身と自分の神経症とを皮肉ることになるのである。その仕方はたとえばこうである。「私にはすべてどうでもいいことだ――さあ拘留してもらおう。せいぜい保険会社が倒産するぐらいのものだ。」さて、治療が完了して一年が過ぎたときのことである。「あの方法――先生が逆説志向とおっしゃったものです――ですが、あれは私には本当によく効きました。あれは魔法のように効いたと先生に申すほかありません。先生のおかげで、私はまったく別の人間に四カ月で変わることができました。もちろん、かつてのばかげた恐怖が頭に思い浮かぶこともときどきあります。しかし、ご承知のとおり、いまの私はそれらの恐怖を意のままにすることがすぐにできます――いまの私はまさに、自分のあしらい方を心得ています。」そして笑いながら付け加えた。「そして先生、とくにそのひとつは、いつかはきちんと立派に拘留されることです。それ以上にすばらしいことはありません。」

ロゴセラピーの治療が比較的短期間で済むことは、エヴァ・ニーバウアー－コツデラが実存分析・ロゴセラピーの原理に基づいて実施した外来精神療法の統計的データに関する報告から、すでに明らかである。[65] そのデータでは、七五・七パーセントの者が平均して八回の治療で治癒または回復（回復とは、それ以上いかなる治療も必要ない程度をいう）したことが示されている。H・O・ゲルツはこう説明する。「治療の必要回数は、患者の病歴の長さにかなり左右される。私の経験では、既往歴が一、三週間から一カ月たらずの急性の症例であれば、四回から一二回の治療で治癒する。何年にもわたる病歴がある患者の回復には、平均して、週に二回の治療を、全体でおよそ六カ月から一二カ月間行うことが必要である。その際、新たな行動パターンの習得へある種の道筋をつけてやること、つまり、逆説志向という意味での態度転換への道筋をつけてやることがいかに重要であるかは、いくら強調しても強調しすぎることはない。そして、われわれは行動主義の学習理論から言っても次のことを十分に承知しているはずであろう。すなわち、条件反射的な出来事をその反射的な道筋から逸らせるために必要な態度転換それ自身が、新たに道筋をつけられる必要がある、ということである。そのために、まさにある種のトレーニングが必要なのである。」（ゲルツ、前掲、症例報告集〔注（64）〕）

ロンドンで行われたロゴセラピー・シンポジウムにおいてゲルツ博士が強調したことは、逆説志向を適用しようとする精神療法医が、この方法で効果を得ようとするのであれば、忍耐強く粘り強くなければならないということである。逆説志向の治療効果は、療法医がこの技法をほんとうにものにしているかどうかで、その成否が決まるというわけである。たとえば、ゲルツ博士は面識のある同僚から一人の女性患者の治療を依頼された。患者はその同僚のもとですでに一年半もの間ずっと、広場恐怖症と閉所恐怖症のために逆説志向療法を受けていたとのことである。ゲルツ博士のもとでは、四回の治療で十分であった。その治療を受けるために、患者は家を出て、買い物に行き、ゲルツ博士の診察室まで三〇キロの道のりをはるばるやってきたのである。

ゲルツ博士は最後に次のような統計データを示している。

最近の六年の間に、ゲルツ博士によって二九名の恐怖症の患者と六名の強迫神経症の患者が逆説志向を用いて治療された。恐怖症の人のうち、二二名が治癒、五名がかなりの回復、二名が効果なしであった――もっとも、この二名の症例は二次的疾病利得であった。強迫神経症の六名のうち、四名が治癒し、二名はいずれも三年をかけてすっかり仕事復帰できるほどまでに回復した。むろん、たいていの症例が慢性であったということも、この連関で指摘せねばならない。ある人は少なくとも二四年もの間ずっと神経症に苦しんできたのだ――それまではずっと、通常の、ありとあらゆる治療を受けてきたのである。

　逆説志向の持続的効果に関する疑念がくりかえし表明されている。しかし、こうした懐疑には根拠がない。というのは、逆説志向を用いて治療された後に再発することなく数年間から数十年間も経過観察されたような症例の他にも、H・J・アイゼンク〔四八〕によって新たに広まった行動主義的精神療法との連関において、次のような証明がなされているからである。すなわち、いわゆる対症療法では神経症そのものがまだ治癒してないので遅かれ早かれ別の症状が続いて起こるはずだ、というような考えは先入観にすぎないということである。アイゼンクはこう述べている。「まず第一に、この考えは証明されることなく受けいれられ、つぎに教化によって永続化したのである。(66)」さらにアイゼンクはこう続けている。「別の症状を生みださずに持続性があるような、いわゆる対症療法が完成したという事実が、フロイト派の仮説への強固な反論となるのである。」（アイゼンク、前掲書〔注（66）〕、八二頁）

　事実また、精神分析に立脚しない精神療法が効果を上げている。とくに当てはまるのが反射療法《リフレクソロジー》派である。この場合も同様に、精神的次元、すなわち本来的に人間的な次元へのアプローチが敢行されたらすぐに、その効果が増大することは言うまでもない。「その場合、神経症的症状および病的症状が同一平面上ではなく上位の平面、すなわち人格という最高の平面上で治療されることにより、計り知れない利益が生みだされるのである。(67)」

アイゼンクが起こした実験心理学に立脚する研究者たちがその効果に対して無批判的な態度を取っているが、それは問題にならない。アイゼンク自身、また、その冷静な研究姿勢を支持する者も、神経症が発病する体質的な疾病素質に関する特徴を見落としたり否認したりはしない。「神経症の症状が最も頻繁に現れるのは、過剰反応性自律神経系を遺伝的にもっていると考えられうるような人々においてである。」(アイゼンク、前掲書〔注(66)〕、四六三頁)神経症発症の体質的な基礎を考慮に入れると、やはりその精神療法は、もともと対症療法的な性質のものでしかありえないとされる。「疾病素質の治療が結局は遺伝学あるいは化学という手段に頼らざるをえない以上、心理学に基づいた治療ができることは対症療法くらいのものである。」(アイゼンク、前掲書、二四頁)だからこそ逆に、二次的な循環メカニズムを断ち切ることが重要だとするロゴセラピーの主張は、このアイゼンク編の、実験的手法をとる心理学者たちによる研究論文集のなかで裏づけられていることなのである。

とはいえ、行動主義の背後にある考え方は、理論のみならず実践においても顔を出してくる。しかもそれは偏狭という意味においてである。すなわち、行動主義的な精神療法が身にまとっている理論は、心理学的なものの平面を超えて本来的に人間的な次元、精神学的《ノオロギー》なものの空間には手が届かない。むしろ、その理論は、オルポートがひとえに実験のみを優先する心理学の人間像をしばしば皮肉ったように「機械モデル」や「ラットモデル」にとらわれているのである。このことから明らかになるのは、たとえばユーモアのような人間のみが持ちうる態度――そもそも動物は笑うことができない――

は、人間より下位の心理学的投影図ではまったく映しだされず、人間独自の現象である精神的空間において初めて立ち現れてくるということである。

ウォルピが「脱条件づけ療法」を提唱したのに対して、ビャーネ・クヴィルヘイグ[68]とN・ペトリロヴィッチ[69]は次のように指摘している。すなわち、ロゴセラピーは、神経症の症状を同一平面においてではなく本来的に人間的な現象の次元から把捉するという意味で、学習過程ならびに条件反射の平面を超越する――そして患者をそこから超越させる――ということである。それはたとえば逆説志向の過程で、神経症に対して本質的に人間的な自己距離化の能力を可動化することである。そして逆説志向においてますます可動化するのが、まさに人間に特徴的なユーモアの能力なのである。

精神療法がいわゆる「フィードバック・メカニズム」の突破という意味で効果を現すためには、ともかく、負の実践（negative Praxis）であれ逆制止（reziproke Hemmung）であれ逆説志向であれ、これらのものによって準備を整えられる必要がある。われわれの場合は、このメカニズムを特定の神経症反応タイプに分類し、不安神経症行動パターン・強迫神経症行動パターン・性的神経症行動パターンと表現し、それぞれのパターンに応じて不安への恐怖、強迫との闘い、快感との闘いとして形成されるのである[70]。この連関で是非とも指摘しておかねばならないことは、結局のところ、決定的な段階では逆説志向は踏み越えられ、ロゴセラピーで脱反省（Dereflexion）と呼ばれる最高の段階に到達するということである。詳しく言えば、神経症が克服されるのは、具体的な意味可能性が分析的に明らかにされて獲得され、それを充足し実現するように患者の人格に呼びかけ、患者の実存に要求するという仕方においてなのである。われわれはエルンスト・クレッチマー〔Ernst Kretschmer, 1888–1964

チュービンゲン学派を代表するドイツの精神医学者〕の思慮深い警告を忘れないようにしよう。「ひとびとは人格に相応しい目標へと向かう積極的な強い流れを人生に与えねばならない。よどんだ水の中でこそ、コンプレックスは最も増殖するのである。しかし、強くみずみずしい流れは、コンプレックスをさらって行ってしまうのである。[71]」

「一般的に、患者の生活史とそこで起こりうる葛藤状態とが、精神療法において入念に検討されることは言うまでもない。なにしろ、逆説志向、さらにはロゴセラピーそのものは、決して従来の精神療法に取って代わろうとするのではなく、むしろ、その補完であろうとするのだから。[72]」「精神分析とロゴセラピーの敵対関係をでっちあげることを私は好ましく思っていない。なにしろ、逆説志向の技法を用いて得られた結果を精神分析から理解・解釈することすら、造作のないことだからである。そのような試みは、エディット・ヨエルソンによって初めて着手された。少なくとも、次のようには言えるであろう。すなわち、抑圧された攻撃性の産物と解釈される恐怖症が取り除かれるのは、ほかならぬ逆説志向の過程において、恐れるあまりいつも障害を来すまさにそのことを行うように患者が促されるという仕方によってでもある。言い換えれば、患者がその攻撃性を少なくとも象徴的な意味で存分に生かすように促されるという仕方によってである、と[73]」〔ゲルツ、前掲書〔注（64）〕〕。「それにもかかわらず、精神分析を学ぶために歳月を費やしてきたような精神科医は、フランクルの技法に対して先入見を克服することがあまりにもまれであり、その結果、ロゴセラピー的方法の有効性を自分で試すことをとおして納得する者はきわめて少数であるという事実をわれわれは知りすぎるくらい知っているのである。しかしながら、われわれは、学術的精神にのっとって、療法上の可能性として考慮に値しうるものはどんなものであれ、偏見にとらわれずに吟味しなければならない。このことは、ロゴセラピーの方法、とりわけ逆説志向については、それだけいっそうよく当てはまるであろう。なにしろ、それは当初から、決して従来の精神療法に取って代わるものではなく、その補完として考えられていたのだから」(ゲルツ、前掲書)。

眠れぬ夜という不安な予期にとらわれている人が眠りたいと思うのはもっともなことである。しかし、ほかならぬこの眠りたいという願望によって、その人は同時にすでに安らげず、まさに眠れないのである。それもそのはず、緊張の緩和ほど、眠りに入る前提条件とされるものはないからである。しかし、そのような緊張の緩和は実現しないわけである。それゆえ、こうした睡眠障害の精神療法の場合でも、予期不安という悪循環を断ち切ることが、どうしても必要なのである。そして、これまた同様に、そのことをおそらく最も容易にあっさりと遂行することができるのは、逆説志向を用いて睡眠障害という特殊な予期不安の出ばなをくじくことによってである。そのために唯一必要なことは、眠ろうと努めるのではなく、たとえばただ緊張緩和の訓練をしようと患者が文字どおり決心することなのである。患者が「そもそも有機体であれば、おのれが無条件に必要とする睡眠をこれまた同様に無条件に手に入れるものだ」と信じるくらいになるまで、自分の有機体への信頼をもつように患者を指導せねばならないのである。

合衆国テネシー州ナッシュビルにあるヴァンダービルト大学付属精神病院のハンス・ヨアヒム・フォアブッシュ博士は、オーストリア医師会主催の精神療法に関する会議で、重篤の慢性睡眠障害における逆説志向適用の知見について報告している。博士は、たった一年の間に、一〇年来睡眠障害に苦しんできた患者の三八の症例のうち三三の症例を、平均すると一週間以内の治療期間で正常な睡眠状態に回復させることができた。さらに言うと、患者たちはそれまでくりかえし治療がなされてきたが効果がなく、半数の症例においては明らかに薬物依存が一役買っていたのである。フォアブッシュ博士の症例報告から次の二つの症例を再録してみよう。

――症例1（四一歳、新聞記者）

患者は二〇年来アルコール中毒者であった――しかも患者がそうなってしまったのは、とりわけ睡眠障害のせいであった。患者は振戦せん妄(四九)のため病院にくりかえし収容されることになった。この三年間、患者は仕事を行うことができなくなっていた。病院に収容された後、患者は最初の逆説志向の課題を与えられたが、それに対して患者はゲラゲラ笑いだした。患者はフォアブッシュ博士のことを頭のおかしな人と呼び（「先生は頭がどうかしている」）、また博士に対して攻撃的になった。ところが、結局、患者は一度試してみようと決心した（「一度試してみます」）。だが、そこにはっきりとあらわれていたのは、「薬がなければ、うまくいかないだろう」という確信であった。次に患者が指示されたのは、夜中にナッシュビルの病院の並木道や庭園を散歩することと、仕事をすること、つまり記事を執筆することであった。案の定、その効果が現れた。わずか一週間後、患者は何年かぶりに初めて三時間ぶっ通しに眠ることができ、その次の二週間のうちに患者の眠り自体が正常な状態にまで回復した。その後、こうした精神療法の治療が徹底して継続されるにつれて、当然ながら治療は当該の症例における単なる症状にすぎない睡眠障害を超えてその深部へと至るわけだが、折にふれて患者は次のように言った。「フォアブッシュ博士の医師としての能力を私は本当に疑わしいものだとずっと思っていました。だから、自分の政治的コネを生かし、すべての影響力を使って、ナッシュビルの病院での博士の指導的な地位を失わせようと考えていたほどです。」そうこうするうちに、患者は自分の睡眠状態が正常になったことに非常に感銘を受けた。アルコール中毒の症状のためにしかるべきあいだ引き続き病院に滞在したが、そのあいだに、患者は病院仲間のうちで最も熱心な逆説志向の宣伝担当になり、アルコール中毒の精神療法的自助グループの指導的人物になったほどである。

——症例２（四九歳、労働者）

患者は心因性の喉頭痙攣のために気管切開術を二回受ける必要があった。初回の気管切開の後、カニューレ〔気道確保等のため、からだに差しこむ管〕が除去されるとすぐに、患者は窒息に対するパニック性の予期不安に陥ったので、実際にもう一度、気管切開術を受けねばならないほどであった。反応性うつ病と続発する自殺念慮のために、患者はナッシュビルの病院に入れられた。二回目のカニューレの除去は、その病院施設内で行うことが予定されていた。けれども、カニューレがまだ元の場所〔気管〕に入れられている間、現に窒息発作は続き、不安は増していった。そこで、逆説志向の観点から一つの試みが講じられた。カニューレが除去され、患者がフォアブッシュ博士から受けた指示は「正しい窒息発作」を披露することであった。そして二、三度その手順がくりかえされた。案の定、効果が現れたのである。ほんの数日後にはもう、カニューレが完全に除去された。次に、重篤の慢性睡眠障害の治療が行われ、しかも同様に逆説志向が用いられた。これについても、ほんの数日のうちに効果が現れた。患者が働けなくなって一年以上になっていたが、ナッシュビルの病院を退院した後、患者は自分の仕事を再開することができた。その後は、度重なる検査で明らかなように、何らかの苦しみの訴えは依然としてないままである。[74]

R・フォルハルトとD・ランゲンは逆説志向の方法に関する専門的知見の持ち主である。「逆説志向がとくに恐怖状態・予期不安・性的不能に適用されると、かなりの効果が現れた。[75]」また、ヴュルツブルグ大学教授のハンス・ヨアヒム・プリル博士は、大学付属婦人科病院の症例に基づき、当該症例において「逆説志向が有益であった」と報告している。[76]ある観察結果では、女性患者が妊娠したいと願うあまり、四カ月間ベッドから起きあがれなくなってしまった。受胎への疑念という点で患者の態度は年とともに硬化し頑なになっていたので、プリル教授は「逆説志向を少しアレンジして患者にこう言った。『さしあたりはずっと妊娠できないでしょうから、まずは肉体をベストコンディションにすることが先決です。無事に子どもが生まれてきてほしいなどという実現不可能な願望は絶対に取り下げる必要があります。』沈うつな情動反応の後、患者は保養地へと旅立った。そして二週間半後、患者から妊娠することができたという知らせがあったのである。[77]」

終わりに、ウィットに富んだ話として次の症例にふれておきたい。マンフレート・アイゼンマンは、学位請求論文「吃音の病因論とその治療——とくにV・E・フランクルの逆説志向法を考慮して——」(Manfred Eisenmann, »Zur Ätiologie und Therapie des Stotterns unter besonderer Berücksichtigung der paradoxen Intentionsmethode nach V.E. Frankl«, Psychiatrische und Nervenklinik der Universität Freiburg im Breisgau, 1960.）において、「逆説志向が図らずも適用された印象的な例」としてゲッパートの言葉を引用している。「ある吃音患者が次のような話をした。彼は吃音の笑い話を仲間たちに語ろうとしたのだが、しかし、吃音の物まねをしようとしたそのとき、思いかけず彼は流ちょうに話しはじめてしまった。結局、その場に居合わせたゲストの一人が口をさしはさんできた。『もういい加減にしてください。全然つかえずに話してるじゃないですか』」

次の個人的なやりとりは、マインツ大学教授で付属神経科病院院長であるハインリヒ・クランツ博士が私に語ったものであるが、少なからず注目に値すると私には思われる。「何年も前に、私がまだフランクフルトで開業医をしていました頃、そもそもあなたとあなたの逆説志向を知るずっと前のことですが、ギムナジウムの生徒（第四・第五学年〔日本の中学生〕くらいの生徒でした）が診察時間に私のところにやって来ました。その生徒はひどい吃音でした。それだけではまだ、とくに取り立てて言うことではないでしょう。ところが、興味深いのは、その少年が私に述べた内容なのです。いくら努力しても吃音になれないことが、一度だけあったと言うのです。父母会にむけて少年のクラスでは、生徒たちによる芝居の準備をしていました。その芝居でも吃音役が一人登場するのです。クラスのみんなが吃音役はその少年にぴったりだという顔つきをしていたことは言うまでもありません。しかし、その少年は……完全に『期待はずれ』だったのです。彼はその役を演じようとしたのですが、いくら努力しても言葉が流ちょうになってしまうのです。それで、その役は別の生徒がしなければならなくなったのです。」

〈3〉うつ病の心理

内因性精神病であっても、ロゴセラピー的治療の対象になる場合がある。もちろんその場合に治療されるのは内因的な構成要素ではなく、つねにそれと一緒に働いていると考えられる反応的・心因的な要素である。さきに精神病という形式での心理的運命に対する人間の精神的態度について述べた際に、病像形成的契機は、病像成因的契機とは反対に、精神病的事象の何らかの自由な形成の結果として理解されねばならないことを指摘しておいた。また、それと同じ連関で、その原因が内因性である抑うつ状態の例をも挙げておいた。この場合、心因性の要因に応じて、薬物治療のほかに精神療法的治療も可能であったが、それればかりでなく、そのいずれよりも卓越したロゴセラピー的治療も可能であった。このロゴセラピー的治療が意図していたのは、病気を運命と見なすことに対する患者の全面的な態度転換であったが、しかしそれと同時に、使命として人生に向きあうことへの全面的な態度転換でもあった。

人間が自分の精神病的事象に対して取る精神的態度にロゴセラピー的な変化が起こる場合は――そもそものような変化が可能であるということは――、それに先立って生じた「病像形成」のうちにすでに何らかの態度決定が含まれていることは明らかである。そのかぎり精神病患者の取る行動も、つねに運命的・「被造物的」疾患の単なる結果以上のものである。すなわち、それは同時に患者の精神的態度の表現なのである。この態度は自由な態度であり、またそのように自由なものであるかぎり、正しい態度を取ることを求められている。この意味では、精神病ですらも結局は、何らかの形で人間に対する一つの試練であり、精神病患者における人間的なものを証明するための試練である。病像形成は、精神病的なものが人間的なものから影響を受けたものとして、この人間的なものに対するテストなのである。精神病においてすらも、この病気に対する患者の自由な態度のうちに存在する自由の余地によって、患者はつねに態度価値を実現することが可能なのである。この自由の余地を患者に示すのが、ロゴセラピーの役割である。ロゴセラピーは、精神病においてもなお、また精神病にもかかわらず、患者に価値実現の可能性を見させるのである。たとえそれが態度価値の実現という意味でしかないとしても、である。

われわれの考えでは、精神病的な存在でもなお自由度を有している。事実、内因性抑うつを病んでいる人間でも、なおその抑うつに抵抗することができるのである。この事実を、ある病歴の概要を手がかりにして説明することにしたい。ここに一つの人間的な記録があると私は思うのである。カルメル会修道女であったこの女性患者は、日記に発病と治療の経過を記していた（なおここにはロゴセラピーに立脚した治療だけでなく、薬物治療の経過も記されていることに注意していただきたい）。次に引用するのは、その日記の一部である。「悲哀こそ私の変わらぬ同伴者である。何をするにしても、それが鉛のおもりのように私の心に重くのしかかっている。私の理想はどこにいってしまったの。かつてひたすら求めた、高尚にして美しきことども、いっさいの善はどこにいってしまったの。あくびが出るような退屈だけが私の心をとらえている。生きることは、空虚のなかに投げ入れられているようなもの。なにしろ、痛みでさえ私に身を任せることを拒む時間ばかりがあるのだから。」つまり、ここには、うつ病性知覚麻痺の徴候が見られるわけである。患者の日記は次のように続いている。「こうした苦悶のなかで、私は万人の父なる神を呼び求めた。それでもやはり、神は沈黙しておられた。だから私の望みは、ほんとうにただ一つしかなかった――できればすぐに、今日のうちにでも、死ぬことである。」しかし、この後、急変が起こった。「もし私が、生殺与奪の権を握っているのは私ではないという信仰心をもっていなかったとすれば、おそらく私はとっくに自分のいのちを何度も投げ捨てていただろう。」彼女は勝ち誇ったように続けている。「この信仰の中で、あまりにも過酷な苦悩が変化しはじめる。人生は次から次へと成功を目指す歩みでなければならないと考える者は、あたかも建築現場の前に立って、頭を左右に振っている愚か者のようなものである。彼は、大聖堂が建てられるというのに、地面が深く掘られているばかりだ、と不思議がっているのである。神はすべての人間の魂を材料にして聖堂をお建てになる。そのお方は、今まさに私のもとで基礎をお造りになっているのだ。私の使命はただ、そのお方の鍬入れに喜んで私を差しだすことである。」

さて次に、この内因性抑うつを実存分析的に理解し、それを一つの実存様式として把握することを試みてみよう。内因性抑うつの特殊実存分析で真っ先に問題になるのは、その前面にあらわれている症状、すなわち不安である。身体的に見れば、内因性抑うつは生気的沈滞にすぎず、決してそれ以上の意味をもたない。というのも、内因性抑うつ患者の身体が緩慢な沈滞の状態にあるとしても、それだけでは、うつ病のすべての症状を十分に説明してはいないし、うつ病の不安すらまだ十分には説明していないからである。この不安は、主として死の不安と良心の不安である。このようなうつ病の不安感や罪責体験を理解できるのは、われわれがただそれらを人間存在のあり方として、人間の現存在の様相として把握するときだけである。単なる生気的沈滞からだけでは、その不安は説明のつくものではない——周知のように、この生気的沈滞それ自体すら説明されていないのであるが。そもそも、うつ病的体験を可能にするものは、病的なものを越えたものである。すなわち、まず人間的なものが、もともと単なる生気的沈滞にすぎないものからうつ病的な体験の仕方をつくりだすのであり、この体験の仕方はまさに人間存在の一つのあり方なのである。内因性抑うつという単なる疾患からは、精神運動および分泌の制止といった症状が生じるにすぎないが、それにひきかえ、うつ病的体験は、人間における人間的なものと人間における病的なものとの対決の結果なのである。身体的沈滞に基づくある種の抑うつ状態（ならびに不安性興奮）だけならば、きっと動物の場合にも見られることであろう。けれども、人間の本来的な内因性抑うつの病的指標である罪責感情・自己非難・自責感といったものを動物のうちに想像することはできないであろう。内因性抑うつ患者における良心の不安という「症状」は、身体に起因する病気としての内因性抑うつの産物では決してなく、すでに人間の一つの「業績」なのである。良心の不安は、ただ生理学的なものの彼岸から、ただ人間的なものからのみ理解されうる。それは、人間そのものの不安としてのみ、すなわち実存的不安としてのみ理解されうるのである。

内因性抑うつの生理学的基盤である生気的沈滞がもたらすものは、ただ機能不全感だけである。しかし、この機能不全感が自己の課題〔使命〕を果たすことに対する不満足感として体験されるという事実は、この病気の内因性を本質的に越えたものである。不安は動物も持つことができる。しかし良心の不安や罪責感情を持ちうるのは、人間としての人間、すなわち、その存在が当為に対して責任を有している実在としての人間だけである。人間が有しているような精神病は、動物の場合にはまったく考えられない。したがって、この人間的なものは、精神病に本質的に関与しているのでなければならない。すなわち、精神病の基盤にある身体的に条件づけられた事象は、それが精神病的な体験になるに先立って、つねに本来的に人間的なものの中へ移調されるのである。つまりそれは、まずもって人間的な主題になっていなければならないのである。

　ところで、内因性抑うつの症例においては、心身的な機能不全は、ただ人間にのみ相応しい仕方で体験される。すなわちそれは、自己の存在と自己の当為との間の緊張として体験されるのである。内因性抑うつ患者は、当然ながら、自己の人格とその理想との間の距離を途轍もないものとして体験する。人間存在そのものにとって本質的なものである現存在の緊張が、生気的沈滞によっていっそう高められる。存在と当為との隔たりが、内因性抑うつにおいては、機能不全体験によって拡大されるのである。内因性抑うつ患者にとって、存在と当為の隔たりはひとつの深淵に化する。しかし、このように開かれた深淵の奥底において、われわれが認めざるをえないものは、責任存在としての人間存在すべての根底にあるもの、すなわち良心である。それゆえ、うつ病的人間における良心の不安は、人間固有の体験である充足必要性と充足可能性との間の緊張がいっそう高められて体験されたために生じたものと理解されるべきである。

　このように課題を果たせないという極端な機能不全感を伴ったうつ病的体験は、さまざまな特殊な形において現れる。典型的な中産階級の人がうつ病的妄想による貧困不安を発症する場合、その機能不全感が向けられる対象は金もうけという課題であろう(五〇)。すなわち、ショーペンハウアーは「存在としての人間」「所有としての人間」「外見としての人間」を区別しているが、右のようなタイプの人間がうつ病を発症する場合、彼の良心の不安や罪責感情は、彼の発病前の関心の重心に従って「所有としての人間」に向けられるのである。また、発病前に生命の不安感を抱いている人が死の不安に陥る場合、そのうつ病的な不全体験は生命維持という課題に向けられており、発病前に罪責意識のある人や単に小心の人が良心の不安に陥る場合は、道徳的正当化という課題に向けられているのである。

内因性抑うつという生気的基礎障害によって、うつ病的人間の現存在の緊張が過度に高められて体験されるならば、その人は自分の人生の目標が達成不可能のように思わずにはいられない。こうして彼は、目標や目的や将来といったものに対する感情を失うのである。「私は人生を過去に向かって生きていました。」これは、ある女性うつ病患者の言葉である。「現在はなくなりました――私は過去の人生の中に消え去ったのです。」将来に対する感情の喪失、「未来がない」という体験と同時に、人生はおしまいだ、最期の時が到来したという感情が生じてくる。「私には、別の見え方がするのです」と女性患者は言った。「私にはもう、人間は昨日や今日の人というようには見えないで、どんな人でも死ぬ日の人のようにしか見えないのです。――老人であろうと子どもであろうと同じことです。私ははるか先を見ていました。そして私自身はもはや現在には生きていなかったのです。」この内因性抑うつの症例における根本気分は、「最後の審判の日のような」気分、怒りの日〔dies irae〕〔最後の審判を歌った中世ラテン語の聖歌の冒頭の句〕の気分であると言ってよいであろう。それゆえ、クロンフェルト（五一）が統合失調症における実存的体験を「先取りされた死」の体験とよんだのに対して、われわれはうつ病をこう表現してもよいであろう。うつ病とは「永続する怒りの日」の体験である、と。

この内因性抑うつ患者の悲哀の情動に対応するものは、躁病患者の喜悦の情動である。うつ病の不安体験には、躁病の慢心体験が対応する。うつ病的人間が自分の能力では当為に対応できないと思うのに対して、躁病的人間は反対に、自分の能力が当為よりも優っていると思うのである。このように躁病の権力感情とうつ病の罪責感情とは相互に関連している。そして、うつ病の不安がとくに将来に対する不安（破局不安、つまり破局的将来に対する不安）であるのに対して、躁病の人間はまさにその将来の中に生きているのである。すなわち、彼はプログラムを作成し、プランを練り、たえず将来を先取りし、それらの可能性が実現されるものと見込んでいる。つまり、躁病の人間は「将来のことで心がいっぱい」なのである。

内因性抑うつ患者は、自らの機能不全の体験から、どうしても自分自身の価値が見えなくなる。この価値への盲目性は、やがて環境世界にまで及ぶ。つまり、内因性抑うつ患者の価値に対する暗点は、最初のうちは自分の自我にのみ関わるものとして、いわば求心的であるが、その暗点が遠心的に広がり、非我〔フィヒテの用語。自我でないもの。自然・世界〕の価値の諸相も覆われるようになる。自らの自我が無価値にされるかぎり、この価値崩壊は世界に対しても体験されざるをえない。このような体験は、うつ病的劣等感において生じる。このとき内因性抑うつ患者は、自分自身を無価値なものとして体験し、自分自身の人生を無意味なものとして体験する。その結果、そこから自殺傾向が生じてくるのである。

内因性抑うつのニヒリスティックな妄想観念においては、さらに次のことが生じる。すなわち、価値と一緒に、価値の担い手である物そのものも消えてなくなり、価値成立の基礎そのものも否定されるのである。この場合も、その否定の対象になるのはまず自らの自我である。このとき離人症（Depersonalisation）が生じる。「私はまったく人間ではありません」と、ある患者は言った。「私は誰でもありません。私はこの世にいないのです。」しかしその後に、世界もニヒリズムの中に引き入れられ、そこに現実感消失（Derealisation）が生じる。それで、ある患者は、医師の診察時にこう言ったのである。「医者などというものはいません――そんな人間は存在したためしがないのです。」

コタールは、「永劫の罰の観念、自分は存在しないとか自分は死ぬことができないという観念」がみとめられるようなうつ病症候群について述べている[五二]。このうつ病的な「永劫の罰の観念」は容易に理解できるし、また〔自分は存在しないという〕ニヒリスティックな離人症についても前述のことから理解することができる。しかし、死ぬことができないという観念、不死であるという妄想は、内因性抑うつの形式の中では、これらとは切り離された形で現れてくる。この病像をアハスヴェール〔永遠のユダヤ人[五三]〕的うつ病と呼ぶこともできるであろう。では、このタイプの病気は実存的にどのように解釈されるべきであろうか。

内因性抑うつ患者の罪責感情が現存在の緊張の高まりによって深刻化されると、その罪をもはや消すことができないと感ぜざるをえないほど大きくなることがある。また、その機能不全体験のゆえに、自分にはまったく不可能に感じられる課題は、たとえ寿命が無限にあったとしても果たすことができないように思われるのである。ここから初めて、われわれは患者の次のような言葉は理解することができる。「私は永遠に生きつづけねばならないでしょう――それは罪をつぐなうためです。あたかも私は辺獄[五四]にいるように思われるのです。」このような内因性抑うつ患者の場合には、人生の使命的性格が度を超えて巨大なものへと高められる。そのような患者は「私は全世界を担わねばなりません」と言う。「ほんとうに、私の中には良心しか残っていません。すべてのことが私の心をひどく滅入らせます。私の周りにある現世的なことはすべて私から消え去ってしまいました。私に見えるのは来世のことだけです。私は全世界を創造せねばなりませんが、それができないのです。いまや私は海、山、そしてすべてを取り替えねばなりません。でも私にはお金がないのです。鉱山を削りだすことも、滅亡した民族を復活させることも私にはできません。でも、それは起こらねばなりません。今やすべては没落する運命にあるのです。」

自分自身のみならず世界全体が無価値化されることによって、内因性抑うつ患者のうちに一般的な嫌人症が生じる。彼は、自分ばかりか人にも嫌気がさすのである。彼の目には、もはやいかなる価値も存在しえないのである。「というのも、存在するものはすべて、滅びるに値するものなのだから。(五五)」このメフィストフェレス的な命題は世界没落観念を説明するものであるが、この観念の激情的－妄想的なあらわれが、内因性抑うつ患者の世界感情である破局不安という生命感情なのである。彼は自分の人生の使命が――機能不全体験による歪曲のために――超人間的なものに思わざるをえないのだが、この超人間的な大きさこそ、次のような超次元的な妄想的表現をとってあらわれる罪責感情を実存分析的に理解することを可能にするのである。「すべてのものは消滅する運命にあります。そして私は再びそれらを生みださねばなりません――けれども、そんなことは私にできっこありません。私が造らねばならないのは、あらゆるものなのですから。いま一体どこからお金を受けとればよいのですか。それも、とこしえに続くのですよ。私には、子馬を創造することはできません。牛や家畜もです。それらは、この世の創造の時からあるものなのですから。」

目まいの体験に仮現運動〔実際には運動がないのに、運動があるように感じる現象〕がともなうように、不安にも――不安についてはキルケゴールが自由の高所目まいとして理解することを教えてくれている(五六)――、ある種の精神的な仮現運動がともなう。つまりこの仮現運動は、うつ病の症例では、存在と当為の隔たりが深淵として体験されたとき、自我と世界、存在と価値とが没していく感情にならざるをえないのである。

内因性抑うつを対象とする精神療法という点で注意しなければならないのは、この症例ではよくあることだが、試みられた精神療法それ自体が医原性の病毒になるのではないかということである(78)。とくに、患者に対して「とにかくしっかりしなさい」と訴えかける試みは、まったく逆効果である。むしろ推奨されるのは、患者が抑うつをまさに内因性のものとして受けとるように、一言でいえば、患者が抑うつを客観化し、そのような仕方で患者自身が自分で抑うつから――可能な範囲で――距離をとるように指導することである。このことは、軽度ないし中度の症例の場合には可能なのである。われわれが患者に指示するのは、「しっかりする」ことではなく、患者の価値盲目性、すなわち自分の価値や人生の意味を見出すことに対する患者の無能力ですらも、情性疾患のせいであると意識して、その情性疾患に耐えることである。われわれは患者に、病気の間は種々の義務を免れていること、あるいはただ次の二つの義務だけを負っていることをはっきり分からせるということである。第一に、医師とその診断を信頼する義務である。――われわれはとにかく患者に、「あなたは、少なくともそれぞれの病期を経た結果、病前とまったく同じ人間に回復します」と確約できるからである。第二に、自分自身に対して辛抱強くなる義務である。この二つの義務を患者は、その治癒の日まで負うのである。

〈4〉統合失調症の心理

統合失調症の実存分析的理解を可能にするために、われわれはまず、この疾病に対する一般的心理学的所見における臨床的観察から出発することにしよう。多くの統合失調症患者には共通して、くりかえし、ある特異な体験が観察された。当の患者たちがいつも言うのは、自分たちがときどき映画に撮影されているという感情をもったというのである。しかし、この訴えを診査したとき、注目すべきことに、その感情には幻覚的基礎がまったくないということが明らかになった。つまり、患者の言うところによれば、撮影機の音が聞こえたというわけではないし、また映画撮影でなく写真撮影されていると感じるような場合でも、シャッターの音が聞こえたというわけではないというのである。また視覚という点においても、患者らの体験には撮影機は見えないし、カメラマンの姿も見えない。さらにまた、妄想的な観念も確認されなかった——もしこの妄想観念的基礎があったなら、患者らの主張は二次的合理化としての説明妄想(五七)であるという解釈で済んだわけだが。もっとも、実際に妄想に基礎を置くような症例も確かに存在する。そのような患者の中には、たとえば自分自身がニュース映画に映っているのを見たと述べる患者もいれば、また敵や迫害者が、秘かに撮影した写真をもとに、どうやら自分の身元を確認しているらしいと主張する患者もいる。しかし、このような妄想的基礎をともなった症例は、この当面の研究では最初から除外しておこう。なぜなら、これらの症例の場合、撮影されたという事実は直接に体験されたものではなく、後から過去にさかのぼってこしらえられたものだからである。

さて、このように症例をより狭く限定して選んだ場合、われわれの前に立ち現れてくるのは、純粋現象学的および純粋記述的(五八)に撮影妄想とよぶことのできるものであろう。この撮影妄想は、ヤスパースの言う意味での真正の「知の幻覚(五九)」である。さらにそれは、グルーレの言う意味での「一次妄想様感情(六〇)」に数えることもできるであろう。ある女性患者に「どこにもその証拠が見当たらないというのに、いったいどうして撮影されていると思うのですか」と質問すると、その患者は独特な答えをした。「本当に、そう思うのです――なぜだか分かりませんが。」

また、撮影妄想の典型的な病像から類似の病像への移行を示す症状も存在する。そのような患者は、たとえば自分が「録音されている」と訴える。それはとりもなおさず、撮影妄想が聴覚的な形をとって現れてきたものであろう。さらにまた、「盗聴されている」とか「聞き耳を立てられている」と主張する患者も存在する。最後に、自分がともかく「探されている」という感情を訴えたり、あるいはこれと同じほど根拠のない、自分のことが「思われている」という確信を訴えたりするような症例もこれに属するように思われる。

では、これらの体験すべてに共通するものは何であろうか。それは、人間が自分を対象〔客体〕として体験していることである、と言うことができる。すなわち、「撮影妄想」のような場合には映画撮影機のレンズの対象として、あるいは写真機のレンズの対象あるいは録音機の対象として、さらにはまた他の人間による「盗聴」や「聞き耳」の対象として、そして最後には「探されること」や「思われること」の対象として、自分を体験するということである。つまり、この最後に挙げた〔「盗聴」・「聞き耳」・「探されること」・「思われること」の対象としての〕体験型はすべて、他の人間によるさまざまな志向的行為の対象としての体験なのである。これに含まれる症例はすべて、他者の心理的活動の対象としての体験である。また、その前に挙げた症例の場合も、自分をその対象として体験させる機器は、まさに心理的活動を機械によって拡張したものであり、見たり聞いたりする志向的行為のいわば「技術的」延長にほかならない（ここから、これらの装置が、統合失調症患者にとって一種の謎めいた志向性を有しているということも理解されうる）。それゆえ、前述の統合失調症の症例の場合には、われわれは、純粋対象存在の体験とでも呼びうるような一次妄想様感情を問題にしなければならないのである。そして、このようにして得られた基盤にもとづいて、影響感情・注察妄想・追跡妄想[六一]と呼ばれるものはすべて、純粋対象存在という、より一般的な体験の単なる特殊形態として理解することができる。すなわち、統合失調症患者が自分を他人による注察志向や追跡志向の対象として体験するのは、まさにこの特殊形態においてなのだと言えるであろう。

　このように明らかになった純粋対象存在の体験を、われわれは、グルーレが統合失調症の「一次症状」に数えた中心的自我障害の一断面と見なしたい。つまり、われわれは、地質学的な断層から、より深い岩層構造が推測されるのと同じように、一次症状（いわば症候学上の表層）から、統合失調症の「基本障害」の存在を推し量ることができると考えるのである。事実、われわれは、純粋対象存在の体験の種々の現象形態を、統合失調症の体験様式における一貫した法則性に還元することができるのである。すなわち、統合失調症患者は自分自身を、あたかも自分――主観――が客観〔対象〕へと変えられてしまったかのように、体験するということである。患者は自分の心理的行為を、あたかも能動態から受動態に転換されてしまったかのように体験する。正常な人間であれば、自分自身が考え、注目し、観察し、影響を及ぼし、聞き耳を立て、盗聴し、探し、追跡し、写真や映画を撮影する、等々というように体験するのに対して、統合失調症患者は、これらすべての行為や志向、それらの心的作用が、あたかも受動態に転換してしまったかのように体験する。彼は注目「される」のであり、思わ「れる」のである。一言でいえば、統合失調症においては、心的作用の体験的受動化が生じるのである。これが統合失調症患者の心理の一貫した原則である、とわれわれは考えるのである。

興味深いことに、この体験の受動化によって、それを体験する患者が、普通なら自動詞の表現が適切であるような場面でも、それに対応する他動詞の語形を用いて話さざるをえなくなる。だから、ある統合失調症の女性患者は、「目覚める」という感情ではなく、「起こされる」という感情をいだく、と訴えたのである。さらにまた、この統合失調症体験の受動化傾向およびそれによる言語表現の受動化傾向から理解できるのは、あの周知の典型的な用語法、すなわち、動詞がおろそかにされ、――しばしば無理やりに――名詞構文が好まれる用語法である（たとえば〔「電気療法を受ける」と言う代わりに〕「電気療法受け」と言うことなど）。なにしろ、動詞、つまり「活動動詞」というものが、本質的に能動的体験を前提とし、それを表現するものだからである。

少なくとも自閉的な――観点を変えて言えば、世界に対する「能動性」が不足している――統合失調症患者の典型的な話し方は、さらに他の要素によっても特徴づけられる。それは、表現機能としては不都合な表現が目立つという点である。こうして、多くの統合失調症患者のいわゆる造語が解明され、さらには実際にそれらを理解することも可能になる。というのは、そのような人造の「言語」において、こちら側もその表現だけに使用を制限し、たとえば犬と「話す」のと同じように当の患者と話すことによって、それぞれの造語者との意志疎通に成功することがあるからである。その場合に重要なのは音の抑揚だけであって、言葉の選択では決してないのである。

　統合失調症の体験様式を心的能動性の体験的受動化として解釈することにほぼ等しいものとして、ベルツェの統合失調症理論（六二）がある。周知のように、ベルツェは、統合失調症患者における心的能動性の不全について述べている。その主要症状と彼が見なしているのは、「意識の緊張低下」である。この意識の緊張低下と、われわれが体験的受動化と特徴づけたものとを結びあわせて考えるならば、統合失調症の特殊実存分析という観点から、次のように表現することもできる。すなわち、その自己存在は、意識存在としては「緊張低下」し、責任存在としても、「あたかも」それによって冒されている「かのように」「体験」される、ということである。統合失調症的人間は、自分自身でも、自分が本来的に「実存している」とは思えないほど、その人間性全体を制限されたものとして体験するのである。こうして今や、クロンフェルトが統合失調症を「先取りされた死」と呼び、そのように統合失調症体験を解釈するようになった訳も理解されうるのである。

　ベルツェが統合失調症の過程症状と欠陥症状との区別を教えて以来、統合失調症の体験様式に関する現象学的・心理学的解釈であれ、実存分析的解釈であれ、ただ過程症状だけを対象にすればよいことが知られるようになった。ところで、私見によれば、この統合失調症の過程症状と欠陥症状の区別に類似した区別が、正常な人間における二つの体験様式の間にも存在する。それは、入眠体験（六三）と夢体験との間の区別である。それゆえ、C・シュナイダー（六四）が、「入眠思考をモデルにした」統合失調症の心理に関する研究において、まさにこの入眠思考をモデルとして選び、夢思考を選ばなかったことは正当である。これは、たとえばC・G・ユングが統合失調症患者を「目覚めている状態で夢を見る者」と理解しようとしたのとは正反対である。では、どうして正常な入眠体験がさながら統合失調症の体験様式のごとくになるのか。その理由は、まさに入眠においても意識の緊張低下がもたらされるということを考慮すれば理解できる。ジャネ（六五）の言葉を借りれば、「精神的低減」がもたらされるからである。すでにレヴィが「思考の半製品」について指摘し、マイアー－グロース（六六）は「空虚な思考カプセル」について述べている。これらの現象はすべて、正常な入眠思考時にも統合失調症の異常な思考にも等しく認められるものである。さらに、思考心理学を出発点とするカール・ビューラー学派は「思考態図式」や思考の「白紙性格」について述べている（六七）が、これら三人のいずれの研究結果においても、ある一致点が示されている。というのは、いまや次のように言いうるからである。すなわち、入眠しつつある人は、思考で満たされているわけではなく、思考の白紙状態を「経由して」眠りに入るということである。入眠思考時、思考行為の空虚な白紙状態に、直観というものが——通常ではありえないほどに——もたらされる理由も、ここから明らかになるであろう。

　次に夢思考について言えば、夢が比喩的な言葉で占められているという点で、入眠思考とは対照的である。つまり、入眠時には——意識の緊張低下にともない——意識レベルがより低い段階へと推移するのに対して、夢を見はじめるやいなや、この推移は完了し、低い意識レベルが達成されてしまっているというべきである。すなわち、夢は、この低いレベルにおいて現われるのである。そして、この覚醒から睡眠への移行時の機能変化に応じて、夢を見ている人間は、夢という原始的な象徴言語へと「退行」しているわけである。

ところで、いったん統合失調症の過程症状と欠陥症状の根本的な区別をあえて無視して、いま述べた症状（自我障害と思考障害）以外の統合失調症の症状が、心的経過の一貫した体験的受動化というわれわれが提示した説明原理によって、どの程度まで明らかにすることができるのかを問うてみよう。その際、統合失調患者の運動系が受動化にどの程度左右されるかは問わないでおきたい――緊張病や強硬症《カタレプシー》といった現象には、われわれの説明原理の適用がすぐに思い浮かぶのではあるが――。そして、幻聴の心理学的問題、つまり統合失調症の幻声〔言語性幻聴〕という心理学的問題に限って述べることにしたい。そこでまず、思考化声（六八）の現象から出発するならば、受動化原理が理解の手がかりを与えてくれる。すなわち、健康な人にはいわゆる「内的言語」という形式で思考に（多少とも意識的に）不可避的に伴う聴覚的要素が、統合失調症患者には受動的に体験されるのである。つまり、患者にはそれが、あたかも見知らぬものとして外部から聞こえくるかのように、体験されざるをえない――つまり、知覚という形で体験されざるをえないのである。そして、自分のもの、自分の内部を、あたかもそれが見知らぬもの、外部から聞こえてくるものであるかのように体験し、あたかもそれが一つの知覚であるかのように体験すること、まさにこれこそが幻覚にほかならないのである。

統合失調症の心理の説明原理である、この心的作用の体験的受動化の原理は、確かに治療の分野で実践的に適用される可能性はないものの、しかしそれでも経験的に追認されうるものなのである。たとえば、かつて、著しい敏感関係妄想[六九]をもった一人の若い男性を精神療法で治療することに成功したことがあった。患者が受けた訓練は、注目されていることに注目しないこと、自分を観察していると思われる者を観察しないこと——つまり「加害的被害者」[七〇]のように観察しないこと——であった（この場合、観察されているという患者の体験が正しいか否かという問題は最初から度外視された）。そして、この観察されているという感情は、患者がそれまでのように自分の方から周囲の人々を観察しないことを——すなわち観察されているということに注意を向けないことを——学ぶやいなや、実際にただちに消失したのである。つまり、患者自身が観察することを断念することによって、それに対応する受動的体験、つまり観察されているという体験もなくなったのである。このように精神療法的方法で達成された能動的観察の停止とともに、観察されているという受動性も取り除かれたということ、この事実は、基本障害のせいで、観察するという〔能動的〕体験が〔観察されるという〕受動態へと転換されているという想定によってしか説明がつかないというのがわれわれの見解である。

統合失調症の特殊実存分析は、必ずしも、疾病分類学的に明白な症例を対象とせねばならないわけではない。統合失調症の形態圏のもっぱら周辺部にあるような病像——たとえばまさに敏感関係妄想のような病像——の分析についても、この特殊実存分析は、統合失調症的体験様式の解明に成功すると言える。この目的のために次に取り組んでみたいのが、かつて、いわゆる精神衰弱[七一]という病像でひとくくりにされた統合失調症的精神病質の形態である。この患者の体験が「空虚感」と記述されたのはよく知られている[七二]。それに加えて指摘されたのは、患者には「現実感」が欠如しているということであった。われわれの患者の一人は、自らの体験様式を、「共鳴板のないバイオリン」にたとえることで表現しようとした。また彼は、自分のことを「あたかも自分自身の影であるかのように」体験したにすぎなかった。彼が訴える環境世界への「共鳴」の欠如は、まぎれもない離人症体験を彼の中にひき起こしたのである。

すでにハウクの論文において、強迫的な自己観察によって離人症体験がひき起こされる可能性が示唆されている。これに関連して少し所見を述べてみたい。知るということはいつでも、何かあるものについて知ることであるが、それのみならず、まさにその知それ自体を知っていることでもあり、さらには、その知がつねに我から出ていることを知ることでもある。二次的反省的行為によって反省された一次的行為は、それ自身、心的行為として与えられ、心的行為という性質をもっている。つまり、そもそも「心的」という体験の質は、反省という行為の中で、また反省という行為を通して初めて成立するのである。

この連関を、ある生物学的なモデルを手がかりにして示すことにしたい。一次的心的行為に相当するのは、生物学の例でいえばアメーバの仮足であると考えてみよう。この仮足はアメーバの細胞の中心から何らかの対象に向かって伸ばされるものである。さらに二次的反省的行為に相当するのは、より小さな第二の仮足であろう。それは、最初に伸ばされた仮足の方に「ふり向けられる」ものである。この場合、その「反省的」仮足が「伸ばされ過ぎる」と、アメーバ細胞の原形質との合胞体的連関が喪失され壊されてしまうということも、まったくよく想像できるであろう。ここにわれわれは、過度に自分自身を観察する者の離人症体験に対する生物学的モデルを持つことになるであろう。というのは、「志向弓」（七三）と呼ばれているものが——過剰な自己観察によって——「過度の緊張」をきたし、そのために種々の心的作用と自我との連関の不調という体験が必然的に生じるからである（この場合、心的作用は「自動化されたもの」として体験される）。過度の自己観察という反省的行為は、一次的行為や能動的自我との体験的連関を失うのである。そこから必然的に、能動性の感情や人格性の感情の喪失が生じる。すなわち、離人症という形態での自我障害が生じるのである。

ここで次のことを確認しておきたい。それは、心的行為に随伴する反省によって、その心的行為それ自体が主観と客観を架橋するものとして意識されるということ、さらには主観それ自体がすべての心的能動性の担い手として意識されるということである。我が「何かあるものを所有する」とき、そのあるものを所有することのほかに、所有することそれ自体を所有し、我を「自己」として所有するのである。つまり、「自己」とは自分自身を意識するようになった我なのである。ところで、このような自己反省を経た意識生成に関しても、同様に、ある生物学的モデルが呈示される。すなわち、終脳の系統発生のことである。大脳皮質——解剖学上、反省的意識と相関関係にあるもの——は、脳幹——無意識的欲動の器質的土台——の周りで反り返り「曲げ戻され」ている。それはまるで意識の抑制機能が間脳中枢の本能的反応を手に入れようとして「省みて（反省して）いる」かのようである。

離人症の症例では反省的行為の「志向弓」が「過度に伸ばされ」、その結果、それがいわばぷっつり切れてしまうと述べた。そして、そのような仕方で、過剰な自己観察において自我感情の障害が発生することを理解しようとした。さらにここから明らかになることは、統合失調症における意識の「緊張低下」が、意識の緊張過度——統合失調症的な精神病質者の精神衰弱における意識の緊張過度や、強迫神経症的な精神病質者の過度の自己観察における意識の緊張過度——と同じような自我障害という結果に至りうるか、もしくは至らざるをえないということである。というのは、統合失調症的な自我障害と精神病質的な離人症との相違は、ただ次の点にあるにすぎないからである。すなわち、前者では——意識の緊張低下に応じて——志向弓の張りがあまりに少ないのに対して、後者では——意識の緊張過度に応じて——志向弓が「ぷっつりと切れる」ほどあまりに張りつめているということである。

すでに述べたように、睡眠時には人間の意識はより低いレベルに退行するが、それと並行して生理的な意識低下、つまり非病理的な意識の緊張低下が生じる。ここから予想されることは、この意識の緊張低下は反省傾向が低下したときにも現れるのではないかということである。事実、われわれは、夢の中では思考行為の反省的広がりがいわば多少なりとも退くと仮定しうるのである。この反省的広がりの撤退はまさに次のような効果をもたらす。すなわち、「自由にたち現れる表象」の直観的要素が、いわば反省による修正という妨害を受けることなく幻覚に興じることを可能にするという効果である。

最後に、特殊実存分析の結果を、強迫神経症の体験様式と統合失調症のそれとの間の本質的相違という観点から概観するならば、結論的に次のように総括することができる。強迫神経症患者は絞り調節機能〔現実適応機能〕の不全と持続的な意識過剰に苦しむ。また統合失調症患者は「心的能動性の不全」による「意識の緊張低下」に苦しむ。一部は実際に、一部は体験的に、統合失調症患者の自我は意識存在としてのみならず、責任存在として、責任ある主体としても制限を受ける（これはまさに純粋対象体験あるいは受動化原理のことである)。しかしまた、これらすべてにもかかわらず、統合失調症患者にもなお、運命および病気に対する自由の余地が残されている。この自由の余地というものは、あらゆる人間にとって、それゆえ病気の人間にとってもなお、人生のあらゆる状況とあらゆる瞬間において、最後の最後まで残されているものなのである。

〔原注〕

(1) S. Freud, Gesammelte Werke, Band XI, S. 370.

(2) シュレーディンガーは、これとよく似た理論を存在に関してではなく生命に関して述べている。

(3) この行為の遂行そのもの(「遂行現実」)のうちに人格の本来的存在があるのであるが、これに「対立する非本来的存在として、次の三つのあり方がある。第一――「眼前存在」〔Vorhandensein 事物存在〕(伝統的様式としての――ハイデッガー)、第二――状態的なものに固執する存在。それゆえ状態的なものを超えた存在を志向しない。第三――自己自身を志向する自己反省的存在。まさにこのことによって自己を単なる眼前存在に格下げする(実存的に「決断する」存在、「現」-存在を、自己観察によって、単なる事実的存在に貶める)。

(4) この心理学的認識に類似した譬えとして、次のような極端な例を――当面の連関に即して――挙げておこう。――仮にある人が、網膜に映る像を実際に見るために、死体から切除された眼をカメラに見立てて、その模造のカメラの物理的現象を研究しようとしたとすればどうであろうか。――これと同じく、心理的現象に対する心理学の態度も、実際には、「生きた連関をもった全体」そのものから、あるものを「引き離す」ようなことをしてはいないだろうか。

（5）人間に完全な認識を求めることは、作曲家に、一つのシンフォニーではなく、シンフォニー「というもの」、いわばシンフォニーそのものを、つまり、完璧な形式と完全な内容をもったシンフォニーを書くように求めるようなものである。だが、すべてのシンフォニー、すべての芸術作品は不完全なものなのである。その点ではすべての認識が不完全であらざるをえないのとまったく同様である。すべての認識は、その視野においては一面的——それぞれの立場に限定されている——であり、その結果においては断片的なのである。

（6）われわれはこれをルドルフ・アラースとともに、緩叙法（understatement 控え目な表現によってかえって強い印象を与える表現法）の意味において超主観的（transsubjektiv）と特徴づけることができる。

（7）主観主義はそもそも、意味が存在するということを認めない。なぜなら、主観主義は本来、意味が存在するのではなく、意味を与え、それを状況に付与するのはわれわれ自身である、と主張するからである。

（8）V. E. Frankl, in: Die Kraft zu leben, Bekenntnisse unserer Zeit, Gütersloh 1963.

（9）Psychological Models for Guidance, Harvard Educational Review 32, 373, 1962.

（10）J. C. Crumbaugh and L. T. Maholick, The Case of Frankl's »Will to Meaning« Journal of Existential Psychiatry 4, 42, 1963.

（11）In : Documents of Gestalt Psychology, University of California Press 1961.

（12）ガブリエル・マルセルの次の言葉を参照。「ベートーヴェンのピアノソナタ作品一一一や弦楽四重奏曲作品一二七は、明白にして同時に言語を絶したような意味を与えることによって、人間自身を超えたところへ連れて行ってくれる。」

(13) これが実際に偉業と言ってもよいほどの業績であることを、マレク・エーデルマンが証言している。彼は一九四三年のワルシャワ・ゲットーのユダヤ人蜂起を組織し、一七年間もその指導者であったが、現在はルージ〔ポーランドの工業都市〕で医師をしている。このエーデルマン医師は英雄的行為を次のように定義している。「闘いで死ぬのは、まだしも易しい。君がもはや闘うことができなくなり、闘いが君を死に導くことがなくなっても、なおかつ堂々と歩むならば、君こそ英雄である。」

(14) 自殺することは勇気のあることか憶病なことか、という月並みな問いに簡単に答えることはできない。というのは、通常、自殺に先だってなされる内面的な闘いを無視するのは正しくないからである。それゆえ、われわれが言いうるのは、ただ次のことだけである。すなわち、自殺は、なるほど死ぬほど勇気のある《トーデスムーティッヒ》〔決死の〕行為ではあるが、しかし生きることに憶病な行為である、と。

(15) 「おれの生の『なぜに?』が明らかにされているなら、おれの生の『いかに?』は安価に手放してよい。」(Der Wille zur Macht, 3. Buch, Musarionausgabe, München 1926, Gesammelte Werke XIX, 205.)(原佑訳『権力への意志』河出書房、第七九〇節、三四一頁)

(16) さらにわれわれは、次のように付け加えてもよいであろう。すなわち、平均的人間はおそらく実際にはそれほど善良ではまったくない、本当に善良であるのは常にただ個々の人間だけであろうということである。しかし、まさにそうであるからこそ、各々の人間は、「平均人」がそうである以上に善良であるという課題をもち、またまさに「個人」になるという課題をもつのではないだろうか。

(17) 宗教的人間における責任性の意識が自ずから経験するこうした深まりを、ある具体的な例を用いて説明してみよう。そのために、アントン・ブルックナーに関するL・G・バッハマンの論文から引用することを許していただきたい。「彼の責任感は、神の面前で際限なく強くなっていった。彼は、親しかったクロスターノイブルグの修道参事会員であるヨーゼフ・クルーガー博士に、次のように語っている。『人々は私が別の仕方で作曲することを望んでいます。確かに私はそうすることもできますが、しかし私はそれをしてはならないのです。何千人もの人々の中から、神は私に恩寵を与え給い、私に、まさにこの私に、才能を与え給うたのです。私はどうしても神に対して責任を果たさねばならないのです。もし私が他の人々に従い、神に従わないとすれば、私はどのように、われわれの主なる神の前に立つのでしょうか。』」それゆえ、宗教的な態度は人間を消極的にするにちがいないという主張ほど的外れなものはないだろう。まったくその逆である。宗教的な態度は人間を最高度に活動的にしうるのである。もっとも、宗教的態度が真にこうしたことを可能にするのは、——実存的な態度をもって——常に何らかの仕方で自分がこの世で神とともに戦う者であることを知っている、あの宗教的人間のタイプにおいてだけである。神のために、この地上での「決断」がなされるのであり、この地上でのあらゆる戦いが戦い抜かれるのである——もちろんこれは、個々の人間によって、個々の人間のうちでなされるものであるが、それとともに神自身によって、神自身のうちでなされるものでもある。さてここで譬えとして、かつて自分の弟子に次のようにたずねられた、ある有名な学者についてのハシディズム〔ユダヤ教の一派〕の物語を持ちだしてはいけないだろうか。「どうか教えてください。いつ、どのようにして人間は、天が多少とも自分を赦してくださったのかわかるのでしょうか。」すると彼は答えた。「天が人間の罪を赦してくださっているということを人間が知ることのできる唯一の手がかりは、彼自身がその罪を二度と再び犯さないということなのだよ。」

(18) ここで述べている宗教性とは、神が人格的存在として、いや、人格そのもの、人格の原像として体験されるところで初めて始まるような宗教性である。この宗教性はまた次のようにも言いうるであろう。すなわち、神が最初にして最後の「汝」として体験されるところで初めて始まる宗教性である、と。このような宗教性を持った人間にとって、神の体験とは、まったく根源的「汝」の体験に他ならないのである。

(19) v. Bertalanffy, Problems of Life, Wiley, New York 1952.

(20) Kurt Goldstein, Human Nature in the Light of Psychopathology, Harvard University Press, Cambridge 1940.

(21) G. Allport, Personality and Social Encounter, Beacon Press, Boston 1960.

(22) Theodore A. Kotchen, Journal of Individual Psychology 16, 174, 1960.

(23) G. Allport, Becoming, New Heaven 1955, S. 48f.

(24) S. Freud, Gesammelte Werke, Band XI, S. 370.

(25) Charlotte Bühler, Basic Tendencies in Human Life, in: Sein und Sinn, Tübingen 1960.

(26) Psychol. Rdsch. 8, 1956.

(27) S. Freud, Gesammelte Werke, Band XI, S. 370.

(28) Rollo May, Review of Existential Psychology and Psychiatry 1, 249, 1961.〔ここに引用されている聖句については、「詩篇」一一八－一二一参照〕

(29) Charlotte Bühler, Z. exp. angew. Psychol. 6, 1959.

(30)「人間は、強い理想を信じているかぎり強くあり、理想に反するときには無力になる。」(S. Freud, Gesammelte Werke, Band X, S.113.)

(31) Charlotte Bühler, Psychol. Rep. 10, 1962.

(32) A. Gehlen, Anthropologische Forschung, Hamburg 1961, S. 65 f.

(33) E. D. Eddy, The College Influence on Student Character, S. 16.

（34）責任があることと自由であることとの相違を、負い目と恣意との対比を手がかりにして例示してみよう。恣意とは責任性のない自由であると定義することができるのに対して、負い目とは、いわば自由のない責任である。すなわち、負い目を負った者は、否応なしに〔自由なしに〕、いつかそれを解決する責任を負っている。その際に重要なのは、正しい行為、正しい態度だけである。そして、この、自分の負い目に対する正しい行為とは、後悔である。生じてしまったこと、負い目を負うことになってしまったことは、もう取り消すことはできないけれども、少なくとも道徳的なレベルでは、後悔がどれほど償いを可能にするかということ、このことをマックス・シェーラーはこの問題に関する論文の中で明らかにしている。

（35）したがって、大衆は個々人の個性を抑圧し、画一性のために自由を制限する。つまり友愛性は、群居本能に取って代わられるのである。

（36）それぞれの人間は他のすべての人間に対して「絶対的に他者である」〔絶対的に他在である〕ことによって、各人は、その相在に関しては唯一的であり、またその現存在に関しては一回的である〔相在（Sosein かくある）とは、一般に、一定の性質をもつ存在として「である」という形式で表示される。これに対して現存在（Dasein）は、有ることを指し、「がある」という形式で表示される〕。それゆえ、それぞれの現存在の意味は、一回的にして唯一的である。このことから人間の責任性も基礎づけられる。すなわち、人間の責任性は、人間の現存在が時間における継起性と空間における並立性の両面において有限であるという、まさにそのことによって基礎づけられるのである。けれども、人間の現存在のこの二重の有限性に、さらに、第三の本質的な契機が現われてくる。この契機は、まったく人間の二重の有限性をも超えるものである。その契機とは、実存の超越、すなわち、人間が何かあるものに向かって秩序づけられてあること、である。なぜなら人間は、即自的には一回的で唯一的であるが、対自的には、そうではないからである。この事実は、私の貧弱なことばよりも、ヒレルのことばによって、これ以上ないほど明確に語られている。ヒレル〔Hillel 70B.C−10A.D.）パレスチナのユダヤ教のラビ〕は、彼の人生の知恵を要約し、人生の指針を三つの問いの形で言いあらわしている。「もしそれを私がしないのなら、いったい誰がそれをするのか。また、もし私が今それをしないのなら、いったい私はいつそれをするのか。そして、もし私がそれを自分のためにだけするのなら、私は何なのだろうか。」

（37）これの反対は、不幸に直面して自分を麻痺させる人間の主観主義ないし「心理学主義」である（本書一九九頁参照）。そのような人間は、不幸を「忘れること」（Ungewußtheit〔不意識〕）——陶酔——に逃避するか、あるいは絶対的な無意識（Unbewußtheit）——自殺——に逃避するかのいずれかである。

ある女性患者は、死が人生から意味を奪うことはないということをどうしても理解することができなかった。それで彼女に、「すでに亡くなった人で、立派な業績を成し遂げた人を知りませんか」とたずねると、「そうですね、かかりつけのお医者さん……。私が子どもだった頃の……善い方でしたわ」。そう答えた彼女に、さらにたずねた。「仮に想像してみてほしいのですが、まだ生きている患者たちが健忘症にかかった、あるいはもしかすると、もうろくしたために、彼らは誰も、そのお医者さんの多くの善い行いを覚えていないのです。このとき、健忘症のために、それどころかこの健忘症の患者たちが亡くなったからといって、その善い行いは世界から取り除かれてしまうでしょうか。」この患者は答えた、「いいえ……それは残っています……」。

（38）言うまでもなく、自我のように見えるものがすべて自我であるわけではないし、エスのように見えるものがすべてエスであるわけではない。そしてこの点では、精神分析と個人心理学はまったく正しい。精神分析の場合でいえば、まさに神経症の症例において、人間の衝動性はしばしば道徳的な覆いを着せられ、「象徴的な姿」をとって意識にあらわれる。反対に、個人心理学の場合には、自我は極めてしばしば進んで見せかけの衝動の背後に身を隠す（たとえば「債務整理」の中に〔本書二三‐二四頁参照〕）。そのかぎり、両者はまったく正当である。のみならず、われわれはさらに一歩を進めて、たとえば夢に関して精神分析が説いていることはすべて依然として本質的に妥当性をもっている、と認めることもやぶさかではない。確かに、自我が夢を見ることは決してない。――では、はたして、「エス」が自我の夢を見るのであろうか？

(39) ひとは自由を「持つ」のではなく――そのような自由ならば失うこともある――「私」は自由「である」のである。

(40) 決断するのはつねに人間である。では、人間とは何であるのか。つねに決断する存在である。では、人間は何を決断するのか。次の瞬間に自分が何であるのかを決断するのである。

(41) V. E. Frankl, Man's Search for Meaning, Preface by Gordon W. Allport, 70. Auflage, Simon and Schuster, NewYork 1985.〔霜山徳爾訳『夜と霧』みすず書房、参照〕

(42) 劣等感は個人心理学にとってはつねに神経症的症状を意味するが、実存分析にとってはしばしば真の業績を意味する。その業績は、能力が実際に不足していても、とか、不足しているにもかかわらず、というのではなく、不足していればいるほど真の業績なのである。なぜなら、とくに人間が劣等感を感じている場合、彼はつねに念頭に浮かぶ価値に直面しているのであり、まさにこのように価値を洞察しているということだけでも、彼はすでに何らかの意味で正当化されるのである。

(43) 酩酊は、単なる麻痺に比べて、ある積極的なものである。酩酊の本質は、存在する対象世界に背を向けて、「状態的」体験へ、仮象の世界における生活へ向かうことである。これに対して麻痺は、不幸を単に意識しないこと、ショーペンハウアーの言う消極的な意味での「幸福」、つまり涅槃の気分に至るものである。

（44）一方の避けうる運命もしくは自ら惹き起した運命（「高貴ではない不幸」）と、他方の避けえず、変えることもできない真の運命（「高貴な不幸」）——この運命に苦悩することだけがまさに態度価値を実現する可能性を与える——との区別は、登山家にはよく知られている「主観的危険」と「客観的危険」の区別にそのまま対応している。実際、登山家の場合にも、客観的な危険（たとえば落石）の犠牲になることは「不名誉な」こととは見なされない。これに対して、主観的な危険（たとえば、装備が不十分であるとか、登山家としての経験やロッククライマーとしての技術の不足）が原因である場合には恥ずべきことと見なされるのである。

（45）人生の方でも、言葉で問うているのではなく、われわれの前に置かれている事実という形で問うている。そしてわれわれも、言葉によってではなく、われわれが為す行為という形で人生に答えるのである。われわれが事実に対して答えないかぎり、われわれは未完の事実の前に立っているのである。

（46）V. E. Frankl, Wirtschaftskrise und Seelenleben von Standpunkt des Jugencberaters, Sozialärztliche Rundschau 43, 1933.

（47）行為と自己観察とが反比例するような関係も存在するにちがいない。すなわち、一方では完全に活発に行為に没頭しながら、それと同時に、他方では十分な距離を保ちつつ鋭く自分自身を観察するという関係が存在することも排除されえないように思われる。しかし、人間が、一方では「衝動に没頭」しながら、他方では反省的に自己観察を行うというような反比例的関係に対しては、周知のハイゼンベルグの不確定性原理のアナロジー〔ここではハイゼンベルグの不確定性原理が「あちらを立てれば、こちらが立たず」という反比例的関係の譬えとして理解されているのであろう〕を思わないわけにはいかない。

（48）このことは、あらゆる理想と同じく、ただ規範的なものとしてのみ妥当する。「それは射撃の標的の中心にある黒点のようなものであって、たとえいつもそれに命中するのではないとしても、たえず注意深く狙っていなければならない」（ゲーテ）。平均的人間が真の愛に達することはまれであるのと同じように、平均的人間が愛の生活の最高に成熟した発達段階に達することはまれである。結局のところ、あらゆる人間的課題は「永遠の」課題にとどまり、あらゆる人間的進歩は無限の前進、無限なものへの前進、すなわち、無限なものの中に存在する目標へ向かっての前進でありつづけるのである。しかし、この場合でももっぱら重要なことは、個々の人間が自らの個人史において前進することである。なぜなら、人類史においても真の「進歩」が存在するのかどうか、またどのような意味での進歩が存在するのか、ということは疑わしいからである。確実に進歩と言いうるものは、ただ技術的進歩だけであるが、しかし、それも、われわれがまさに技術の時代に生きているからこそ進歩として賛嘆するだけのことかもしれないのである。

(49) オナニーにおいては、性欲は純粋に「状態的」な仕方で体験される。すなわち、オナニー的な行為においては、性欲は、自己自身を超えて一人の相手に向かうといういかなる志向性も方向性も欠いている。確かにオナニーは病気でも病気の原因でもなく、むしろそれはつねに、ただ愛の生活への発達が妨げられているか、あるいは愛の生活に対する態度が誤っていることの単なる表現にすぎない。それゆえ、オナニーによって病的な結果が生じるという心気症的な観念は正しくない。オナニー的行為の後に通常生じる一種の二日酔いのような現象は、この心気症的観念とは別ものであって、志向的体験から状態的なそれに逃避する場合につねに人間を襲う罪悪感の中に根拠をもっているのである。この人間にとって非本来的な行動様式については、すでに酩酊の本質について述べた際に言及した。酩酊の場合とまったく同じように、オナニーの場合にも二日酔いのような気分を伴うということは極めて注目すべきことであるように思われる。

(50) 結婚と愛は互いに密接に関連しているように思われる。このことは、しかし、いわゆる恋愛結婚、すなわちその成立（存続ではなくとも）が愛に基づく結婚が存在するようになって初めて言いうることである。この意味では、社会学者のヘルムート・シェルスキーが『性の社会学』で明らかにしたように、恋愛結婚は比較的最近になって起こってきた事柄である。とはいえ、一般的に愛が幸福な結婚の条件であり前提であることには変わりはない。問題は、ただ、愛に基づく幸福が長く続くかどうかということにある。というのは、愛は結婚の幸せの必要条件ではあるが、しかし十分条件であるとは決して言えないからである。

(51) Vgl. V.E. Frankl, Die Neurose als Ausdruck und Mittel, Dritter internationaler Kongreß für Individualpsychologie, Düsseldorf 1926.

(52) Vgl. V.E. Frankl, Zur medikamentösen Unterstützung der Psychotherapie bei Neurosen, *Schweizer Archiv für Psychiatrie* 43, 1, 1939.

(53) かつてアラースはこう言った。「勝利を諦めた者は、敗北を絶対に考えない者と同じくらいに、おびやかされることがなく、また不安を感じる必要もない。」

(54) ゴードン・W・オルポート参照。「自分自身を笑うことを学んだ神経症患者は自己管理ができつつあり、ことによると回復しつつあると言える。」

(55) Vgl. V.E. Frankl, Die Neurose als Ausdruck und Mittel, Dritter internationaler Kongreß für Individualpsychologie, Düsseldorf 1926.

(56) Vgl. V.E. Frankl, Zur medikamentöser Unterstützung der Psychotherapie bei Neurosen, *Schweizer Archiv für Psychiatrie* 43, 1, 1939.

(57) この点に関して、強迫神経症の解釈に対するヨハンナ・デュルクならびにアラースの所見は適切であるように思われる。まずデュルクはこう述べている。「かつて、ある強迫神経症患者が神とは秩序でなければならないと私に言った。こうして、自分の手の届く範囲の些事に拘泥することによって、安らぎが与えられ、本来的な存在との対立状態から解放されるという見通しをもったわけである。強迫神経症の『些事への拘泥』

は、この点からようやく根本的に理解できるように思われる。」またアラースは次のように言っている。「些事への拘泥とは、周りの些細なことを自分自身の法則として課する意志にほかならない。」それでもなお、こうした意志ならびに秩序へのあらゆる強迫神経症的な意志には、どこか最も良い意味での人間的なところがあるとも言える。「永遠なる者〔神〕の意味は秩序によってのみかなえられ、秩序によってのみ人間は神の似姿にふさわしくなる」(ヴェルフェル)。なぜなら、私見であるが、秩序とは異なるものが対等であることと定義されるからである(同様に、周知の定義に従えば、美とは多様性の統一である)。

(58) 懐疑主義の自己止揚に対応するのが合理主義の自己正当化であろう(後述)。

(59) レフ・トルストイ参照。「悟性はオペラグラスのようにある程度までねじって使用せねばならない。ただし、さらにねじ曲げると、よく見えなくなる。」

(60) 私はすでに一九二九年に逆説志向を実地に適用し (Ludwig J. Pongratz, *Psychotherapie in Selbstdarstellungen*, Hans Huber, Bern 1973)、一九三九年になってようやく論文にし (Viktor E. Frankl, »Zur medikamentösen Unterstützung der Psychotherapie bei Neurosen«, *Schweizer Archiv für Neurologie und Psychiatrie*, 43, 26, 1939)、そしてようやく一九四七年に逆説志向という名称で発表した (Viktor E. Frankl, *Die Psychotherapie in der Praxis*, Franz Deuticke, Wien 1947)。この逆説志向が、後に広く流布した行動理論の治療方法である、不安誘発・イクスポージュア・現実曝露・フラッディング法・内破療法・誘発性不安・モデリング・予期の修正・負の練習・飽和化・長期の曝露と類似していることはきわめて明白であり、また個々の行動療法医もたえずその類似性を表明してきた。「さまざまな行動療法の技法が開発されてきているが、それらは逆説志向を学習理論の用語に翻訳したもののように思われる」(L. Michael Ascher, »Paradoxical Intention«, in *Handbook of Behavioral Interventions*, herausgegeben von A. Goldstein und E.B. Foa, John Wi-

ley, New York 1978)。逆説志向の有効性を実験に基づいて証明しようとする最初の試みが、行動療法医によって行われたことは、それだけにいっそう注目に値する。というのも、マギル大学付属病院精神科のL・ソリオム教授、J・ガルサ＝ペレス教授、B・L・レッドウィッジ教授、C・ソリオム教授は、慢性の強迫神経症の症例のうち、同じような特徴がはっきりと見られる二つの症状をそのたびごとに選びだした後、一方の標的症状には逆説志向を用いて治療を行ったが、「対照実験」の他方の症状にはずっと治療を施さなかった (L. Solyom, J. Garza-Perez, B. L. Ledwidge and C. Solyom, »Paradoxical Intention in the Treatment of Obsessive Thoughts: A Pilot Study«, *Comprehensive Psychiatry* 13, 291, 1972)。そこから実際に明らかになったのは、ただそのつど治療を施された方だけが、しかもわずか数週間で症状が消えてしまったということである (Ralph M. Turner und L. Michael Ascher, »Controlled Comparison of Progressive Relaxation, Stimulus Control, and Paradoxical Intention Therapies for Insomnia«, Journal of Consulting and Clinical Psychology 47, 500, 1979)。しかも、代理症状はどの症例にも現れなかったのだ。「追跡調査の結果、症状の再発は見られなかった。」(L. Michael Ascher, »Employing Paradoxical Intention in the Behavioral Treatment of Urinary Retention«, *Scandinavian Journal of Behavioral Therapy*, Vol.6, Suppl. 4, 1977, 28)。

(61) Viktor E. Frankl, *Theorie und Therapie der Neurosen: Einführung in Logotherapie und Existenzanalyse*, Uni-Taschenbücher 457, E. Reinhardt, München 1982.

(62) Kurt Kocourek, Eva Niebauer, Paul Polak, »Ergebnisse der klinischen Anwendung der Logotherapie«, *Handbuch der Neurosenlehre und Psychotherapie*, herausgegeben von Viktor E. Frankl, Victor E. Frhr. v. Gebsattel und J.H. Schultz, 3. Band, Urban & Schwarzenberg, München und Berlin 1959.

(63) D. Müller-Hegemann, Methodologic Approaches in Psychotherapy, *American Journal of Psychotherapy*

17, 554, 1963.

（64） Hans O. Gerz, »Zur Behandlung phobischer und zwangsneurotischer Syndrome mit der ›Paradoxen Intention‹ nach Frankl«, *Zeitschrift für Psychotherapie und medizinische Psychologie* 12, 145, 1962. この論文は、もともとは合衆国において英語で発表された論文の抄訳であり、そのタイトルは次のとおりである。»The Treatment of the Phobic and the Obsessive-Compulsive Patient Using Paradoxical Intention sec. Viktor E. Frankl«, *Journal of Neuropsychiatry* 3, 375, 162.

（65） ウィーン医師会公認の調査報告書。*Wiener Klinische Wochenschrift* 67, 152, 1955.

（66） Hans Jurgen Eysenck, *Behaviour Therapy and the Neuroses*, Pergamon Press, New York 1960, S.82.

（67） N. Petrilowitsch, Logotherapie und Psychiatrie, »Symposium on Logotherapy« auf dem Sechsten internationalen Kongreß für Psychotherapie in London.

（68） Bjarne Kvilhaug, »Klinische Erfahrungen mit der paradoxen Intention«, Vortrag, gehalten vor der Österreichischen Ärztegesellschaft für Psychotherapie am 18. Juli 1963.

（69） N. Petrilowitsch, »Über die Stellung der Logotherapie in der klinischen Psychotherapie«, *Die medizinische Welt* S.2790–2794, 1964.

（70） Viktor E. Frankl, *Die Psychotherapie in der Praxis, Eine kasuistische Einführung für Ärzte*, F. Deuticke, Wien 1975 - Viktor E. Frankl, *Theorie und Therapie der Neurosen, Einführung in Logotherapie und Existenzanalyse*, Uni-Taschenbücher 457, E. Reinhardt, München 1982 - Viktor E. Frankl, »Grundriß der Existenzanalyse und Logotherapie«, *Handbuch der Neurosenlehre und Psychotherapie*, herausgegeben von Viktor E. Frankl, Victor E. Frhr. v. Gebsattel und J.H. Schultz, 3. Band, Urban & Schwarzenberg, München und Berlin 1959, und Viktor E. Frankl, *Der Wille zum Sinn, Ausgewählte Vorträge über Logotherapie*, H. Huber, Bern 1972.

(71) Ernst Kretschmer, »Hypnose und Tiefenperson«, *Zeitschrift für Psychotherapie und medizinische Psychologie* 11, 207, 1961.

(72) Hans O. Gerz, »Zur Behandlung phobischer und zwangsneurotischer Syndrome mit der ›paradoxen Intention‹ nach Frankl«, *Zeitschrift für Psychotherapie und medizinische Psychologie* 12, 145, 1962.

(73) 合衆国ミシガン州イプシランティにある精神科クリニックのグレン・G・ゴロウェー博士はかつてこう述べている。「逆説志向は、防衛機制についての巧みな操作を目指すのであって、その下にある葛藤の解決を目指すものではない。この逆説志向は、まったくすばらしい方略であり、優れた精神療法である。外科は病気の胆嚢を治すのではなく除去するわけだが、そのことは外科にとって恥ではない。患者は快方に向かうのであるから。それと同じように、逆説志向がうまくいく理由について様々な説明がなされるが、それによって、実り多き技法としての逆説志向の名声が損なわれることはない。」

(74) 同じく、逆説志向の技法に関する療法上の重要性と有効性を実験によって証明することに貢献したのは、ウォルピ病院のL・マイケル・アッシャーであった。概して、このロゴセラピーの技法は行動療法における「介入」のいくつかと等価であることが判明した。けれども、睡眠障害の症例では、そしてまた神経症的排尿障害の症例でも、ロゴセラピーの技法が介入よりも優れてさえいた。睡眠障害の症例に関して言えば、アッシャーの患者はもともと眠りに陥るのに平均四八・六分かかっていた。行動療法の治療が行われて十週間後、それが三九・三六分になった。けれども、引きつづいて逆説志向を二週間使用すると、もうほんの一〇・二分しかかからなかったのである（L. M. Ascher and J. Efran, »Use of paradoxical intention in a behavioral

program for sleep onset insomnia«, *Journal of Consulting and Clinical Psychology*, 1978, 46, 547–550）。「逆説志向が睡眠についての苦しみの訴えを著しく減少させることが、プラセボ効果を用いた集団との対照実験ならびにキャンセル補充の集団との対照実験によって、明らかになった。」（Ralf M. Turner and L. Michael Ascher, »Controlled Comparison of Progressive Relaxation, Stimulus Control, and Paradoxical Intention Therapies for Insomnia«, *Journal of Consulting and Clinical Psychology*, Vol.47, No.3, 1979, 500–508.）

Vgl. Heinz Gall, »Behandlung neurotischer Schlafstörungen mit Hilfe der Logotherapie V.E. Frankls«, *Psychiatrie, Neurologie und medizinische Psychologie*（Leipzig）31, 369, 1979.

（75）R. Volhard und D. Langen, *Zeitschrift für Psychotherapie und medizinische Psychologie* 3, 1, 1953.

（76）Hans Joachim Prill, *Zeitschrift für Psychotherapie und medizinische Psychologie* 5, 215, 1955.

（77）Hans Joachim Prill, *Psychosomatische Gynäkologie*, Urban & Schwarzenberg, München und Berlin 1964, S.160.

（78）V. E. Frankl, »Psychagogische Betreuung endogen Depressiver«, *Handbuch der Neurosenlehre und Psychotherapie*, herausgegeben von Viktor E. Frankl, Victor E. Frhr. v. Gebsattel und J.H. Schultz, 4. Band, Urban & Schwarzenberg, München und Berlin 1959.

[訳注]

（一）真空嫌悪（horror vacui）（または真空嫌忌）——古代ギリシアの哲学者ストラトン（Straton, ?-270/68B.C.）の説。彼は、真に何物もない空間は自然の状態においては存在せず、人工的にそれが作られたときには、これをただちに満たそうとするとし、これを"horror vacui"と呼んだ（『哲学事典』平凡社、参照）。フランクルはこの説を人間の精神的空虚感に当てはめているのである。

（二）理性の要請――理性によって証明することはできないが、基本的前提として必要と考えられる命題。カントは『実践理性批判』において、神の実在、人間の自由、魂の不死を、道徳的義務を果たすにあたって不可欠の前提と考えられる三つの原理として立てた。「公準」とも訳される。（同書参照）

（三）動物は本能に拘束されているため、その環境を対象化できず、それに対して閉じられている。このような動物にとっての環境は"Umwelt"（環界）と呼ばれる。これに対して人間は本能に拘束されず、環境を対象化する能力をもち、環境に対して開かれている。このような人間にとっての環境は、動物の"Umwelt"に対して、とくに"Welt"（世界）と呼ばれる。なお第一章訳注（一一）（七四頁）および後述の「ユクスキュル」についての訳注（五）も併せて参照されたい。

（四）第一章訳注（八）（七三頁）を参照のこと。

（五）Jakob Johann von Uexküll（1864–1944）ドイツの生物学者、比較心理学者。外界に対する動物の主体性を主張し、動物がその関心にもとづいて知覚し働きかけるものの総体が、その動物にとっての環界（Umwelt）とよばれるべきであるとした。

（六）ドイツの外科医、詩人、作家のカール・ルートヴィッヒ・シュライヒ（Karl Ludwig Schleich, 1859–1922）を指すと思われる。医学的には極度に薄められたコカインを使った局部麻酔の方法を紹介したこと、中枢神経系の神経組織にあるグリア細胞研究のパイオニアとして知られる。

（七）「前人間的」（infrahumane）は、人間以前（ないし人間以下、つまり動物的）という意味で、本文中の「超人間的」（ultra-human）に対応する。また「前成構造」とは、生物のひな型が発生以前の卵子や精子中に目に見えない形ですでに存在していることを指す。この前成説の考え方そのものは今日では疑問視されているが、フランクルはこれを「信仰」という事象に限定して述べているのである。

（八）「快楽」――原語の"Lust"は「快感」とも「快楽」とも訳されうる。日本語の語感からいえば、「快感」には生理的意味合いが、「快楽」には（生理的のみならず）心理的意味も含まれているであろう。この意味では「快楽」は「快感」よりも広い意味を持っているように思われる。そこで本書では、文脈に応じてそれぞれを適宜「快感」または「快楽」と訳し、どちらとも決め難い場合は「快感（快楽）」と併記することにした。なお「不快」（Unlust）や「不快感」（Unlustgefühl）と対をなす場合には「快」「快感」と訳した。

（九）「遂行現実」（Vollzugswirklichkeit）――現に為されつつある行為自体。この行為自体は対象化不可能な現実そのものである。フランクルは、このような反省不可能な遂行現実を「精神的無意識」の働きと考え、この精神的無意識があたかも「眼は眼を見ず」という仕方で人間の行為のうちに働いていると考えている。

（一〇）マッハ（Ernst Waldfried Joseph Wenzel Mach, 1838–1916 オーストリアの哲学者・物理学者）は、経験的に検証できないものは認められないとする厳格な実証主義の立場に立ち、心理学的には「感性的要素一元論」の立場を取る。

（一一）"ignoramus et ignorabimus."――デュ・ボア－レーモン（Du Bois-Reymond, 1818–1896 ドイツの生理学者）が「自然認識の限界について」と題された講演で述べたことば。

（一二）フランクルは、心的現象が要素の加算としてではなく、一つのまとまりをもったゲシュタルトとして成立するというゲシュタルト心理学の考え方を、人間とそのつどの状況との関係に適用し、そこに発見される「意味」を「意味ゲシュタルト」と名づけている。

（一三）Alfred Kinsey（1894–1956）アメリカの性科学者。約二万人のアメリカ人男女の性生活を調査した『キンゼイレポート』の著者として有名。

（一四）筋肉の強直性けいれん。神経・筋の被刺激性亢進に由来する症状で、典型例は副甲状腺機能低下による低カルシウム血症でみられる。（『精神医学事典』弘文堂、参照）

（一五）ゲオルク・ジンメル（Georg Simmel, 1858-1918）ドイツの哲学者、社会学者。生の哲学の立場を取る。

（一六）ヘーゲルは無限を「真無限」（die wahre Unendlichkeit）と「悪無限」（die schlechte Unendlichkeit）に区別している。フランクルがここで「善無限」（die gute Unendlichkeit）と呼んでいるものはおそらく「真無限」のことであると思われる。

（一七）ここではとくにナチズムの人種政策が念頭に置かれていることは言うまでもないであろう。ナチズムはユダヤ人全体の殲滅（ホロコースト）を意図したが、しかし、このナチズムの犯罪のゆえにドイツ人全体を批判することも、ナチズムと同じ過ちを犯すことになる。というのは、それは、個々の人間の「正」「不正」という倫理的観点を離れて、その人がどの民族に属しているかということによって判断することになるからである。それは「国民（民族）全体に対して共同の一括判定を下すような世界観の地平に立っている」（山田邦男・松田美佳訳『それでも人生にイエスと言う』春秋社、一四七頁）のである。

（一八）ハイデッガーは「現存在」（Dasein）としての人間を、日常自然のあり方において漠然とながらも自己理解と存在了解をもっており、またそのゆえに存在の意味を問い求める可能性をもつ存在者と規定している。また「実存」（Existenz）とは、このように存在了解的に関心されている自己の存在それ自身を指す。（『実存主義辞典』東京堂、参照）

（一九）他在（Anders-sein）が、ある人間の他の人間への関係という空間的概念であるのに対して、ここで言われている「他でありうる」こと（Anders-können）は、ある状態から他の状態への人間の形成可能性という時間的概念であると考えられる。

（二〇）本翻訳が用いた原書第一一版（二〇〇五年）では"Faktum"（事実）となっているが、これでは意味が通らないため第一〇版（一九八二年）に従って"Fatum"（運命）とした。

（二一）このゲーテの言葉は先に引用された言葉（本書三〇頁）と部分的に異なっているが、そのまま原文通りに訳した。なお文意に大差はないと思われる。

（二二）循環気質は健康な正常ふとり型体型者にみられる気質標識。クレッチマー（E. Kretschmer）はその代表的なタイプとして、おしゃべりな陽気者、物静かな諧謔家、物静かな情の人、のんきな享楽者、精力ある実際家を挙げている。これに対して分裂気質は健康な正常やせ型体型者にみられる気質標識。クレッチマーはその代表的なタイプとして、上品で感覚の繊細な人、冷たい支配家と利己的な人、孤独な理想家、無味乾燥または鈍感な人を挙げている。（『精神医学事典』弘文堂、参照）

（二三）精神感受性比率（psychoästhetische Proportion）——分裂性気質においては敏感要素と鈍感要素が重なりあっていると考えられるが、その混合比率をいう（クレッチマー）。分裂性気質は敏感（過敏）と鈍感（冷淡）の両極の間に位置している。すなわち、分裂性気質者は敏感かそうでなければ鈍感かというのではなく、敏感であると同時に鈍感であり、しかもその比率でさまざまな混合状態をなしている（同書参照）。

（二四）潜函病（ケーソン病）——潜函作業やスキューバーダイビングなどの高圧環境下にいた人が、地上や水面に上がって急激な圧低下にさらされたときに発生する障害。

（二五）以下で述べられる「性愛」「恋愛」「愛」の原語はそれぞれ"Sexualität""Erotik""Liebe"であるが、これらの訳語について断っておきたい。著者は、この三つの愛を人間の身体‐心理‐精神という層構造にそれぞれ対応するものと考えている。それゆえ、"Sexualität"は身体に関わる愛として「性愛」（あるいは文脈にしたがって「性欲」）と訳し、"Liebe"は精神に関わる愛としてそのまま「愛」と訳した。これらに対して

“Erotik”は通常、「性愛」「官能」「好色」「エロティシズム」といった身体的ニュアンスの濃い意味をもっている。しかし著者は、“Erotik”という言葉を――右の層構造に対応して――主として心理的なレベルでの愛という意味で用いている。そのため、身体的な愛である「性愛」と区別して、これを主として「恋愛」と訳すことにした。

ただし文脈によっては、心理的のみならず身体的な愛というニュアンスも含まれている場合がある。この場合は文脈上のニュアンスを考慮して「性愛」と訳した。

（二六）フロイトは、「欲動」（Trieb）を「衝迫性」（Drang）、「目標」（Ziel）、「対象」（Objekt）、「源泉」（Quelle）の四つの要素から考察する。つまり、「欲動」は身体内部の刺激興奮状態を「源泉」として一定の方向に向かう圧力に駆られる「衝迫性」をもったエネルギー緊張量であり、一定の「対象」によってその「目標」達成（充足）が可能になる。（『精神医学事典』弘文堂、参照）

（二七）相在（So-sein）――存在論の用語で、現存在（Dasein）が一般に「有ること」（「がある」）を示すのに対して、相在は一定の性質およびそれをもつ存在（「である」）を指す。ここから両者は、フランクルがここで述べているような「存在」（existentia）と「本質」（essentia）という意味に用いられることもある。

（二八）「個体化の原理」（principium individuationis）とは個体を個体として他から区別する形而上的原理である。たとえばトマス・アクィナスは、この原理を質料に求め、天使のようなまったく精神的・非質料的な存在はただ形式（形相）によってのみ区別され、したがって同じ種に属する二種類の天使はいないと主張した。これに対してドン・スコトゥスは精神的なものに通用する個体化の原理として「個性原理」（Haecceitas）をとなえた。簡単に言えば、トマス・アクィナスが「普遍に物質（質料）がくっついたものが個体である」として個別化の原理を質料に求めたのに対して、スコトゥスはそれを形相に求めて「個々の人間に形相がある」

とし、たとえば「人間のイデア」に対して、「ソクラテスのイデア」があるとした（『哲学事典』平凡社他、参照）。したがって、本文で著者は、前者（「個体化の原理」）よりも後者（「個性原理」）を支持しているように思われる。

（二九）「永遠の相の下に」（sub specie aeternitatis）――スピノザの用語。永遠の相の下に事物を認識するとは、事物を偶然的、孤立的に見ないで、超時間的な必然の関連において、すなわち神において認識することを意味し、この認識は理性の性質にうちに存するとした。（前掲『哲学事典』参照）

（三〇）前記訳注（二八）参照。

（三一）"Entelechie"――アリストテレスの用法では、単なる可能性と対立するものとしての完全に遂行された行為、完成された現実性（entelecheia）。

（三二）「汝の人格およびあらゆる他の人格における人間性を、つねに同時に目的として取り扱い、決して単に手段としてのみ取り扱わないように行為せよ。」

（三三）病像成因的――ビルンバウム（K. Birnbaum）は精神病像を構成する要素として病像成因的（pathogenetisch）なものと病像形成的（pathoplatisch）なものを区別した。病像成因的とは疾患の原因に直接関連するもので、疾患に特異的な性格を与えるものであり、最も肝要な価値を有する。病像形成的とは、病像に内容と色彩を与えるものであり、その構成要素としては素因的要素、前形成的要素、誘発的要素がある。（『精神医学事典』弘文堂、参照）

（三四）スティグマとは、知覚脱失といった感覚障害、麻痺をはじめとする運動障害など、ヒステリーでみられる一連の転換症状を意味する。（『医学大辞典』医学書院、参照）

（三五）フロイトの用語。ヒステリー、神経症、心身症等における症状選択や器官選択の際に働く身体ないし特

定器官側の素因を意味する。(『精神医学事典』弘文堂、参照)

(三六) 植物神経症とは、自律神経系支配下の身体症状を前景に示した神経症。

臨床的には、心身症、不安神経症、器官神経症と呼ばれるものと同じ症状を指している場合が多いが、その症状は個々の身体疾患が無意識的思考や願望の心理学的な象徴としての意味をもっているわけではなく、むしろ心的葛藤やストレスにより生じた一定の情動に随伴する正常な生理学的反応が固定化し習慣化し、慢性化しているもの。(同書参照)

(三七) 甲状腺ホルモン分泌過剰状態のこと。(同書参照)

(三八) 疾病利得とは、病状の発現や維持によって引きだされる心理的あるいは現実的満足のこと。一次的利得が、病気になることで心理的苦痛と闘う努力が免れるという利得であるのに対して、たとえば、学校に行かないで済む、家族に大切にしてもらえる等、発症後に得られる二次的な満足、すなわち症状の存続により結果的に対人関係や現実的状況の変化という形で利益が得られることを二次的利得という。(同書参照)

(三九) うつ病に随伴する身体症状が前景にあって抑うつ気分、抑制などの精神症状を覆い隠している症例。(同書参照)

(四〇) 自分の思考や行為が外から干渉・支配されていると感じること。(同書参照)

(四一) 長時間にわたり、同一のテーマを際限なく思考すること。患者はその思考が合理的でないことを知っているが、考えざるをえない。(同書参照)

(四二) 明証 (Evidenz) は直証とも言われ、一般的には直観的に明らかで確実なこと、すなわち、判断(または認識)の直接的確実性を言う。またフッサールによれば、明証とは志向されたものと直観的に与えられたものとの合致として、真理の基準、あらゆる認識の正当性の根拠であるとされる。

（四三）ドイツの精神科医シュトランスキー（E. Stransky）は、統合失調症の障害は、障害をこうむらない知性精神（Noopsyche）と情性精神（Thymopsyche）との間の機能的な解離によるものだと提唱した。（『精神医学事典』弘文堂、参照）

（四四）Arthur Kronfeld（1886–1941）人間学的精神病理学の系譜に属するドイツの精神科医。

（四五）ハンブルク版のゲーテ全集に収められている「箴言と省察」（Maximen und Reflexionen）にある言葉。Goethe, Werke, Hamburger Ausgabe. Bd. 12: Schriften zur Kunst; Schriften zur Literatur; Maximen und Reflexionen, 14. Aufl., C.H. Beck, 2008, S.406.

（四六）Rudolf Christoph Eucken（1846–1926）ドイツの哲学者。一種の汎神論的理想主義を説く。内観（Innensicht）により普遍的な精神的生をその全体性において把握することが哲学の使命であるとし、その方法を「精神論的方法」（noologische Methode）と名づけた。

（四七）「箴言と省察」（Maximen und Reflexionen）参照。Vgl. Goethe, Werke, Hamburger Ausgabe. Bd. 12: Schriften zur Kunst; Schriften zur Literatur; Maximen und Reflexionen, 14. Aufl., C.H. Beck, 2008, S.399.

（四八）Hans Jurgen Eysenck（1916–1997）ベルリンに生まれ、後年イギリスに帰化した心理学者。行動療法の名称でこの分野の歴史的研究を集大成した編著者『行動研究と行動療法』を発刊した。（『精神医学事典』弘文堂、参照）

（四九）アルコール離脱後期症候群に包括される病態像。DSM-III-Rによると本症はアルコール離脱性せん妄（alcohol withdrawal delirium）の用語で示されるものである。（同書参照）

（五〇）シュナイダー（K. Schneider）はうつ病の妄想主題として罪業・心気・貧困をあげ、これらは精神病により積極的に生産されたものではなく、人間の原不安が抑うつによりたんに露呈されたものとした。（同書参

照）

（五一）Arthur Kronfeld（1886–1941）人間学的精神病理学の系譜に属する精神科医。

（五二）Jules Cotard（1840–1889）フランスの精神科医。なお、当該の症候群はコタール症候群とも呼ばれ、とりわけ向老期のうつ病にみとめられ、否定妄想を中心に展開する。たとえば患者は「自分はもう生きてはいないし、だから死ぬこともできない。自分は超人間的な運命にゆだねられており、この責め苦は未来永劫につづく」などと嘆く。（『精神医学事典』弘文堂、参照）

（五三）アハスヴェールは、刑場に行くキリストを自分の家の前で休ませなかったため、キリスト再来まで地上を流浪する運命を与えられたユダヤ人の靴屋。いわゆる「永遠のユダヤ人」。（『独和大辞典』小学館、参照）

（五四）辺獄は地獄と天国の中間の場所。たとえばダンテ『神曲』の地獄篇第四歌では、「辺獄では賞もなければ罰もなく、宙ぶらりんにされている」とある。（野上素一訳『世界古典文学全集』第三五巻、筑摩書房、参照）

（五五）ゲーテ『ファウスト』悲劇第一部の一三三九－一三四〇行目に同じような言葉がある。

（五六）キルケゴール『不安の概念』には次の記述がある。「不安は、これを眩暈にたとえることができる。人あって、たまたま大きな口をひらいた深淵をのぞきこんだならば、かれは眩暈をおぼえる。その原因はどこにあるのだろうか？　それは深淵にあると同様に、かれの眼にもある。なぜかといえば、かれが凝視しさえしなかったらよかったのだから。こうして、不安は自由の眩暈なのだ。」（氷上英広・熊沢義宣訳『キルケゴール著作集』第一〇巻、白水社、参照）

（五七）「説明妄想」とは二次的妄想の一つで、一次的な疾病症状ではなく、幻聴、身体幻覚、妄想などの他の精神病性症状の発生を説明するために生じた妄想。（『精神医学事典』弘文堂、参照）

(五八)「純粋現象学」はフッサール『イデーンⅠ』で打ちだされた概念。消極的には経験的要素を含まないということであるが、積極的には「超越論的現象学」を意味する。「超越論的」とは、意識の働きを「超越」して向こう側にある諸対象や世界が、それにもかかわらず意識の「志向性」によって意味付与されて成り立つ仕組みを、反省的に「構成」しなおしてみせる、主客相関の根源に迫る哲学的態度を表示する方法的概念のこと。また「純粋記述」は、現象学から経験心理学的要素を払拭して、意識の本質の「純粋記述」の必要性を強調する呼称。フッサールの現象学は流動的な意識の形態学的本質を分析する「記述的学」であり、演繹によって精密な理論体系を構成する幾何学などの「説明的学」とは異なるが、あくまで「記述的本質学」として、精密ではないが厳密な学ではありうるとされる。(『岩波哲学・思想事典』参照)

(五九)ヤスパースは、実体的で外部客観空間に現れる真正幻覚と、画像的で内部主観空間に現れる偽幻覚とを分類し、前者を知覚の異常、後者を表象の異常とした。(『精神医学事典』弘文堂、参照)

(六〇)Hans Walter Gruhle(1880–1958)はドイツの精神医学者で、了解心理学および精神病理学の代表者の一人として知られる。「一次妄想」とは、直接的・自生的に発生する妄想のこと。真正妄想ともいう。この妄想は心理学的にそれ以上さかのぼりえない、現象学的に究極的なものであるから、その発生を了解することはできない。一次妄想はこの点で、幻聴や〈させられ体験〉などの症状を説明するために生じた妄想や病的な感情状態から生じた妄想、つまり他の心的なものから導出しうる二次妄想ないし妄想様観念からは区別され、病的過程そのものから発生すると考えられる。(同書参照)

(六一)「影響感情」とは、自分の思考や行為が外から干渉・支配されると感じること。「注察妄想」とは、周囲から、あるいは街中などで他人から、注目され観察されているという妄想的確信。「追跡妄想」とは、他人から跡をつけられ、探られているという妄想的確信。(同書参照)

(六二) ベルツェ (J. Berze) は統合失調症の基本障害として、「心的能動性の不全」(Insuffizienz der psychische Aktivität) を提唱し、これによって統合的思考が障害をきたすとした。(同書参照)

(六三) 入眠体験――眠りかけてうとうとしているときには、覚醒と睡眠との中間的状態が体験される。これを入眠体験という。すなわち、入眠時には覚醒水準が低下してゆくのに従って、覚醒時の思考の秩序がしだいに失われ、思考、知覚、表象などは関連を失って融合、脱線、混乱、浮動し、自我の活動が減弱して体験は受動的になる。(同書参照)

(六四) Carl Schneider (1891–1945) ナチスの第三帝国崩壊とともに自殺を遂げたハイデルベルク大学精神科主任教授。ヒトラーによる精神病者殺害計画とその実行に加担し、その正当性を再三にわたり主張した。(同書参照)

(六五) Pierre Janet (1859–1947) 二〇世紀前半のフランス精神病理学界および臨床心理学界を支配した巨匠。(同書参照)

(六六) Wilhelm Mayer-Gross (1889–1961) ドイツ生まれの精神医学者。いわゆるハイデルベルク学派の草分けとして現象学的方向の確立に寄与した。(同書参照)

(六七) ビューラー (Karl Bühler) は、心像のない思考 (bildlose Gedankenheit) について研究し、これを思考態 (Gedanken) と名づけた。彼は思考過程の中心的要素は、この心像のない思考にあるとしている。(同書参照)

(六八) 思考化声 (Gedankenlautwerden) ――シュナイダー (Kurt. Schneider) による統合失調症の一級症状の一つ。思考反響、考想化声、考想反響とも呼ばれる。自分自身の考えが声もしくは響きとして聞こえてくること。声の聞こえる場所は自分の内部でも外部でもよい。幻声は思考と同時のことも、わずかに先んじた

り遅れることもある。（同書参照）

（六九）敏感関係妄想――クレッチマー（E. Kretschmer）が唱えた疾患群。敏感性格者が、ある困難な対人的・社会的状況に置かれた結果、周囲のささいな出来事や他人のなんでもない言葉や態度を妄想的に自己に関連づけるもの。（同書参照）

（七〇）加害的被害者――加害者的構えをもった被害妄想病者。「窮鼠、猫をかむ」のごとくに、受身の被害者から積極的に加害者の立場に転化する。（同書参照）

（七一）精神衰弱（Psychasthenie）――ジャネ（P. Janet）が初期に完成した精神疾患の概念。心理的力が恒常的または一時的に乏しくなり、そのために心理的緊張が全般的に低下したものを一括し、心理的緊張が部分的に低下したヒステリーと対置させて、精神衰弱と命名した。その範囲はかなり広く、今日の精神医学大系に照らすと、あいまいな点もある。（同書参照）

（七二）ジャネ（P. Janet）は、彼の言う精神衰弱者には多かれ少なかれ離人症があり、その感情状態を空虚感とした。（同書の「非現実感」の項目参照）

（七三）志向弓――ドイツの精神医学者ベーリンガー（K. Beringer）の概念。統合失調症の思考障害に着目し、その思考過程を「志向弓」の説によって説明しようとした。（同書参照）

第3章　心理的告白から医師による魂への配慮へ

「病める人々を治療するためだけでなく慰めるために」
(*Saluti et solatio aegrorum*)

第一章でわれわれは、従来の精神療法には根本的に補完が必要であること、またそれはどのような点においてであるか、ということを示そうとした。そしてその補完とは、心の治療の領域に精神的次元を取り入れるという意味でのそれであった。本章の課題は、そのような補完の「実現可能性」について論じることにある。

われわれが第一章で得た基盤はロゴセラピーであった。そして、そのロゴセラピーは、ある地点で実存分析へと転換した。ここから今や次の問題が生じる。すなわち、そもそも精神療法医はこの地点を越え出るべきなのか、あるいは、そんなことが許されているのか、という問題である。

告白に精神療法上の意義があることは、多方面からくりかえし認められているところである。単なる話し合いそのものだけでもすでに治療上の重要な効果がある、とたえず指摘されている。これまでの章で、症状の客観化と患者の自己距離化の効果について述べたが、それがそのまま話し合い一般に妥当し、とくに心の苦しみの話し合いに妥当するのである。苦しみを伝えることは苦しみを分かちあうことでもあるのだ。

精神療法、とりわけ精神分析が求めていたものは世俗的告白であった。しかし実存分析が求めているものは魂への配慮（*ärztliche Seelsorge*）である。

この命題は誤解されてはならない。医師による魂への配慮は宗教の代用品であってはならない。また、それは決して従来の意味での精神療法に取って替わるものではなく、すでに述べたように、それの単なる補完にとどまろうとするのである。隠れたる形而上的なもの「「イザヤ書」四五・一五に「隠れたる神」という表現がある」に庇護されていることを自覚している宗教的な人間に対して、われわれは何も言うべきことをもたないし、何も与えるべきものをもたないであろう[1]。けれども、問題そのものは次のことにある。すなわち、まったく非宗教的であるような人間が、心の底から動揺させられる問いに直面して、それに対する答えを渇望しつつ、ともかくも医師に相談してくるような場合、医師は彼に対してどうすればよいのかということである。それゆえ、もし、医師による魂への配慮が宗教の代用になろうとしていると疑われるならば、われわれはただ次のように言うだけでよい。すなわち、そんなことは今述べた人間にとっては、まったくどうだっていいことなのだ、と。ロゴセラピーないし実存分析においても、われわれはなお医師であり、医師でありつづけようと望んでいる。われわれは聖職者と張り合おうとは思っていない。ただわれわれが望んでいるのは、医療行為の範囲を検討し、医師の行為の可能性をくみ尽くすことだけなのである。

1　医師による魂への配慮と聖職者による魂への配慮

医師による魂への配慮は、本来の魂への配慮の代用品でないことは言うまでもない。本来の魂への配慮が聖職者によるそれであることは、今も今後も変わりはない。しかし、医師が代わりに魂への配慮を果たさざるをえないような、せっぱ詰まった状況というものがあるのである。「その使命をわれわれに突きつけるのは、患者たちなのである」（グスタフ・バリー）。「精神療法が最後に魂への配慮に頼らざるを得ない場合がなんと多いことか。」（W・シュルテ）。というのは、「精神療法は、……たとえそれに気づかないし気づこうともしないとしても、つねに、何らかの形で魂への配慮であらざるをえないからである。……精神療法は、明らかに魂への配慮であるような介入をたびたび行わねばならないのである。」（A・ゲッレス[2]）。

「望もうと望むまいと、病気以外の人生の苦しみにおいても、人々が助言を求めるのは、今日では聖職者に代わって医師である場合が多く」、また「今日、大部分の人々が、人生の苦境の際に、聖職者ではなく、医師のうちに人生経験豊かな助言者を求めているという事実は変えられない」（H・J・ヴァイトブレヒト）。つまり、ヴィクトール・E・フォン・ゲープザッテルの言う「聖職者から精神科医へのヨーロッパ人の移動」ということは、聖職者がそれに耳を貸そうとしない事実であり、また、精神科医がそれから目を背けてはならない要求なのである。精神科医は、患者が聖職者のところへ行く気になれないのを見て、独善的な喜びに浸りたい気持ちを抑えている。また精神科医が、不信心者の心的・精神的な苦しみを目の前にして、ほくそ笑み、その患者が信心深くありさえすれば、聖職者に庇護してもらえるのに、などと想像するのも独善的であろう。

ロゴセラピーにとっては、宗教的実存と非宗教的実存は根本的に共存しうる現象である。換言すれば、ロゴセラピーは、それぞれの実存に対して中立的な態度をとるのである。というのは、ロゴセラピーは精神療法の一流派であるからであり、また――少なくともオーストリアの医師法では――精神療法を行うことが許されているのは、とにかく医師だけだからである。たとえ他のいかなる根拠がなかったとしても、医師としてなされるヒッポクラテスの誓いを根拠として、ロゴセラピストは次のことに配慮しなければならないであろう。すなわち、ロゴセラピーの方法論と技法とは、患者が信心深くあろうとなかろうと、患者すべてに対して適用でき、また、医師の個人的な世界観がどうであれ、医師すべてによって適用されうる、ということである。宗教は、その人間、その患者における一現象であり、ロゴセラピーが対峙する種々の現象のうちの一現象である。ロゴセラピーにとって宗教は一つの対象であり、一つの対象でしかありえない。つまり、それは立場とはなりえないのである。

以上、医学の中でのロゴセラピーの立場を規定したが、次に取り組みたいのが、神学とロゴセラピーとの境界をはっきりさせることである。われわれの考えでは、両者の境界は次のように要約できる。[3] すなわち、精神療法の目標は心の治療《ゼーリッシェ・ハイルクンデ》である。これに対して、宗教の目標は魂の救済《ゼーレンハイル》である。これら二つの目標設定がそれぞれどれほど違っているかは、次の事実から明らかであろう。聖職者は、場合によっては、信者をそのことでますます強い緊張へと陥れる危険をまったく承知しながら、信者の魂の救済を得ようと苦心するであろう――聖職者は信者にそうさせないで済ませることはできないであろう。というのも、聖職者にとっては、いかなる精神衛生上の動機も、最初から、かつ根本的に問題にならないからである。しかし注目すべきことに、宗教がその本来の意図では、心の健康とか病気予防といったようなことに少しも気をもんだり心を砕いたりしていなくても、結果として——決して意図したものではない！——精神衛生上の効果、それどころか精神療法上の効果があるのである。その理由は、宗教が、人間に対して、他のどこにも見出せないような、比類のない庇護と支え、すなわち、超越や絶対的なものにおける庇護と支えを可能にするからである。ところが、これと類似の、意図せざる副次的効果は、精神療法の方でも見ることができる。ときたまではあるが恩寵に恵まれた幸福な症例において、患者が精神療法の過程で、とうに埋もれたままになってはいるが、もともとはあって無意識へ抑圧されていた信仰の源泉を再び見出す場合である。[4] しかし、そのようなことが生じたとしても、それが医師の正当な意図の中にすえられるようなことは決してなかったであろう。ただし、医師と患者とが同一の宗派を基にして出会い、医師が〔聖職者と医師という〕ある種の兼務を行う場合は別である。この場合は、医師は、初めから患者を医師として治療したのでは全然なかったというべきである。[5]

もちろん、だからといって、精神療法の目標と宗教の目標とがあたかも同一の存在次元にあり、同程度の価値を有しているわけではない。むしろ、心の健康のレベルと魂の救済のレベルとは別のものである。つまり、宗教的人間が突き進む次元は、より高い次元、すなわち、精神療法のようなものが行われる次元よりも、さらに包括的な次元である。このより高い次元への突破は、しかし、知識においてではなく、信仰において生起するのである。

ところで、この信仰において生じる神聖な次元への歩み、すなわち超人間的次元への歩みに関して言えば、それは強要されるものではなく、ましてや精神療法によって強要されるものでは断じてない。もし超人間的な次元への入口が還元主義によって塞がれることがないとすれば喜ばしいことである。この還元主義は、誤解され卑俗に理解された精神分析にたえずついて回るものであり、精神分析と一緒に患者の中に持ちこまれるものなのである。もし、神は父親‐像「以上の何ものでもない」とか、宗教は人類の神経症「以外の何ものでもない」などといった還元主義的な仕方で、患者の目から見た宗教の価値を貶めるようなことがなければまったく喜ばしいことである。

さて、先に述べたように、宗教がロゴセラピーにとってどれほど一つの対象に「すぎない」としても、それでもロゴセラピーにとってこの対象は少なくとも極めて切実な問題である。しかもその理由は単純である。というのも、ロゴセラピーとの関連から言って、ロゴスとは精神であり、さらに言えば、ロゴスとは意味であるからである。人間存在は責任存在であると定義されうる以上、人間には、意味を充足する責任があるのである。けれども、この場合、「何について」（Wofür）の責任かという問いとは反対に、「何に対して」（Wovor）〔何の前で〕の責任かという問いは、精神療法においては未決定のままにしておかれねばならない。自己の責任を社会や人類に対する責任と解釈するのか、あるいは良心に対する責任と解釈するのか、それとも、そもそも何かではなく、誰か、すなわち神性に対する責任と解釈するのかというように、何に対して決断するのかということは、患者に委ねたままにしておかれねばならない(6)。

この場合、次のように反論されるかもしれない。すなわち、患者の責任が何に対しての責任であるかという問いを未決定のままにしておく必要はまったくない、それどころか、答えは啓示という形ですでにとっくに与えられているのだ、と。しかし、この論拠は不十分である。つまり、この論拠は論点先取の虚偽（一）をおかしているのである。というのは、そもそも私が啓示を啓示として承認する場合、信仰するという決断がいつもすでに前提となるからである。したがって、不信心者に向かって啓示の存在を指摘しようとしても、まったく無駄である。その人にとって啓示が啓示であるかぎり、その人は同時にすでに信心深いのだから。

したがって、精神療法は、啓示宗教に対する信仰の手前で行われねばならず、有神論的な世界観と無神論的な世界観とが分かれる分岐点の手前で意味の問いに答えねばならない。精神療法がそのような仕方で信仰心という現象を神への信仰としてではなく包括的な意味信仰として解釈するなら、信仰の現象を取りあげ、それに関わりをもつのはまったく正当である。その場合、精神療法は、生きる意味についての問いを立てることは宗教的であることを意味すると述べたアルバート・アインシュタイン〔Albert Einstein, 1879–1955〕とまさに同じ立場に立っているのである。

この生きる意味は、われわれがそこから後戻りすることができず、むしろそれを引き受けねばならない城壁である。われわれがこの究極の意味を受けいれねばならないのは、その背後に回って問うことができないからである。というのも、存在の意味についての問いに答えようとする試みには、存在の意味がいつもすでに前提されているからである。要するに、人間の意味信仰は、カントに即して言えば、超越論的カテゴリーなのである。まさにカント以来周知のように、空間と時間のカテゴリーを超えて問うことは無意味である。その理由は簡単である。空間と時間をいつもすでに前提としなければ、われわれは考えることができず、それゆえまた問うこともできないからである。これとまったく同じように、人間存在は、たとえほとんどそれに気づかないとしても、いつもすでに意味に向かっている存在なのである。つまり、意味についての予知とでも呼べるようなものが存在するということである。そして、この意味についての予感は、ロゴセラピーで言われる「意味への意志」の根底にもある。人間は、自分がそれを欲しようと欲しまいと、認めようと認めまいと、息をしているかぎり、意味を信じている。自殺する人ですら、生きる意味や生きつづける意味ではないにしても、やはり死の意味を信じているのである。ほんとうにその人が何の意味も信じず、どのような意味ももはや信じないとするなら、そもそも指一本動かすことすらできないであろう。それゆえ、ましてや自殺を実行に移すことなど全然できないであろう(7)。

私は、自分が無神論者であると固く信じていた人たちが亡くなるのを見たことがある。彼らは、一生の間、「大いなる存在」といったものへの信仰、人生におけるより高次の意味への信仰を頭から忌み嫌っていた。けれども、臨終の床において、何十年もの間、およそ人の手本になりそうにない生き方をしてきた彼らが、「その死の数時間における」(in der Stunde ihres Absterbens) 死に方によって(二)、そこに居合わせた人々の手本となったのである。ここに庇護性がある。それは、彼らの世界観をあざ笑うだけではなく、もはや知的に考えられたり合理化されたりできないような庇護性である。「深い淵の底から」〔「詩篇」一三〇・一〕、何かが突然姿を現し、何かが血路を開き、余す所のない信頼が顕わになるのである。この信頼は、それが何に向けられているのかということも、そこで何が信頼されているのかということも知らないが、それでも不幸な予後〔死〕についての知に抵抗するのである(8)。

2 操作的関係と対峙的出会い

ドナルド・F・トゥイーディーは、ロゴセラピーに関する著書のなかで、精神分析とロゴセラピーの違いを特徴づけるために、次のようなアフォリズムを述べている。「精神分析では患者はソファーに横になり、言いたくないことを精神分析医に言わねばならない。それに対して、ロゴセラピーでは患者は椅子に座って、聞きたくないことを聞かされねばならない。」(9) もちろん、トゥイーディーの意図は、セラピーの実際の状況を風刺することにあるが、しかし彼は言葉を続けて、そこにはロゴセラピストが担う、より積極的な役割が示唆されているのだと言う。ただ、われわれ自身から見れば、このたとえ話では「言う」と「聞く」とが相互に補完しあっているように思われる。そして確かに、このような補完によって初めて、医師と患者の出会いの基礎をなす相互性が構成されると思われるのである。

ここで、シェーラーとハイデッガー以後、人格的ないし実存的に方向づけられた精神療法が、その「人間学的志向」(10) に従ってフロイトを超えていった歩みは今どのような状態になっているかという問題について考えることにしよう。この場合、われわれは、フロイトの精神療法に対する根本的な貢献、すなわち精神分析固有の業績から出発せねばならない。その固有の業績とは、神経症に対する一つの「省察」である。すなわち、フロイト以来、神経症は、ともかくも何らかの意味深いものとして解釈されるようになったということである。しかしながら、精神分析的な意味追求が意味発見へと至らない場合には、それは意味づけ〔解釈〕をもってよしとするのである。その結果、この意味づけ〔解釈〕のために、精神分析的な意味探求は、ボスの言葉を借りれば(11)、「自我あるいはエスの審級、無意識および超自我の審級」といった仮説《ヒポテーゼ》――むしろより適切に言えば実体《ヒポスターゼ》――を仮構するまでに至る。そしてそれは「つまるところ、おとぎ話という古典的な手法を用いるまでに至る。実際また、これらのおとぎ話は、子どもの望むような母の行動様式を、その他の種々の可能性から切り離し、独立した審級の表象へと、たとえば美しい妖精へと圧縮(三)するのが常である。それに対して、不快な母の行動様式、子どもがいっさい知りたくないような母の行動様式については、それを子どもは恐れて、魔法使いという観念へと人格化する。しかしながら、このようなおとぎ話の人物を信じることは、それほど長くは続かないからには、おそらく、種々の心理学的な審級表象も将来にわたってずっと維持することはできないであろう。」これに補足して、次のように言うことができるであろう。すなわち、精神分析は、いわゆる「審級の人格化」を行う程度に応じて、患者を非人格化する。結局、そのような人間像の枠内では、人間はもの化(reifizieren)(四)されるのである。

しかしながら、人間がもの化されること、つまり、ヴィリアム・シュテルン(五)の人格論における対句(12)を使って言えば「人格」が「事物《ザッヘ》」化されることは、一つの過程の一方の側面にすぎない。もう一方の側面は、人間は操作される、というように表現できる。言い換えれば、人間は、事物にされるだけではなく、目的のための単なる手段にもされるのである。

このような精神分析に内在しているもの化への傾向、とりわけ、あらゆる人間的なものを操作するという傾向によって、医師と患者の人間的関係、両者の相互的な出会いは、どのような影響をこうむるのであろうか。そこから生じるのは、よく知られている「転移」である。転移は、そのつど「操作」されているのである。たとえば、ロバート・W・ホワイトには、「転移の関係を操作する」や「転移の操作」といった表現が見出される。(13) またルドルフ・ドライクルスは、次のようにのべて、転移理論に注意するよう促している。「セラピストの基本的手段として転移を想定することによって、セラピストは優位な立場に置かれ、セラピストの立案した訓練や治療計画にそって患者を操作するのである。(14)」そしてまた、ボスは、彼の言う意味での「現存在分析」に立脚する分析医について、こう主張している。この分析医は、「ほかならぬ『転移』というこのフロイト派の操作などというものに加わることはできないであろう。むしろ、現存在分析のセラピストは、転移性恋愛のことを、直接その分析医のことを思う真の人間関係であると認め、そのような真の人間関係が分析を受ける患者自身によって経験されていると認めるのである。(15)」

さて、精神分析がこのように、まさに転移という意味で「人間関係」を操作することによって、自らがつくり上げた「人間関係」を自ら破壊しているのに対して、「現存在分析」(ビンスワンガー)および現存在分析論の功績は、精神療法の関係における出会いの特質を、そのしかるべき地位に復権させたということにある。このようにして出会いの実存的特質が見出された。この場合、実存的とはつまり人間存在にとってふさわしい、という意味であろう。しかし、この場合でも、より高次の次元、すなわち、人間存在が意味に超越する次元、実存がロゴスと対峙する次元は、依然として精神療法の関係の中に組みこまれないままなのである。

カール・ビューラー以来、人間の言語における対象関係の意義が知られている。(16) 詳しく言うと、人間の言語は三つの側面から光が当てられる。すなわち、言葉を話す者の位置から観察されると、それは表出であり、言葉をかけられる者から見れば、それは呼びかけであり、そしてそこでの話題という観点から見られると、それは叙述である。いずれにせよ、人間の言語そのもの、人間的なものとしての人間の言語は、対象関係性〔対象に関係づけられること〕がなければ考えることはできない。それと同様に精神療法の関係も、単なる主観内の独白でもなければ、単なる間主観的な対話でもない。精神療法の対話が、意味へと「開かれて」おらず、したがってその限界も越えられていないとすれば、それはロゴスなき対話にとどまるのである。

ロゴセラピーから実存分析を経て医師による魂への配慮に至る道において、われわれがますます関わりあうことになるのは、およそどのような精神療法にも必ず伴っている精神的な問題性である。ここから、〔精神療法の〕境界線を踏み越えるという問題と危険とが本質的必然的に生じてくる。この問題について、われわれは、第一章では――心理学主義の危険に対して――もっぱら精神的なものの自律性を守るということに限って取り組んだのであるが、今度は、具体的に精神的なものの固有の権利、人格的に精神的なものの固有の権利を保障することが重要になってくる。それゆえ、ここでの問題は、ロゴセラピーや実存分析にとって、また、とくにそのような〔精神的なものの〕保障が求められている医師による魂への配慮にとって必要なものは何か、という問題である。この問題を、形而上学に関するカントの歴史的な定式にならって厳密に規定し直すとすれば、価値づけをするものとしての精神療法は可能であるのか、また可能であるとすれば、それはいかにしてか、と規定することができるであろう。あるいは、カントの書物の表題をアレンジして言えば、「価値づけをするものとして現れうるであろう将来の精神療法のための序説」[六]の試み、と表現することもできるであろう。

とはいえ、われわれは事実問題に陥るのではなく、いつも権利問題に目を留めておかねばならない。[七]というのも、心の医師はもとより、およそどんな医師でも、事実上、価値づけを行っているからである。どんな医師の行為においても、健康の価値とか健康回復の価値が前提されている。すでに述べたように、なるほど、医療行為の精神的な問題性、価値の問題性がはっきりと現われてくるのは、たとえば安楽死の問題や自殺者の救助の問題、とりわけ危険を伴う手術の提案に関わる場合、つまり人間の生命そのものに関わる場合ではある。しかし、いかなる価値観も伴わないような医学的臨床は、もともと存在しないのである。

とくに精神療法は、実際に昔から個々にロゴセラピーを行ってきたのであり、したがってまた医師による魂への配慮を行ってきたのである。この行為において、精神療法医は、――あたかも一行為数犯[八]のように――互いに性質の異なった領域を一まとめにしているのである。これを発見的に分離することが、(心理学主義を免れるために)われわれが第一章で心がけたことなのである。

ここで、われわれは、価値の根本的な根拠づけについての問いに直面している。その問いとは、決定権についての問い、すなわち、世界観的なもの、精神的なもの、価値の領域への進出が「その名において行われる法廷」(プリンツホルン)[九]についての問いである。つまり、この問いは、世界観上の公正さの問いであり、方法上の正確さの問いである。認識批判的な素養をもった医師にとっては明らかであろうが、医師による魂への配慮という事柄の成否は、われわれが、この問題設定に答えることに成功するかどうかにかかっているのである。

ヒッポクラテスは、医師が同時に哲学者であるなら神々に等しいと考えたが、われわれが医師の行為に価値問題を――関連があるかぎり導入しようと努めるからといって、なにも聖職者と等しくなろうとしているのでは毛頭ない。われわれが行いたいのは、ただ、医師であることの究極の可能性をその極限までくみ尽くすことなのである。これはあえてなされねばならない事柄である――たとえ、この大胆な行為がプロメテウス的な企てのように解されるという危険を冒そうとも――。というのも、医師は、診療時間のあいだたえず、患者の世界観的決断と対峙させられるからである。われわれは、それらの決断に目をそむけてやり過ごすことはできない。われわれは常にくりかえし態度を決めることを強いられているのである。

では、医師そのものに、そのような意味で態度を決める権限や、さらには使命すらも与えられているのだろうか。むしろ医師には、態度決定を回避することが許されたり、さらには、態度決定を回避することが命じられさえしているのではないだろうか。医師は、患者の決断に介入してもいいのだろうか。それによって彼は、ある私的にして個人的な精神の領域に介入することになるのではないか。その場合、医師は、軽率あるいは無思慮に、医師個人の世界観を患者に転移することになるのではないか。そして、さらには、「哲学が医学にもたらされ、医学が哲学にもたらされねばならない」というヒッポクラテスの言葉に対して、われわれはこう問わざるをえない。――それによって医師は医療行為の中に、医療行為には属さないものを持ちこむことになるのではないか、と。医師が、自分に委ねられた患者、自分のことを信頼して心中を打ち明ける患者と世界観的な問いについて話しあうやいなや、医師は世界観を押しつけることになるのではないか。

世界観的な問いについて話しあう資格を認められ、その押しつけを気にする必要のない聖職者の場合は、事は簡単である。同様にまた、医師と宗教的人間[17]とをたまたま「兼務」している医師が、彼と同じく宗教的であるような患者と世界観的な問いや価値問題について話しあう場合も簡単である。けれども、それ以外の医師はすべて、そのときディレンマに直面する。とくに精神療法医はそうである。彼は、一方では精神療法の範囲内における価値づけの必然性に直面し、他方では精神療法医として価値の押しつけを避けねばならないという必然性に直面するのである。

　ところで、このディレンマには一つの解決策がある。しかもそれは、ただ一つの確かな解決策である。われわれが考察の出発点とした人間学的根本事態、人間存在の根本事実に立ち返ってみよう。それは、すでに述べたように、人間存在とは意識存在であり責任存在である、という事実である。実存分析が望むのは、まさに、この自分が責任存在であるという意識へと人間を導くことにほかならない。実存分析は、この責任存在、現存在における責任性を人間に体験させようと望むのである。そして、人間が自らの現存在を責任存在として最も深く理解するその地点にまで人間を導くより以上のことは、まったく不可能であるし不必要でもある。

　責任は倫理学的には形式的な概念であって、まだいかなる内容的な規定も含んでいない。さらに、責任は倫理学的に中立的な概念であり、その意味で倫理学的な限界概念である。というのは、その概念においては、何に対する責任であるのか、また何についての責任であるのか、ということは、言い表されていないからである。この意味で実存分析も、「何に対して」人間は責任を感じるのかという問いに対して、たとえばそれが神に対してであれ、良心に対してであれ、共同体に対してであれ、およそいかなる審級に対してであれ、中立的な立場を守っている。同様に、「何について」人間は責任を感じるのかという問いに対しても、どのような価値の実現についてであれ、どのような個人的使命の充足についてであれ、どのような具体的な人生の意味の充足についてであれ、中立的な立場を守っているのである。

　したがって、実存分析は、価値の尺度や序列に関わるような問いに対して、いかなる答えも押しつけるものではない。実存分析にとって、さらにはいかなる医師による魂への配慮にとっても、患者が自らの責任を徹底的に体験するところまで導くことで十分であるし、またそれで満足せねばならない。それを超えて、たとえば個人の具体的な決断の領分にまで立ち入って治療を行うことは、いつの時代でも許されざることだと言うほかはない。それゆえ、医師が患者から責任を取り去り、彼の責任を肩代わりすることは決して許されないし、また医師が決断を先取りしたり、患者に決断を押しつけたりすることも決して許されないのである。実存分析の課題は、まさにその反対である。実存分析の課題は、人間が自覚した自分の責任性に基づいて、自主的に、自分本来の使命に向かって突き進めるところまで彼を導き、誰のものでもない人生の意味ではなく、自分の人生の一回的にして唯一的な意味を見出すところまで彼を導くことにあるのである。そこまで導かれれば、人間はただちに、現存在の意味についての問いに——先に詳しく述べたコペルニクス的転回（本書「人生の使命的性格」の項参照）を行うことによって——具体的にして同時に創造的でもあるような答えを与えるであろう。なぜなら、そのとき人間は、「責任性《フェアアントヴォルトゥング》への応答《ベアントゥヴォルトゥング》を自ら呼び起こす」（デュルク）ところにまで達しているからである。

3　共通項という実存分析の技法

しかし、価値は何らかの意味で比較しえないものでありながら、しかも決断はそのつど常に先取[一〇]（シェーラー）に基づいてのみ可能であるがゆえに、場合によっては人間を助けることがどうしても必要な場合がある。そのような援助の必要性と可能性を説明するために、次のような症例を取りあげることにしたい。ある若い男性が医師の診察時間に、実際に決断を要することで相談を求めてきた。彼の婚約者の女友達が一回限りの性的冒険をしようと自分を誘っているというのである。そこで、この若い男性は、自分がどう決断すべきか、どうしなければならないか、とたずねたのである。――自分は、自分がとても愛し尊敬している婚約者を裏切ってもいいだろうか、それとも、そんな誘いは無視して、自分が婚約者に対して負っている誠実さを守るべきだろうか、と。当然ながら、医師は男性の決断に干渉することをすべてきっぱりと拒否した。けれども、そのうえで医師は――正当にも――、この男性がほんとうに望んでいることは何なのか、一方の場合と他方の場合のそれぞれにおいて、彼が目指しているものは結局のところ何なのか、ということを明らかにしようと試みたのである。つまり、一方では、この若い男性は一回限りの享楽のための一回限りのチャンスを有していた。しかし、他方で彼が有していたのは、愛するがゆえに断念を成し遂げる《ライステン》ための同じく一回限りのチャンス、彼自身の良心に対する「功績《ライストゥング》」のためのチャンスであった（婚約者に対する功績ではない。なにしろ婚約者がこの出来事そのものについて多少なりとも聞き知ることは決してあってはならないことだから）。この若い男性は、彼の表現を使えば「何も逃したくなかった」から、性的享楽の好機に色気を見せたのである。

ところで、彼に差しだされたこの享楽は、たぶん芳しくない結果に終わったであろう。なにしろ、この患者は同時に性的能力障害のためにその医師の治療を受けに来ていたからである。だから医師は、良心の呵責が性的能力障害という形をとって患者のもくろみをだめにしようとしている、と推定せざるをえなかったのである。もっとも、医師は、このような功利的な考えはおくびにも出さなかった。そして、それとは別に、医師は、「ビュリダンのロバ」（二）と同じような状況に置かれているこの患者の状況を緩和しようと努めた。この「ビュリダンのロバ」というのは、周知のスコラ学の理論によれば、同じ量のエン麦が入った二つの飼い葉桶が同じ距離にあって、その真中に立っていたロバがどちらとも決断できずに飢え死にするというたとえ話である。そこで、この医師は、決断を迫られている二つの可能性のいわば共通項を求めようと試みた。二つの可能性はともに「一回限りの機会」であり、二つの可能性のうちのどちらを決断しても、患者は「何かを逃してしまう」ことになる。一方の場合には、〔性的不能のため〕得られるかどうか不確かな享楽を逃し、他方の場合には、婚約者に対する感謝の念、すなわち、患者が婚約者に対して抱いていながら、これまではっきりと表現することができなかったと自分でも述べている感謝の念を、自分自身に対して証明する機会を逸するのである。今こそ、沈黙のうちに性的冒険を断念することが、そのような感謝の念の表現となりうるのだった。こうして、この若い男性は、自分がいずれの場合でも「何かを逃してしまう」ことを学んだだけではなく、一方の場合には失うものは比較的少なく、他方の場合は比較にならないほど多くのものを失うことも学んだのである。患者はとるべき道を必ずしも教わったわけではないが、自分がどの道を選ばねばならないかを学んだのである。いまや彼は決断を、それも独力で下したのである。ただ、独力といっても、医師との問題を解明する面談を無視してではなく、まさにそれによってこそなされたのである。

このように共通項を示すことは、価値の先取が問題ではなく「善」の比較が問題になる場合でも一役を演じる。たとえば、脳塞栓の後に半身不随になった一人の比較的若い男性が、あまり良くなる見込みのない自分の身体の状態にすっかり絶望していると医師に訴えたことがあった。このとき医師は、いわば次のような損益計算をするように患者を助けたのである。すなわち、病気という悪に対して、それに十分対抗できるだけの、人生に意味を与える善が存在している。それは幸福な結婚生活と健康な子どもであった。右側の手足を自由に使えないということは、年金受給者であったこの患者にとっては、それほど重大なことでもなかったのである。こうして彼は、自分のもっているような麻痺は、せいぜいプロボクサーの成功にとっては破滅的でもあろうが、ただ麻痺にかかっているというだけで、その人間の人生の意味がすっかり損なわれるということは決してないのだ、ということを認めざるをえなかった。しかし患者が、このような哲学的な距離、ストア派（二二）的な平静さ、賢明な明朗さにまで達したのは、次のような方法によってであった。すなわち、医師は患者に対して、脳卒中によって引き起こされた言語障害に対して朗読の訓練をするように指示したのである。そのとき彼が朗読の訓練に使用した本は、セネカ（二三）の『幸福な人生について』であった。

ところで、見過ごされてならないことは、緊急の、さらには生命に関わるような精神療法の場合には、患者の決断にどうしても意識的に介入しなければ危険であるような症例や状況がしばしば存在するということである。医師は、はなはだしい絶望に陥っている人間を見殺しにせず、不介入の原則を放棄しなければならないこともあるであろう。ロッククライミングのガイドは、一般に「ガイドされる者」[二四]のロープをたるませて結ぶだけである。それは、独力で登攀する苦労を免れさせないためであるが、しかし、転落の危険が迫っている場合には、ガイドはそのロープで「安全確保をする」だけでなく、「ロープの援助」をすること、すなわち、ロープを引っぱって、危険にさらされた者を自分のところまで引き上げることを躊躇しないであろう。医師が、絶望に陥っている人間を見捨てないのも、これと同様である。それゆえ、ロゴセラピーや医師による魂への配慮の領域においても、たとえば自殺の危険がある場合には、生死にかかわるような重大な指示が必要になるのである。もっとも、このようなケースは例外的である。しかし、それが例外的であるということ自体が、患者の価値問題に対する医師の通常の控え目な態度の大切さを証明しているのである。原則的かつ一般的には、上述の限界が遵守されねばならないのである。

　どれほど多くの技術と知識とが精神療法に持ち込まれようとも、精神療法は、ともかく結局のところは、技術（Technik）よりも医術（Kunst）、知識よりも知恵を基礎としている。医師による魂への配慮ということは、その全体を通じても、本質から言っても、単に神経症治療だけに関わる問題では決してない。医師による魂への配慮は、本来、すべての医師の務めなのだ。外科医は、少なくとも神経科医や精神科医ないし精神療法医と同じほど多く、またしばしば、この魂への配慮を必要としている。ただ、医師による魂への配慮という目標設定が、たとえば外科医の目標設定とは別のもの、それ以上のものであるというだけである。外科医が患部の切断手術を行って手術用の手袋を脱いだとき、彼の医師としての義務が果たされたようにも見える。しかしその後、その患者が身体障害者としてこれ以上生きたくないという理由で自殺を企図したとすれば、そのとき、ほんとうに効果のある外科医の治療として、まだ何が残されているだろうか。もし医師が、外科的な苦しみや外科手術による欠損に対する患者の態度に関しても何かを行うとすれば、それもまた医療行為の中に入れられるべきではないだろうか。医師は、このような病気に対する患者の態度——(たとえ明確な言葉ではないとしても)一つの世界観をあらわしているような態度——を治療する権利、それどころか、義務すら有しているのではないだろうか。外科医が外科医として手をこまぬいているそのときに、医師による魂への配慮がいよいよ始まるのだ。つまり、外科医が外科的な仕事をやり終えたそのときに、あるいは、たとえば手術不能の症例に直面したときのように、外科的な仕事をもうそれ以上行うことができないそのときに、医師による魂の配慮が始まるのである。

ある著名な法律家が動脈硬化による壊疽のため脚を切断せねばならなくなった。彼は術後、初めてベッドを離れ、一本足で最初の歩行訓練をしようとしたとき、突然わっと泣きだした。そこで医師は彼にこうたずねた。「あなたは長距離選手になりたいとでもおっしゃるのですか。もしそうなら、本当にそのおつもりなら、あなたの絶望は無理からぬことでしょうが。」この問いかけは、すぐさま、魔法のように涙の中から微笑を呼び起こしたのである。このとき、その患者はただちに、人生の意味は、たとえ長距離選手であっても、できるだけ敏捷に歩くことだけにあるのでは決してなく、また脚を失ったくらいで意味がなくなるほど、人間の人生の価値可能性は貧しいものではないのだ、というまったく平凡な事実を理解したのである。

また、ある他の女性患者は、骨結核のために脚の切断手術を受ける前の晩に、女友達に宛てた手紙の中で自殺の意図をほのめかしていた。この手紙はすぐに転送され、彼女が入院している外科病棟の医師の手もとに届けられた。その手紙を入手してわずか数分後に、医師は即興で彼女と話し合いを行った。この医師も、人間という存在が脚を失うことによって同時にすべての意味や内容を本当に失うのだとすれば、その存在はとても貧しいものだと言わねばならないということを患者にわからせようとし、さらに次のように説明した。すなわち、そのような状況で生きる目的を失うのは、せいぜい蟻くらいなものであろう。蟻は、六本足で駆けずり回ってこそ有用であると蟻の国から目標を定められているから、その目標をもはや達成できなくなった場合には、生きる目的を失うのである。しかし、人間の場合はまったく事情が異なっているはずではないだろうか、と。この若い医師の問いかけは、いわばソクラテス的なやり方で行われたのだが、その効果は期待どおりのものであった。翌日に行われた外科部長の切断手術は成功したのであるが、しかし彼は、その女性患者があやうく解剖台にのせられるところだったことを今もって知らないでいる(18)。

実存分析は、人間の創造能力や享受能力を目標に据えるだけでなく、それを越えて、人間の苦悩能力のなかにも原則的に実現可能であり、かつ実際的にも必要な課題を見るという革命的にして異端的な道をあえて歩まざるをえなかった。このことによって、実存分析は、すべての医師の務めになり、もはや神経科医・精神科医・精神療法医だけの事柄ではなくなっているのである。とりわけ、実存分析は内科医・整形外科医・皮膚科医の務めになっており、これらの従来の専門医のカテゴリーをはるかに越えたものになっている。というのも、内科医は慢性疾患や治療不可能で回復の見込みのない患者と関わり、整形外科医は生涯にわたる奇形をもった患者と関わり、皮膚科医は一生治らないあざをもった患者と関わるからである。つまり、これらの専門医はすべて、もはや運命を形成することができずに、ただ課題として引き受けるしかない運命のもとで苦悩せねばならない人間と関わっているのである。(19)

4　最後の援助

精神療法は慰めを与えるべきではない、たとえ精神療法（あるいは医学一般）の治療がもはや不可能であるとしても慰めを与えるべきでない――このような反論は通用しない。というのも、ウィーン総合病院の創設者である聡明な皇帝ヨーゼフ二世が病院入口の上方に、次のように記された銘板を作らせたのも偶然ではないからである。「病める人々を治療するためだけでなく慰めるために」（Saluti et solatio aegrorum）。慰めることもまた医師の職責の範囲に属することは、とくにアメリカ医学協会の勧告からも読み取ることができる。「医師は魂に対しても慰めを与えねばならない。これは決して精神科医だけの使命ではない。それは、まさに疑いもなく、すべての診療医の使命なのである。」数千年を経たイザヤの言葉、「慰めよ、私の民を慰めよ、とあなたたちの神は言われる」〔「イザヤ書」四〇・一〕は、今日でも変わらず有効であるばかりか、それはまた医師に宛てて書かれたものでもあると私は確信している。

正しく苦悩することのなかに、つまり、まっすぐに苦悩に向きあうことのなかに、たとえ最後であっても最高の意味発見の可能性を明らかにすることができるとすれば、そのとき私は、最初の援助（erste Hilfe）〔ドイツ語の慣用句で応急処置のこと〕ならぬ最後の援助（letzte Hilfe）を行うのである。ここに一つの録音テープがある。その一部分を再現することによって、私が実際に行っている方法を具体的に示すことにしよう。この録音テープには、ある女性患者と私との対話が記録されており、私の臨床講義の最中に録音されたものである。私は受講生――医学・哲学・神学専攻の学生たち――の前でこの患者と話をした。当然のことであるが、この対話は始めから終わりまで即興で行われた。患者の年齢は八〇歳で、もはや手術ができないほどのガンに侵されていた。この老婦人の名前はもちろん仮名であって、ヴェルフェルの小説『横領された天国』の登場人物であるテタ・リネクの名を借用している。この女性患者にはリネクとの類似点が非常に多かったからである。

フランクル　さて、リネクさん。あなたはご自分の長い人生を振り返ってみて、今それをどのようにお思いになりますか。それはすばらしい人生でしたか。

患者　あら、先生。私は本当のことを申すほかありませんね。それは良い人生でしたわ。私の人生は大変すばらしいものでした。そして私は、自分に与えられた贈り物すべてについて、主なる神に感謝せずにはいられません。劇場に出かけたこともあります。演奏会を聴きに行ったこともあります。実はですね、プラハで何十年もの間ずっと私がおつとめをしていた家の人たちが、私をときおり演奏会に連れて行ってくれましたの。ですから、私は、これらのすばらしいことについて、すべて主なる神に感謝せずにはいられませんわ。

しかし、私は彼女の抑圧された無意識の実存的絶望を意識化せねばならなかった。ヤコブが天使と闘って初めて天使から祝福されたように（「創世記」三二・二二－三二、参照）、彼女はその絶望と闘うべきであった。彼女が最後には自分の人生を祝福できるところまで、変えることのできない自分の運命に対して「イエス」と言えるところまで、私は彼女を連れださねばならなかった。したがって、逆説的な感を与えるけれども、彼女がまず初めに自分の人生の意味を疑ったところへ彼女を連れださねばならなかったのである。しかも、はた目からも明らかだったように自分の疑いを抑圧していたレベルではなくて、意識のレベルにおいて人生の意味を疑ったところへ、私は彼女を連れださねばならなかったのである。

フランクル　リネクさん、あなたは大変すばらしい体験について話されました。けれども、そうは言ってもやはり、それらの体験はすべて、おしまいになるのでしょう。

患者　（考えこんで）ええ。やはり、それらはみんな、おしまいになるでしょう。

フランクル　ところでリネクさん、それらがみんなおしまいになるからといって、一体どうして、あなたが体験されたすばらしい出来事すべてが、世界から取り除けられてしまうことになるのでしょうか。どうして、それらが無効になったり、無に帰してしまったりするとお思いでしょうか。

患者　（相変わらず考えこんで）私が体験したあれらのすばらしい出来事は……

フランクル　リネクさん、どうか私におっしゃってください。あなたが体験した幸福を起こらなかったことにすることが誰かある人にできるでしょうか。それを消し去ることが誰かにできるでしょうか。

患者　先生、おっしゃるとおりです。それを起こらなかったことにすることは誰にもできません。

フランクル　また、あなたが人生で出会ってきた善意を消し去ることが誰かにできるでしょうか。

患者　いいえ、それも誰にもできません。

フランクル　あなたが達成してきたことや闘い取ってきたものを消し去ることが誰かにできるでしょうか。

患者　先生、あなたのおっしゃるとおりです。それを世界から取り除けることは誰にもできません。

フランクル　あるいは、あなたが勇気をもって気丈に耐え抜いてきたという事実を世界から取り除けることは誰かにできるでしょうか。こうしたことすべてを過去から取り除けることが誰かにできるでしょうか。過去とは、あなたが救いだしたそれらのことすべてを収穫物として入れておいたところ、あなたがそれらを貯蔵してとっておいたところなのではありませんか。その過去からすべてを取り除けることが誰かにできるでしょうか。

患者　（いまや涙ぐむほどに感動して）それは誰にもできません。決して誰にも！（しばらくして）確かに私には多くの苦悩がありました。しかし、私は、人生が私に加えた打撃を耐え忍ぶという努力もしてきました。先生、どうかおわかりになってください。苦悩とは一つの罰であると私は信じています。つまり、私は神を信じているのです。
私の立場からすれば、何らかの宗教的な意味での意味解釈を説明して、患者に判断させるという権利が私になかったであろうことは言うまでもない。そんなことができるのは、ただ聖職者だけである――医師自身にはその義務もなければその資格もない。けれども、患者の積極的な宗教的態度が現れるやいなや、それを所与の事実として精神療法にも組み入れることには、もはや何の差し障りもなかった。

フランクル　それでは、リネクさん、どうかおっしゃってください。そもそも苦悩とは一つの試験でもあるのではないでしょうか。そうすると苦悩とは、リネクさんという人がどのようにその苦悩を引き受けるかを神がご覧になろうとしたことでもあるのではないでしょうか。そして終わりに臨んで、おそらく神は、こうお認めにならざるをえなかったのです。「よろしい、おまえは苦悩を勇敢に引き受けた」と。そこで、どうか今のあなたのお考えを私におっしゃってください。そうしたさまざまな功績を起こらなかったことにすることが誰かにできるでしょうか。
患者　いいえ、それは誰にもできませんわ。
フランクル　それはほんとうに無くならないんですね。
患者　もちろんです。それは無くなりませんわ。
フランクル　リネクさん、実はですね、あなたは人生においてさまざまなことを成し遂げてこられましたが、それだけでなく、またあなたは苦悩を最高のものに仕立てあげたのです。そしてこの点において、あなたは私の他の患者さんにとって模範なのです。私は、あなたの患者さん仲間に、リネクさんを手本にできることをお祝いしたいと思います。

この瞬間、講義では一度も生じたことがないようなことが起こった。五〇人の受講生から、せきを切ったように自然と拍手喝采がわき起こったのである。そして、私はあらためて老婦人の方を向いて言った。「リネクさん、ご覧ください。この拍手喝采はあなたに向けられたものなのです。これは無比の偉大な功績であったあなたの人生に向けられたものなのです。あなたはこの人生を誇らしく思うことができます。でも自分の人生を誇らしく思える人間は、なんとまあ少ないことでしょうか。リネクさん、私はこう言いたいのです。あなたの人生は一つの記念碑です。どんな人間も世界から取り除けることのできない記念碑なのです。」

老婦人は講義室からゆっくり歩いて出て行った。一週間後、彼女は亡くなった。彼女はヨブのように亡くなったのである。すなわち、寿命をまっとうしたということである（「ヨブ記」四二・一七参照）。さて、人生における最後の一週間、彼女が意気消沈することはもはやなかった。反対に、彼女は誇らしげで信心深かった。どうやら私は、彼女の人生にも意味があること、それどころか彼女の苦悩にすら非常に深遠な意味があることを彼女に示すことができたようである。すでに述べたように、この老婦人は、無益な人生を自分が送ってきたという心配がもとで、それ以前までは気がふさいでいた。しかし、彼女の最後の言葉は、彼女自身がつけていた病歴簿によると、次のようなものであった。「私の人生は記念碑だと先生はおっしゃった。講義室の学生さん達にそうおっしゃった。そう、私の人生は無駄ではなかったのです……」

ロゴセラピーによって、そして実存分析によってはなおのこと、われわれがますます足を踏み入れている領域は、医学と哲学の境界領域である。さらに、医師による魂への配慮は、ますますもって一つの境界線に沿って動いている。それは、医学と宗教の境界線である。二国間の境界線を移動する者は、両方の側から自分が不信の目で見られているということをよくよく考えねばならない。したがってまた、医師による魂の配慮も、たえず疑念の眼差しを向けられていることを覚悟せねばならない。つまり、それは、疑念の眼差しを甘んじて受けねばならないのである。

われわれは、医師による魂への配慮について、「パンを求めるのに、石を与える」〔「マタイ福音書」七・九〕と非難されるであろう。しかし、もっと詳しく見てくれる人は、より寛大に判断して、われわれがパンを与えていることを認めてくれるであろう。もっとも、それはマナ〔神から与えられたパン。「出エジプト記」一六・一五参照〕ではないが。

医師による魂への配慮は二つの国の間に存在する。つまりそれは境界領域なのである。境界領域として、それは無人地帯である。しかしそれは、何という「約束の地」であることだろうか〔「創世記」一二・一—一〇参照〕。

[原注]

（1）宗教性とは、究極的かつ本質的には、われわれ人間が不遜にも「絶対者」と呼ぶものを背景にして、われわれ人間自身の不完全性と相対性を体験することであるのかもしれない。なにしろ、絶対者と言うからには、その絶対者はどこまでも絶対的であらねばならないからである。むしろ、われわれにせいぜい許されているのは、不完全ではないもの、相対的ではないものについて語ることであろう。しかしそうすると、関係しえないものに対する関係性としての不完全性と相対性の体験とは何であろうか。それはまさに純然たる庇護性である。だから、宗教的な人がかくまわれ庇護されていると承知しているその場所は、超越の中に隠されている。そして、求めても見出されるものは何もない——それはむしろ、いつも超越の中にとどまっているのである。しかし、それでも、求める者にとっては求められるものがあるのだ！——そして、この求められるものは求める者にとって、それでもやはり、「与えられている」のである。——ただし、与えられていると言っても、それは、事物性（たとえば見出される物）としてではなく、むしろ純粋な事実性としてである。それゆえ、人間の志向性は内在の枠を超えるが、それにもかかわらず超越の前に立ち止まるのである。（現象学の「最後の結論」も結局、この超越であった。すなわち、現象学は、究極的なものへの志向的行為の前で停止するのである。これは、実存哲学が実存的決断の前で停止するのと同様である。）それゆえ、宗教的人間にとっても、神はいつも超越的である——しかしまた、神はいつも志向されるものでもある。このように、神は宗教的人間に対していつも沈黙するものである——しかしまたいつも呼び求められるものでもある。こうしてまた、神は宗教的人間に対して決して言葉を発しない——しかしまた神はいつもすでに呼びかけられるものでもあるのだ。

（2）A. Görres, *Jahrbuch für Psychologie und Psychotherapie* 6, 200, 1958.

(3) V. E. Frankl, *Das Menschenbild der Seelenheilkunde*, Stuttgart 1959.

(4) Vgl. V.E. Frankl, *Die Psychotherapie in der Praxis*, 5. Auflage, Wien 1986.

(5) Vgl. R.C. Leslie, *Jesus and Logotherapy: The Ministry of Jesus as Interpreted Through the Psychotherapy of Viktor Frankl*, New York 1965 – D.F. Tweedie, *Logotherapy and the Christian Faith: An Evaluation of Frankl's Existential Approach to Psychotherapy*, Grand Rapids 1961 – und *An Introduction to Christian Logotherapy*, Grand Rapids 1963.

(6) そもそも神については語りえず、ただ神に向かって語りうるのみではないか、と言われるが、これはまったく疑問である。われわれは、ルートヴィッヒ・ヴィトゲンシュタインの「語りえないものについては沈黙せねばならない」(whereof one cannot speak, thereof one must be silent) という命題を、単に英語から翻訳するだけではなく、次のように不可知論から有神論に翻訳することもできるのである。——語り得ないものに向かっては祈らねばならない。

(7) ニーチェ以来、「神は死んだ」と言われて久しい。けれども、「神は死んだ」という思潮は、それ自体、思潮としてはすでにひとりでに死んでしまった。いや、ことはそれだけで済まなかった。そのうえに、諸々の価値もすっかり生命を失ったのである。詳しく言えば、現代の人間は一体何のために価値を実現せねばならないのかと疑問に思うがゆえに、言い換えれば、その価値を実現することに一体どんな意味があるのかと疑問に思うがゆえに、そのかぎりにおいて、価値はもはや生きていないということである。しかし、すでに見たとおり、意味は、いつでもどこにでも存在している。もっとも、意味は、個々それぞれの意味という点でのみ存在しているのであり、われわれがその意味を見つけだすことができるのは、「意味への意志」によって、「意味器官」つまり良心のおかげなのである。さて、この意味への意志に関して言えば、それは不可欠の前提であり、「意味を意志する」こと以外われわれには何もできない。この意味において、意味への意志は超越論的であり、アプリオリ（カント）〔経験に先立つ、あるいは経験に由来しないという意味。超越論的とは、経験の成立する条件として、そのようなアプリオリ性を認める考え方をいう。『カント事典』弘文堂、参照〕なものである。あるいは、意味への意志は実存疇（ハイデッガー）〔実存疇は、ハイデッガーが『存在と時間』で「現存在の存在諸性格」をあらわす規定一般に与えた術語。現存在の存在である実存の構造を規定する概念の総称であり、「実存論的表現」、「実存論的概念」とも言い換えられる。実存疇はまず、「存在的」（ontisch）から区別された意味で「存在論的」（ontologisch）であるような規定をさすが、さらに、同じく存在論的規定でありながら現存在以外の存在者の存在を規定する「用具存在性」や「客体存在性」といった「範疇」と区別される。『現象学事典』弘文堂、参照〕である。われわれは、やっとのことで意味を見出したと思うまで、とにかく「意味を探し求め」ざるをえない。そういう意味で、意味への意志は人間の条件に組みこまれているのである。

けれども今度は、一つの究極の問い、究極の意味についての問いが生じる。すなわち、そもそもなんのために人間の根本構造のうちに意味への意志といったようなものが授けられているのかという問いをも含んだ高次《メタ》の問い《フラーゲ》が生じる。かつてゲーテが次のように述べたとき、彼はまったく正しいことを述べたのだと、さしあたり思われることであろう。「結局、すべての意欲が意欲である理由はただ一つ、それがまさに為されるべきことだからである。」しかし、われわれは、この言葉をあまりに簡単に受けとりすぎて、次のように理解してはならない。すなわち、まずすべての当為（価値または意味）を意欲（意味への意志）に還元し、その次に意欲をまた当為に還元する、というふうに。これでは循環論法に陥るだけだろう。むしろ私の考えでは、われわれは「自然」の背後を問うことはできないということを確認するだけで満足すべきなのではないだろうか（この「自然」のことを、おそらく動物行動学者は「進化」と言い、神学者は相変わらず「神」と言うであろうが）。何の目的で自然（たとえそれが進化であれ神であれ）がわれわれに意味欲求を植えつけたのかを究明することは不可能だと、われわれは観念して認めるよりほかはない。意味欲求の根源、この根源が有している意味は、どうしてもわれわれにとっては底知れないほど深いままである。このような意味は「超意味」〔意味を超えた意味〕である。われわれはただそれを信じるしかないのであり、それについての知はもはや存在しないのである。もちろん、それは自然に生じる信仰、さらには自ずと胸にわきあがってくる信仰である。なにしろ、われわれが意味なき世界と折りあうことができない以上、もしくは意味を探し求めるほかはありえない以上、ずっと無意味であることなど不可能だと、どうしても認めざるをえないからである。われわれにできることは、意味を追求させようと自然が少しは気にとめているにちがいないと認める以外にない。一言でいうと、それとともに自然自体が、自然の側で、ある一つの意味を追求しているにちがいないと認める以外にないのである。たとえその背後にまで遡って問うことがわれわれにはほとんどできないとしても、である。とにかく、意味が建立されるということは、自然それ自体の側がすでに意味を有しているのでなければならない。そして、詩篇作者の問いに対して与えられた答えも、これと同様のことを示しているにちがいない。「目を造った方は見ることをしないだろうか。耳を植えた方は聞くことをしないだろうか。」〔「詩篇」九四−九参照〕

(8) バイアー (W.v. Baeyer) が次のように述べるとき、われわれと同一歩調をとっている。すなわち、「われわれはプリュッゲ (Plügge) が発表した観察および見解に準拠している。それによれば、希望はもはや客観的に見られたものではない。意識が確かな患者であれば、自分が医者に見放されていることに自分でとっくに気づいているにちがいないであろう。しかし、依然として患者は希望を持ち、最後まで希望を捨てないのだ。では、それは何に対する希望なのであろうか。そのような患者の希望は、表面的に見れば、この世での治癒を目標とする幻想的なものであるかもしれないが、しかし隠れた根底においては、その超越的な意味内容を感じさせるものである。そのような希望が、希望なしには存在しえない人間存在のうちに根を下ろしているはずである。そしてこのような希望は、宗教的教義をもたない人間であっても、それを信じることがふさわしく自然であるような将来の完成を予示しているにちがいない」(*Gesundheitsfürsorge-*

Gesundheitspolitik 7, 197, 1958)。

(9) Donald F. Tweedie, *Logotherapy and the Christian Faith: An Evaluation of Frankl's Existential Approach to Psychotherapy*, Baker Book House, Grand Rapids, Michigan 1961.

(10) Paul Polak, Existenz und Liebe: Ein kritischer Beitrag zur ontologischen Grundlegung der medizinischen Antropologie durch die »Daseinsanalyse« Binswangers und die »Existenzanalyse« Frankls, *Jahrbuch für Psychologie und Psychotherapie* I, 355, 1953.

(11) Medard Boss, Das Ich? Die Motivation? *Schweizerische Zeitschrift für Psychologie und ihre Anwendungen* 19, 299, 1960.

(12) William Stern, *Allgemeine Psychologie auf personalistischer Grundlage*, 2. Auflage, Nijhoff, Haag 1950.

(13) Robert W. White, *The Abnormal Personality*, Second Edition, Ronald Press, New York 1956.

(14) Rudolf Dreikurs, The Current Dilemma in Psychotherapy, *Journal of Existential Psychiatry* I, 187, 1960.

(15) Medard Boss, Die Bedeutung der Daseinsanalyse für die psychoanalytische Praxis, *Zeitschrift für Psycho-somatische Medizin* 7, 162, 1961.

(16) Karl Bühler, *Sprachtheorie: Die Darstellungsfunktion der Sprache*, 1934.

(17) 実存分析は、内在という部屋を整理し、できるかぎり設備を整え、そうして超越へのドアをふさがないようにとくに用心せねばならない。実存分析が望むのは前者〔内在の部屋を整えること〕であり、また後者〔超越のドアをふさがないこと〕以上のことは望むことすらできない。もしそう呼んでよいなら、実存分析は開かれたドアという術策をめぐらすのである。そして開いたドアを通って宗教的人間は自由に外に出かけることができる。あるいは、そう言い換えてよいなら、ほんとうの宗教性の精神は強制によらずに生起しうる。

すなわち、本当の宗教性の精神は、そのような自発性に基づいているのである。

（18）医師による魂への配慮をことごとく放棄しようとするような外科医長であるならば、手術の前に、手術台の上に患者がいないこと、この「主任医師」たる自分の目の前に患者がいないことを驚くには及ばない。その患者は、自殺後に検死台の上にいるであろう。患者は、「末席医師」のそば、つまり最期を看取る医師のそばにいるであろう。

（19）同じことは看護師にも当てはまる。事実、これに関しては、ロゴセラピーに基づく手引書がある。それはニューヨークのジョイス・トラベルビー教授の著作であり（*Interpersonal Aspects of Nursing*, F.A./Davis Company, Philadelphia 1966〔長谷川浩・藤枝和子訳『人間対人間の看護』医学書院〕）、その冒頭で「この著作の背景にある諸前提はフランクルのロゴセラピーの考えに基づいている」と表明されている（p.164〔邦訳書二三四頁〕）。そして、「看護師とは患者に意味を提供する人ではなく、患者が意味に到達するのを支援する人である」とはっきり強調している（p.176〔邦訳書二四七頁〕）。患者を助けて実存的な危機を免れさせる看護の方法論と技法が、このニューヨークの教授によって体系化されているのである。彼女によって応用された方法の一つを詳細に再録しておこう。「たとえ話という方法が何人かの患者には著しく適していたように思われる。とりわけ有効だったのは、『からし種のたとえ話』である。ゴータミーは一人の息子をもうけたが、その子どもが亡くなった。仏陀は彼女に言われた。町のすみからすみまで歩いて、苦しむ者や死んだ者を出したことのない家に入って、その家から一粒のからし種をもらってきなさい、と。彼女は家から家を訪ね歩いたが、苦しむ人がいないような家は決して見つけることができなかった。彼女は、苦しんでいた子どもは自分の息子だけではなかったこと、苦悩が人類共通の法則であることを理解したのだ。」（p.176〔邦訳書二四七頁〕）

[訳注]

(一) 論点先取の虚偽 (petitio principii) ——証明を要する原理を証明なしに前提として立ててしまうことから生じる虚偽。

(二) リルケの戯曲に『いま、われらの死するとき』(Jetzt und in der Stunde unseres Absterbens, 1896) がある。

(三)「圧縮」(Verdichtung) ——フロイトによって明らかにされた無意識過程の機能の本質的様相の一つ。一つの表象がいくつかの連想のつながりを代理するように働くこと。

(四) "reifizieren" は "Reifikation" の動詞。Reifikation はラテン語の res (物・事) と ficatio (化する) に由来。抽象概念を具体的なものとして扱うという意味や人間を事物化 (もの化) するという意味がある。

(五) William Stern (1871–1938) ドイツの心理学者。ディルタイの影響を受け、人格を心理学の中心に据えた。

(六) カントの書物の表題は『学として現れうるであろうあらゆる将来の形而上学のための序説』(Prolegomena zu einer jeden künftigen Metaphysik, die als Wissenschaft wird auftreten können) である。

(七)「権利問題」と「事実問題」はカント『純粋理性批判』に見られる概念。認識の成立する事実的心理的な過程の解明に関する事実問題と、認識の正当化ないし根拠づけを主眼とする権利問題とが区別され、後者が哲学本来の課題とされる。(『岩波哲学・思想事典』参照)

(八) 一つの行為が複数の罪に当るもの。

(九) Hans Prinzhorn (1886–1933) ドイツの精神科医。表現精神病理学の発展と確立に貢献した。

(一〇) 先取 (Vorziehen) ——ある価値が他の価値より高いことを捉える価値認識作用。

（一一）ビュリダン（Jean Buridan, 1295? – 1358?）パリ大学で活躍した自然哲学者、論理学者。

（一二）キュプロスのゼノンにより紀元前三〇〇年頃創立された学派。人生の目的は心の平静（アパテイア）にあるとした。

（一三）Lucius Annaeus Seneca（1B.C.? – 65A.D.）ストア派の哲学者。

（一四）「ガイドされる者」（der Geführte）ドイツ語の führen には、ガイド・案内するという意味に加え、ロープを巻くという意味があることから、「ガイドされる者」にはロープを巻かれた者という意味も示唆されている。

総括[1]

ハーバード大学教授のゴードン・W・オルポートは、あるロゴセラピーに関する書物の序文の中で、ロゴセラピーはアメリカ合衆国で「実存主義的精神医学」という名のもとに分類される諸派の一つである、と述べている。ロバート・C・レスリー教授は、しかし、まさにこの点においてロゴセラピーは「きわめて例外的な地位」を占めており、他の実存主義的精神医学の諸派とは異なって的確な技法を生みだしている、と主張している。これと同様の指摘が、トゥイーディー、アンガースマ、カチャノフスキー、クランボーの関連文献にも見いだされる。事実、ロゴセラピーは、たとえば現存在分析と比べれば、単なる分析以上のものである。つまり、それは、「ロゴ－セラピー」という名称がすでに示しているように、何はさておきセラピーであろうとするかぎり、分析以上のものなのである。さらに、ロゴセラピーは、存在よりもむしろ意味を、まさにロゴスを得ようと努めるものである。そうすると、このロゴセラピーが「意味への意志」と呼ぶものもまた、この体系において特別な位置を与えられてしかるべきである。その場合、この意味への意志ということで理解されているのは、現象学的分析によって確認されうる事実、つまり、人間は根本的に自分の人生に意味を見出し、その意味を充足することを求めているという事実にほかならない。

もっとも今日では、この意味への意志が、きわめてしばしば欲求不満に陥っている。このような状況と関連して、ロゴセラピーでは実存的欲求不満ということが語られる。この診断に当てはまる患者は、無意味感または内的空しさを訴えるのを常としている。それゆえ、そのような場合、ロゴセラピーの術語では「実存的空虚感」という言葉が用いられる。この実存的空虚感が現代の集団神経症だと言われるのはもっともなことなのである。(2) ついでに言えば、先ごろチェコスロバキアの精神科医が指摘したように、実存的欲求不満はいわゆる資本主義国家だけに現れるものでは決してない。(3)

神経症の症状に実存的欲求不満があらわれる症例において、われわれは新しいタイプの神経症、すなわちロゴセラピーの術語を用いれば精神因性神経症に関わることになる。アメリカ合衆国の或る研究所の所長であるクランボーとマホリックは、この精神因性神経症の存在を経験的に証明するために、特別にテストを考案し、(4) 一一五一人の被験者を対象に検査を行った。『臨床心理学ジャーナル』で発表された論文で、クランボーとマホリックは次のように結論づけている。すなわち、従来の心因性神経症に加えて新たな神経症である精神因性神経症が今日生じてきているというフランクルの仮説を自分たちの検査結果は一貫して証明している、と。いまや実際に一つの新たな症候群が問題になっていることが証明されたというのである。精神因性神経症の頻度に関して言えば、次の統計学的な研究成果を参照されたい。すなわち、ロンドンのウェルナー、チュービンゲンのランゲンとフォルハルト、ヴュルツブルクのプリル、ウィーンのニーバウアー、アメリカ合衆国マサチューセッツ州ウースターのフランク・M・バックリー、同国コネチカット州ミドルタウンのニーナ・トル、ミュンヘンのエリザベート・ルーカス、ルブリンのカシミアス・ポピールスキー、アメリカ合衆国ミネソタ州ミネアポリスのエリック・クリンガー、ウィーンのゲーラルト・コヴァチックによって行われた研究である。これらの研究者が一致して推定するところによれば、発症した神経症の約二〇パーセントが精神因性であるということである。

なるほど、人生の意味というようなものを医師が処方できないのは当然である。患者の人生に意味を与えることは医師の使命ではない。しかし、実存分析の過程で、人生に意味を見出す能力を患者に与えることが医師の使命である場合は大いにありうる。そして、なんといっても、意味とはそのつど見出されねばならないものであって、多少とも恣意的に曲解されてはならないものだと私は考えている。与えられた状況から意味を読み取ることはゲシュタルト知覚と同等であるということを最初に指摘したのは、私の知るところでは、またもやクランボーとマホリックであった（Crumbaugh und Maholick, »The case for Frankl's Will to Meaning«, *Journal of Existential Psychiatry* 4, 43, 1963）。ほかならぬヴェルトハイマー自身が、そのつどの状況に内在する要求特性について述べるとき、さらには、この要求の客観的特性について述べるとき、彼は同じ目的で同じことを言っているのである。(5)

ところで、ほんとうに無意味であるような人生の状況というものは存在しない。その理由は、人間的実存の一見否定的に思われる側面、とりわけ苦・罪・死を組みあわせた悲劇の三幅対といえども、もしそれらに正しい態度で対峙する場合には、何か肯定的なもの、一つの偉業にすら変えられうるからである。(6) 言うまでもないことであるが、不可避かつ変更不可能な苦悩だけが意味可能性を秘めているのであって、不可避でも変更不可能でもない苦悩ならば、ヒロイズムというよりは単なるマゾヒズムにすぎないであろう。(7) 要するに、たくさんの避けられない苦悩は人間的構造の本質に根ざしているのである。このような実存的事実にかんがみて、臨床医は、ひょっとすると自分が患者の逃避傾向の手助けをしてはいないかと用心すべきだろう。

意味への意志は、力への意志や快楽への意志と対置される。そして後者の快楽への意志とは快楽〔快感〕原則のことである。この快楽への意志は、しかし結局のところ、自己矛盾であることが明らかになる。われわれは快楽を追い求めれば追い求めるほど、同時にすでにそれを取り逃がしているからである。われわれが快楽を目標にすればするほど、同時にすでにそれをとらえそこなうのである。何われわれの見立てによれば、非常に多くの場合、そこに性的神経症の原因があるように思われる。何しろ、性的能力とオーガズムは、それ自体が注意や意図の対象になる程度に応じて、妨げられるからである。その場合ロゴセラピーでは、過剰志向ないし過剰反省という言葉が用いられる。前者の原因は、性的不能の症例において、患者が性交を要求されるものとして体験することに帰せられる場合がめずらしくない。この要求特性を除去するために、ロゴセラピーは一つの特殊な技法を用意している。つまるところそれは、もっと議論がなされてしかるべき脱反省である。(8) もっとも、ロゴセラピー的な原理によって性的障害の治療を行うことは、その治療を行う当の医師がロゴセラピーとはまったく異なる方向の理論的見解に立っていても可能である。ウィーン神経医学クリニックでは、まったく精神分析の立場に立っている同僚が性的神経症の症例の治療に際して、このクリニックにおける唯一可能な短期治療としてロゴセラピーの技法を使用しているのである。

脱反省が性的神経症の症例に対してなされるものであるのに対し、もう一方のロゴセラピーの技法は不安神経症や強迫神経症の患者の短期治療にはうってつけである。それはいわゆる逆説志向である。この技法を私はすでに一九二九年に実地に適用し（Ludwig J. Pongratz, *Psychotherapie in Selbstdarstellungen*, Hans Huber, Bern, 1973）、一九三九年になって論文にし（Viktor E. Frankl, »Zur medikamentösen Unterstützung der Psychotherapie bei Neurosen«, *Schweizer Archiv für Neurologie und Psychiatrie*, 43, 26, 1939）、さらに一九四七年に初めて逆説志向という名称で発表した（Viktor E. Frankl, *Die Psychotherapie in der Praxis*, Franz Deuticke, Wien, 1947）[9]。

さて、逆説志向の適用はどのように行われるのであろうか。それを理解するために、いわゆる予期不安の現象から出発したい。予期不安とは、一つの出来事がくりかえされるかもしれないという不安げな予期である。ところで、この不安の本質は、不安を恐れるそのことが不安を引き起こすということにある。予期不安は、その不安と結びついた症状を類推的に呼び起こすのである。症状が恐怖を発生させ、恐怖が症状を強化し、そしてそのように強化された症状が患者の恐怖を強めるのである。

この悪循環を断ち切るにはどうすればよいのであろうか。それを可能にする処置として、精神療法と薬物療法とがある。薬物療法の処置に関しては、バセドウ[一]病性の広場恐怖ならびにテタニー[二]性の閉所恐怖について私が書いたものを参照されたい。これらは、多少とも特定の薬物療法で処置可能である。テタニー性の閉所恐怖の薬物治療において、当時ヨーロッパ大陸で開発された最初の精神安定剤が効果を発揮したのは偶然であった。私は、抗不安薬の副次的効果が筋弛緩作用であることにようやく気づいた次第である。自明のことであるが、バセドウ病性の症例ならびにテタニー性の症例におけるそのつどの身体の基本的状態は、単なる不安の態勢を生じさせるにすぎず、まだ明白で完全な不安神経症を生じさせるものではない。この不安の態勢が完全な不安神経症に変化するのは、予期不安の仕組みが仕掛けられたまさにそのときである。それゆえ、望まれるのは、予期不安によって引き起こされる循環メカニズムに、できれば心理的側面と身体的側面の両面で取り組むことである。いま、この取組みが精神療法の第一線で行われているのは、逆説志向においてである。これは、患者が恐れていることを、今やみずから願い、みずから行う、というものである。一言でいえば、予期不安に先手を打って、その出ばなをくじくわけである。

　不安神経症の症例における予期不安に対応するのが、もう一つの循環メカニズムである強迫神経症の症例である。強迫神経症の患者は、自分や人に何か困ったことを仕出かすのではないか、または、自分を責めさいなむこのばかげた考えは精神病の証拠ではないのか、といった観念から離れられない。そのため、患者は、これらすべての強迫観念に対して闘いを挑む。しかし、プレッシャーが逆のプレッシャーを生み、この逆のプレッシャーが今度はもとのプレッシャーを増幅させる。これとは反対に、患者が逆説志向を通じてこの闘いを断念するところまでこぎつけることができれば、症状は和らぎ、ついには一種の廃用萎縮[三]のような状態に落ち着くのである。

　逆説志向を応用ないし研究したことのある臨床医が一致して認めているのは、それが概して格段に短期治療であるということである。けれども、そんなものだったら効果もごく短期間しか続かないのではないかという疑念は、米国精神療法ジャーナルの編集長であった故グートハイル博士の言葉を借りれば、「フロイト的教条主義の幻想」である。また、ほかならぬJ・H・シュルツ教授も、次のような意見を主張している。「そうした症例において症状を除去した後には、必然的に代理症状[四]が形成されざるをえないと繰り返し述べられる異議は、まったく根拠のない主張である。[10]」米国の精神分析学者エディット・ヴァイスコプフ＝ヨエルソンは、ロゴセラピーに関する論文で次のような意見を述べている。「精神分析に方向づけられた臨床医は、ロゴセラピーのような方法では本当の回復は得られないと主張する。なぜなら、臨床医は『深』層の病因には踏みこまず、むしろ防衛機制の強化に専念することになるから、というのである。ところが、そのような推論はかなり危険である。というのも、ロゴセラピーの治療の可能性がたまたま自分自身の神経症理論になじまないという理由だけで否定することは、精神療法の本質的な可能性を見失わせかねないからである。とくに忘れてならないことは、『防衛機制』や『深層』、さらには、その深層における『神経症の持続』といった概念が使われる場合、それらは実際の観察から生まれた概念ではなく、純粋に理論的に構想されたものだということである。」(Edith Weisskopf-Joelson, » Logotherapy and Existential Analysis «, *Acta Psychotherapeutica* 6, 193, 1958)

さらに逆説志向は、慢性の症例にも適している。『神経症論と精神療法の手引き』(Handbuch der Neurosenlehre und Psychotherapie) には、たとえば六五歳の女性患者についての報告がある。その患者は少なくとも六〇年もの間ずっと重度の洗浄強迫に苦しんできたのに、私の女性アシスタントによる治療で回復することができたのである。

哲学において新しいということはそれが真理であるためにはマイナス材料なのだ、というヤスパースの言葉は精神療法の領域にも当てはまるように思われる。いずれにせよ、とくに逆説志向に関して私が確信しているのは、たとえ方法論的自覚や体系的連関がなかったにせよ、逆説志向はこれまでずっと実地に適用されてきたということである。

行動療法のセラピストのうち、「フランクルの逆説志向の方法における不可欠の要素」に着目したのは、アーノルド・A・ラザラスであった（Arnold A. Lazarus, *Behavior Therapy and Beyond*. McGraw-Hill, New York 1971）。「意図的にユーモアを引き起こすことが必要である。発汗を恐れる患者は、こう言いつけられるのである。――本物の発汗とはどんなものかを見ている人たちに見せつけてやりなさい、触れるくらいの距離にいるものすべてをびしょ濡れにするぐらいの、滝のような汗を噴出してやりなさい、と」（同書）。事実、逆説志向は、それぞれの場合に応じて、できるだけユーモラスに表現されるべきであろう。結局ユーモアとは本質的に人間的な現象であり、そのようなものとしてユーモアは、人間があらゆるものから距離をとり、したがって自分自身からも距離をとり、自分を完全に手に入れることを可能にするのである。この本質的に人間的な自己距離化の能力を活性化させることこそ、われわれが逆説志向を適用するときにいつも心がけていることである。この逆説志向がユーモアをともなって行われるかぎり、コンラート・ローレンツの「われわれはユーモアを真面目なものとして受けとることがまだ十分でない」という警告は過去のものなのである。

ゲルツとトゥイーディーは、ロゴセラピーが説得と同一ではないこと、とりわけ、逆説志向が単なる暗示作用に還元されるものではないことを証明した。むしろ、それと逆に、患者は、このセラピーに対して明らかに懐疑的な態度を示し、逆説志向を病院の外で実践するようにと私の共同研究者から指示されるやいなや、不安いっぱいになりながらその研究者のもとを後にする、ということがくりかえし起こる。しかしそのあと患者の不安がなくなるとすれば、この逆説志向の治療効果は、不安に対する予期不安にもかかわらず生じたわけであり、言い換えれば、否定的な自己暗示にもかかわらず、また仮面をかぶった暗示療法を行ったわけでもないのに、生じたわけである。[11] 他方、ふさわしい説得の手続きが整えられていなければ、逆説志向が始められない症例があることは認めざるをえない。とくにこれに当てはまるのが瀆神《とくしん》強迫神経症である。これに対する治療には、特殊なロゴセラピーの技法が用意されている。[12]

このようにさまざまな研究者が注目すべき成果を報告しているが、それに惑わされてロゴセラピーが万能薬であるなどと受けとってはならない。どんな症例にもロゴセラピーを適用できるわけではなく、どんな医師でも同程度にロゴセラピーを取り扱うことができるわけでもない。しかしながら、このことこそが、場合によってはロゴセラピーを他の方法と組みあわせる十分な根拠となるであろう。それをすでに行っているのが、催眠療法のレーダーマン博士（ロンドン）、シュルツの弛緩訓練法のバッジ教授（ローマ）、ウォルピの技法〔系統的脱感作法〕のクヴィルヘイグ教授（ノルウェー）および薬物療法のゲルツ博士（アメリカ合衆国）である。

ロゴセラピーの適用についてさらに解明するために、逆説志向の禁忌を明らかにすべきだと私は考える。内因性うつ病の場合、逆説志向を自殺念慮者に適用することは医療過誤と背中あわせである。内因性うつ病の症例に対しては、特殊なロゴセラピーの技法が用意されており、それによって当該の患者のさまざまな自責の傾向を緩和することができる。[13] 現存在分析を誤解しているのだと思われるが、この自責の傾向と結びついている罪責感が、真の実存的罪に歪曲されることがある。それは結果と原因の取り違えとなり、さらには患者を何度か自殺にかり立てることすら確かにあるであろう。

この機会にぜひとも、具体的症例において自殺危険度を判定できる特殊なロゴセラピーの技法を参照されたい（本書八四頁参照）。自殺危険度の判定については、アメリカ合衆国の或る刑務所の心理学研究室長ウォーレス博士とオンタリオ病院診療所長カチャノフスキー博士の報告がある。カチャノフスキー博士がまだ若い医師であったとき、ある日のスタッフミーティングで、一人の抑うつ患者の退院に反対した。彼は私が導入した検査をこの女性患者に適用して、その結果が思わしくなかったことを指摘した。しかし、こうした彼の警告は馬耳東風と聞き流され、そのテスト自体が懐疑と皮肉でもって片づけられた。退院の翌日に、その女性患者は自殺したのである。

統合失調症の症例の場合は、ロゴセラピーが特殊な療法以外のなにものでもないことは言うまでもない。それにもかかわらず、前述の脱反省の技法を適用することが望ましい場合もある。アーサー・バートンの論文集『現代の精神療法の実践』（*Arthur Burton, Modern Psychotherapeutic Practice*）には、テープレコーダーに記録された統合失調症の患者に対する治療が載せられており、脱反省の技法を実演して見せてくれている。

つい最近アーサー・バートンは次のように断言している。「この五〇年間の精神医学的治療は、患者の深層心理学的な病歴から偶像を作りだす歴史であった。ヒステリーの症例におけるフロイトのすばらしい成果がきっかけとなって、われわれは他の症例すべてにおいても類似の心的外傷体験を探し求め、その洞察に基づき治癒を期待したのである。今ようやく精神医学はこの誤りから目を覚ました。」しかし、かりに神経症のみならず精神病ですらも種々の心理力動学的仮説によって本当に解釈することができると仮定したとしても、かりに万一そうだとしても、ロゴセラピーが特殊ではない治療に適していることには変わりないであろう。何しろ、それ自体としては決して精神因性の症状でなくても、それらが実存的空虚感へ進展する場合には、とくにその症状が増悪するということをわれわれは考えざるをえないからである。このことはまた、クランボーが次のように述べるとき、彼の念頭に浮かんでいたことでもあろう。「他のたいていの療法、とくに分析的な方法をとる療法がその手前で立ち止まってしまう地点を、ロゴセラピーは出会いの中で乗り越えていく。すなわち、意味の問題が解明されないかぎり治療は徒労に終わるとわれわれは考える。その解明がなされないかぎり、病因論は置き去りにされ、症候学は後戻りしてしまうからだ。」

ロゴセラピーの貢献に関して言えば、ロゴセラピーによって新しい次元、つまり本来的に人間的なものの次元が開かれたとたびたび主張されるが、そうであるとすれば、まさにこの次元的性質から帰結されるのは、偉大なる先駆者たちの所見がロゴセラピーによって無効にされるのではなく、むしろ一段と高められる、ということである。ロゴセラピーは決して精神療法に取って代わるものではない。とはいえ、ロゴセラピーは必ずや精神療法の再人間化に貢献することであろう。

［原注］

（1）以下は、第六回国際精神療法会議（ロンドン、一九六四年）おける「ロゴセラピーシンポジウム」で筆者が行った基調報告である。

（2）われわれが生きているのは産業社会であり消費社会である。この社会が目指しているのは、人間のあらゆる欲求を充足させること、あるいはむしろ、あれやこれやの欲求全般を前もってつくりだすことである。ただし、一つだけ例外がある。人間のあらゆる欲求のうちで最も人間的な欲求である意味欲求は、現在の様々な社会的制約のもとで、かえって欲求不満になるばかりである。

（3）実存的空虚感の病因論に関しては、精神科医のヴォルフガング・G・ジレックとルイーズ・ジレック－アール（ブリティッシュ・コロンビア大学、カナダ、バンクーバー市）の指摘が傾聴に値する。それは、第一回世界ロゴセラピー会議（サン・ディエゴ、一九八〇年一一月六日－八日）で報告されたものである。「北米インディアンの一〇代の若者たちのなかに、自殺は無意味に思われる人生における唯一の意味ある行為であると考える者が増えてきている。カナダ・インディアンの自殺者数は、四年間で二倍になった（カナダ保健厚生省、一九七九年）。オンタリオにあるインディアン特別保留地では、自殺率が以前の数値の八倍にまで上昇した（Ward and Fox, 1976）。われわれの研究によれば、それらの根底にある葛藤は、精神分析理論の精神・性的（psychosexual）〔フロイトの用語。人間の性が身体的な現れをもち、また身体に規定されるとともに、つねに精神的・心理的な現れをもち、同時に精神・心理によって規定される事実をあらわす言葉。『精神医学事典』弘文堂、参照〕コンプレックスとはまったくかけ離れたものであった。われわれは、心理力動論の妥当性が制限されたものであることを認識するに至ったのである。なにしろこの理論は、第一次世界大戦以前のヨーロッパにおける上層中産階級に属する患者の自由連想から推定されたものだからである。」むしろ、ジレックとジレック－アールの所見によれば、彼らが調査したインディアンの自殺傾向の根底にあったのは、まぎれもなく伝統の崩壊、すなわち「先住民のきわめて伝統的な文化の構造が崩壊した」ということである。

（4）現在のところ、次の一〇種のロゴセラピー・テストがある。ジェームズ・C・クランボーとレオナルド・T・マホリックによるＰＩＬ（purpose in life〔人生の目的〕）テスト（James C. Crumbaugh und Leonard T. Maholick, »Eine experimentelle Untersuchung im Bereich der Existenzanalyse. Ein psychometrischer Ansatz zu Viktor Frankls Konzept der ›noogenen Neurose‹«, in: *Die Sinnfrage in der Psychotherapie*. Hrsg. von Nikolaus Petrilowitsch. Wissenschaftliche Buchgesellschaft, Darmstadt 1972）。ジェームズ・C・クランボーによるＳＯＮＧ（Seeking of noetic goals〔精神的目標の探求〕）テストとＭＩＬＥ（the Meaning in Life evaluation scale〔人生の意味の評価尺度〕）テスト（James C. Crumbaug, »Seeking of Noetic Goals Test«, *Journal of Clinical Psychology*, July 1977, Vol.33, No.3, 900-907）。ベルナール・ダンサールによる態度価値尺度テスト（Bernard Dansart, »Development of a Scale to Measure Attitudinal Values as Defined by Viktor Frankl«, Dissertation, Northern Illinois University, 1974）。R・R・ハッツェルとルース・ハブラスによる人生目的質問テスト（Life Porpose Questionnaire-Test）（カリフォルニア州サン・ディエゴでの第一回世界ロゴセラピー会議で行われた講演）。エリザベート・ルーカスによるロゴ・テスト。ヴァルター・ベックマンによるＳＥＥ（Sinn-Einschätzung und -Erwartung〔意味評価・意味期待〕）テスト（»Sinn-Orientierte Leistungsmotivation und Mitarbeiterführung. Ein Beitrag der Humanistischen Psychologie, insbesondere der Logotherapie nach Viktor E. Frankl, zum Sinn-Problem der Arbeit.« Enke, Stuttgart 1980）。このほか、まだ計画段階にあるものとして、ゲーラルト・コヴァチック（ウィーン大学）、ブルーノ・ジョルジ（ダブリン大学）、パトリシア・L・スターク（アラバマ大学）による三つのテストがある。

（5）意味知覚がゲシュタルト知覚に対してすぐれている点は何か。私見では次の通りである。すなわち、「地」

から浮かびあがってくる「図」が単に知覚されるのではなく、意味知覚とは現実性の背後にある可能性を発見することである。しかもそれは現実性を変える可能性なのである。

(6) このように、ロゴセラピーの理論体系を支える第三の柱として、意志の自由、意味への意志に加えて苦悩の意味が挙げられる。この三幅対があるということは、どれほど慰めになることであろう。人間は意味を欲する。しかし、存在するのは意味だけではなく、意味を充足させる人間の自由もまた存在するのである。〔「意味への意志」は翻訳に用いたテキスト(第一一版)では「存在への意志」(Wille zum Sein)となっているが、これはおそらく誤記と思われるので、第一〇版に従って訂正した。〕

(7) 苦悩の原因を取り除くことができるかぎり、それを行い、それによって苦悩そのものを取り除くこと、そのことだけに意味がある。このことは、生物学的に引き起こされた苦しみであれ、心理学的に引き起こされた苦しみであれ、政治的に引き起こされた苦しみであれ、それらすべてに同程度に妥当する。

(8) 過剰反省に対してロゴセラピーでは脱反省という技法で対抗する。一方、性的不能の症例の大きな病因である過剰志向を克服するためには、はるか以前の一九四七年に発表されたロゴセラピーの技法が用いられる(Viktor E. Frankl, *Die Psychotherapie in der Praxis*, Franz Deuticke, Wien)。詳しく言えば、われわれが患者に対して推奨したのは、患者が性行為を「プログラムどおりに行うのではなく、断続的に愛撫をくりかえすだけにとどめておく、たとえば相互の前戯で打ち切る」ということである。また同時に、次のように患者に指示する。「当分は性交が厳禁だと医師から言われているとパートナーに対して説明をさせる。実際には、遅かれ早かれ患者はその命令が守れなくなる。その患者は、そのときまでパートナーの側から出されていた性的要求の抑圧からいまや解放されて、次第に欲動目標に近づいていき手を出すのである。ほかならぬ偽りの性交禁止令の指示のもと、パートナーによって拒絶されるかもしれないという危険を冒しても、そうするのである。その患者は拒否されればされるほど、所期の目的を達成するのである。」ウィリアム・S・サハキアンとバーバラ・ジャクリーン・サハキアン（William S. Sahakian und Barbara Jacquelyn Sahakian, »Logotherapy as a personality Theory«, *Israel Annals of Psychiatry* 10, 230, 1972）の見解によれば、W・マスターズとV・ジョンソンの研究成果によってわれわれ自身の理論は完全に裏づけられた。その上また、マスターズとジョンソンによって一九七〇年に開発された治療方法は、われわれが一九四七年に発表し、いま概略を述べた治療技法と、実際に多くの点で大変似かよっているのである。

（9）行動療法を中心に行っているフィラデルフィアの大学病院でウォルピの助手であったL・マイケル・アッシャー教授は次のことに注目している。すなわち、たいていの精神療法の体系は、方法を開発しはするが、その方法は他の体系の支持者にはまったく役に立たない。しかし、逆説志向というロゴセラピーの技法は例外である。というのは、さまざまな陣営の多くの精神療法家たちがこのロゴセラピーの技法を自分たちの体系に組み入れているからである、ということである。「この二〇年の間に、逆説志向は、その技法の効果に感銘を受けた種々のセラピストたちに支持されるようになった。」（L. Michael Ascher, »Paradoxical Intention«, in *Handbook of Behavioral Interventions*, A. Goldstein und E.B. Foa, eds., New York, John Wiley, 1980）さらに、アッシャーは、さまざまな行動療法の方法が開発されてきているが、それらはまさに「逆説志向を学習理論の用語に翻訳したもの」であり、そのことはとくに「インプロージョン」〔行動療法の一技法。患者に対し、最も強い情動反応を引き起こすと思われる場面を想像させ、強制的に恐怖や不安を体験させる『教育・臨床心理学中辞典』北大路書房、参照〕や「飽和化」〔行動療法の一技法〕と呼ばれる方法に当てはまる、と考えている。また、スタンフォード大学のアーヴィン・D・ヤロム教授の意見はこうである。すなわち、逆説志向というロゴセラピーの技法は、ミルトン・エリクソン、ジェイ・ハレー、ドン・ジャクソン、パウル・ヴァツラヴィックによって導入された「症状指示」という方法を「先取りしている」（*Existential Psychotherapy*, Kapitel

»The Contributions of Viktor Frankl«, New York, Basic Books 1980）、と。逆説志向の療法上の「効果」に関しては、アッシャーの意見はこうである。すなわち、その効果によって逆説志向の技法はたいへん「有名」になった。その例を一つだけ挙げれば、一二年間も「健康をそこなうほどの赤面恐怖症」を患っていた人が、Y・ラモンターニュの四回の治療で治った症例を参照してもらいたい、とのことである。（Y. Lamontagne, »Treatment of Erythrophobia by Paradoxical Intention«, *The Journal of Nervous and Mental Disease*, 166, 4, 1978, 304–306）

（10）アッシャーによれば、逆説志向の適用後、代理症状は観察できなかった（L Michael Ascher, »Employing Paradoxical Intention in the Behavioral Treatment of Urinary Retention«, *Scandinavian Journal of Behavior Therapy*, Vol.6, Suppl.4, 1977, 28）。このことは、さらにL・ソリオム、ガルサ－ペレス、レッドウィッジ、C・ソリオムらによる観察とも合致している。（第二章注〔60〕参照）

（11）ウォルピ病院のマイケル・アッシャー教授も逆説志向を暗示に還元することに反対している。「逆説志向は、クライエントがこの技法が効くとは予想しなかった場合でさえ効果があった」（A review of literature on the treatment of insomnia with paradoxical intention, unpublished paper.）

（12）瀆神強迫神経症（blasphemische Zwangsneurose）に一番うまく対処できるのは、患者の強迫神経症に訴えかけることによってであろう。詳しく言えば、次のことに患者の注意を向けさせることによってである。すなわち、患者は、自分が瀆神を犯すのではないかとたえず恐れることによって、瀆神を犯している、と。というのも、瀆神と強迫観念との違いを診断する能力がないほどに、神は無能な診断者であると見なしているわけであり、それ自体が瀆神を意味するからである。実際、われわれは患者にこう請けあわねばならない。神が瀆神の強迫観念の責めを患者個人に負わせたりすることは決してない、と。この点で、患者は責任がありつつ責任がない、ということである。しかし、それだけになおさら、患者は強迫観念に対する態度に関しては責任があるのである。すなわち、患者は自分の瀆神の思いと常に闘っているが、そんなことでは、ただその「威力」を高め、自分自身の責め苦を強めるしかない。この症状に対する闘いを――この闘いの動機が取り除かれることによって――やめさせることが、ロゴセラピーの技法の目的である。

(13) V.E. Frankl, *Die Psychotherapie in der Praxis*, 5. Auflage, Deuticke, Wien 1986, S.230 ff., und *Theorie und Therapie der Neurosen*, 6. Auflage, München 1983, S.65 ff.

[訳注]

(一) 甲状腺刺激活性など自己免疫の関与する甲状腺機能亢進症。(『精神医学事典』弘文堂、参照)

(二) 筋肉の強直性けいれん。神経・筋の被刺激性亢進に由来する症状で、典型例は副甲状腺機能低下による低カルシウム血症でみられる。(同書参照)

(三) 今まで活動を営んでいた組織ないし臓器が、活動をやめたために生ずる萎縮。(同書参照)

(四) 代理形成という概念は、フロイトによって明らかにされた心理機制の一つ。自我の防衛機制によって、無意識的表象が他の表象に置き換えられること、またはその結果生ずる神経症症状等を意味する。(同書参照)

〔補遺〕

人格についての十命題（改訂版）

人格ということが問題になる場合、われわれはいつも、この人格概念と重なりあうもう一つの概念を知らず知らずのうちに思い浮かべている。それは「個人」という概念である。事実、この二つの概念は密接に関連しあっている。そして、このことがまさに、われわれが次に提示する第一の命題をなすのである。

1　人格とは個人である。すなわち、人格とは分割できないものである(一)。人格は、それ以上に分割したり分裂させたりすることはできない。というのは、人格はまさに統一体《アインハイト》であるからである。いわゆる統合失調症〔精神分裂病〕、つまり「分裂精神病(二)」においてすら、人格の分裂のようなことは現実には生じない。また、それ以外の若干の病的状態に関しても、臨床精神医学では人格性の分裂として語られることはなくなっている。のみならず、最近では「二重意識《ダブル・コンシャンス》」とすら言われなくなっており、むしろ単に交代する意識について語られるだけである。そもそも、すでにブロイラーが統合失調症〔精神分裂病〕という概念をつくった当時、彼は、人格が文字どおり分裂するなどとはほとんど考えていなかった。それよりもむしろ、彼の念頭にあったのは、ある種の連合観念複合体の滅裂であった。それは、同時代の連合心理学[三]に心酔していた当時の人々の考えそうなことであった。

2

人格は分割できないもの〔個人〕であるだけでなく、合計できないものでもある。すなわち、人格は分割できないだけでなく、融合させることができないものでもある。その理由は、人格が統一体であるだけでなく、全体《ガンツハイト》でもあるからである。人格そのものとしての人格は、より上位の層——たとえば大衆・階級・人種——に埋没することはありえない。人格の上位に位置しているとされるこれらの「統一体」ないし「全体」はすべて、人格的実在ではなく、せいぜい疑似人格的なものにすぎない。その一部をなしていると思っている人間は、実際には、その中に埋没しているにすぎない。すなわち、そこに「埋没する」ことによって、その人間は人格としての自分自身を本来的に放棄しているのである。

この人格とは反対に、まさに分割・融合可能なものが、有機体的なものである。少なくとも、このことは、ドリーシュ〔H.A.E. Driesch, 1867–1941 ドイツの発生学者・哲学者〕がウニを用いて行った有名な実験によって示され証明されている。いや、それどころか、分割可能性や融合可能性は、生殖のような出来事の前提条件でさえある。ここから明らかになることは、人格それ自体はまさに生殖不可能であるということにほかならない。そのつど生殖されるもの、親の有機体から造られるものは、単に有機体でしかない。人格、人格的精神、精神的実存——これらは、人間が次代に譲り渡すことのできないものなのである。

3　それぞれの人格はすべて、絶対的に新たなものである。ちょっと次のことを考えてみてほしい。父親の体重は性交後およそ数グラム減り、母親の体重は出産後およそ数キログラム減る。そして、ここで明らかになるのは、精神がまったく計測不可能なものであるということである。それとも、子どもの誕生とともに一つの新たな精神が生まれると、両親の精神が少なくなるとでもいうのであろうか。子どもの中に新たな汝《ドゥー》〔たる人格〕——自らに対して「我《イッヒ》」と言うことができる新たな存在——が生まれると、両親は自らに向かって「我」と言うことがいささかなりとも少なくなるのであろうか。もうおわかりであろう。この世に生まれてくるそれぞれの人間とともに、絶対的に新たなものが存在の中に置かれ、現実性へもたらされるのである。なぜなら、精神的実存は両親から子どもへ移植することのできないもの、生殖不可能なものだからである。生殖可能なものはただ建築資材であって、決して建築家ではないのである。

4　人格は精神的なものである。それゆえ、精神的人格は、心身的有機体とは反対に、発見的（四）であり随意的〔自由意志的〕なものである。有機体とは、種々の器官の総体、言い換えれば、種々の道具の総体である（五）。それゆえ、有機体の機能——有機体を支えている（かつ有機体に支えられている）人格に対して有機体が果たさねばならない使命——は、まず第一には道具的な機能であり、次いで第二には表現的な機能である。すなわち、人格がその有機体を必要とするのは、行動するためであり、また自分を表現しうるためである。有機体は、このような意味での道具として、目的のための手段であり、またそのようなものとして有機体は利用価値をもっているのである。ところで、この利用価値の対極の概念が尊厳の概念である。尊厳は人格にのみそなわっているものであり、またそれは、その本質上、いかなる身体的・社会的な有用性とも無関係に、人格にそなわっているものなのである(1)。

このことを見過ごしたり忘れたりする者だけが、安楽死を正当視することができるのである。けれども、一人ひとりの人格の尊厳、その無条件の尊厳を知る者は、同時に、人間の人格に対して——たとえその人が病人や治療不可能な患者であっても、さらには治療不可能な精神病患者であっても——無条件の畏敬の念を抱くのである。というのも、実際には、「精神」病というものは決して存在しないからである。なぜなら、「精神」、すなわち精神的人格そのものは、そもそも病気になりえないからである。そしてまた、この精神的人格は、たとえ精神科医の眼にすらほとんど「見えるもの」ではないとしても、精神病の背後に依然として存在しつづけるからである。かつて私は、この事実を精神医学の信条と呼んだことがある。すなわち、それは、精神病発病の表層的な症状の背後に、この精神的人格が存在しつづけているという信念である。というのも、そのとき述べたように、もしそうでなかったならば、医師として心身的有機体を治しても、つまりそれを「修理」しても、もはや甲斐がないであろうからである。もっとも、この有機体しか目に入らず、その背後に存在する人格を見失っている者であるなら、いったん修理不能になってしまった有機体は――いかなる利用価値もないという理由で――安楽死させることもいとわない。そのような人は、修理不能などということに左右されない人格の尊厳については何一つ承知していないのだから。そのような考え方に代表される医師のあり方は、技術屋医師というあり方である。そして、そのような医師のタイプ、技術屋医師は、まさにそのような考え方によって、彼にとって病人とは機械人間《オム・マシーヌ》にすぎない、と告白しているのである。

　このように病気というものは、ただ心身的有機体に及ぶだけで精神的人格には及ばないのであるが、これと同じことは治療についても言いうる。このことをロイコトミー〔前頭葉白質切截術〕の問題に即して述べてみよう。神経外科医――今日の名称で言えば精神外科医――のメスであっても（六）、精神的人格にまで影響を及ぼすことはできない。ロイコトミーがもっぱら果たしうること（あるいは整えうること）は、ただ心身的な諸条件に影響を与えることくらいであり、その下に隠されている精神的人格にまでは影響は及ばない。仮に当該の手術が症状に適ったものであったとしても、いつも改善されるのは、結局《ア・ラ・ロング》は、それら心身的諸条件であろう。したがって、当の手術が適切であるかどうかは、結局は、そのつどの害が小さいか大きいかを慎重に検討するということに帰着する。すなわち、そのつど検討されるのは、手術によって生じるかもしれない障害が、病気によって生じている障害よりも少ないかどうかということである。その場合にだけ、ようやくこの手術が正当化されるのである。要するに、すべての医療行為には、犠牲を支払うという不可避の必然性がつきまとっている。言い換えれば、より小さな害という犠牲を払ってでも、その代償として種々の条件を可能ならしめるということがどうしても避けられないということである。そして、それら諸条件の下で、人格は、もはや精神病による制限や制約を受けることなく、自らを充足し実現することができるようになるのである。

ある私の女性患者は、重度の強迫症に苦しみ、そのため何年もの間ずっと精神分析や個人心理学の治療を受け、さらにはインスリンショック、(七)カルジアゾールショック、(八)電気ショック(九)の治療も受けてきた。しかし、効果はなかった。(2)私のところでも精神療法を試みたが、その効果がなかったので、ロイコトミーを行うことになった。すると、それがまさに驚くべき結果をもたらしたのである。私が説明するより、患者自身の言葉を引用しよう。「ずっとずっとよくなりました。以前の健康だったときと同じように働くことができるようになりました。強迫観念は残っていますが、それを抑えられるようになりました。たとえば、以前は、強迫的音読を恐れて、まったく文章を読むことができませんでした。どんな文章も一〇回音読せずにはおれなかったのです。でも今では、くりかえし読まなくてもよくなりました。」では、たとえば患者の美的関心はどうなったのだろうか――多くの論文は〔ロイコトミーによる〕美的関心の消滅について指摘しているわけだが――。「やっと今では、音楽にも昔のようにとても大きな関心をもてるようになりました。」では、倫理的関心はどうなったのだろうか。患者は、心からの同情を示しながら、この同情から出てくるただ一つの願いを口にした。それは、「かつての私自身と同じように苦しんでいる他の患者さんたちも、同じ方法で私と同じように救われますように」というものであった。そこで次に、どこか自分が変わったように感じるか、と患者にたずねると、彼女はこう答えた。「私は今では別の世界に生きています。

ほんとうは、それを言葉で言いあらわすことはまったくできないのですが、私にとって以前の世界ときたら、世界というようなものではありませんでした。この世界で植物のようにただ存在しているだけで、とても生きていると言えるようなものではありませんでした。あまりにも苦しいものでした。今ではそれがなくなりました。今でも少しは出てきますが、すぐに乗り越えることができます。」（あなたは「あなた自身」のままですか。）「私は変わりました。」（どのように変わったのですか。）「なにしろ、今では、生きている実感がするのですから。」（あなたがより「あなた自身」でいられるのは以前ですか、今ですか。）「今です。手術の後です。何もかもが、当時よりもずっと自然です。当時は何もかもが強迫でした。存在するものすべてが私にとって強迫でした。今では、何もかもが、いっそうありのままに見えてきます。私は自分を取りもどしました。手術の前、私はそもそも人間ではありませんでした。大勢の人にとっても私自身にとっても害でしかなかったのです。今では、いろいろな人たちも、私がすっかり変わった、と私に言ってくれます。」（手術によって）あなたは自分を失ったかと単刀直入に質問すると、彼女は次のように答えた。「私は自分を失っていたのです。手術によって私は自分自身を、私の人格を取りもどしたのです。」（この「人格」という言葉は、どの質問をするときにも意識的に避けていた表現であったのだが。）したがって、この人は、むしろ手術によって人間になったのであり、「自分自身」になったというべきである。(3)

先に述べたように、生理学は人格に届かないが、この点では心理学も同様である。少なくとも、心理学が心理学主義に陥っているかぎり、人格には届かないのである。人格をとらえる、あるいは少なくとも人格というカテゴリーを正当に評価するためには、むしろ精神学《ノオロギー》が必要だと言えよう。

周知のように、かつて「心のない心理学」が存在した。そのような心理学はとっくの昔に過去のものになった。けれども、今日の心理学も、往々にして精神のない心理学であるとの非難を免れることはできない。この精神なき《ガイスト・ロース》〔気の抜けた〕心理学は、まさに精神を欠いているために、人格の尊厳や人格そのものに対して盲目であるだけでなく、価値に対しても盲目である。すなわち、人格的存在に対する世界の側の相関者[一〇]である価値に対しても盲目なのである。そのような心理学は、秩序ある世界《コスモス》としての意味と価値の世界に対して、つまりロゴスに対して盲目なのである。

　心理学主義はもろもろの価値を、精神的なものの空間から心理的なものの平面に投影し、その結果、それらの価値をあいまいなものにしてしまう。つまり、この平面では――心理学の平面であれ病理学の平面であれ――、ベルナデット[一一]のような聖者の幻視と、ある任意の女性ヒステリー患者の幻覚とを区別することはとうていできないということである。このことを講義で学生にわかりやすく説明するために、いつも私は次のような事実を示すことにしている。すなわち、三次元の球と円錐と円柱を二次元に投影すれば、それぞれ同じような円形の平面図ができるが、これらの平面図からでは、それぞれがどれを投影したものなのかがもはやわからなくなるという事実である。良心が心理学の平面に投影されれば、超自我ないしは「父親心像」の「内投影[一二]」が作られ、また神が心理学の平面に投影されれば、この父親心像の「投影[一三]」が作られることになる。実はしかし、この精神分析的解釈それ自身が投影、つまり心理学主義的投影なのである。

5　人格は実存的なものである。このことは、人格が事実的《ファクティッシュ》なものではなく、事実性に属するものではない、ということを意味している。人間は、人格として、事実的存在ではなく、自由意志的《ファクルタティーフ》〔随意的〕存在なのである。人間は、そのつどの自分自身の可能性として実存しており、その可能性を選び取るか選び取らないかを決断できる存在なのである。人間存在は、ヤスパースが特徴づけたように、「決断しつつある」存在である。すなわち、人間存在は、自分が次の瞬間にどのような存在になるかを、そのつど新たに決断しているのである。決断する存在として、人間存在は、精神分析が主張するような、欲動に駆り立てられる存在とは正反対のところに立っている。人間であること〔人間存在〕の最も深い究極的な意味は、私自身がくりかえし述べているように、責任があること〔責任存在〕なのである。そして、それは同時にすでに、人間存在が単に自由であること〔自由存在〕より以上の存在であることを言いあらわしているように思われる。すなわち、責任性ということの中には、人間の自由が何に向かっての自由であるか、ということも同時に与えられていると言うべきである。人間がそれに向かって自由であるところのもの、人間がそれを選び取るか選び取らないかを決断するところのものも、同時に与えられているのである。

したがって、精神分析とは反対に、私が構想しようとしてきた実存分析の観点においては、人格は欲動によって決定されているのではなく、意味によって方向づけられている。精神分析の見方とは対照的に、実存分析の見方では、人格は快楽を求めるものではなく、価値を求めるものである。人間は性的欲動（リビドー）に駆り立てられているとする精神分析の考え方や、人間は社会的拘束〔共同体感情〕に縛られているとする個人心理学の考え方には、いずれも、ある一つの根源的現象が欠落しているように思われる。すなわち、それは愛である。愛は、どんな場合でも、一人の我《イッヒ》と一人の汝《ドゥー》との関係である。しかし、この関係のうち、精神分析の見方において残されるものは、単なるエス——性愛——である。一方、個人心理学の見方において残されるものは、一般的な社会性である——私はそれを「ひと《ダス・マン》」（一四）と呼びたい。

　精神分析では人間の現存在は快楽への意志によって支配されているものと見なされ、個人心理学では「力への意志」によって規定されているものと見なされるが、これに対して、実存分析は人間の現存在を意味への意志によって主宰されているものと見なす。実存分析は、「生存闘争」や、さらに必要とあれば「相互扶助」（ピョートル・クロポトキン）すらも知ってはいるが、それのみならず、実存分析は生存の意味を求めての闘い——そしてこの闘いにおける相互援助——をも心得ているのである。そして、このような援助こそ、われわれが精神療法と呼んでいるものの本質なのである。すなわち、精神療法は本質的に「人格の医学」（ポール・トゥルニエ）なのである。このことからも明らかなように、精神療法において重要なことは情動力学や欲動エネルギーの配置転換ではなく、結局は実存的な態度転換なのである。

6　人格は自我的なものである。それゆえ、人格はエス的なものではない。すなわち、人格はエスの圧政に服するものではない。フロイトが「自我は自分の家の主人ではない」と主張したとき、彼が念頭に置いていたものは、そのようなエスの独裁であったと言える。人格、すなわち自我は、単に力動的な面においてだけでなく発生的な面から見ても、エス、つまり欲動性から導きだすことは決してできない。「自我欲動」という概念は、それ自身矛盾したものとして断固拒否されるべきものである。もっとも、人格は――人格もまた――やはり無意識である。すなわち、厳密に言えば、精神的なものが根ざしているまさにその場所において――まさにその根源において――、精神的なものは、単に随意的に無意識であるだけでなく、必然的に無意識である。精神は、その根源、その根底において、非反省的な、そのかぎりにおいてまさに無意識的な純粋遂行そのものなのである。したがって、われわれは、この精神的無意識を、精神分析がもっぱらかかずらっているような欲動的無意識から厳密に区別しなければならない。ところで、この精神的無意識、無意識の精神性には、無意識的な信仰、無意識的な宗教性も含まれる――これは、超越に対する人間の、無意識的で、むしろ往々にして抑圧された生得的関係である。このことを解明したのはＣ・Ｇ・ユングの功績である。けれども、ユングは、この無意識的な宗教性を、無意識的性愛があるのと同じ場所、すなわち、欲動的無意識、エス的なものの中に位置づけたという点で誤りをおかしている。しかしながら、自我は、神の信仰ないし神そのものへと欲動的に駆り立てられるのではない。むしろ、自我は神を信じるか信じないかを決断せねばならないのである。宗教性は自我的なものであるか、さもなければ、宗教性なるものはまったく存在しないか、そのいずれかなのである。

7　人格は統一体にして全体である（1、2を参照）だけではなく、統一体と全体を建立するものでもある。すなわち、人格は身体・心・精神の統一体にして全体を建立するものである。そしてまさにこの統一体にして全体であるものこそが「人間」という存在なのである。この統一体と全体は、人格によって初めて、また人格をとおしてのみ、建立され、基礎づけられ、保証されるのである。

総じてわれわれ人間は、この精神的人格というものを、心身的有機体との共存という形においてしか知ることができない。したがって、人間とは、身体と心と精神という三つの存在層の交点、その交差の場なのである。[4] この三つの存在層のそれぞれは、どこまでも明確に区別されねばならない（ヤスパース、N・ハルトマンを参照）。とはいえ、人間は身体的なものと心的なものと精神的なものによって「合成されている」と言うのは間違いであろう。なにしろ人間はまさに統一体にして全体であるからである。しかし、この統一体にして全体であるものの内部において、人間の内なる精神的なものが、人間に付随する身体的なものや心的なものと「対決」しているのである。こうして、私がかつて精神と心の拮抗関係と呼んだ関係が成立してくる。心身の並行関係が必然的な関係であるのに対して、この精神と心の拮抗関係は随意的な関係である。すなわち、この拮抗関係はいつも可能性にすぎず、単なる潜在能力でしかない。ただし、この潜在能力は、われわれがくりかえしそれに訴えかけることが可能であり、またそれだけに、ほかならぬ医師の側からそれに訴えかけることが必要なものである。それは、私が「精神の抵抗力」と呼んでいるものである。すなわち、外見だけはたいそう強力に見える心身に対して、精神の抵抗力を呼び起こすことがつねに重要なのである。まさに精神療法にとってこの呼びかけは不可欠であり、私はこれを第二の信条と呼んでいる。

この第二の信条は精神療法の信条であるが、それは次のようなものである。――人間の内なる精神は、いかなる条件や状況のもとにあっても、人間に付随する心身的なものから何とかして引き離れ、それに対して実りある距離をとって立ち向かう能力を有していると信じること。〔前述の〕第一の信条、精神医学の信条は、たとえどのような病気になろうとも完全無欠なままである精神的人格がその病気の回復を待ちわびているということがなければ、心身的有機体を「修理」する甲斐がないであろうというものであったが、第二の信条によれば、もし精神と心の拮抗関係というものがないとすれば、人間の内なる精神的なものが人間に付随する心身的なものに対して抵抗力を呼び起こすことも、まったく不可能になってしまうであろう。

8　人格は活動的《デュナーミッシュ》なものである。すなわち、人格が心身的なものから距離をとり、それに抵抗しうるという、まさにそのことによって初めて、精神的なものはそもそもその姿を現すのである。精神的人格は活動的なものであるから、それを実体化して考えてはならないし、したがってまた、それに実体という性質――少なくとも伝統的な意味での実体という性質――を付与することもできない。「実存する《エクス・ズィスティーレン》」とは、自分自身から出ることであり、自分自身に立ち向かうことである。そして、自分自身に立ち向かうとは、精神的人格としての人間が心身的有機体としての自分自身に立ち向かうということである。このように心身的有機体としての自分自身から自己が距離をとることによって初めて、精神的人格はそもそも精神的人格として設立されるのである。人間が自分自身と対決するときに初めて、精神的なものと心身的なものとが分かたれるのである。

9　動物は人格ではない。動物は自分自身を超えて立つこと、自分自身と向きあうことができないということからしてすでに、人格ではないのである。それゆえ、動物は人格に対する相関者も持っていない。つまり、動物はまったく世界を持たず、ただ環界《ウムヴェルト》〔環境世界〕を持っているにすぎない。

この「動物－人間」ないし「環界－世界」の関係を延長して推定すれば、「超世界」（Über-Welt）に行き着くことになる。動物の（より狭い）環界に対する人間の（より広い）世界の関係、さらに、この人間の世界に対する（すべてを包括する）超世界の関係を規定しようと思うならば、一つの比喩として黄金分割を考えることができる。この黄金分割にしたがえば、より小さな部分に対するより大きな部分の比は、より大きな部分に対する全体の比に等しいとされる。一匹のサルを例に取ろう。血清を採るために、そのサルに痛い注射をする。サルは、なぜ自分が苦しまねばならないかを理解できる日がくるであろうか。サルは、自分の環界からは、自分を実験に使っている人間の考えを読み取ることができない。なぜなら、人間の世界である意味と価値の世界は、サルには理解不可能だからである。サルはその世界に近づくことができず、その世界の次元に入りこむことができない。ところで、他方また、人間にとって理解不可能な世界が、人間の世界そのものの上に存在しており、その世界の意味、その「超意味」だけが人間の苦悩にはじめて意味を与えることができるのだ、と想定してはいけないであろうか。動物がその環界からはそれに優越する人間の世界をおよそ理解できないのとまったく同じように、人間は超世界をおよそ把握することはできないであろう。もしできるとすれば、それはただ予感しながら超越していくことによって、つまり信仰によってのみ可能なのである。家畜化された動物は、人間が自分をどのような目的で使役しているかについて知らない。とすれば、全体としての世界にどのような超意味があるのかをどうして人間が知りうるであろうか。

10　人格は自分自身をただ超越から把握するほかはない。それだけではない。人間はさらに、自分を超越から理解する程度に応じてのみ、人間である。人間は、超越から人格たらしめられる程度に応じてのみ、人格である。すなわち、人間は、超越の呼びかけが彼の内で鳴りわたり響きわたる程度に応じてのみ、人格なのである。(一五)この超越の呼びかけを人間は良心において聴き取るのである。

ロゴセラピーにとって宗教は対象であり、またそれは対象でしかありえない。宗教はロゴセラピーが依って立つ立場でも立ちうる立場でもない。したがって、ロゴセラピーは啓示宗教に対する信仰の手前で行われねばならず、有神論的な世界観と無神論的な世界観が分かれる分岐点の手前で意味の問いに答えねばならない。ロゴセラピーがそのような仕方で信仰心という現象を神への信仰としてではなく、より包括的な意味信仰として解釈するなら、ロゴセラピーが信仰という現象を取りあげ、それに関わりをもつのはまったく正当である。その場合、ロゴセラピーは、生きる意味についての問いを立てることは宗教的であることを意味すると述べたアルバート・アインシュタインとまさに同じ立場に立っているのである。(5)

この生きる意味は、われわれがそこから後戻りすることができず、むしろそれを引き受けねばならない城壁である。われわれがこの究極の意味を受けいれねばならないのは、その背後に回って問うことができないからである。というのも、存在の意味についての問いに答えようとする試みには、意味の存在がいつもすでに前提とされているからである。要するに、人間の意味信仰は、カントに即して言えば、超越論的なカテゴリーなのである。まさにカント以来周知のように、空間と時間のカテゴリーを超えて問うことは、無意味である。その理由は簡単である。空間と時間をいつもすでに前提としなければ、われわれは考えることができず、それゆえまた問うこともできないからである。これとまったく同じように、人間存在は、たとえほとんどそれに気づかないとしても、いつもすでに意味に向かっている存在なのである。つまり、意味についての予知とでも呼べるようなものが存在するということである。そして、この意味についての予感は、ロゴセラピーで言われる「意味への意志」の根底にもある。人間は、自分がそれを欲しようと欲しまいと、認めようと認めまいと、息をしているかぎり、意味を信じている。自殺する人ですら、生きる意味や生きつづける意味でないにしても、それでもやはり死の意味を信じているのである。ほんとうにその人が何の意味も信じず、どのような意味ももはや信じないとするなら、そもそも指一本動かすことすらできないであろう。それゆえ、ましてや自殺を実行に移すことなど全然できないであろう。

［原注］

（1）尊厳が人間にそなわっているのは、その人間がこれから〔未来において〕所有するであろう価値に基づくのではなく、すでに〔過去において〕実現した価値に基づいている。この尊厳は、言うまでもなく、人間がそれを失うことはもはやありえないのである。そして、この尊厳は、高齢者に対する尊敬をわれわれに要求するものである。高齢者とは、まさにさまざまな価値を実現した（実現して持っている）人だからである。しかし、すべての人がその要求を聴きとるわけではない。若年層は高齢者に対する敬意をわきまえない。その理由は、なによりも、高齢者ができるだけ若くつくろおうとして、そのために物笑いの種になるからである。不幸なことに、高齢者に対する敬意のない若年層は、いずれ彼ら自身が年老いたとき、自尊の念に気づくことすらないまま、老齢による劣等感に苦しめられることになるであろう。

（2）「私はこれらのショック療法を受けた後、すべてのことを忘却しました。自分の住所さえ忘れたほどです。忘れなかったのは、ただ強迫のことだけです。」

（3）次のベーリンガーの文章を参照。「場合によっては、症状を緩和したり除去したりすることのまさに結果として、本来の人格の諸側面が再び展開しはじめることもやはりありうるのである。つまり、責任と良心が、それまで精神病の圧倒的な力のために不可能になっていたが、それらが再びはたらきだすのである。私の経験から言えば、人格的な決断作用が、ロイコトミーの術後に減少するよりも、むしろ増大する、ということも起こりうるのである。……精神病や絶え間なく生じる強迫観念の影響のもとで鎖につながれ活動不能になっていた、自覚的自我という上位の審級が、症状の緩和によっていわば鎖を解かれるのである。……なおも存続していた人間の健康な部分が、病気の束縛のもとでは不可能であったような自己実現を再び獲得するのである。」（Beringer, *Medizinische Klinik* 44, 854 bzw. 856, 1949）

（4）この場合、「層」の代わりに「次元」という言葉を用いることも当然可能であろう。人間にして初めて、かつ、人間にのみ精神的次元がそなわっているかぎり、それは人間的現存在の本来的な次元である。人間が本質的に「存在する」精神的なものの空間から、単なる心的なものの平面や、それどころか身体的なものの平面に人間が投影されるならば、単に一つの次元が犠牲にされるというだけでなく、まさに人間的次元そのものが犠牲にされるのである。パラケルスス〔Paracelsus, 1493/1494-1541 ルネサンス期のスイスの医学者、化学者〕の言葉、「人間の高みだけが人間である」を参照。

（5）こうしたことすべてから判断すれば、宗教もしくは意味信仰は、「意味への意志」の徹底であると言えるだろう。つまり、「究極的な意味への意志」、まさに「超意味への意志」が問題であるかぎり、そう言えるのである。

[訳注]

（一）個人（Individuum）は、〈個体〉とも〈個物〉とも訳される。ラテン語の原義では「分ける（divido）ことのできない（in）もの」を意味する。なお、この言葉は、「分割できないもの」を意味するギリシア語のatomonをボエティウスがindividuumというラテン語に翻訳したことに由来するとされる。（『岩波哲学・思想事典』参照）

（二）周知のように「統合失調症」（Schizophrenie）は、日本では二〇〇二年までは「精神分裂病」と訳されていた。これは原語（ドイツ語）の"Schizophrenie"が"schizo"（分裂）＋"phrenie"（精神〔または横隔膜〕）を意味していたからである。

つまり、ドイツ語の"Schizophrenie"は、字義どおりには「分裂精神病」（Spaltungsirresein）を意味している。しかし、これは誤解を与えやすい呼称であり、それによって「人格の分裂」までが引き起こされるのではない、とフランクルは主張しているのである。

（三）連合心理学は、心的過程をすべて、要素的な単位の連合によって構成されたものとして説明する。ゲシュタルト心理学はこれを「全体の性質、存在を、部分の性質、存在のみに関係づけて説明しようとする要素観（Und-Summe）に基づく機械論的原子論」として批判した。（『精神医学事典』弘文堂、参照）

（四）発見的（heuristisch）はカントが統制的原理のもつ性格の一面を特色づけたもの。統制的原理が発見的といわれるのは、ある原理を設定したときに、この原理によって経験がよりよく解明され、説明されることを意味する。たとえば、現実の水は微量とはいえ不純物を含むが、純粋な水を理念として想定することは十分意義がある。純粋な水を基準にして現実の水の不純さが、順序づけられ整理されるからである。統制的原理は経験がよりよく説明されうるかぎり、その原理は承認されるが、その逆は成り立たない。経験をふまえた延長線上に原理が存在するのである。(『カント事典』弘文堂、参照)

(五) 有機体(Organismus)や器官(Organ)はギリシア語の ὄργανον に由来し、そのもともとの意味は道具である。

(六) 精神外科(Psychochirurgie)とは、脳に外科的侵襲を加えることによって精神症状の改善を得ようとする治療法。統合失調症患者の脳に対して最初の手術を行ったのはスイスのブルクハルトであり、その後ダンディによる前頭葉切除術からポルトガルのモニスの前頭葉白質切截術に至り初めて精神外科として確立された。一九五〇年頃からは治療法としてその数を減じ、薬物療法の導入にともない、ほとんど行われなくなった。(『精神医学事典』弘文堂、参照)

(七) 精神病に対する身体的治療法としてインスリンによる低血糖昏睡を積極的に生じさせる方法。(同書参照)

(八) 精神病に対する治療手段。その方法はカルジアゾールをかなり急速に静注し、全身けいれんをおこさせるものである。(同書参照)

(九) 頭部に通電し、全身けいれんを起こさせることによって精神症状の改善をはかる治療法。(同書参照)

(一〇)「世界の側の相関者」——原書では“das weithafte Korrelat”となっているが、これでは意味が通らないので、“Der Wille zum Sinn”(3. erweiterte Auflage, 1991)に従って、“das welthafte Korrelat”と訂正して訳した。

（一一）ベルナデット（Bernadette de Lourdes, 1844-1879）フランスの修道女、幻視者。一八五八年、生地のルルドで聖母マリアの姿を一八回見たと主張、以後この地は有名な巡礼地となった。（『岩波 - ケンブリッジ世界人名辞典』参照）

（一二）内投影（Introjektion）は、精神分析学では「とり入れ」とか「摂取」と訳される。たとえば父親の禁止が幼児の内面に「とり入れ」られて超自我を形成するといった場合である。ただし本書の文脈では心理学的投影が論じられているため、これを「内投影」（内面への投影）と訳した。

（一三）投影（Projektion）とは、自己の衝動・情緒・観念などを外界に投影することをいう。

（一四）「ひと」（das Man）――前期ハイデガーの術語。平均的日常性における現存在、すなわち、特定のあのひとでもこのひとでもなくまた全員の総計でもない〈みんな〉、ほかのひとびと、誰でもないひと（Niemand）。（『現象学事典』弘文堂、参照）

（一五）「人格」（Person）およびその動詞化「人格たらしめる」（personieren）のラテン語の語源である "persono"（または "personus"）は「反響する」「響きわたらせる」「鳴り響く」という意味である。

監訳者あとがき

本書はViktor E. Frankl, "Ärztliche Seelsorge, Grundlagen der Logotherapie und Existenzanalyse, Zehn Thesen über die Person", 11., überarbeitete Neuauflage, Herausgegeben von Alexander Batthyany, Deuticke im Paul Zsolnay Verlag Wien, 2005. の全訳である。

原著の邦訳はすでに一九六七年に霜山徳爾訳『死と愛』（フランクル著作集2、みすず書房）として出版されているが、この邦訳に用いられた原典は一九五二年に出版された第六版である。しかし、著者はその後、第一〇版（一九八二年）に至るまで、数度にわたり大幅な加筆と削除を行っており、その結果、内容的にかなり変化しているのみならず、分量的にも第六版のほぼ二倍になっている（なお本邦訳は、この第一〇版に「人格に関する十命題」を加えた第一一版を用いた）。著者は、多くの著書の中でもとりわけこの著書を重視し、晩年に至るまでたえず推敲しつづけたのである。本書は、著者の立場を最も体系的に叙述した主著であると言っても過言ではないであろう。このたび新たに本書を訳出した主な理由もここにある。

この書に寄せる著者の思いがどれほど深くかつ真剣なものであったかを示すものとして、著者自身の言葉をいくつか紹介しておくことにしたい。

いよいよ状況が緊迫化し、両親とともに移送されるのも今日か明日かと覚悟を固めていたとき、私は腰を落ち着けて、私の『医師による魂の癒し』〔本書の原題〕の初稿を書いた。たとえ私が死んでも、せめてロゴセラピーのエキスだけでも生き延びてほしいと思ったからである。いよいよアウシュヴィッツに送られる時が来て、私は草稿をコートの裏地に縫い込んだ。もちろんそれは喪失した……。アウシュヴィッツに着いたとき、私はすべてを投げ出さねばならなかった。衣服はおろか、最後に残ったわずかな所有物も。

（『フランクル回想録』山田邦男訳、春秋社、一二五頁）

しかし、幸か不幸か、この草稿の喪失が結果的に彼を精神的に支えることになったのである。

私自身について言えば、失った草稿を再構成しようという決意が、明らかに私を生き残らせたのだと確信している。その作業に取りかかったとき、私は発疹チフスにかかっていたが、血管虚脱で死なないために、夜も寝ないでいることにした。私の四十歳の誕生日に、囚人仲間の一人が、ちびた鉛筆一本とごく小さなナチ親衛隊の用紙数枚をどこからかかき集めてきてくれた。私は、高熱にうなされながら、その裏面に速記でキーワードを走り書きしていった。それを助けに『医師による魂の癒し』を再構成しようと思ったのである。

（同書、一三二頁）

彼はまた、この時のことを本書でも次のように記している。

二、三十人の発疹チフス患者が、ある強制収容所のバラックの中で一緒に横たわっていた。誰もみな譫妄状態であったが、一人だけは、夜に意図的に起きていることによって夜間の譫妄を回避しようと努めていた。彼は発熱による興奮と精神的な興奮を逆に利用して、強制収容所の中で奪われてしまい、まだ公刊されないままになっている学術書の原稿のキーワードを、熱にうなされた一六日間、夜通し暗闇の中で小さな紙切れに速記文字で書きつけて再構成したのである。

（本書、一七八－一七九頁）

このような、人間業とも思えないようなことがどうして可能だったのか。決死の覚悟で、と言うだけでは足りない気がする。彼は自分を捨てて、すべてを神の御心に委ねた、と言うべきかもしれない。次の言葉がそれを指し示しているであろう。

その後、テュルクハイムで発疹チフスにかかったとき、私は死にそうになった。たえず私は、もう自分の本が出版されることはないだろう、ということばかり考えていた。しかしついにあきらめの境地に達した。私は思った――それが人生にとってどうだというのか、人生の意味が、本が出るか出ないかにかかっているとでもいうのか、と。アブラハムも自分の一人息子をいけにえに捧げようと覚悟したときに、雄羊が現れたではないか。私は、自分の精神的な子供を犠牲にしようという境地に自分を持って行くしかなかった。そのおかげでやっと、自分があの本――すなわち『医師による魂の癒し』――を出版するに値する人間と認められたのであろう。

（『フランクル回想録』、一二九－一三〇頁）

こうしてフランクルは、三年間にテレージエンシュタット、アウシュヴィッツ、カウフェリング第三、テュルクハイムという四つの強制収容所を生き延びて、再びウィーンに帰還した。そのとき彼は、ある人から『医師による魂の癒し』をまとめて教授資格を取るように奨められた。

それは、私にとって唯一意義を見いだせる仕事であった。私はそれに没頭した。

私は、猛烈に口述しまくった。速記文字で書き取り、それをタイプでふつう文字に書き換えるのに、速記タイピストが三人がかりで取り組まないと追いつかないほどであった。それほど多くのことを、私は毎日心情を吐露するように口述したのである。部屋には暖房もなく、ほとんど家

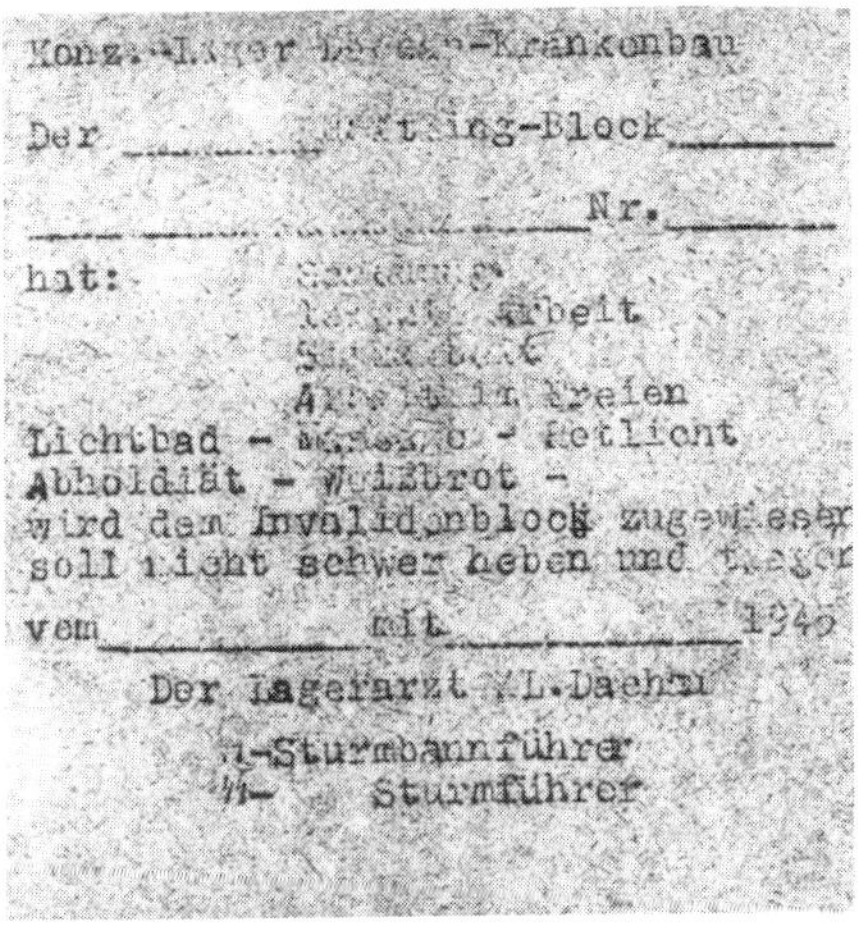

Konz.-Lager ... -Krankenbau

Der ... -Block

Nr.

hat: ...
... Arbeit
...
... freien

Lichtbad - ... - Rotlicht

Abholdiät - Weißbrot -

wird dem Invalidenblock zugewiesen

soll nicht schwer heben und tragen

vom ... mit ... 194

Der Lagerarzt ...

-Sturmbannführer

Sturmführer

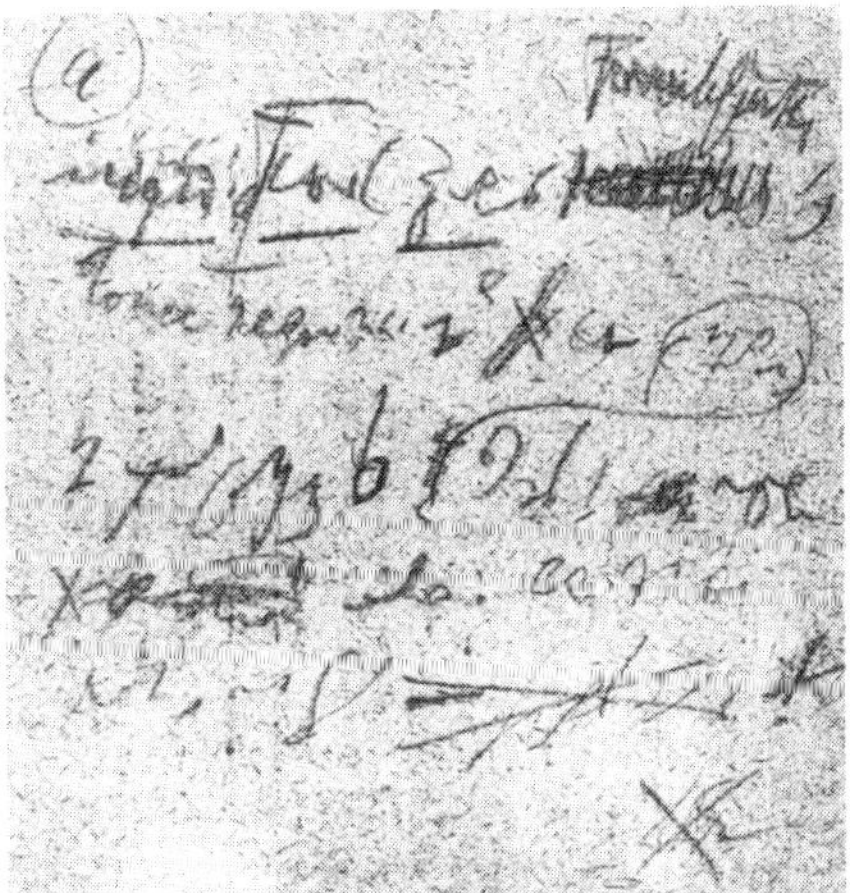

ナチ親衛隊の用紙（上）の裏面（下）に走り書きされたキーワード
（アウシュヴィッツで喪失した本書の草稿を再構成するためのもの）
〔『フランクル回想録』春秋社、122頁より〕

具もなかった。窓にはガラスの代わりにボール紙がはってあっただけだった。まるでほとばしり出るように私の口から言葉が飛び出した。口述中、私は部屋を行きつ戻りつしながら、時折、自分自身のことを思い出しては、疲れきって安楽いすに崩れ落ちた。涙がとめどもなく溢れ出た。それほど私の心は、しばしば痛いほどの明確さで私を凌駕する自らの思いに捕らわれていたのである。堰は切って落とされた……。

（同書、一四六頁）

こうして本書の初版本が一九四六年に出版された。「これまで私に与えられた喜びの中で最も大きかったものは、何と言っても『医師による魂の癒し』の最終稿を腕に抱えて、初めて私の最初の出版社、フランツ・ドイティケへ赴いたときである」と彼は回想している（同書、一五〇頁）。

そして彼は、この書物について自らこう付言している。「これによってウィーン第三学派であるロゴセラピーが確立された。J・B・トレロの言葉を信じてよいとすれば、精神療法史における最も新しい包括的体系である」（同書、同頁）。しかし――むしろ、それだからこそ――彼は生涯を通して（正確にいえば失明する八〇歳近くまで）、この書のいっそうの体系化に向かって推敲を重ねたのである。

このように見てくれば、本書の執筆は、強制収容所におけるフランクルを支えると共に、その後の彼の全生涯をも貫いた中心的な「使命」にして「生きる意味」であったと言いうるであろう。

次に本書の訳出についていくつかの点を記しておきたい。

・本書の原題は直訳すれば『医師による魂への配慮（あるいは『医師による魂の癒し』）――ロゴセラピーと実存分析の基礎、人格についての十命題』である。この『医師による魂への配慮』という表題は著者の精神療法的関心をいわば焦点化したという意味で極めて正確な表現であろう。ただ、この表現はわれわれ日本の読者にはあまりなじみのないものであるだけでなく、内容的に見ても必ずしも本書の全体を網羅的に反映したものではないように思われる。というのは、内容的には、著者の（精神療法的）人間観（第一章）、「人生・苦悩・労働・愛」の「意味」を中心とする人生観（第二章の一）および「人格」観（補遺）という、精神療法に関わる実存的人間観が本書全体のほぼ三分の二を占めているからである。そして、これらの実存的人間観に基づいて、著者の精神療法的立場である実存分析とロゴセラピーが展開されているのである（第二章の二および第三章）。これらの点を考慮するとき、精神医学の専門家には原題のままにしておくのが相応しいかもしれないが、一般の日本の読者にとっては『人間とは何か――実存的精神療法』という表題の方が内容的により正確になるように思われる。

フランクルの名前はわが国でもよく知られているが、しかしその割に彼の精神療法（実存分析ないしロゴセラピー）は、欧米に比べてわが国の精神医療界ではほとんど受け容れられていないように思われる。しかし、とくに本書の第二章と第三章は、精神医療に携わる方々に大きな示唆を与えるものであろう。これらの方々にも本書が広く受け容れられることを訳者たちは願っている。

・「〔補遺〕人格に関する十命題」（Zehn Thesen über die Person）は、フランクルの"Der Wille zum Sinn"（3. erweiterte Auflage, 1991.）（山田邦男監訳『意味への意志』、春秋社）に収められていたものであるが、編者のAlexander Batthyanyによって新たに本書に再録されたものである。本篇によって読者は、本書全体の根底にあるフランクルの人間観（ないし人格観）をより明快かつ統一的に理解することができるであろう。なお本篇の訳出に際しては、『意味への意志』所収の訳をそのまま踏襲することを避け、口語体を文語体に改めたほか、若干の訳語に修正を加え、またかなり多くの訳注をつけることにした。

・原書の冒頭には編者による編集上の「注」が記されているが、本邦訳にはとくに必要とは思われないので割愛した。

・訳出に際して前記の霜山徳爾訳『死と愛』を参照させていただいた。とくにすでに定訳になっている若干の術語については、できるだけ霜山訳に従うことにした。また、精神医学や哲学などの専門用語については『新版精神医学事典』（加藤正明他編、弘文堂、二〇〇一年）・『岩波哲学・思想事典』（廣松渉他編、岩波書店、一九九八年）・『岩波西洋人名辞典』（岩波書店、一九五六年）・『哲学事典』（平凡社、一九七一年）・『現象学辞典』（木田元他編、弘文堂、一九九四年）その他、多くの辞典を参照させていただいた。関係の方々に厚くお礼を申し上げたい。

・訳出は、岡本哲雄が第一章および第二章第一節「一般的実存分析」の「7 自殺」まで、雨宮徹が第二章第一節「一般的実存分析」の「8 人生の使命的性格」から第一節の終りまで、今井伸和が第二章第二節の「特殊実存分析」、第三章「心理的告白から医師による魂への配慮へ」および「〔補遺〕人格に関する十命題」を担当し、山田邦男が全体を推敲した。

・著者はこの書について、「私はできる限り明快な表現を心がけ、水晶のごとく、その背後に輝いている真実がなるべく透けてよくみえるよう、表現にしっかり磨きをかけた」(『フランクル回想録』、一五〇頁)と述べている。しかし訳者たちは内容の難解さを少しでも軽減するために、「できる限り」平易な「表現を心がけ」た。そのために、原文にある「水晶のごとき」「輝き」をすっかり色褪せたものにしてしまったのではないかと恐れている。また訳者たちは、できる限り正確な訳を心がけたつもりであるが、専門外の事柄も多く、語学的にも未熟なため、思わぬ誤訳も多々あるのではないかと恐れている。読者諸賢の御叱正を乞う次第である。

出版に際しては今回も春秋社神田明社長、鈴木龍太郎氏および同編集部の賀内麻由子氏に多大のご尽力をいただいた。ここに厚く御礼を申し上げたい。

平成二三年三月二五日

山田邦男

人名索引

ア

アイゼンク　Eysenck, H.J.　323-324
アイゼンマン　Eisenmann, M.　330
アイブル－アイベスフェルト　Eibl-Eibesfeldt, I.　261
アインシュタイン　Einstein, A.　388, 451
アウグスティヌス　Augustinus　281
アッシャー　Ascher, L. M.　364-367, 433-435
アドラー　Adler, A.　22, 59, 136, 268, 294
アラース　Allers, R.　170, 354, 363, 364
アレキサンダー　Alexander, F.　4, 14-15
アンガースマ　Ungersma　420
ヴァイツゼッカー　Weizsäcker, V.v.　205
ヴァイトブレヒト　Weitbrecht, H.J.　384
ヴィトケンシュタイン　Wittgenstein, L.　412
ヴィルトガンス　Wildgans, A　90, 151
ヴェクスベルク　Wexberg　273, 281
ヴェルダー　Wälder　45
ヴェルトハイマー　Wertheimer, M.　108, 422
ウェルナー　Werner, O.　422
ヴェルフェル　Werfel, F.　364, 405
ウォーレス　Wallace　429
ウォルピ　Wolpe, J.　325, 428
ヴスト　Wust, P.　105
ウティッツ　Utitz, E.　184, 187
エーデルマン　Edelmann, M.　355
エッカーツバーグ　Eckartsberg, R.v.　36
エディー　Eddy, E.D.　357
エディントン　Eddington　68
エフラン　Efran, J.　367
オイケン　Eucken, R.C.　302
オルポート　Allport, G.W.　50-51, 58, 108, 134, 271, 306, 324, 363, 420

カ

カチャノフスキー　Kaczanowski, O.　420, 429
ガルサ－ペレス　Garza-Perez, J.　365, 435
カント　Kant, I.　53, 86, 94, 259, 267, 388, 393, 413, 451
キルケゴール　Kierkegaard, S.　100, 236, 341
ギンズバーグ　Ginsberg, G.L.　264
キンゼイ　Kinsey, A.　141
クヴィルヘイグ　Kvilhaug, B.　325, 428
グートハイル　Gutheil　426
クザーヌス　Cusanus, N.　57
クラトクヴィル　Kratochvil　267
クランツ　Kranz, H.　331
クランボー　Crumbaugh, J.C.　37, 70, 108, 137, 267, 420-422, 430, 432
クリンガー　Klinger, E　422

グルーレ　Gruhle, H.W.　343
クレッチマー　Kretschmer, E.　325
グレン　Glenn, J.H.　70
クロポトキン　Kropotkin, P.　446
クロンフェルト　Kronfeld, A.　300, 337, 346
ゲーテ　Goethe, J.W.v.　30, 125, 177, 201, 302-303, 361, 413
ゲープザッテル　Gebsattel, V.E.v.　38, 365-366, 368, 384
ケーラー　Köhler, W.　68
ゲーレン　Gehlen, A.　58, 142
ゲッパート　Göppert, H.　331
ゲッレス　Görres, A.　384
ゲルツ　Gerz, H.O.　308-312, 314, 316-322, 326-327, 428
コヴァチック　Kovacic, G.　422, 432
ゴール　Gall, H.　368
ゴルトシュタイン　Goldstein, K.　58, 133-134
ココーレック　Kocourck, K.　308
コタール　Cotard, J.　339
コッチェン　Kotchen, T.A.　12, 134
ゴロウェー　Golloway, G.G.　367

サ

サッロ　Sarro, R.　49
サハキアン　Sahakian, B.J.　434
サハキアン　Sahakian, W.　434
シェーラー　Scheler, M.　28, 45, 54, 58, 82, 86, 92, 94, 100, 124, 129, 136, 197, 204, 231, 245, 276, 358, 390, 398
シェルスキー　Schelsky, H.　3, 362
ジャネ　Janet, P.　347
シャピロ　Shapiro, T　264
シュヴァルツ　Schwarz, O.　83, 243, 260
シュテーケル　Stekel, W.　22
シュテルン　Stern, W.　391
シュテンゲル　Stengel, E.　286
シュトラウス　Straus, E.　81, 100, 177, 218, 276, 283-284, 293-294, 296, 298-299
シュトランスキー　Stransky, E.　292
シュナイダー　Schneider, C.　347
シュプランガー　Spranger, E.　245
シュルツ　Schultz, J.H.　5, 365-366, 368, 426, 428
シュルテ　Schulte, W.　11, 384
シュレーディンガー　Schrödinger, E.　68, 353
ショーペンハウアー　Schopenhauer, A.　13, 142, 198, 219, 336, 360
ジョルジ　Giorgi, B.　432
ジョンソン　Johnson, V.　434
ジレック　Jilek, W.G.　431
ジレック－アール　Jilek-Aall, L.　431
ジンメル　Simmel, G.　149
スターク　Starck, P.L.　432
スピノザ　Spinoza, B. de　55, 248
セネカ　Seneca　400
ソクラテス　Sokrates　280, 301
ソリオム　Solyom, C.　365, 435
ソリオム　Solyom, L.　365, 435
ソロモン　Solomon　12

タ

ターナー　Turner, R. M.　365, 368
ダンサール　Dansart, B.　432
ダンディ　Dandy, W. E.　170
タンドラー　Tandler　166
デイヴィス　Davis　12

デュマ　Dumas, A.　65
デュルク　Dürck, J.　363, 397
デルプ　Delp, A.　38
トゥイーディー　Tweedie, D.F.　390, 412, 420, 427
トゥルニエ　Tournier, P.　446
ドストエフスキー　Dostojewski, P.　203, 245
ドライクルス　Dreikurs, R.　4, 392
トラベルビー　Travellbee, J.　416
ドリーシュ　Driesch, H.A.E.　438
トル　Toll, N.　422
トルストイ　Tolstoi, L.　194, 364
トンプソン　Thompson, W.I.　50

ナ

ニーチェ　Nietzsche, Fr.　123, 412
ニーバウアー－コツデラ　Niebauer-Kozdera, E.　308, 321, 422

ハ

バートン　Burton, A.　38, 70, 429
バイアー　Baeyer, W.v.　16, 18, 414
ハイデッガー　Heidegger, M.　80, 86, 161, 353, 390, 413
ハウク　Haug, K.　350
パヴロフ　Pawlow, I.P.　59
パスカル　Pascal, B.　86
ハッカー　Hacker　4
バックリー　Buckley, F. M.　422
バッジ　Bazzi　428
ハッツェル　Hutzell, R.R.　432
バッハマン　Bachmann, L. G.　355
ハブラス　Hablas, R.　432
パラケルスス　Paracelsus　67
バリー　Bally, G.　384
ハルトマン　Hartmann, N.　54, 87
ヒッポクラテス　Hippocrates　67, 395
ビューラー　Bühler, C.　58, 132, 135, 137-138, 141
ビューラー　Bühler, K.　68, 347, 392
ピルツ　Pilcz　286
ヒレル　Hillel　359
ビンスワンガー　Binswanger, L.　4, 52, 59, 392
ファーンズウォース　Farnsworth, D. L.　9
ファブリー　Fabry, J.B.　17-18
フォアブッシュ　Vorbusch, H.J.　327-329
フォルハルト　Volhard, R.　330, 422
プフランツ　Pflanz, M.　11
プラノーヴァ　Planova　267
プリュッゲ　Plügge, H.　414
プリル　Prill, H.J.　330, 422
プリンツホルン　Prinzhorn, H.　245, 394
ブルックナー　Bruckner, A.　355
フロイト　Freud, S.　14, 16, 22, 26-27, 36, 50-52, 59, 70, 73, 97-98, 134-135, 142, 226, 262, 265, 278, 353, 357, 390, 392, 429
ブロイラー　Bleuler, E.　438
ブロート　Brod, M.　201
フロッシュ　Frosch, W.A.　264
ベアード　Beard, M.　16
ヘーゲル　Hegel, G.W.Fr.v.　55
ベザレル　Bezalel, L.B.　71
ベックマン　Böckmann, W.A.　432
ヘッベル　Hebbel, Fr.　32, 202
ペトリロヴィッチ　Petrilowitsch, N.

325, 366
ベルタランフィー　Bertalanffy, L. v.　58, 133
ベルツェ　Berze, J.　346
ホーナイ　Horney, K.　134
ボス　Boss, M.　4, 13, 49, 391-392
ポピールスキー　Popielski, K.　422
ホフ　Hoff, H.　168
ポルトマン　Portmann　58, 60
ホワイト　White, R.W.　392

マ

マイアー－グロース　Mayer-Gross, W.　347
マスターズ　Masters, W.　434
マズロー　Maslow, A.H.　134, 268
マッコート　McCourt　12
マッハ　Mach, E.　100
マホリック　Maholick, L.T.　37, 70, 108, 137, 354, 421-422, 432
マルセル　Marcel, G.　354
マルヒ　March, A.　68
マン　Mann, Th.　188
ミュラー－ヘーゲマン　Müller-Hegemann, D.　308
メイ　May, R.　136

ヤ

ヤスパース　Jaspers, K.　4, 64, 161, 276, 343, 427
ヤロム　Yalom, I.D.　434
ユクスキュル　Uexküll, J.J.v.　88
ユクスキュル　Uexküll, T.v.　11
ユング　Jung, C.G.　135, 347
ヨエルソン　Joelson, E.V.　326, 426

ラ

ライアー　Reyer　100
ライニンガー　Reininger, R.　17
ラザラス　Lazarus, M.　427
ラッセル　Russel, B.　68
ランゲ　Lange, J.　168
ランゲン　Langen, D.　330, 422
リトゥケンス　Lyttkens, A.　216
リュッケルト　Rückert, Fr.　280
ルーカス　Lukas, E.S.　267, 422, 432
レヴィ　Löwy　347
レーダーマン　Ledermann　428
レスリー　Leslie, R.C.　412, 420
レッドウィッジ　Ledwidge, B.L.　365, 435
ロールシャッハ　Rorschach, H.　106
ローレンツ　Lorenz, K.　264, 427
ロジャーズ　Rogers, C.　134

ワ

ワトソン　Watson, J.B.　59

事項索引

さ

た

な

は

ま

や

ら

わ

著者・訳者紹介

著者：ヴィクトール・E・フランクル（Viktor Emil Frankl）
1905年ウィーンに生まれる。ウィーン大学医学部神経学・精神医学教授。その間、ウィーン・ポリクリニック神経科部長を務め、またアメリカの合衆国国際大学、ハーバード大学、ダラス大学などでも講義。世界の27大学から名誉博士号を授与される。フロイト、アドラーの後を受けて、ウィーン第三学派と称されるロゴセラピーを創始し、実存（ないし人間性）の立場に立つ精神療法を唱えた。
　ナチスの強制収容所における体験記録『一心理学者の強制収容所体験』（『夜と霧』霜山徳爾訳、新版・池田香代子訳、みすず書房）をはじめ、著書『それでも人生にイエスと言う』（山田邦男・松田美佳訳）『制約されざる人間』『意味への意志』他（ともに、山田邦男監訳、春秋社）。『時代精神の病理学』（宮本忠雄訳）『精神医学的人間像』（宮本忠雄・小田晋訳、ともにみすず書房）など、その31冊の著書は、日本語、中国語、ロシア語を含め24カ国語で出版されている。1995年ウィーン大学で最後の講義を行い、1997年に心臓病で没する。

監訳者：**山田邦男**（やまだ・くにお）
1941生、京都大学大学院教育学研究科博士後期課程中退。大阪府立大学教授を経て、現在同大学名誉教授。人間学・人間形成論専攻。著書に『フランクルとの〈対話〉』（春秋社）『生きる意味への問い』（佼成出版社）、『自分のありか』（世界思想社）など、編著に『フランクルを学ぶ人のために』（世界思想社）など、共訳書に『それでも人生にイエスと言う』（春秋社）などがある。

訳者：

岡本哲雄（おかもと・てつお）
1962年生、京都大学大学院教育学研究科博士後期課程満期退学。近畿大学教職教育部教授。教育哲学、教育人間学専攻。共著に『応答する教育哲学』（ナカニシヤ出版）、『ランゲフェルト教育学との対話――〈子どもの人間学〉への応答』（玉川大学出版）など、共訳書にフランクル『制約されざる人間』『意味への意志』（春秋社）などがある。

雨宮　徹（あめみや・とおる）
1970年生、大阪府立大学大学院人間文化学研究科博士後期課程修了（学術博士）。大阪河崎リハビリテーション大学講師。倫理学・哲学的人間学専攻。共著に『フランクルを学ぶ人のために』、共訳書にフランクル『制約されざる人間』『意味への意志』がある。

今井伸和（いまい・のぶかず）
1968年生、大阪府立大学大学院人間文化学研究科博士後期課程修了（学術博士）。津市立三重短期大学生活科学科准教授。教育哲学専攻。共著に『フランクルを学ぶ人のために』、共訳書にフランクル『制約されざる人間』『意味への意志』『意味による癒し』、ブーバー・ロジャーズ『対話』（春秋社）がある。

www.viktorfrankl.org

人間とは何か　実存的精神療法

2011年 5月10日　第1刷発行
2025年 2月20日　第12刷発行

著　者＝ヴィクトール・E・フランクル
監訳者＝山田邦男
訳　者＝岡本哲雄・雨宮 徹・今井伸和
発行者＝小林公二
発行所＝株式会社 春秋社
〒101-0021 東京都千代田区外神田2-18-6
電話 (03)3255-9611（営業）
(03)3255-9614（編集）
振替 00180-6-24861
https://www.shunjusha.co.jp/
印刷所＝萩原印刷株式会社
装　丁＝芦澤泰偉

ISBN978-4-393-36510-6 C0011　定価はカバーに表示してあります。